Grubitzsch/Cyrus/Haarbusch (Hrsg.) Grenzgängerinnen

Studien
Materialien
Band 33

Geschichtsdidaktik

herausgegeben von
Klaus Bergmann
Annette Kuhn
Jörn Rüsen
Gerhard Schneider

Helga Grubitzsch/Hannelore Cyrus/Elke Haarbusch (Hrsg.)

Grenzgängerinnen

Revolutionäre Frauen im 18. und 19. Jahrhundert.

Weibliche Wirklichkeit und männliche Phantasien

Federführende Reihenherausgeberin
Annette Kuhn

Schwann Düsseldorf

CIP-Kurztitelaufnahme der Deutschen Bibliothek

Grenzgängerinnen : revolutionäre Frauen im 18. u. 19. Jh. ; weibl. Wirklichkeit u. männl. Phantasien / Helga Grubitzsch . . . (Hrsg.). – 1. Aufl. – Düsseldorf : Schwann, 1985.
(Geschichtsdidaktik : Studien, Materialien ; Bd. 33)
ISBN 3-590-18042-0
NE: Grubitzsch, Helga [Hrsg.]; Geschichtsdidaktik / Studien, Materialien

1. Auflage 1985
Titelbild: Die Frau des Sansculotten (1792), Bibliothèque Nationale
(Quelle: Furet, François/Richet, Denis: La Révolution des Etats Généraux au 9 Thermidor, Paris: Hachette 1966, 210)
Herstellung: Rasch, Bramsche
ISBN 3-590-18042-0

Inhalt

Editorial 7

Vorwort der Herausgeberinnen 11

Hannelore Cyrus
Von erlaubter und unerlaubter Frauenart, um Freiheit zu kämpfen – Freiheitskämpferinnen im 19. Jahrhundert und die Freie Hansestadt Bremen 19

Carola Lipp
Bräute, Mütter, Gefährtinnen. Frauen und politische Öffentlichkeit in der Revolution 1848 71

Gabriella Hauch
Blumenkranz und Selbstbewaffnung. Frauenengagement in der Wiener Revolution 1848 93

Inge Buck
„Aus Liebe zum Vaterland und aus Liebe zu dir!" Anmerkungen zur Rolle der Flora in der Novelle aus der Pfälzer Revolution 1849 „Die Freischärlerin" von F. A. Karcher 139

Helga Grubitzsch
Michelets „Frauen der Revolution" 157

Ursula Geitner
„Die eigentlichen Enragées ihres Geschlechts." Aufklärung, Französische Revolution und Weiblichkeit 185

Elke Haarbusch
Der Zauberstab der Macht: „Frau bleiben". Strategien zur Verschleierung von Männerherrschaft und Geschlechterkampf im 19. Jahrhundert 221

Annette Kuhn/Wilma Wirtz-Weinrich/Ruth Ferrari
Frauen kämpfen um ihre Rechte (1789 und 1793). Fachwissenschaftliche und fachdidaktische Annäherungen 257

Claudia Opitz
„Die vergessenen Töchter der Revolution" – Frauen und Frauenrechte im revolutionären Frankreich 1789–1795 287

Quellenanhang 313

Biographische Notizen über die Autorinnen 341

Editorial

Die Herausgeberinnen, Helga Grubitzsch, Hannelore Cyrus und Elke Haarbusch, haben diesem Band den Titel: *Grenzgängerinnen* gegeben. Zu Recht. Denn er handelt von bisher fast vergessenen Frauen der Revolutionen 1789 und 1848, die, wie die drei Herausgeberinnen betonen, zunächst „wie die Männer“ von dem Wunsch nach Freiheit und Gleichheit beseelt waren, deren öffentliches, politisches Handeln aber mit einem anderen, mit einem sogenannten „weiblichen“ Maßstab bemessen und schließlich verurteilt wurde. Somit sind die Frauen, die 1789 und 1848 für die Revolutionsziele der Freiheit und Gleichheit eintraten, zu Grenzgängerinnen geworden. Von den Revolutionszielen, die inzwischen eine allgemeine Anerkennung als unveräußerliche Menschenrechte beanspruchen, sind die Frauen ausgeschlossen worden. Die großen bürgerlichen Revolutionen der Neuzeit wandten sich in ihrem Verlauf gegen die Frauen. Die proklamierte Freiheit wurde zur Freiheit des Ehe-Mannes.

Angesichts dieser weitreichenden Bedeutung der Revolutionsereignisse für die Frauengeschichte, auf die schon einmal in dieser Reihe hingewiesen wurde (Sabine Schweitzer u. a.: Die Forderung der Frauen nach Gleichberechtigung, Frauen in der Geschichte Bd. 1, 1982, 153–168), geht es den Herausgeberinnen und Beiträgerinnen dieses Bandes vor allem darum, den in den Revolutionen zutage tretenden Bruch zwischen dem tatsächlichen Frauenhandeln und den Männerphantasien über das Wirken von Frauen in der Öffentlichkeit nachzuspüren. Es gilt, den antifeministischen Gehalt und die unsere gesellschaftliche Realität heute noch verzerrenden Wahrnehmungsweisen der Männer zu erfassen. Zugleich wird deutlich, warum Frauen in ihrem Anspruch auf öffentliche Betätigung zu „Grenzgängerinnen“ wurden, zunächst im Revolutionsverlauf von 1789 bis 1795 gezwungenermaßen, dann aber scheinbar freiwillig.

Es mag überflüssig erscheinen, auf die Bedeutung dieses Buches innerhalb der Reihe: *Frauen in der Geschichte* eigens hinzuweisen. Denn dieser Band: *Grenzgängerinnen* kann als eigenständiger Beitrag zu einer feministischen und ideologiekritischen Aufarbeitung „von erlaubter und von unerlaubter

Frauenart, um für Freiheit zu kämpfen“ (Hannelore Cyrus), begriffen werden. Er knüpft aber auch an gegenwärtige Diskussionen und offene Forschungsfragen innerhalb der Frauengeschichtsforschung an.
Die „Grenzgängerinnen“ greifen ein noch keineswegs erschöpftes Leitthema der neueren Frauengeschichtsforschung auf. Denn seit mehreren Jahren bestimmt die Frage nach den „Geschlechtscharakteren“ (Karin Hausen) als der ideologischen Basis eines neuen, der Industriegesellschaft angemessenen, gesellschaftlichen Bezugssysteme die Frauenforschung. Hier gilt es, den vielfältigen Formen der Frauendiskriminierungen und der Frauenselbstbeschränkungen nachzugehen, die sich notwendigerweise aus der Diskrepanz zwischen der Frauenwirklichkeit und diesem neuen, geschlechtsspezifischen Bezugssytem ergeben. Bei den „Grenzgängerinnen“ wird diese Leitfrage wieder aufgegriffen, allerdings um eine bisher vernachlässigte Dimension erweitert. Denn erstmalig stehen politisch aktive Frauen im Mittelpunkt, Frauen, die sich im Sinne des neuen politischen Systems der Freiheit, der Gleichheit und Brüderlichkeit als „Freiheitskämpferinnen“ in das Revolutionsgeschehen von 1789 und 1848 aktiv einmischten und denen dieses Recht auf politische Beteiligung und Mitbestimmung im neuzeitlich-bürgerlichen Verständnis verwehrt wurde.
Die politisch-öffentliche Akzentsetzung dieser Frage nach den Handlungsmöglichkeiten von Frauen in der Neuzeit ist wichtig. Denn erst in dem politischen Kontext tritt die volle Tragweite der neuzeitlichen Ausgrenzung von Frauen aus dem neuen, keineswegs geschlechtsneutralen gesellschaftlichen Bezugssystem hervor. Auf der Folie der hier vorliegenden Beiträge erscheint dieser Prozeß der Aus- und Eingrenzung der Frauen geradezu als zwingend, als unverzichtbare Ideologiebasis unserer patriarchalischen bürgerlichen Gesellschaft, in der die familiale Rollenzuweisung und die Entpolitisierung der Frauen zusammengehören.
Auf ihrer Suche nach einer Erklärung für den spezifischen Antifeminismus, den die politischen Einmischungen revolutionärer Frauen 1789 und 1848 hervorriefen, sind die Autorinnen auf unterschiedliche Erklärungen, insbesondere aber auf die Macht androzentrischer Geschichtsmythen und patriarchalischer Weltdeutungssysteme gestoßen. Dank ihrer sozialgeschichtlichen, ihrer hermeneutischen und ideologiekritischen Methoden ist es ihnen gelungen, den antifeministischen und sexistischen Kern der männlichen Allmachtsphantasien und Ängste bloßzustellen. Darüber hinaus tragen die von ihnen verwandten, neueren ethnographischen (Carola Lipp) und ethnopsychoanalytischen (Elke Haarbusch) Methoden dazu bei, die tieferliegenden sozioökonomischen und ideologischen Strukturen, die erst die Herrschaft dieser Männerphantasien ermöglichen, sichtbar zu machen. Der Verweis auf die „ökonomischen Veränderungen durch die sich entfaltende Warengesellschaft“ (Helga Gubritzsch) und auf die Krise der Familienökonomie (Ruth

Ferrari, Wilma Wirtz-Weinrich, Annette Kuhn) fehlt nicht, gilt es nach Erklärungen für das „Diktat der Rollenzuweisung“ (Carola Lipp) zu suchen. Die Verfasserinnen geben erste Antworten auf die Frage, warum die Frauen, die sich politisch einmischten, im 19. Jahrhundert zu Grenzgängerinnen gemacht worden sind, warum die Geschlechterstereotypisierung zu einer so wirksamen antifeministischen Waffe werden konnte. Sie wollen damit auch die weitere Forschung anregen. Denn die „Grenzgängerinnen“ verweisen uns auf den materiellen Kern einer revolutionären Frauenpolitik, die es heute neu zu erschließen und vermitteln gilt.

Bonn, im September 1985 *Annette Kuhn*

Vorwort

Die Geschichte der Frauen in Revolutionen bewegt sich in dem Spannungsfeld von Auflehnung und Unterdrückung, Grenzüberschreitungen und patriarchalischen Sanktionen. Die meisten Quellen, die uns über die Aktivitäten revolutionärer Frauen – und damit meinen wir alle an der Revolution beteiligten Frauen – vorliegen, sind durch die Sichtweise von Männern gefiltert, seien sie Politiker, Richter, Journalisten, Mediziner oder Historiker. Männerphantasien schufen die Bilder der „wilden Bacchantin", der „schamlosen Furie" und des „Mannweibes", aber auch die Bilder „der reinen Braut", der „jungfräulichen Gattin", der „aufopfernden Mutter". Wir fragen uns, woher diese widersprüchlichen und schillernden Bilder kommen; wie sind sie entstanden und welche Realität verbirgt sich dahinter?
Revolutionen sprengen Grenzen, aber sie ziehen auch neue Linien der Begrenzung – dies galt für 1789 wie für 1848. Im Kampf um eine neue – bürgerliche – Gesellschaftsordnung wurden die traditionellen Fesseln des Standes und der feudalen Abhängigkeit aufgebrochen. Die Frauen, die sich am revolutionären Geschehen beteiligten, waren wie die Männer von dem Wunsch nach Freiheit und Gleichheit beseelt. Ihre Aktionen wurden jedoch anders beurteilt, da ihnen aufgrund ihres Geschlechts andere Grenzen gezogen wurden als den Männern. Die revolutionären Frauen mußten an doppelten Fesseln rütteln, denen des Standes und denen ihres Geschlechts – und erschienen in den Augen der Männer deshalb umso bedrohlicher. Denn das patriarchale Erbe sollte in die neue Zeit hinübergerettet werden.
Verschob sich im Kampf des 3. Standes um die Herrschaft auch das Klassengefüge, so waren sich die alten wie die neuen Herren in der Mehrzahl darin einig, daß solche Machtverschiebungen die Grundlage der Männerherrschaft nicht erschüttern durften. Wie selbstverständlich ist dieser Grundsatz auch in der Devise der französischen Revolution ausgedrückt: „Freiheit, Gleichheit, *Brüderlichkeit*". Abgesehen von wenigen Ausnahmen wie Condorcet, der mit seiner Forderung nach „Zulassung der Frauen zum Bürgerrecht" nicht durchdrang, fand die Mehrzahl der Männer es ebenso selbstverständlich, daß die „Menschen- und Bürgerrechte" für Frauen nicht gelten sollten. Sie

begannen sich erst zu rechtfertigen, als der Protest der Frauen eine Diskussion ihres selbstherrlichen Gebarens verlangte. Die Republik der mündigen, freien Bürger war als Männerrepublik gedacht.
Für die Frauen war ein anderer Platz vorgesehen: am heimischen Herd bei ihren Kindern, stark in ihrer Liebe, schwach als Geschlecht. In Rousseaus „Julie“ und „Sophie“ vorbildlich modelliert, trugen die meisten Revolutionäre – und auch viele Frauen – das Ideal der verständnisvollen liebenden Gattin und aufopfernden Mutter im Herzen. Mme Roland durfte es als Ehre betrachten, als „neue Julie“ gepriesen zu werden.
Mit der Eroberung neuer Lebensräume durch die Revolution wurde auch der Lebensraum der Frauen neu definiert. Die Grenzen, die den Frauen gesetzt wurden, waren zu Beginn der französischen Revolution noch keineswegs eindeutig. Die Frauen, die sich für die Revolution einsetzten, waren alle Grenzgängerinnen, die einen Weg in die Freiheit suchten.
Dieser Weg war jedoch durch den Naturrechtsphilosophen Rousseau ideologisch schon vorgezeichnet. In seiner Tradition haben auch deutsche Pädagogen wie Campe und Philosophen wie Fichte die weibliche Freiheit in der Erfüllung ihrer „naturhaften“ Bestimmung definiert. Der Frau wird ein Geschlechtscharakter angedichtet, aufgrund dessen sie von Natur aus dazu bestimmt scheint, die reproduktiven Aufgaben der Gesellschaft zu erfüllen. Dieses Frauenideal wurde massiv um die Jahrhundertwende bis Mitte des 19. Jahrhunderts – also gerade im Zeitraum der großen französischen und der 48er Revolution – ideologisch durchgesetzt.
Elke Haarbusch beschreibt in ihrem Beitrag, wie Frauen entsprechend dem bürgerlichen Frauenideal modelliert wurden. Im Unterschied zur feudalen Epoche sind die Grenzen, die den Frauen gezogen werden, nicht mehr nur äußerliche. Der Zugriff der Kontrolle erstreckt sich auch auf die Ausformung des Gefühlslebens und der Psyche der Frau. Um ein Verhalten entsprechend ihres Geschlechtscharakters zu entwickeln und dessen Normen zu verinnerlichen, müssen Frauen lernen, sich sämtliche Gefühlsregungen, Bedürfnisse und Interessen unbewußt zu machen, die die Männerherrschaft gefährden könnten. Sie dürfen keine Aggressionen und inneren Konflikte und keine sexuellen Begierden kennen. Ihr vorherrschendes Gefühl gegenüber dem Mann soll die Liebe sein, die sie „freiwillig“ zur völligen Unterwerfung veranlaßt. So wird letztlich auch noch die Tatsache von Geschlechterkampf und Herrschaft unsichtbar gemacht.
Dieses bürgerlich-männliche Phantasma von der idealen Frau wurde nicht nur zum Maßstab zur Beurteilung der revolutionären Aktivitäten von Frauen, sondern auch in beiden Revolutionen, 1789 wie 1848, öffentlich propagiert und in Szene gesetzt. Frauen spielten dabei mit, weil sie sich von der neuen Definition von Weiblichkeit auch die Eröffnung neuer Handlungsräume versprachen. Viele identifizierten sich mit dem ihnen zugeschriebe-

nen Teil gesellschaftlicher Arbeitsteilung und arbeiteten mit an seiner öffentlichen Inszenierung. Als verständnisvolle Partnerinnen unterstützen sie ihre Männer in der Öffentlichkeit, als entsagungsvolle Mütter opferten sie ihre Kinder auf dem Altar des Vaterlandes, als Hausfrauen stickten sie 1848 im Rathaus die Fahnen der Bürgerwehr, als Konsumentinnen schworen sie, nur deutsche Waren zu kaufen. Waren sie Jungfrauen, so gelobten sie, nur solche Männer zu heiraten, die der Sache der Revolution dienten.
Frauen, die sich als „Bräute und Mütter der Revolution" verstanden, sahen in dem neuen Frauenbild weniger eine Einschränkung als Möglichkeiten des sozialen Engagements. Unter Berufung auf ihre „soziale Mutterschaft" beanspruchten sie einen Teil der gesellschaftlichen Verantwortung. Carola Lipp zeigt dies in einer Regionalstudie über württembergische Frauen von 1848, ihre Vereinsgeschichte und ihre Aktivitäten während der Revolution zum Wohle der Nation.
Dieses öffentlich inszenierte Ideal von Weiblichkeit wurde nach „oben", gegen die Libertinage und Selbständigkeit der adligen Frauen, und nach „unten", gegen die Sinnlichkeit und Aggressivität der Frauen aus dem Volke abgegrenzt. In einem zeitgenössischen Bericht über die Vorgänge des 5./6. Oktober 1789, als die Frauen nach Versailles marschierten, um Brot zu fordern und den König zurück nach Paris zu holen, wurden die Frauen gleichzeitig als „Heldinnen" gefeiert und wegen ihres lauten, unkontrollierten und aggressiven Verhaltens auf der Straße gerügt. Was aber den Marktweibern noch zugestanden werden konnte, galt den Frauen des gebildeten Bürgertums, wie Mme Roland, schon damals als unmögliches Verhalten. Die Verhaltensgrenzen verliefen in verschiedenen Schichten unterschiedlich.
Unter dem Anspruch von Freiheit und Gleichheit betraten Frauen auch den männlichen Lebensraum, mit politischen Forderungen wie z. B. nach dem Wahlrecht, mit der Gründung von Volksvereinen oder indem sie Waffen trugen. Auch hier waren die Reaktionen auf ihr Verhalten unterschiedlich und z. T. widersprüchlich. Nützte es der Revolution, konnte solch „unweibliches Verhalten" sogar belohnt werden, z. B. mit der Auszeichnung der „Bürgerkrone". In der Regel aber verteidigten die Männer ihren Lebensraum mit großer Vehemenz und ahndeten Grenzverletzungen mit Schmähungen und Sanktionen.
Die Entwicklung der französischen Revolution zeigt eine zunehmende Verschärfung der männlichen Reaktion. Wurden weibliche Aktivitäten im öffentlichen Raum von manchen Patrioten zu Beginn noch als Ausdruck der Vaterlandsliebe gefeiert, so gerieten sie zunehmend in das Sperrfeuer der Kritik aus den eigenen Reihen. Je mehr die Frauen sich organisierten und für ihre Rechte eintraten, desto härter wurden die Sanktionen. 1793 wurden schließlich die Frauenklubs aufgelöst und verboten, 1794 wurde Frauen grundsätzlich untersagt, an politischen Versammlungen teilzunehmen. Die

Männerherrschaft war trotz gesellschaftlicher Umwälzungen zementiert worden.
1848, als die Hoffnung auf die Republik die Frauen wieder zu verstärkten Aktivitäten trieb, war die Definition der männlichen und weiblichen Lebensräume schon sehr viel klarer als 1789. Und doch waren viele Frauen von der Hoffnung erfüllt, mit der Demokratisierung der gesellschaftlichen Verhältnisse auch mehr Freiheit für ihr Geschlecht zu gewinnen. Wieder überschritten sie die Grenzen, die ihnen gesetzt waren, wieder wurden sie in ihre Schranken verwiesen, Grenzgängerinnen wie ihre Schwestern von 1789.
Gabriella Hauch zeigt dies exemplarisch in ihrem Beitrag über die Wiener Frauen von 1848. Sie beschreibt die unterschiedlichen Widerstandsformen der Arbeiterinnen und der bürgerlichen Frauen und die Reaktion der männlichen Kommentatoren auf ihr Engagement. Blieben die Frauen in ihrer Rolle als schöne Kulisse heldenhafter Kämpfer oder als „würdige Mütter tapferer Söhne", so waren sie der lobenden Kommentare sicher. Fielen sie jedoch aus ihrer Rolle durch aktive Beteiligung am Barrikadenbau oder das Tragen von Waffen, wurden sie Zielscheibe von polemischen Angriffen. Vor allem die Arbeiterinnen, die von allen Frauen die militantesten Kämpferinnen waren, standen im Brennpunkt bürgerlicher Männerphantasien, die ein Bild der sexuell aggressiven Barrikadenbraut zeichneten. Aber auch schon der selbständige Zusammenschluß bürgerlicher Frauen in einem Verein konnte Anstoß und Angst bei den Männern erregen und führte zu heftigen öffentlichen Diffamierungen.
Die Reaktion der Männer auf Befreiungskämpfe von Frauen war zwar je nach politischem Standort unterschiedlich, kannte jedoch kaum nationale Differenzierungen. Ob in Österreich, Preußen oder Frankreich, in allen Ländern erwies sich die patriarchale Einheit stärker als nationale und politische Unterschiede. Deutschland war zwar 1789 nicht vom Unmut der „untern Klassen" verschont geblieben, doch äußerte sich dieser nicht wie in Frankreich in Massenunruhen und revolutionärer Tat. Die bestehende Ordnung der einzelnen deutschen Staaten wurde nicht ernsthaft erschüttert, zumal sich eine bürgerliche, geistige Elite aufs Zuschauen und aufs Denken beschränkte.
Dieses Zuschauen wird exemplarisch durch Ursula Geitners Beitrag belegt, in dem sie die Beobachtungen der französischen Verhältnisse, insbesondere der französischen Frauen im revolutionären Paris und Versailles darstellt und interpretiert. Es sind Beobachtungen von Campe und Schulz zwischen Abscheu und Faszination, zwischen nüchterner Registratur und emotionaler Beteiligung. Sie bestimmen die Verklärung der Frauen, die sich in den ihnen von Männern zugewiesenen Räumen bewegen, und das Erschaudern vor denen, die grenzüberschreitend die revolutionäre Tat wagen. Dabei wird deutlich, wie letztere, an der „normierten Frau" gemessen, zu pathologisie-

ren und glaubhaft mit der „weiblichsten" aller Krankheiten, der Hysterie zu belegen sind.
Wurde auch in den deutschen Ländern im 18. Jahrhundert noch kein Aufstand geprobt, so gewannen doch die Ideale der Französischen Revolution zunehmende Bedeutung. Arndt, Uhland und Fichte formulierten das Selbstbewußtsein einer aufsteigenden bürgerlichen Klasse, in dem auch die Idee von Freiheit, Gleichheit und Brüderlichkeit enthalten war. Es folgte die erste gemeinsame kämpferische Tat in den patriotischen Befreiungskämpfen von 1813–1815 gegen Napoleon.
In dieser Phase der nationalen Selbstfindung traten auch Frauen mit ihrem Engagement an die Öffentlichkeit. Sie verfaßten politische Aufrufe, sie gründeten die ersten Frauenhilfsvereine, ja sie zogen sogar mit den Freischaren in den Kampf. Als Freiheitskämpferinnen wurden sie zu Heldenjungfrauen emporstilisiert, deren Mut, Tapferkeit und Patriotismus ebenso sehr gerühmt wurden wie deren Sittsamkeit, Reinheit und Tugend. Aus Hannelore Cyrus' Beitrag zu Anna Lühring wird deutlich, wie mühsam dieses Bild zu fertigen und durchzusetzen war, und wie nahe beieinander die Zuschreibung von Jungfrau und Hure war. 1848 gab es keine Zuschreibungszweifel mehr, wie Hannelore Cyrus an den Reaktionen zu Luise Astons Verhalten im Vergleich zu den patriotischen Heldenjungfrauen belegt. Das alte Bild der liederlichen Dirne im Heer und im Troß gewann in der nach Deutschland von Paris übergeschwappten Revolution neue Aktualität. Frauen auf den Barrikaden, Frauen im Freiheitskampf wurden nachhaltig diffamiert und mit unterschiedlichen Bildern etikettiert, sei es, um ihnen ihre Gefährlichkeit zu nehmen oder um ihre abschreckende Wirkung zu betonen.
In den Augen männlicher Revolutionäre vermochte nur die Liebe Grenzüberschreitungen der Frauen zu rechtfertigen. „Aus Liebe zum Vaterland" und aus Liebe zu ihrem Robert war Flora, die Heldin in Karchers Roman „Die Freischärlerin" (1849) in den Freiheitskampf gezogen. Inge Buck folgt ihrer Gestalt, dem tugendhaften Mädchen mit den glühenden demokratischen Ideen, in ihrer Entwicklung zur Freischärlerin durch den Roman. Dabei zeigt sie auf, wie Karcher das Kunststück vollbringt, eine Frau, die sich auf männliches Terrain begibt, zugleich in den Grenzen des herrschenden Weiblichkeitsideals zu halten. In Flora können wir die Phantasiegestalt erkennen, die die republikanischen Männer sich 1848 als ideale Partnerin erträumten: hingebungsvoll und doch tatkräftig, sittsam und doch die Grenzen der Konvention sprengend, attraktiv und doch nicht sexuell bedrohlich, treu bis in den Tod.
Wir haben versucht, die Wahrnehmung von Frauen in besonders augenfälligen Momenten der Geschichte, den Revolutionen von 1789 und 1848, auf den verschiedensten Gebieten herauszuarbeiten: in zeitgenössischen Zeitungsartikeln, Liedern, Gedichten und Romanen, in der Philosophie, Medi-

zin und Pädagogik und in der Geschichtsschreibung. Daß wir dabei vor allem auf Männerphantasien gestoßen sind, ist der Tatsache geschuldet, daß die meisten Schilderungen der Aktivitäten revolutionärer Frauen von Männern verfaßt wurden.

Wir hatten nicht die Absicht, der „Männergeschichte" eine „Frauengeschichte" hinzuzufügen, ohne den Rahmen der Wahrnehmung und Überlieferung in Frage zu stellen, in dem sie uns begegnet. Wir wollten weder Heldinnen schaffen noch das ewige Klagelied der Unterdrückung singen, weder idealisieren noch lamentieren. Vielmehr kam es uns darauf an, die Lebensrealität der Frauen und ihre Verzerrung durch die Kommentare, Ordnungsschemata und Phantasien der Männer im Zusammenhang zu sehen. Frauengeschichte ist nicht rekonstruierbar ohne die Zerstörung androzentrischer Geschichtsmythen.

„Androzentrische Geschichte" bedeutet, die männliche Wahrnehmung der Welt zu einer allgemein menschlichen zu verallgemeinern. Der Mann sieht sich im Zentrum des Geschehens, die Frau wird zur Randerscheinung. Historische Ereignisse werden in einem Zusammenhang rekonstruiert, der ein patriarchalisches Weltbild, männliche Gedanken, Vorstellungen und Werte und zum Teil auch verborgene Wünsche, Ängste und Phantasien widerspiegelt, dabei aber Geschlechtsneutralität und Allgemeingültigkeit beansprucht.

Michelets „Frauen der Revolution", die Helga Grubitzsch analysiert, sind ein Paradebeispiel androzentrischer Geschichtsschreibung. Um die Mitte des 19. Jahrhunderts, beseelt von der Aufgabe, das Ideal der liebenden, opferfreudigen Ehefrau und Mutter unters Volk zu bringen, schuf Michelet die „Frauen der Revolution" nach seinem Muster von Weiblichkeit. Die Lebensrealität der Frauen verschwindet unter der Interpretation des Historikers, kodifiziert zu einer Tradition, die bis heute das Bild der revolutionären Frau bestimmt. Helga Grubitzsch verfolgt in ihrem Beitrag die einzelnen Schritte dieser androzentrischen Geschichtsklitterung und scheidet im Falle von Théroigne de Méricourt die Phantasie des Historikers von der Lebenswirklichkeit der betroffenen Frau. Damit werden Geschichtsmythen über die Frauen der Französischen Revolution in ihrer patriarchalischen Funktion erkennbar und zugleich entmystifiziert.

Im Gegensatz zu den Geschichtsmythen haben wir versucht, ein Bild der an den Revolutionen beteiligten Frauen zu malen, das ihrer eigenen Wahrnehmung entspricht. Daß wir es mühsam von den Etiketten befreien mußten, die Männer ihm aufgeklebt hatten, liegt an einer gesellschaftlichen Realität, die Frauenleben ohne Männerherrschaft nicht möglich sein läßt. Dieses Vorgehen – weibliche Lebenswirklichkeit im Zusammenhang mit männlicher Herrschaft zu betrachten – entsprach unserer methodologischen Prämisse und erlaubte es uns, Geschichte als geschlechtsdichotomische Realität erfahrbar zu machen. Das Geschlecht als zentrale Kategorie der Geschichtsschreibung zu nutzen heißt, die Verzerrungen der Männergeschichte in ihrer scheinbaren Geschlechtsneutralität zu entlarven und ihre Allgemeingültigkeit zu bestreiten.[1]

Bremen, im April 1985

Helga Grubitzsch / Hannelore Cyrus / Elke Haarbusch

[1] Leider konnten wir die Beiträge von R. Ferrari/A. Kuhn/W. Wirtz-Weinrich und von C. Opitz in unserem Vorwort nicht mehr berücksichtigen, da sie erst nach Abgabe der Manuskripte von Annette Kuhn in diesen Band aufgenommen wurden.

Von erlaubter und unerlaubter Frauenart, um Freiheit zu kämpfen – Freiheitskämpferinnen im 19. Jahrhundert und die Freie Hansestadt Bremen

Hannelore Cyrus

„Ich will es laut hinausschrein in die Welt: –
Sie hassen Dich, weil sie Dich nicht erreichen,
Weil Deine Hand die neuen Fackeln hält,
die viel zu hell für blöde Augen leuchten,
weil ihre Macht morsch ist und untergraben,
wenn alle Weiber Deine Meinung haben,
weil sie Dein Lied aus der Verblendung schreckt,
und das Bewußtsein ihres Nichts erweckt. –“
(Bremischer Beobachter Nr. 23 v. 2. 6. 1849) (Q O)

Das ist die letzte Strophe ungelenker Verse eines Bewunderers von Louise Aston, die der Bremische Beobachter, eine konservative Zeitung, aber liberal nach eigenem Selbstverständnis mit der Bemerkung abdruckte, daß man dem Einsender die Aufnahme wohl nicht versagen könne,

umsomehr als „wir in der vorigen Nummer unsere Ansicht über Frau Louise Aston ausgesprochen haben“ (BB Nr. 23 v. 2. 6. 1849).

Die lautete verbittert und erbost angesichts des allgemeinen Aufsehens, das Louise Aston insbesondere bei den jüngeren Damen in Bremen erregt hatte,

daß „Madame Louise Aston geb. Hoche ein ganz gewöhnliches Frauenzimmer (ist), die sich nur dadurch auszeichnet, daß sie – eine von ihrem Manne geschiedene Gattin – in großen Städten mit Männern in Männerhosen umhergelaufen ist, mit ihnen geraucht und gezecht hat und dafür von den Polizeibehörden überall, selbst in Zürich, ausgewiesen worden ist“ (BB Nr. 22 v. 26. 5. 1849).

Den wenigen bewundernden zeitgenössischen Äußerungen über Louise Aston steht eine Unzahl von öffentlichen Diffamierungen gegenüber. Aus ihnen wird nicht sichtbar, das Louise Aston „neue Fackeln“ hält, daß sie durch ihre demokratische Gesinnung die herrschende Macht infragestellt, daß sie in ihren Schriften das Verfügungsrecht des Mannes über die Frau anprangert, das heilige Institut der Ehe als unselige Knechtschaft für die Frau entlarvt. Für die Öffentlichkeit ist sie „ein ganz gewöhnliches Frauenzimmer“, eine liederliche Frau, von der man auch nicht mehr als liederliche Gedanken erwarten kann.

Die liederliche Frau ist eines von mehreren aus Männerangst und Männerfantasien geborenen Klassifikationsmustern. Es hat die Funktion, Weiblichkeit verfügbar und in Schach zu halten und dort, wo sie zur Bedrohung wird, auszugrenzen.
Die Willkür solcher Klassifikationen und den Objektstatus der Frau im Prozeß der Etikettierung möchte ich beispielhaft an Freiheitskämpferinnen im 19. Jahrhundert verdeutlichen und zugleich versuchen, die Gründe für die Zuschreibungen herauszuarbeiten. Zwei Frauen rücke ich dabei in den Mittelpunkt, deren Schicksal in besonderer Weise durch die Politik und durch die Öffentlichkeit der freien Hansestadt Bremen mitbestimmt wurde.
Die eine ist Anna Lühring (1796–1866), die als Lützower Jägerin in männlichem Waffenrock und mit Hirschfänger und Büchse ausgerüstet in den Kampf gegen Napoleon (1813–1815) zog und zur „Heldenjungfrau" emporstilisiert wurde.
Die andere ist Louise Aston (1814–1873), Schriftstellerin, Demokratin und Freischärlerin, als „Hure", als „Buhlerin" beschimpft, der Schamlosigkeit und Unzüchtigkeit bezichtigt.
Beide Frauen wurden ihres Subjektcharakters entkleidet. Sie hatten die ihnen geschneiderten unpassenden Kleider zu tragen, den bunten Rock der Liederlichkeit ebenso wie das weiße Gewand der jungfräulichen Heldin.
Sie waren Objekte in der Bewunderung und in der Verachtung. Und in Bewunderung und Verachtung jeweils auf einen Aspekt fantasierter Weiblichkeit reduziert.
Was sie selber dachten, was sie wünschten, was sie hofften, war weithin ohne Belang.
Man(n) suchte nicht das Gespräch mit ihnen, man(n) führte es über sie – stellte sie entsprechend der historischen Situation auf das Podest oder an den Pranger.

1. Das Lützower Freicorps und seine Frauen

Frauen beschränkten sich im Kampf gegen Napoleon nicht auf „Liebesgaben, Pflege der Kranken und Verwundeten, freudiges Ertragen der Trennung vom Vater, Bruder, Gatten und Verlobten" (Förster 1857, 27), sondern einige von ihnen „wurden von der allgemeinen Begeisterung so weit fortgerissen, daß sie unerkannt in die Reihen der Kämpfer traten und heldenmüthig an der Seite der Tapfersten fochten und starben" (Förster 1857, 27). Die berühmteste von ihnen war Eleonore Prochaska aus Potsdam (1785–1813).

Sie kämpfte wie die meisten der bekanntgewordenen Frauen im Freicorps des Adolf von Lützow (1782–1834), das Immermann (1796–1840) „Poesie des Heeres" nannte, in dem wie in keinem anderen „die Blüte der Jugend aus dem Hörsaal, der Kirche, dem Lehrstuhl, der Gerichtshalle" focht.

„Nirgends stand der junge grüne Hain so dicht als in der Lützowschen Freischar. Hier war der Student Nebenmann des Professors“ (Immermann in Lange 1953, 71).

Mit den Scharen zogen neben der Masse der „tüchtigen Handwerksgesellen und Bauernburschen“ Ärzte, Künstler, Lehrer, Geistliche und Naturforscher. Mit ihnen Theodor Körner (1791–1813), Verfasser des Gedichtes von Lützows wilder, verwegener Jagd und Friedrich Ludwig Jahn (1778–1852), der „Turnvater“, Kommandant auch über die Kompanie, in der Anna Lühring diente. Ernst Moritz Arndt (1769–1860), Ludwig Uhland (1787–1862) und Johann Gottlieb Fichte (1762–1814) riefen zur nationalen Befreiung auf und formulierten das Selbstbewußtsein einer aufsteigenden bürgerlichen Klasse, in dem auch die Idee von Freiheit, Gleichheit und Brüderlichkeit enthalten war. Es war wohl diese Mischung aus Patriotismus, Freiheitssinn und neuem Bürgerstolz, die dieses Freicorps auch so attraktiv für Frauen machte. Sie wurden von ihm angezogen, aber sie wurden auch in ihm aufgenommen.

Sie kämpften für die nationale Freiheit, das ist gewiß! Kämpften sie auch für die eigene Freiheit – für die Aufhebung der Standesschranken, für Gleichheit?

Das vorhandene Material läßt eine eindeutige Beurteilung nicht zu.

Eines ist sicher, keine der bekanntgewordenen kämpfenden Frauen gehörte den gehobenen Schichten an. Eleonore Prochaska war die Tochter eines invaliden Unteroffiziers und Anna Lührings Vater war Zimmermeister in Bremen.

Eleonore und Anna besaßen jedoch offensichtlich eine gute Bildung. Das bezeugen die beiden Briefe von Eleonore.

Und wenn die Neue Bremer Zeitung über Anna Lühring berichtete:

„Wiewohl sie von ihrem Vater eine ihrem Stande und Vermögen angemessene Erziehung erhielt, zeigte sie doch schon in zarteren Jahren eine entschiedene Neigung für sorgsame Bildung des Geistes, welche sie vorzugsweise zum Lesen Deutscher Dichter hinzog“ (NBZ 10. 2. 1815),

so bildete sie sich offensichtlich über ihren Stand hinaus und dürfte die diffamierenden Standesschranken aufs bitterste erfahren haben.

Beide Frauen stammten aber auch aus geordneten Verhältnissen, in denen strenge Vaterzucht über die Sittsamkeit der Töchter wachte. Sie taten also den mutigen Schritt aus Wohlbehütetheit und Umsorgtheit heraus, durchaus der Gefahr bewußt, ihre bürgerliche Existenz zu riskieren.

Das zeugt nicht nur von Energie und Tatkraft, sondern auch von Selbstbewußtsein und eigenwilligem und selbständigem Denken. Die Frauen nahmen sich die Freiheit, gegen die Geschlechtsstereotype zu verstoßen, überzeugt zwar, „keine schlechte oder leichtsinnige Tat zu begehen,“ (Q 1) doch allemal unsicher, ob die anderen es ebenso sehen würden wie sie selber.

„Ehrenvoll oder nie siehst Du mich wieder“ (Q 1), schrieb Eleonore an ihren Bruder. Er sah sie nie wieder, sah aber die Ehre mit ihrem Namen verbunden.

2. Eleonore Prochaska – „eine vom Sturm des Krieges geknickte Lilie“

Ich möchte, bevor ich mich der Bremerin Anna Lühring zuwende, kurz auf Eleonore Prochaska – der berühmtesten Lützowerin eingehen. Sie war nicht nur Vorbild für Anna Lühring, die von ihr „mit Entzücken“ gehört hatte, sie war auch die Frau, nach der die Figur der Heldenjungfrau geschaffen wurde, und die den anderen Frauen die Gnade der Ehrung sicherte.
Außerdem hinterließ sie als einzige Selbstzeugnisse. 2 Briefe, die Förster in Emphase als ein Zeugnis pries, das wie

„kein Aufruf der Fürsten, kein Schlachtbericht der Feldherrn“ den Geist verdeutlichte, „welcher damals alle Herzen im preußischen Volke durchglühte.“ „Sie gehören der Geschichte an und verdienen aufbewahrt zu werden“ (Förster 1857, 27).

Will auch Förster nur damit zum Ausdruck bringen wie allgemein verankert die Idee des Freiheitskampfes in den Köpfen aller Deutschen war, so liest man in seiner sonst traditionellen Geschichtsschreibung diese Aussage doch nicht ohne Überraschung, in der nun eine Frau ihre Würdigung fand, die eklatant gegen das gültige Frauenbild verstieß.

Die beiden Briefe sind an den Bruder gerichtet und enthalten 2 thematische Schwerpunkte: die Schilderung ihres Tuns im Corps und die Hoffnung auf Verständnis für ihre Entscheidung, „in diesem ehrenvollen Kriege mitzukämpfen,“ mit der Bitte, sie dem Vater vorzutragen „so vorteilhaft wie möglich für mich.“ (Q 1) „Und sage ihnen“, schrieb sie (gemeint sind der Vater und die Schwester Karoline),

„versichere sie, daß mein Herz stets gut und edel bleiben wird, daß keine Zeit, Schicksal oder Gelegenheit mich zu Grausamkeiten oder bösen Handlungen verleiten soll, und daß mein Herz stets treu und bieder für sie schlüge“. (Q 1)

Sie hatte sich „anständige Manneskleidung“ gekauft, eine Büchse, Hirschfänger und Tschako und sich den „Schwarzen Jägern“ unter dem Namen August Renz angeschlossen.

„Wir exerzieren, tiraillieren und schießen recht fleißig“, schrieb sie vergnügt und fügte voller Stolz hinzu: „Ich treffe auf 150 Schritt die Scheibe.“ (Q 1)

Der 2. Brief weist aus, daß es ihr gelungen war „ganz unerkannt zu bleiben.“ „Kann ich nicht ein Quartier für mich allein bekommen“, schrieb sie um den Beweis ihrer Tugendhaftigkeit zu liefern, „so ist gewöhnlich der kleine Arnold von 15 Jahren mein Kamerad.“ (Q 2)

Sie gab sich als Schneider aus, einerseits weil die auch „eine feine Stimme haben“, andererseits aber auch, weil bei der ganzen Kompanie „nur noch ein einziger Schneider“ war, „ein bucklig altes Männchen, den sie nirgends als Soldat haben annehmen wollen.“ (Q 2) So kann sie auch ihre Nähkünste in den Dienst des Corps stellen. In dem zweiten Brief ist viel von der anfänglichen Keckheit verloren. Sie ist müde vom Marschieren und von Todesahnungen erfüllt. Ihre letzten Worte lauteten:

„Komme ich einst glücklich wieder, dann, guter Bruder, wird meine Freude überschwenglich sein; komme ich nicht wieder zurück, dann sage ich Dir in diesem Brief das letzte Lebewohl, dann teurer, guter Bruder, lebe ewig, ewig wohl! Ich kann vor Tränen nichts weiter sagen, als daß ich auch noch im Tode treu und ewig mit Liebe sein werde Deine Dich ewig liebende Schwester Leonore, gen. August Renz.“ (Q 2)

Es war wirklich die letzte Nachricht. Eleonore Prochaska wurde am 16. September 1813 in der Schlacht an der Göhrde tödlich verwundet. Der Leutnant Förster erwähnt in seinem Kriegstagebuch, das auch den Kampf an der Göhrde beschreibt, den tapferen Jäger August Renz, der, wie er notierte, mit großem Geschick auf einer einem französischen Tambour abgenommenen Trommel herumwirbelte:

„Du verstehst dich doch auf Alles, rief ein Anderer ihm zu, du schneidest, kochst, wäschst, singst und schießt, wie Keiner es besser versteht und nun bist du auch noch Tambour!“ – „Ein Potsdamer Soldatenkind“, sagte Renz, „muß sich auf Alles verstehn“, und trommelte lustig weiter und sang: „Zusamm zusamm ihr Lumpenhund, Ihr sollt zu Euern Hauptmann komm’, Ihr sollt een Buckel voll Prügel bekomm’“ (Förster 1857, 857)

Der Spaß hörte auf und Eleonore schlug den Sturmmarsch, als die Lützower Jäger eine französische Batterie stürmten. Stürzend rief sie, als ihr der rechte Schenkel von einer Kanonenkugel zerschmettert wurde: „Herr Lieutenant, ich bin ein Mädchen“ (a. a. O. 859)! Ein Arzt öffnete „den beklemmenden Waffenrock“ und Förster schrieb idealisierend: „der schneeweiße Busen verrieth in pochenden Schlägen das jungfräuliche Heldenherz. Kein Laut der Klage kam über ihre Lippen, um die noch sterbend ein beseligtes Lächeln schwebte“ (a. a. O. 859/60).

Eleonore Prochaska wurde nach Dannenberg gebracht, wo sie am 5. Oktober 1813 ihren Verletzungen erlag.

Abbildung 1: Eleonore Prochaska

Abbildung 2: Eleonore Prochaska fällt im Gefecht a. d. Göhrde

Ein Bericht von dort meldete:

„Heute morgens 9 Uhr wurde die Leiche der in der Schlacht an der Göhrde verwundeten Eleonore Prochaska zur Erde bestattet, welche als Jäger im Lützowschen Freicorps unerkannt ihren Arm aus reinem Patriotismus der heiligen Sache des Vaterlandes geweiht hatte. Gleich einer Jeanne d'Arc hat sie muthvoll gekämpft für König und Vaterland" (a. a. O. S. 860).

Ihrem Sarge, der „von ihren Waffenbrüdern getragen wurde", folgten Jägercorps und eine Reihe hochgestellter Persönlichkeiten.

„Eine dreimalige Gewehrsalve rief der vom Sturme des Krieges geknickten Lilie den letzten Gruß noch in das Grab" (a. a. O., 860).

3. „Unter der Maske? Eine Jungfrau"

Eleonore Prochaska hat als Heldenjungfrau in den Geschichtsbüchern überlebt. Ernst Moritz Arndt gedachte ihrer, Beethoven komponierte die Musik zu einem Trauerspiel „Eleonore Prochaska", Zeitgenossen malten sie und widmeten ihr mehr oder minder gelungene Verse.
Freimund Reimar schrieb in seinem Gedicht: Prochaska (in Förster 1857)

„Ich müßte mich schämen, ein Mann zu heißen, Wenn ich nicht könnt' führen das Eisen und wollte Weibern es gönnen, Daß sie es führen können!"

und machte in seiner Huldigung an Eleonore Prochaska nur allzu deutlich, welche Probleme doch Männer mit den Heldinnen und ihren Taten hatten.

Sichtbar werden männliche Scham und männliche Angst – die Furcht vor einer Rollenverkehrung, wie viele zeitgenössische Stiche sie belegen. Die Scham, angesichts tapferer Frauen nicht sonderlich geschickt in der Waffenführung zu sein oder nicht gleich heldenmütig gekämpft oder gar versagt zu haben. Und die Angst vor der Stärke der Frau, ihr unterlegen zu sein, als Schwächling zu gelten, der Lächerlichkeit preisgegeben zu werden.

Abbildung 3: Die Frau hat Hosen an

Doch merkwürdigerweise gebiert Männerangst hier nicht das Bild des „Mann-Weibes“. Kein „Büchsenweib“ oder „Flintenweib“ entsteht, sondern ein „Gesell, so fein, so jung?“ –

„Unter der Maske? Eine Jungfrau, heißt Prochaska.“ (Q 3) In männlicher Fantasie bleibt unter dem männlichen Waffenrock und hinter den männlich kühnen Taten das Weib, wenngleich verborgen, doch erhalten. Es zeigt sich wieder in der Verwundung, „mit jammervoller Stimme“ (Förster 1857, 858) und kläglich: »Wundarzt, geh bei Leibe Nicht unsanft um mit dem Weibe!“ (Q 3) Männlich hat sie gekämpft, und eine männliche Karriere als Soldat zu einem männlichen Ende, den Heldentod im Kampf geführt, doch im Sterben ihre Weiblichkeit kenntlich gemacht.

Anständiger als Eleonore Prochaska kann man im Krieg nach männlichem Verständnis wohl nicht sterben und auch nicht zeitgerechter: „Zum Glück traf dich die Kugel nicht eh'r als bis du dir hattest genügliche Ehr erstritten in Mannesgebehrden.“
Das hat ihr den Nachruhm gesichert und allen anderen Frauen, die gleich ihr das Geschlecht verleugnend im patriotischen Kampf 1813–1815 stritten, die Ehre gerettet.
Keine der anderen namentlich bekannten Frauen, erreichte die Popularität der Eleonore Prochaska. Doch wo sie erwähnt werden, wird ihrer lobend oder gar glorifizierend gedacht und immer wieder hervorgehoben, wie tugendsam sie geblieben sind. So die Lüneburgerin Johanna Steegen, von der es heißt, daß sie tapfer im Kugelregen und im Kreuzfeuer am Lüner

Thore stehend, die Patronentaschen der gefallenen Franzosen leerte und sie den preußischen Füsilieren übergab. Varnhagen von Ense (1785–1858) besang das heldenmütige Mädchen und sorgte für seine Übersiedlung nach Berlin, „wo sie sich glücklich verheiratete" (Förster 1857, 201).
Die junge Witwe Anna Unger aus Bayreuth diente „lange gänzlich unbekannt" als „gemeiner Jäger". Ihr Kamerad Eiselen berichtete lobend,

daß sie sich gewöhnlich „wenn eine Menge Leute in ein Quartier gelegt werden mußten, ausbat, einem bestimmten Oberjäger zugeteilt zu werden, weil sie gewiß war, daß sich vor allen in seiner Nähe unsittliche Reden und Handlungen nicht hervorwagten, sie also hier des stillen Schutzes genoß, den ihr Geschlecht besonders wünschenswert machte" (Dok. Eiselen in Lange 1953, 76).

4. Anna Lühring – die „heldenmüthige Jungfrau"

Lange unerkannt als Frau blieb auch die Bremerin Anna Lühring. Auch sie ist ein Zeugnis dafür, wie gut es möglich war, mit Uniform, Gewehr und keckem Auftreten für einen Mann gehalten zu werden.
Die Bremer und Bremerinnen fühlten sich in besonderer Weise durch die Franzosenherrschaft – Bremen war von 1811–1813 „bonne ville" des napoleonischen Kaiserreichs – in ihrem Freiheitssinn und Bürgerstolz verletzt. So hatten sie auch mit großer Aufmerksamkeit den patriotischen Reden und Gesängen gelauscht und sich in besonderer Weise mit den Lützower Jägern identifiziert, mit dem sich wie mit keinem anderen Freikorps die Sehnsüchte und Wünsche nach nationaler Befreiung und nach Unabhängigkeit und Freiheit verbanden.
Nach der endgültigen Befreiung Bremens am 26. Oktober 1813, an der auch Lützower beteiligt waren, wuchs die Begeisterung zu allgemeinem Patriotismus und umfaßte „alle Elemente des Volkes, Hoch und Gering, Alt und Jung, Männer und Weiber" (Schumacher 1870, 157).
Am 29. Oktober 1813 rief der Preußische Rittmeister und Lützower Detachements-Chef in Bremen zu den Waffen und zu Spenden auf. Und „Hauptmann" Heinrich Böse (1783–1867) zog mit seiner aus eigenen Mitteln finanzierten Jägerkompanie mit einer von bremischen Frauen gestickten Fahne in den Kampf.

Abbildung 4: Betty Gleim um 1815

Die Frauen des Patriziats warben und sammelten zugunsten der Freiheitskämpfer und gründeten den sogenannten „Kleinen Frauenverein von 1814" mit der Aufgabe, verwundete bremische Soldaten zu unterstützen.
Betty Gleim (1781–1827) verfaßte ihren flammenden Aufruf „Was hat das wiedergeborne Deutschland von seinen Frauen zu fordern?"
Und Anna Lühring eilte mit den Kleidern ihres Bruders angetan in der Nacht vom 13. auf den 14. Februar 1814 über das Eis der kleinen Weser den Lützowern nach, die am Tage ihres Fortlaufens den Befehl zur Belagerung der Festung Jülich erhalten hatten.
„Zu Fuß ohne mehr als die nöthigste Rast sich zu gestatten, eilte sie ihrer neuen Bestimmung entgegen", schrieb die Neue Bremer Zeitung nach ihrer Rückkehr und fuhr lobend fort:

„Wenn schon die unerschütterte Charakterstärke der heldenmüthigen Jungfrau sich ausspricht in der Überwindung aller sich ihr entgegenthürmenden Schwierigkeiten, deren sie noch manche auf der durch die rauheste und unfreundlichste Witterung, durch unwegsame und überschwemmte Straßen bezeichneten Reise zu bestehen hatte, so verdiente doch der Zug die Aufmerksamkeit des Beobachters, die Huldigung der Welt, daß sie, nicht beharrlicher Mann, sondern zarte Jungfrau, nicht im ersten Taumel auflodernder Vaterlandsliebe, nicht am friedlichen Orte der Werdung, sich der großen, der allgemeinen Sache hingab" (Neue Bremer Zeitung v. 10. 2. 1815).

Im Depot Münster erhielt sie Waffen und Uniform, und sie meldete sich so ausgerüstet am 28. Februar 1814 als Eduard Kruse aus Oldenburg für den freiwilligen Waffendienst.
Sie wurde als Fußjäger in den Dienst genommen. Der „kleine Kruse" war rasch der Liebling der Kompanie und „kein Mensch ahnte", wie der Kamerad Franz Wiebe aus Hamburg 1860 schrieb, „daß der kleine Kruse ein Mädchen sei„ (Wiebe nach Schumacher 1870, 162).

„Alle Beschwerden des Dienstes ertrug sie mit männlicher Ausdauer; die Zeit, welche dem Felddienste entzogen werden durfte, gehörte der persönlichen militärischen Ausbildung" (NBZ v. 10. 2. 1815).

6 Wochen lag das Corps vor Jülich und brach dann nach Aachen auf, wo den Hauptmann von Helmenstreit ein Schreiben des Vaters erreichte, der nach seiner verlorenen Tochter forschte. Das Schreiben war an den Lützower Leutnant Ewald gerichtet, der derzeit in Bremen bei den Lührings in Quartier gelegen hatte – und dem – wie der Vater vermutete – seine Tochter in Liebe gefolgt war.
Auf Befragen gab sie zu, Anna Lühring aus Bremen zu sein, erlaubte „die Sittlichkeit der Jungfrau" doch nicht, „der leicht zu ergründenden Wahrheit zu widersprechen". (NBZ v. 10. 2. 1815)
Sie bat den Hauptmann, „ihren Kameraden das Geheimnis nicht zu entdekken" und bleiben zu dürfen, „welches ihr umso lieber gewährt ward, da der Commandant selbst sie aufforderte den preußischen Dienst nicht zu verlas-

sen“ (NBZ v. 10. 2. 1815). So blieb sie unter dem angenommenen Namen Eduard Kruse im Corps und zog mit ihm nach Frankreich. Um Ruf und Sittlichkeit besorgt, informierte der Hauptmann seine Offiziere und hielt seinen Feldwebel an, „den Jäger Kruse entweder allein in Quartier zu legen oder zusammen mit den ehrenhaftesten Männern der Truppe“ (Schumacher 1870, 163).

Zwei kleine Episoden über ihr Verhalten im Corps sind überliefert worden. Bei einem mühseligen und langwierigen Übergang über eine kleine Brücke sprang sie mit den Worten „ein braver Jäger fürchtet das Wasser nicht!“ in den im April noch sehr kalten Fluß und watete hindurch.
Die 2. Überlieferung berichtet, daß Anna Lühring während einer kleinen Urlaubsreise mit Kameraden zusammentraf, die ihr sagten, daß sie sie für ein Mädchen hielten. „Zwei Flaschen Wein, wenn's wahr ist!“
Im nächsten Wirtshaus spendete sie die beiden Flaschen mit den Worten: „Trinkt Kameraden, der Wein ist bezahlt, aber ein Schurke, wer nochmals einen solchen Verdacht ausspricht.“
„Dabei schlug sie“, wie Schumacher weiter berichtet, „an den Hirschfänger und diese Handbewegung ward sehr gut verstanden“ (a. a. O., 164).

Sie marschierten nach Lüttich, Nivelles, Givry, Beaumont und Vervins, wo sie die Nachricht vom Friedensschluß vom 8. April 1814 erreichte. Das Corps kehrte über Armentières, Brüssel und Elberfeld nach Berlin zurück, wo es am 13. Juli einrückte. „Ein Marsch“, wie sich später die Neue Bremer Zeitung sorgte, der „allein hinreichen konnte die Körperkräfte der zarten solcher Anstrengungen ungewohnten Jungfrau unterliegen zu machen (NBZ v. 10. 2. 1815).
In Berlin wurden die Freiwilligen offiziell und in Ehren verabschiedet und entlassen.
Anna Lühring blieb in Berlin, weil ihr Vater „durch Nahrungssorgen und Unglück verbittert“, „von der ungerathenen Tochter nichts wissen“ wollte. (Schumacher 1870 S. 165)
Er glaubte, daß der Ruf ihrer Sittlichkeit für immer dahin sei und hatte ihr verboten „vor 2 Jahren in sein Haus zurückzukehren.“ (Q 4)
Der Leutnant, in dessen Kompanie sie gekämpft hatte, nahm sich ihrer an und führte sie in das Haus des General-Lotterie-Direktors Bornemann ein, wo sie sich „ganz zur Zufriedenheit dieser achtungswerthen Familie“ betrug, und sich durch ihr sittliches Betragen überhaupt die Achtung aller der Frauen, mit denen sie hier bekannt wurde“, erwarb. (Q 4) Dort und später im Hause der Eltern der Gräfin Arnauld, in dem sie „wie ein Kind“ aufgenommen wurde, erreichten sie viele Ehrungen und Einladungen: von der Prinzessin Marianne von Preußen, der Fürstin Louise von Radziwill, des Feldmarschalls von Blücher und des Generals von Tauentzien, der der „hochherzigen Streiterin“, die „von seiner eigenen Heldenbrust genommene Denkmünze preußischer Krieger umhing“ (NBZ v. 10. 2. 1815).

Berlin feierte die „heldenmüthige Bremerin“ und bezeugte ihr kleine und große Zeichen der Anerkennung.

5. Die patriotische Heldenjungfrau

Die Frauen im Lützower Corps hatten gezeigt, wessen sie fähig waren, daß sie als Soldatinnen so gut waren und so tapfer und so ausdauernd in Fußmärschen wie Männer auch, mehr noch, es hatte sich gezeigt, daß sie von männlichen Soldaten nicht zu unterscheiden waren.
Alles gewiß kein Grund, um aus ihnen Heldinnen oder gar Heldenjungfrauen zu machen.
Doch das königliche Preußen brauchte wohl neben den tapferen Helden auch die patriotische Heldenjungfrau, hatte man doch zum Kampf gegen Napoleon nicht nur die Menschen aller Stände aufgerufen, sondern auch die Menschen beiderlei Geschlechts. In bezug auf die Frauen wurde vor allen Dingen an ihre Opferbereitschaft appelliert. Die königlichen Prinzessinnen von Preußen stellten sich selbst an die Spitze aller Patriotinnen, und gründeten den Frauenverein zum Wohle des Vaterlandes, mit dem sie sich in Aufrufen an alle Frauen im preußischen Staate mit der Bitte um Unterstützung wandten.

Sie erbaten „nicht blos baares Geld“, „sondern jede entbehrliche werthvolle Kleinigkeit, – das Symbol der Treue, den Trauring.“ „Gern“ wurden von ihnen auch „monatliche Beiträge, Materialien, Leinwand, gesponnene Wolle und Garn angenommen und selbst unentgeltliche Verarbeitung dieser rohen Stoffe als Opfer angesehen. Solche Gaben, Geschenke und Leistungen“ sicherten „das Recht, sich ‚Theilgenossin des Frauenvereins zum Wohle des Vaterlandes‘ zu nennen.“ (Q 5)

Da setzten sich die „edlen Damen“ zusammen und strickten mit Eifer Strümpfe für die Soldaten, spendeten Schmuck und Ringe und goldene Fingerhüte „denn messingne thun denselben Dienst“ (Förster 1870, 19), gaben arme und unbemittelte Witwen, was sie nicht unmittelbar zu ihrem Lebensunterhalt brauchten, plünderten kleine Mädchen ihre Sparbüchsen, spendete eine Jungfrau ihr blondes Haar. Ihnen allen wurde, ob sie genannt sein wollten oder nicht, öffentlicher Dank für „diesen thätigen Beweis ächter Vaterlandsliebe“ (Förster 1870, 18ff.).
Insoweit kann das Heldenbegräbnis der Eleonore Prochaska und ihre Glorifizierung auch als Dank an die deutschen Frauen verstanden werden. Es diente der Ermunterung und der Ermutigung und enthielt die Aufforderung, sich weiterhin für die nationale Freiheit einzusetzen.
Demselben Interesse diente auch die Ehrung der Anna Lühring und ihr Empfang durch die königlichen Prinzessinnen, die Mitunterzeichnerinnen des Aufrufes waren.

Ihre Gunst bestimmte die allgemeine Gunst mit. Waren die königlichen Patriotinnen auch nicht Erfinderin der Zuschreibung „Heldenjungfrau“, so sicherten sie diese jedoch ab und festigten sie öffentlich, um die weitere engagierte Teilnahme der Frauen an der Vaterlandsverteidigung zu erhalten. Die beiden Frauen selbst waren in diesem Prozeß der Zuschreibung und Ehrung Objekt. Sie wurden nicht gefragt – sie wurden zu Heldenjungfrauen, weil die politisch Verantwortlichen Heldenjungfrauen brauchten und feiern wollten.

6. Die Jungfrau – von männlichem Heldenmut und weiblicher Reinheit

Trotz der Vielzahl der Ehrungen in Berlin, von denen man auch in Bremen hörte, verhielten sich die politisch Verantwortlichen und die Öffentlichkeit außerordentlich reserviert.
Vermutlich hielt man im biederen, streng patriachalischen Bremen wenig von solch lauter Weiber-Ehrung, umsomehr als Vater Lühring noch immer grollte, und er ja am besten wissen mußte, was für eine Person seine Tochter war.
So übernahm der Berliner Hofrat Karl Gottlob Heun (1771–1854) die Vermittlung und schrieb am 23. August 1814 an den Senator Smidt nach Bremen. Er verwies darauf, daß Anna Lühring „als Soldat ihre Schuldigkeit getan und auch in sittlicher Hinsicht von ihren Vorgesetzten und Kameraden nur höchstes Lob“ erhalten hatte, und keiner ihrer Kriegsgefährten auch nur „den geringsten Tadel gegen sie vorzutragen“ gewußt hätte. Auch die Prinzessin Wilhelm von Preußen“, schrieb er, „das Muster aller weiblichen Tugenden, der sie vorgestellt wurde, war durchaus mit ihr zufrieden und schenkte ihr ihre Gewogenheit.“ (Q 4)
Da Johann Smidt (1773–1857) nicht in Bremen war, versuchte Senator Horn (1772–1844) zwischen Vater und Tochter zu vermitteln. Doch die Verhandlungen zogen sich mit bremischer Bedächtigkeit hin. Erst auf besonderes Zureden des Lützower Kulenkamp, der sich bereit erklärte, Anna „als Zeichen seiner Achtung öffentlich spazieren zu führen“ (Q 7), war der Vater bereit, Anna wieder in seinem Hause aufzunehmen.
Aber erst im Januar 1815, nach etwas mehr als einem halben Jahr, konnte die Haude- und Spenersche Zeitung in Berlin ihren Lesern und Leserinnen mitteilen, daß Anna Lühring am 26. Januar 1815 nach Bremen zurückkehren würde.
Die Neue Bremer Zeitung druckte am 31. 1. 1815 als Meldung auf der 1. Seite nach:

„Ungeachtet sie erst 17 Jahre alt ist, hat sie sich während des Feldzuges durch sittsames Betragen, treue Erfüllung ihrer Dienstpflichten, und Muth vor dem Feinde, den Beifall ihrer Vorgesetzten erworben, und bis zu ihrer Entlassung ihr Geschlecht verborgen. Sie ist sehr wohl erzogen und hat durch ihr moralisches Betragen die Achtung noch erhöht, welche ihrem heldenmüthigen Entschluß gebührt“ (NBZ 31. 1. 15)

Abbildung 5: Geschenk v. Kronprinzessin Marianne v. Preußen

In Berlin gab man ihr zu Ehren noch ein großes Abschiedsmahl. Von der Prinzessin Marianne von Preußen, der Gemahlin des Kronprinzen erhielt sie eine Tasse als Erinnerung. Ein Ehrenstück, das heute noch mit der von General von Tauentzien verliehenen Tapferkeitsmedaille im Bremer Focke-Museum zu besichtigen ist.

So geehrt zog Anna Lühring am 4. Februar 1815 in der Uniform eines Lützower Jägers in Bremen ein, versehen mit der schriftlichen Belobigung des Generals von Tauentzien (1760–1824) vom 22. Januar 1815, in der er ihr „rühmliches Betragen“ hervorhob.

„Ihre treue Pflichterfüllung und Muth vor dem Feinde, ihre Sittsamkeit und die weibliche und anspruchslose Züchtigkeit, welche ihr der Aufenthalt in den Feldlagern nicht zu rauben vermocht hat.“ (Q 6)

In den Dank für Anna Lühring schloß er die Hochachtung und seine Ergebenheit für den Senat und die Stadt Bremen ein. Sie wurde be-

Abbildung 6: Anna Lühring um 1815

grüßt von den Freiwilligen der Reiterei, Söhnen angesehener Familien, den Stabsoffizieren des hanseatischen Corps, der Bürgergarde und vielen Bremern und Bremerinnen.

Dieses Spalier war eine „Ehrengarde", „die diesen Namen um so eher verdiente, da kein Befehl nicht einmal eine Aufforderung oder Vereinbarung, sondern der freie Drang des Herzens dem Verdienste zu huldigen, sie gebildet hatte" (NBZ v. 8.2.1815).

Im Angesicht vieler Anwesenden erfolgte „eine höchst rührende Szene des Wiedersehn's, welche alle Umstehende bis zu Tränen bewegte" zwischen dem Vater und der „schmerzlich verlorenen und so herrlich wieder gefundenen Tochter" (NBZ v. 8.2.1815).

Abends gab es einen Empfang im Ratskeller, wo „auf die Gesundheit der Vaterlandsverteidigerin, welche durch den unbefleckten Ruf ihres Muthes und ihre jungfräuliche Sittlichkeit Bremen's Namen nur noch rühmlicher nennen gemacht", getrunken wurde (NBZ v. 8.2.1815). Am folgenden Tag stattete die Heldin sämtlichen Mitgliedern des Senates einen Besuch ab. Die Neue Bremer Zeitung ehrte Anna Lühring am 10. Februar 1815 in einer fast ausschließlich ihr gewidmeten Ausgabe. Dabei wird deutlich, wie sehr man in Bremen doch beeindruckt war von der allgemeinen Anerkennung der Verdienste von Anna Lühring, „mit der die Größesten der Menschheit, die Edelsten, die Allverehrten, die Stirn der bescheidenen Kriegerin schmückten" (NBZ v. 10.2.1815).

So wollte man wohl auch in Bremen nicht zurückstehen mit Lob und Huldigung und die Neue Bremer Zeitung schloß ihren Bericht über Anna Lühring enthusiastisch:

Ja, hochherzige Tochter Bremen's, nicht dem eignen Bewußtseyn allein, auch dem Stolze des glücklichen Landes, das Dich gezeugt, brachtest Du Deine Opfer dar, in

Abbildung 7: Bremen Brautstr. 27

seine Tempel hängst Du die Kränze, die des Auslands Edelste um Deine Stirn gewunden, und seinen Dank hast Du Dir vor jedem andern erworben, wenn Du in Deinem männlichen Heldenmuth, in Deiner weiblichen Reinheit, den Character Deines Volkes der Welt verkündigst" (NBZ v. 10. 2. 1815).

Im Jahre 1815 entstand auch das Portrait von Anna Lühring. Und im gleichen Jahr wurde wohl auch das kleine Relief-Medaillon an ihrem Geburtshaus angebracht, das im 2. Weltkrieg zerstört wurde. Es zeigte einen Mädchenkopf mit Köcher, Fackel und Füllhorn als Symbole des Krieges und des Friedens.

7. „Wenn ihr Myrthenkranz etwas entblättert, so müßte er mit Lorbeeren durchflochten werden"

Den Stellenwert der Tugend in Bezug auf die Frau belegen alle verfügbaren Dokumente. Es gibt kein Schriftstück, das sich nicht mit der Keuschheit der Anna Lühring befaßte. Keuschheit ist die Frage, die die Beziehung zwischen Vater und Tochter belastet, und um Keuschheit geht es auch in den Verhandlungen zwischen Berlin und Bremen. Nirgendwo aber wird die Objekthaftigkeit der Frau und die Willkür der Zuschreibung zwischen Jungfrau und Hure deutlicher, als in dem Schreiben, das Senator Horn an den Senator Smidt richtete, um die Gestaltung des Bildes von Anna Lühring für die bremische Öffentlichkeit festzulegen. (Q 7)

Danach darf man als gesichert betrachten, daß Anna Lühring in ihrer Heimatstadt niemals so emphatisch empfangen worden wäre, wenn sie nicht von ihren Kameraden im Corps und vor allen Dingen in höchsten Berliner Kreisen so hochgelobt und gefeiert worden wäre. Es widersprach wohl bremischem Geist, eine Frau derart in die Öffentlichkeit zu rücken. Zudem betrachtete man das junge Mädchen mit einiger Skepsis. Sie sollte von „etwas wilder Art" sein, wenngleich man ihr „Liederlichkeit" *nicht* vorwerfen wollte.

Gegen sie sprach ihre „in üblem Rufe" stehende Schwester, die mit einem französischen Offizier davongelaufen war, und gegen ihren Patriotismus zeugte die vermeintliche „Zuneigung zu einem Lützower Offizier". (Q 7)

Das ist nun allerdings eine wenig überzeugende Vermutung, steht doch eindeutig fest, daß Anna Lühring zielstrebig den Waffendienst und keineswegs „ihren" Offizier suchte. Im Vaterkopf und in bremischen Senatorenköpfen konnte wohl nicht gedacht werden, daß die Begeisterung des bei den Lührings einquartierten Offiziers, nicht das Herz des Mädchens entflammte, sondern deren vorhandenen, in Bremen ausgeformten Patriotismus belebte. Interessant ist sicher in diesem Zusammenhang, daß Senator Horn vorschlug diese „Liebesgeschichte" zu verschweigen. Offensichtlich paßte sie nicht in die beabsichtigten Huldigungen. In ihnen wollte man die „Heldin" feiern in

Würdigung der Tat, nicht jedoch die „Jungfrau“, weil man an die Jungfräulichkeit wohl nicht mehr glaubte.
„Ihre Keuschheit brauchen wir nicht zu unterstützen“, schrieb Horn, „sondern nur die That zu würdigen.“ (Q 7)
Der Brief schließt mit dem Vorschlag, Anna Lühring eine Aussteuer zu bewilligen und mit den Worten:

„und wenn ihr Myrthenkranz etwas entblättert, so müßte er mit Lorbeer durchflochten werden.“ (Q 7)

Verdächtigung, Beschönigung, Verschweigen, Vertuschen, Andeutung und Umdeutung waren die Techniken der Manipulation, mit deren Hilfe das Bild der Heldin in Berlin vorgezeichnet, in Bremen retuschiert werden sollte.
Anna Lühring selbst hat man nicht gefragt. Ihre Gedanken, ihre Ansichten, ihre Wünsche waren bedeutungslos. Einspruch oder Widerspruch waren nicht vorgesehen.
Sie wurde zur Heldin gemacht, weil die historische Situation die Heldin erforderte. Denn für die Obrigkeit war immer deutlicher geworden, wie vorzüglich die eigenen Interessen mit der Person von Anna Lühring verknüpft werden konnten. Man erkannte, daß in der Huldigung für die Tochter Bremens, auch eine Huldigung für die Stadt enthalten war. Ihre Tat sprach für einen bremischen „patriotischen Geist“, der es vermochte wie Tauentzien es in seinem Brief an die „Herren Bürgermeister und Senatoren der freien Hansestadt Bremen“ formuliert hatte:
„Ihre Mitbürger, selbst Ihre Mitbürgerinnen aus den Armen der Ihrigen in den Kampf gegen den gemeinschaftlichen Feind Deutschland“ zu rufen. (Q 6) In Anna Lühring feierte der Senat seine eigene patriotische Gesinnung und seine eigene Tapferkeit mit, feierte in ihr sich selbst und seine Vaterlandsliebe, zeigte Preußen auf demonstrative Art seine Verläßlichkeit in der Verteidigung gemeinsamer Interessen. So wurde Anna Lühring zum Symbol für den bremischen Beitrag am nationalen Befreiungskampf.[1] Und die Bremer Zeitungen jubelten. Sie hoben in die weißen Wolken der Reinheit, der feinen Differenzierung, die der Senat machte, nicht achtend.
Anna Lühring, hochherzige Tochter aller Bremer. Heldin und Jungfrau – „Heldenjungfrau“ – in „männlichem Heldenmuth“ und „weiblicher Reinheit“ „den Charakter des Volkes“ der Welt verkündend (vergl. NBZ v. 10. 2. 1815).
So war Anna Lühring auch für die Bremer zur Heldenjungfrau geworden.

8. Die Heldenjungfrauen von 1813–1815

Die Frauen im Lützower Freicorps waren bei den Lützowern selbst wohlangesehen und beliebt. Wurden sie als Frauen identifiziert, durften sie in den

Kompanien bleiben, nicht nur geduldet, sondern ausdrücklich darum gebeten und nachdrücklich akzeptiert.

Abbildung 8: The Military Beauty 1781

Gewiß ist, daß sie gebraucht wurden angesichts hoher Verluste in den Gefechten und schwieriger Rekrutierung von Freiwilligen. Da mochte man froh sein, wenn man neben 15-jährigen kleinen Arnolds oder buckligen alten Schneiderlein (Q 2) auch auf die tapferen jungen Frauen zurückgreifen konnte.

Die Achtung und Wertschätzung der Lützower, die – wie sich im Falle der Anna Lühring noch zeigen wird – über das aktuelle Geschehen hinweg anhielt, und sich in kameradschaftlicher Unterstützung äußerte, legte den Grundstein für die Glorifizierung der Frauen. Die Dichter im Lützower Corps und an den Universitäten trugen mit zeitgebundenem Pathos zu ihrer weiteren Verherrlichung bei. Letztlich übernahmen die politisch Verantwortlichen die öffentliche Belobigung.

Sie alle malten an dem Portrait der Heldenjungfrau, deren Sittsamkeit und züchtiges Betragen ebenso hervorgehoben wurde, wie ihre Tapferkeit im Kampf und ihre Zähigkeit und Ausdauer in anstrengend männlichem Kriegsdienst.

So wetteiferten in heiligem Bemühn, die Freischaren, die Dichter und die Obrigkeit, die kämpfenden Lützowerinnen in gemeinsamem Entwurf zur „Heldenjungfrau" emporzustilisieren. Mut und Sittsamkeit, Tapferkeit und Reinheit, Patriotismus und Moral bildeten die Paare, die in das Bild der Heldenjungfrau hineinverwoben wurden.

Nur eine Jungfrau konnte Idol sein, und als Heldin mußte sie Jungfrau bleiben. Da wurde man nicht müde, die Tugend der Frauen hervorzuheben, ihr „sittsames", ihr „moralisches", ihr „bescheiden-jungfräuliches" Betragen. Da ist die Rede von „anspruchsloser Züchtigkeit", von „weiblicher Reinheit", von „jungfräulicher Sittsamkeit", von „unbeflecktem Ruf". Dieses allgemeine Bemühen, die Tugend der Frauen herauszustellen, korrespondiert mit dem Bemühen der Frauen, ihre Tugend zu wahren, wohl hoffend, dadurch einen Weg der Rückkehr in die bürgerliche Existenz offenzuhalten. Das Geschöpf „Heldenjungfrau", eine ganz und gar zeitgebundene Komposition, trotz des historischen Vorbildes einer Jeanne d'Arc (1410/12–1431),

Abbildung 9: Das militärische Frauenzimmer

die als heilige Jungfrau verehrt, als Ketzerin auf dem Scheiterhaufen starb, muß dennoch derzeit eine recht ungewöhnliche Erscheinung gewesen sein. Das zeigt auch das Bremer Beispiel, wo das Bild erst mühsam genug gefertigt werden konnte.

Traditionell war die Frau im Männerheer und im Troß als liederliche und unsittliche Person verunglimpft worden – ihre Existenz als Hure war zweifelsfrei. Auch beliebte Modekupfer der damaligen Zeit bezeugen die Verknüpfung von Militär und Sexualität, Waffenrock und Gewehr als erotisierendes Beiwerk, verbanden sich mit den traditionell an den Frauen geschätzten „weiblichen Waffen", die ja allemal der Eroberung der Männer dienten. Sie fügten sich zu einem Bild willfähriger „militärischer Weiblichkeit". Die „Military Beauty" gedieh zum Appetithappen und versprach in aufreizender Variante eine besondere Art von Sexualität.

Da mußte der alte Lühring in der Tat recht verdutzt gewesen sein, daß seine Tochter nicht als öffentliche Dirne verachtet, sondern als Heldin, als Heldenjungfrau gefeiert wurde,

„daß nicht Hang zur Ungebundenheit oder Schwärmerei, sondern allein heiße Vaterlandsliebe und der erhabene Geist, der in ganz Deutschland so wunderbar erwachte und dem es seine Freiheit verdankt, sie in die Reihen der Vaterlandsvertheidiger geführt hat." (Q 6)

Dabei lag in der Verkopplung von Jungfrau und Heldin eine besondere Art der Zähmung, in der die Frauen nicht nur geehrt, sondern auch an ihr eigenes idealisiertes Bild geschmiedet wurden. In der Zuschreibung der Heldenjungfrau war die gegenwärtige Verherrlichung mit der zukünftigen Fesselung verkoppelt. Sie bestimmte den Weg der Frauen zurück in die Jungfrauen- und Tochterrolle, wenn die Heldin nicht mehr gefragt war. So hatten die Frauen durch die Ehre gezwungen, auf die Durchsetzung eigener Ansprüche zu verzichten.

9. Die lebendige und die tote Anna Lühring zwischen Gedenken und Vergessen

Wie äußerlich den Bremern die Würdigung war, wie gleichgültig ihnen Anna Lühring und wie fremd ihnen ihre eigenwillige und selbständige Handlungsweise war, zeigt das rasche Vergessen, und ihr erster Biograph Schumacher konstatierte betrübt:
„Unter allen irdischen Dingen ist das Vergänglichste die Dankbarkeit" (Schumacher 1870, 171). „Kurzer Ruhm und langes Vergessen" überschrieb Schwarzwälder (1972) seinen kleinen Aufsatz über Anna Lühring.
Doch mit dem Vergessen hatte es so seine eigene Bewandtnis, gab es doch immer wieder historische Situationen, die Anna Lühring in die Erinnerung brachten. Nach kurzer Zeit flüchtiger Ehren und wohlfeilem Dank kehrte sie in die Tristesse eines Handwerkerhaushaltes zurück, in dem materielle Not und existentielle Sorgen den Alltag diktierten. Die für sie von Senator Horn in Erwägung gezogene Aussteuer erhielt sie nicht. Das war gewiß bitter für Anna Lühring, denn ohne Aussteuer, die ihr der in Not geratene Vater nicht mehr gewähren konnte, war sie nicht zu verheiraten. Und ohne Ausbildung mußte der selbst zu erwerbende Lebensunterhalt immer ein sehr kümmerlicher bleiben.
Anna Lühring wurde zurückgestoßen in die Welt der Spießbürgerlichkeit, der zu entkommen sie ja versucht hatte, und deren Enge sie erneut und unentrinnbar umfing. Sie mußte zurück in die Tochterrolle schlüpfen, wollte sie nicht ihre bürgerliche Existenz riskieren. Sie „lebte still und zurückgezogen" wie es allgemein hieß. Sie lebte wohl und litt. Ihr muß mit Bitterkeit klar geworden sein, daß sie nicht als Mensch und Persönlichkeit gewürdigt worden war, sondern als Abstraktion, als Objekt eines patriotischen Rausches, der rasch verflog.
Offensichtlich gab es nicht einmal in Bremen eine Lebensperspektive für sie, so daß sie sich nach Hamburg wandte, um in einem Geschäft für weibliche Industrieartikel bei einer Madame Adrianson als Verkäuferin zu arbeiten.
1821 heiratete sie den Kellner und Lohndiener Johann Peter August Lucks (1790), der 1832 in Hamburg starb.
Hauptmann Böse erfuhr 1838 bei einem Besuch in Hamburg, daß sich das „Bremer Mädchen" in Horn bei Hamburg in Not befände und sich mühselig durch Näharbeit ernähre. So versuchte er in Bremen Interesse für sie zur Hilfe und Unterstützung zu wecken. Vergeblich.
Während sie sich „gegen eine regelmäßige Armenunterstützung aus Gründen eines höchst achtbaren Stolzes bis zum letzten Augenblick" sträubte, nahm sie Geschenke und Hilfen Lützower Jäger – ehemaliger Kameraden, mit denen sie in Hamburg in ständiger Verbindung stand, dankbar an (vgl. Schumacher 1870, 171).

Erst mit 64 Jahren, als Anna Lühring „nur noch grobe Matrosenhemden nähen konnte", beantragte der Bremer Lützower Johannes Rösing eine lebenslange Pension für die Witwe Lucks. Einen Antrag, den der Senat unterstützte und letztlich die Bürgerschaft bewilligte. So erhielt Anna Lühring ab 1. Januar 1860 eine Pension von 150 Talern jährlich auf Lebenszeit. (Q 8) Anna Lühring dankte mit bewegten und bewegenden Worten. Sie wurde dadurch „bitterer Sorgen" und „schwerem Kummer" enthoben. Für sie war das Geld „Rettung meiner Seele". (Q 9)

Es war zwar eine späte Würdigung, doch eine recht bedeutsame, war man in Bremen doch außerordentlich sparsam mit derartigen Pensionen. Viel lieber gab man Almosen oder kleinere, regelmäßige Unterstützungen wie sie eine Anzahl von Veteranen erhielt. Pensionen gab es höchstens für langgediente Soldaten und die waren auch selten in der Höhe des Betrages, den Anna Lühring erhielt.[2]

Daß man sich der alten Vaterlandsverteidiger- und Verteidigerinnen wieder erinnerte, hatte wohl mit den sich belebenden Vereinigungsbemühungen zu tun. Die „nationale Frage" rückte in den Mittelpunkt allgemeinen politischen Interesses, und auch in Bremen beteiligte man sich lebhaft an der neuen vaterländischen Diskussion. Ein neuer Patriotismus erwachte, wurde getragen durch die historischen Erinnerungen an den gemeinsamen Kampf für die gemeinsame Sache.

Die „Heldenjungfrau" als Symbol vereinigten Befreiungskampfes und gemeinsamer deutscher Bemühungen gewann neue Aktualität. Doch Anna Lühring verweigerte sich allen Ehrungen. Sie lehnte es ab, erneut auf das Podest der „Heldenjungfrau" gehoben zu werden.

Sie wußte nur zu genau, wie flüchtig Ruhm und Ehre sind, und wollte sich nicht ein zweites Mal ihre Subjektivität rauben lassen. Gewiß merkte sie die Oberflächlichkeit der neuen Würdigungen und spürte, wie wenig sie mit ihrer eigenen Persönlichkeit zu tun hatten, daß es nicht um sie als Mensch, sondern um einen Teil ihres Menschseins und ihres Lebens als Symbol ging. Zu ihren Lützowern hielt sie jedoch engen Kontakt, nahm an deren Treffen und an deren Feiern teil, z. B. an der Körner-Feier am 26. 8. 1863.

Anna Lühring starb am 25. August 1866 und wurde auf dem neuen Friedhof der Hammerkirche an der Wandsbeker Chaussee begraben. In einem Nachruf hieß es:

> „Wahrlich, Anna Lühring ist in ihrer Jugend ein liebreizendes Mädchen gewesen; sie wußte sich aber bei aller Heiterkeit und Geselligkeit doch immer Achtung zu verschaffen; denn sie hatte jene bekannte Entschiedenheit, die jedes freche Benehmen auf den ersten Versuchsgrad zurückzuschrecken weiß" (Schumacher 1870, 172/3).

Auch zu ihrem Tode noch der Hinweis auf ihre Reinheit. Wie der lebendigen Anna Lühring, erging es auch der toten. Langes Vergessen und kurzes,

geschwätziges Wiederaufleben, gebunden an Daten und Ereignisse, an denen plötzlicher Bedarf an „Heldenjungfrauen" bestand.
1908 nahmen sich die Lützower für ihre 100-Jahr-Feier des „bremischen Heldenmädchens" an, und warben darum, es als ihre „Ehrenpflicht" betrachtend, das Grab zu erhalten und den alten Denkstein durch einen neuen, größeren ersetzen zu lassen und mit einem neuen Text zu versehen.

Hier ruhet
Anna Lux gebor Lühring.
Sie diente als Lützower Jäger und kämpfte im Freiheitskriege
1813 und 1814.
Sie erwarb sich die Achtung ihrer Vorgesetzten und
Kameraden.

alter Text

„Hier ruht
„Das Heldenmädchen von Bremen"
Anna Lühring verehelichte Lucks,
geboren am 3 August 1796 in Bremen,
gestorben am 25. August 1866 in Hamburg.
Sie trat am 28. Februar 1814 unter dem Namen
„Eduard Kruse" bei der 5. Kompagnie des
3. Bataillons des Lützowschen Freikorps ein.
Nahm an der Belagerung von Jülich
und an dem Feldzuge 1814 in Frankreich teil.
Sie erwarb sich die Achtung
ihrer Vorgesetzten und Kameraden und wurde
mit der Kriegsdenkmünze dekoriert."

Vorschlag

1909 erhielt das Grab einen neuen Stein auf Kosten der Stadt Bremen (Brem. Biographie des 19. Jahrh. 1912, 296). Es fehlte allerdings der Satz: „das Heldenmädchen von Bremen".
War es nüchterne bremische Denkungsart? Oder hing es noch immer mit dem „etwas entblätterten Myrthenkranz" zusammen?!
Die Lützower ehrten sie, was Anna Lühring sicherlich gefreut hätte, in ihrer Jubiläums-Zeitschrift mit einer großen Anzeige.

Anna Lühring. Das Heldenmädchen aus Bremen.

Geboren 3. 8. 1796 in Bremen, gestorben 25. 8. 1866 in Hamburg.

Trat am 28. 2. 1814 unter dem Namen Eduard Kruse bei der 5. Kompagnie 3. Bataillon des Lützowschen Freikorps ein, nahm an der Belagerung von Jülich und am Feldzuge 1814 in Frankreich teil. Sie erwarb sich die Achtung ihrer Vorgesetzten sowie Kameraden und wurde mit der Kriegsdenkmünze dekoriert. Ihr Grab befindet sich auf dem neuen Friedhofe der Hammerkirche in Hamburg.

Dem Infanterie-Regiment von Lützow (1. Rheinisches) Nr. 25 zum 100jährigen Jubiläum 1913.

Noël, Major z. D.

Öffentliche Erinnerungen an sie gab es zur Zeit des 1. Weltkrieges, als Frauen erstmalig im Großeinsatz in die Kriegsmaschinerie einbezogen wurden, und wieder zur Zeit des Faschismus als man Frauen auch als Kombattantinnen einsetzte. 1941 erschien in den Bremer Nachrichten eine Erinnerung an ihren 75. Todestag.
Als man nach 1945 in Bremen nach neuer Identität suchte und nach von faschistischer Geschichte unbefleckten Namen, kam man auch wieder auf Anna Lühring und benannte eine Straße nach ihr.
Der letzte Hinweis auf sie erfolgte am 26. Juni 1954 unter der Überschrift

„vergessener Grabstein erzählt", der für Bremen nach Einebnung des Wandsbeker Friedhofes gerettet werden sollte. Doch 1954 gab es kein öffentliches Interesse für Heldenmädchen mehr. Und dieses öffentliche Interesse gibt es auch heute nicht. Möge es weiterhin schlummern, denn wenn es erwachte, war es allemal nicht gut um den Frieden bestellt.

10. Die Freiheitskämpferinnen von 1848

„Viele von Euch im fremden wie im Heimatlande werden mich schmähen, daß ich, ein Weib, dem Kriegsrufe gefolgt zu sein scheine. Ihr besonders, Ihr Frauen daheim, werdet mit ästhetischer Gravität sehr viel schönreden über das was ein Weib thun darf, thun soll. –
Seid milde, Ihr Frauen, ich appelliere an Eure schönste Tugend, seid milde und richtet nicht; wisset, nicht der Krieg hat mich gerufen, sondern die Liebe, – aber ich gestehe es Euch – auch der Hass, der glühende, im Kampf des Lebens erzeugte Hass gegen die Tyrannen und Unterdrücker der heiligen Menschenrechte" (Mathilde Franziska Anneke, in: Henkel 1976, 64).

Die unruhigen Tage des Vormärz und das Jahr 1848 brachte eine neue Generation von Freiheitskämpferinnen hervor. Viele Frauen standen auf der Seite der Demokratie. Sie kämpften für sie mit Wort und mit Tat. Sie verfaßten Aufrufe, sie schrieben Lieder und Gedichte, sie gründeten die ersten Frauenzeitungen, nahmen an demokratischen Veranstaltungen teil und bildeten eigene demokratische Zirkel und Vereine. Sie kämpften aber auch auf den Barrikaden. In Wien und in Rastatt. In Elberfeld, wo sie sich „mit Messern und Pistolen ausgerüstet" in die „Reihen der Barrikadenkämpfer einrollieren [einschreiben] ließen" (Hummel-Haasis 1982, 105 Dok. 93), in Erfurt, wo sie sich mit „Beilen und Sensen" bewaffneten (a. a. O. Dok. 98) und in Dresden, wo sie sich durch „bewunderswerte Tapferkeit und Ausdauer" auszeichneten. (a. a. O. Dok. 99) Sie standen aber auch als Freischärlerinnen ihre Frau in der badisch-pfälzischen Volkserhebung oder im patriotischen Kampf in Schleswig-Holstein.
Die Namen der vielen Frauen, die damals auf den Barrikaden kämpften, blieben unbekannt oder wurden vergessen. Und von den Freischärlerinnen sind nur jene in den Blick der Geschichte gerückt, die durch eigene Veröffentlichungen hervorgetreten sind, oder weil sie die Frauen von Freischar-Offizieren waren. Nur von Louise Aston (1814–1873) ist heute noch die Rede, die in Schleswig-Holstein mit den Freischaren zog, und von Mathilde Franziska Anneke (1817–1884), Louise Blenker (1824–1908), Emma Herwegh (1817–1904) und Amalie Struve (verh. 1845–1859), die an der Seite ihrer Männer die badisch-pfälzische Erhebung mitmachten. Doch ihnen allen flocht die Nachwelt keine Kränze. Keine von ihnen erwarb sich einen Ruf als Heldin, keine wurde bewundert oder gar verehrt. Ihr Freischärlertum

erweckte Mißtrauen und Ablehnung, und äußerte sich zur Dämpfung und Abwehr in unterschiedlichen Bildern, die man von diesen Frauen entwarf.
Die Vielzahl der namenlos gebliebenen Frauen auf den Barrikaden und in den Freischaren wurde, von seltenen freundlichen Ausnahmen abgesehen, ganz schlicht und allgemein als liederliche Dirnen betrachtet. Nicht einmal die demokratische Presse, die immerhin die Ehrenrettung der mit demokratischen Offizieren verheirateten Frauen versuchte, nahm sich ihrer an. Als Franz-Heinrich Zitz (1803–1877), der ab 1837 mit Kathinka Zitz (1801–1877), der Präsidentin des Mainzer Frauenvereins „Humania" verheiratet war, unterstellt wurde, mit einer ihm anvertrauten Kasse davongegangen zu sein und Amalie Struve beargwöhnt, ein unerlaubtes Verhältnis zu Brentano zu haben, rückte die linke Presse zurecht und entlarvte die Absicht solcher Artikel, indem sie darauf verwies, daß den Gegnern „jedes Mittel recht sei", die „Führer zu verdächtigen", um „der Sache des Volkes entgegenzuarbeiten" (Die Reform No. 55 v. 11. 7. 1849). Interessant scheint mir die Rollenverteilung: der Mann als Räuber, die Frau, das sexuelle Wesen, als Hure. Gewiß typisch in dieser Zuordnung, läuft doch die Diffamierung bei Männern selten über die Geschlechtlichkeit.
Die Frauen der Freischärleroffiziere schalt man Amazonen, man dichtete ihnen die abenteuerlichste Soldatenkleidung und umfangreiche Bewaffnung an, was vor allen Dingen für Mathilde Franziska Anneke nicht zutraf, die nach eigenen Bekundungen in „gewöhnlicher Frauentracht", nur durch „leinernes Beinkleid zu einem Reitanzug komplettiert" den Feldzug mitmachte (Hummel-Haasis 1982 Dok. 206), aber man würdigte in ihnen stets die Gattin. In der öffentlichen Rekonstruktion ihrer Persönlichkeiten, wurde der die tradierte Herrschaft und die patriarchalische Ordnung bedrohende Hass der Frauen herausgefiltert und die gesellschaftsabsichernde Gattenliebe betont. Emma Herwegh galt als eine „lächerliche, abenteuerliche Figur", als eine „emanzipierte Frau", „welche sich darin gefällt, männliche Gewohnheiten nachzuahmen", aber sie war eben auch „vortreffliche Mutter und Gattin". Sie und ihr Mann gehörten zusammen „wie Schwertgriff und Klinge", wie Otto von Corvin (1812–1896) formulierte, und für ihn sah Emma Herwegh keineswegs lächerlich aus in ihren „schwarzen Tuchpantalons, der schwarzen Samtbluse mit einem Ledergürtel, in welchem zwei kleine Terzerole [Pistolen] und ein Dolch staken". (Hummel-Haasis 1982 Dok. 195)
Die Reverenz, die Corvin der Gattin erwies, wird so recht deutlich, wenn man sie mit seiner Schilderung von Louise Aston vergleicht. Da spricht aus dem demokratischen Agitator und General der Legion nur noch der Mann. „Sie ist der Apostel der freien Liebe", hob er hervor und bemerkte weiter, daß Louise Aston behauptet habe, „daß eine Frau, die sich an jeden Mann hingibt, der sie begehrt, nicht verächtlicher ist als ein Mann, dem eine jede recht ist". Auch versäumte er nicht, an anderer Stelle anzufügen, als er darauf

Abbildung 10: „Die badisch-pfälzische Revolutionsarmee in Karlsruhe, Juni 1849." Die stehende Frau ist vermutlich Elise Blenker, die reitende könnte Mathilde Franziska Anneke sein.

zu sprechen kam, daß sie im Schleswig-Holsteinischen Kampf „durch eine Kugel an der Hand verwundet worden war", daß sie „diese Narbe" „schon deshalb gern" zeige, „um ihre schöne Hand sehen zu lassen" (Corvin in Goetzinger 1983, 143f.).

Elise Blenker nahm man es besonders übel, daß sie mit Säbel und Pistolen bewaffnet das großherzogliche Schloß Eberstein plündern ließ.

Sie wurde – „eine hübsche, interessante Blondine, ein wenig kammerjungfernartig, aber mit Charakter in den Zügen" (Hummel-Haasis 1982 Dok. 210), als „Mannweib" gescholten und für den „Unfug" verantwortlich gemacht, daß im Blenkerschen Corps viele liederliche Dirnen „in Mannskleidern und die Muskete auf der Schulter mitzogen" (a. a. O. Dok. 213).

Bezüglich Elise Blenker ging es vielleicht vielen Demokraten so wie Kathinka Zitz, die sich von dem Bild, das sich ihr anläßlich eines Besuches bei Blenkers bot „widerlich berührt" zeigte:

„Frau Blenker lag in Freischarentracht, mit dem Heckerhute auf dem Kopf und der Zigarre im Mund, der Länge nach auf dem Sofa" (a. a. O., Dok. 238). Und doch konnte sie nicht umhin, obgleich ihr „die Mannweiber zuwider" waren, „die über die Schranken ihres Geschlechts hinausgehen", bei Elise Blenker „die hingebende Liebe der Gattin zu achten, die sich jeder

Gefahr preisgibt, um das Schicksal des geliebten Gatten zu teilen“ (a. a. O., Dok. 238). Das „unweibliche“ Handeln fand auch bei ihr die Entschuldigung im „weiblichen“ Gefühl, der Liebe zum Ehemann.
Doch indem man die Ehefrauen der Freischärler-Offiziere zu liebenden und treusorgenden Gattinnen emporstilisierte und ihr Tun exkulpierte, verkleinerte man sie in spezieller Variante sexistischer Zähmung zu eher unbedeutenden und vom Geist ihrer Männer – insbesondere bei Emma Herwegh und Amalie Struve – zehrenden Persönlichkeiten. Was als Ehrenrettung gedacht war, gedieh in der öffentlichen Zuschreibung wohl eher zu einer ehrenvollen Entmündigung und reduzierte die Frauen zu Anhängseln ihrer Ehemänner. Der Status der Gattin, mehr noch die Gattin eines bekannten Demokraten und Freischar-Offiziers zu sein, beraubte sie eines Teiles ihrer Eigenständigkeit. So galten ihre Ideen – zumindest in der zeitgenössischen Beurteilung – denen ihrer Männer nachgedacht, schienen ihre literarischen Arbeiten am Verstand ihrer Männer geschärft. Durch die Betonung ihrer Rolle als Gattin wurden die Frauen ihrer eigenen revolutionären Anteile beraubt und als Protagonistinnen der Emanzipation entschärft. Alle Frauen mußten nach der Zerschlagung der Revolution mit ihren Ehemännern fliehen. Amalie Struve war auch „205 Tage im Freiburger Turm“ inhaftiert (Hummel-Haasis

Abbildung 11: Das emanzipierte Amazonen-Heer

1982, 203). Sie emigrierten als politische Flüchtlinge über die Schweiz oder England in die USA. Sie verschwanden leise aus dem Gedächtnis der Öffentlichkeit. Das Problem mit ihnen hatte sich rasch und auf eine einfache Weise gelöst.

Anders stand es mit Louise Aston. Sie konnte man nicht des Hochverrats anklagen. Ihre Beteiligung am Kampf in Schleswig-Holstein war nicht nur patriotisch, sondern auch legitim. Um sie zu zähmen, bedurfte es insoweit ausgewählterer Methoden. Ihrer Sonderstellung entsprechend, wurde ihr eine Sonderbehandlung zuteil.

11. „Einen Freiheitsbrief für die Erde!"

Aus dem Gedicht – An George Sand
Ein Heldenweib, mit flammenden Panieren,
Wird euch zum Sieg, wird euch zur Freiheit führen!

Auf ihren Bannern glänzt im Morgenlichte
Das *freie Weib,* das keinem fremden Wahn,
Das nur dem eignen Geiste untertan,
Dem Losungswort der neuen Weltgeschichte!
Das freie Weib, es schmückt die Fahne!
Von *Sünden* frei, weil frei vom *Wahne.*

Louise Aston (Möhrmann 1978, 65).

Louise Aston war, bevor sie mit den Freischaren nach Schleswig-Holstein zog, keine Unbekannte mehr. Sie hatte ab 1845 in Berlin viel von sich reden gemacht. Ihre Scheidung, ihr Auftreten, ihre demokratischen Forderungen, die Formulierung von Frauenrechten hatten sie zu einer Person von öffentlichem Interesse, zu einer „öffentlichen Person" gemacht. Indem sie Kritik an der Ehe formulierte, deren Notwendigkeit und Heiligkeit sie bestritt, und für die Frauen einen „Antheil an der Freiheit dieses Jahrhundert", „einen Freiheitsbrief für die Erde" und das Recht auf Entfaltung „der freien Persönlichkeit" (Aston 1846, 7), nicht nur forderte, schlimmer noch zu leben beanspruchte, brachte sie die meisten Menschen gegen sich auf und die politischen Vereine aller Schattierungen. Keine Institution von öffentlichem Gewicht fühlte sich noch für sie zuständig. Auch die linke Presse und die linken Frauen versäumten es nicht, in den Chor der Verächtlichmachung einzustimmen. Louise Otto (1819–1895) sah sie, so leid es ihr tat, im „unreinen Element", (Q 10) und „der Freischütz" titulierte sie als „berühmter Mann", als „Herr Louise Aston" und schwadronierte abschätzig über ihre „Gewohnheiten", Zigarren zu rauchen, ein gutes Glas Wein zu trinken und „Herren-Soirees" zu geben (Der Freischütz No. 10 v. 6. 3. 47, No. 11, 12, 50, etc.).

Lediglich einzelne demokratische Frauen und Männer standen zu ihr, gaben

Zuspruch und Unterstützung, wie Mathilde Franziska und Fritz Anneke zum Beispiel. Im wesentlichen stand sie jedoch für sich allein. Geschwätzig ausgestreute Verdächtigungen, Verleumdungen, Diffamierungen fanden keine Zurechtweisung. Keines ihrer Worte, keine ihrer Handlungen war vor der böswilligsten und einseitigsten Interpretation sicher. Nicht liebende Gattin, sondern geschiedene Frau mit dem Anspruch, den Zwang zur Tugend, den Zwang zum Selbstzwang abzustreifen, wurde sie gnadenlos verfolgt und zur allgemeinen Verunglimpfung freigegeben.

Diese Verunglimpfungen wirkten so nachhaltig, daß es nicht nur ihren Zeitgenossen und -genossinnen schwerfiel, sie unvoreingenommen zu würdigen, sondern daß es heute offensichtlich noch immer nicht gelingen will, sich ihr vorbehaltlos und unbeeindruckt von überlieferten Zuschreibungen zu nähern. Noch Germaine Goetzinger kann sich in ihrer materialreichen Aston-Biographie von überkommener Sichtweise nicht lösen und resümiert gegen die von ihr selbst vorgelegten Dokumente:

„Louise Aston ist eher eine originelle und bizarre Gestalt als eine historische Protagonistin. Sie gewinnt an Bedeutung mehr als gescheiterte Dissidentin denn als Revolutionärin, nicht so sehr durch ihre politischen Taten und ihr literarisches Werk als durch die eigentümlich verschlungenen Wege ihres Schicksals“ (Goetzinger 1983, 22).

Will man Louise Aston das Attribut der Revolutionärin streitig machen, wüßte ich nicht, welcher deutschen Frau der 1848iger Revolution eine solche Benennung gebührte.

Folgt man ihrer Biographie, gibt es auch keine eigentümlich verschlungenen Wege, sondern nur die dornigen Pfade einer Frau, die versuchte, einen Weg in die Freiheit zu finden, die, verunglimpft und gescholten, erstmalig 1846 und endgültig nach der gescheiterten Revolution im Dezember 1848 aus Berlin ausgewiesen wurde, nicht „wegen ihres Lebenswandels“(Goetzinger 1983, 11), sondern weil sie „Ideen geäußert, und ins Leben rufen wolle, welche für die bürgerliche Ruhe und Ordnung gefährlich seien“(Aston 1846, 18), und weil man vermutete, daß sie ihre Ansichten „beharrlich und rücksichtslos“ durchzusetzen gesonnen sei (Berliner Polizei-Präsidium 1846 in Goetzinger 1983, 53, Poliz. Präsidium Berlin an Bremen 1850 Q 11).

Abbildung 12: Louise Aston

Wurden auch die Gazetten nicht müde, ihr Liederlichkeit vorzuwerfen und ihr freies Leben als sexuell freies Leben zu interpretieren, gab es anonyme Briefe an den Berliner Polizeipräsidenten, die sie als „Buhlerin“ diffamierten oder als „gemeine Hure“ beschimpften, so wollte doch das Berliner Polizeipräsidium, das selbst den Anzeigen nachging und recherchierte, ihr „einen eigentlich liederlichen Lebenswandel“ nicht vorwerfen, betrachtete jedoch „ihr Betragen“ als „der Sitte und Schicklichkeit entgegen“ (Berl. Pol. in Goetzinger 1983, 53). Und der „Sitte und Schicklichkeit“ entgegen standen ihre Besuche in öffentlichen Lokalen, das Rauchen von Zigarren, die Beschäftigung mit Politik und Religion und die öffentlich bekundete Absicht, „die Frauen zu emancipieren und sollte es mein Herzblut kosten.“ (Q 11) Sie war der lebendige Widerspruch zu einer absolutistisch, patriarchalen Ordnung, die um ihre Herrschaft fürchtete. Sie vertrat Gedanken, die, immer dringlicher formuliert, in den revolutionären Unruhen von 1848 kulminierten. So wurden demokratische „Irrlehren“ und „Weiberemanzipation“ als eklatante Bedrohung empfunden.
Das Bizarre ihrer Gestalt hervorzuheben heißt, nicht nur die politisch agierende und sich für radikale, demokratische Forderungen einsetzende Frau unterzubewerten, sondern auch den revolutionären Sprengsatz, der in ihrer Kritik an der Ehe liegt, zu verkennen und den emanzipatorischen Gehalt, der sich in ihren Taten ausdrückte, zu negieren, heißt schlicht, die Optik ihrer Kritiker zu übernehmen.
Louise Aston kämpfte für ihre Überzeugung mit verschiedenen Mitteln, in ihren Schriften, in ihrem „Freischärler“, in demokratischen Zirkeln und im demokratischen Frauenclub, vielleicht auch auf den Barrikaden in Berlin, auf jeden Fall als Freischärlerin in Schleswig-Holstein.

12. „Un in Schleswig-Holstein – mank die Soldaten geschlafen hat!“

Nach der ersten Ausweisung aus Berlin 1846 erlaubte die Revolution noch einmal die Rückkehr von Louise Aston nach Berlin. Ihre politische Haltung zeigte sich in Evidenz, als sie sich eindeutig auf die Seite der Revolution stellte. Ob sie an den Barrikadenkämpfen in Berlin teilgenommen hat, ist nicht belegt. Es gibt jedoch ihre lebendige und lebensnahe Schilderung der Barrikadenkämpfe in ihrem Roman „Revolution und Contrerevolution“ (Mannheim 1849), in dem sie den Typ der aktiven Kämpferin in Alice von Rosen schuf, die, als sie ihre „Mission“ in Berlin beendet hatte, als Freischärlerin (Aston 1849, 181) nach Schleswig-Holstein ging, wie es Louise Aston auch tat. Da alle ihre Arbeiten hohe autobiographische Anteile besitzen, und

sie selbst resümierte, daß man von jenen fürchterlichen Kämpfen „nur eine Vorstellung hat, wenn man sie aus eigener Anschauung kennen lernte" (Aston 1849, 128), ist ihre Beteiligung zumindest nicht völlig auszuschließen. Im April 1848 zog sie mit ihrem Freund Gustav von Szczepanski (1819–1900), Führer der Berliner Freischaren im v. d. Tann'schen Freicorps, nach Schleswig-Holstein, um Schleswig vor der Einverleibung in Dänemark zu bewahren. Mit ihnen zogen viele „Barricadenmänner der Märztage", wie sie sich selber „wohlgefällig" nannten (Rendsburger Wochenblatt v. 12. 7. 1848). Dieses Corps kann in gewisser Weise mit dem Lützow'schen verglichen werden, kämpften doch auch in ihm „größtenteils Studenten, Künstler und Kaufleute", die sich zumeist selbst „equipierten" (Der Freischaren-Feldzug 1848, 5). Auch ihnen ging es nicht nur um die nationale Freiheit, auch ihnen ging es um eine Idee – hier der neuen Ideale von Freiheit, Gleichheit und Brüderlichkeit. So zog Louise Aston gleich Anna Lühring in einen patriotischen Kampf, in einen Freiheitskampf, der von der Bevölkerung unterstützt und getragen wurde. Welche Rolle Louise Aston im Corps wirklich spielte, scheint mir nicht ganz gesichert. Sie selbst bezeichnete sich als „Freischärler", der „Subordination gelernt" (Aston in Goetzinger 1983, 146).
Doch bekundet ist nur die Verwundetenpflege von ihrem späteren Ehemann Dr. Daniel Ed. Meier, der den Freischaren als Arzt diente, und einigen weiteren Freischärlern. (Q 12 u. Q 13)
Belegt ist auch, daß sie sich beim Gefecht von Altenhof am 21. April 1848 eine Verwundung durch einen Streifschuß an der Hand zuzog, daß sie also ganz offensichtlich gefährlich nah dem Kampfgeschehen stand. Wie wenig ihr das zur Ehre gereichte und wie gering geschätzt die Verwundung wurde, beweist nicht nur die bereits geschilderte Aussage von Corvin, sondern auch ähnliche Bemerkungen im Rendsburger Wochenblatt. (Q 12) Da wurde doch die „Military-Beauty" beschworen, der noch bei der Verwundung die Sexualität aus dem Freischärler-Wams schaut. Und auch Kathinka Zitz hatte gewiß nicht, als sie den Schleswig-Holsteinern aus „Frauen Hand vom weitentfernten Rheinesstrand", „Linnenzeug für Ehrenwunden, die ihr im heißen Kampf gefunden" zusandte, an die Ehrenwunde von Louise Aston gedacht. Denn Kathinka Zitz hatte sich nicht enthalten können, dem Gedicht und der Sendung hinzuzufügen, daß das alles sei, „was unser Geschlecht für euch zu thun vermag, denn wir gehören nicht zu den Mannweibern, die mitziehen und dreinschlagen wollen." (Q 14)
Aber auch innerhalb des Freischärler-Lagers konnte wohl niemand mehr so recht die Beteiligung von Louise Aston unvoreingenommen werten. Die Tatsache, daß die berühmt-berüchtigte „Lady Aston" im Corps stand, beschäftigte die Fantasien nachdrücklich und ausgiebig. Da gab es Augenzeugenberichte, und die Zeitungen schrieben erneut und aufgeregt über sie. Sie alle bekunden das sexuelle Interesse an einer aufregenden Frau.

Abbildung 13: Krankenpflege

Noch wohlwollend klingt die Schilderung des Freiwilligen Martens, der nach seiner Verwundung beim Gefecht von Altenhof die Gelegenheit hatte, „Lady Aston“ mit wallenden Locken hierhin und dorthin geschäftig, zwischen den malerischen Gruppen der Unsrigen einhergehend, die Verwundeten verbindend, und ihnen Erquickungen reichend“, kennenzulernen. Konnte er sich auch mit ihren Ansichten von „Emancipation des Weibes“ und „Atheismus“ nicht einverstanden erklären, so zeigte er sich doch beeindruckt von der „poetischen Erscheinung eines Weibes, das als hülfreicher Engel den zahlreichen Verwundeten erschienen war.“ Auch würdigte er, daß „ein großer Entschluß“ dazu gehöre, sich freiwillig den Gefahren eines Krieges auszusetzen und den Unbequemlichkeiten und den Beschwerden eines Feldzuges zu unterziehen. „Amüsiert“ aber zeigte er sich, „wie verschieden das Wort ‚huldigen‘ dargestellt werden kann,“ als seine Kameraden mit nur allen erdenklichen Mitteln versuchten, Louise Aston auf sich aufmerksam zu machen: „durch das Recitiren von Versen“, durch das Angebot einer „guten Zigarre“ oder eines „Leckerbissens“ oder durch „witzige Bemerkungen“. Ein anderer fühlte sich beglückt, „wenn er einen Blick erhaschen konnte.“ (Q 13)

Ganz anders der Ton in einem Bericht aus: „Die Grenzboten“. Anerkannte der Schreiber auch, daß sich Louise Aston „mit der größten Aufopferung und sans gêne der Pflege der Verwundeten“ angenommen hatte, so konnte er doch nicht unterlassen zu bemerken, daß „diese Dame in unserem Feldzug ein Stück ihrer „Wilden Rosen“ ins „Praktische übersetzt“ hat. Und „Weib bleibt Weib trotz aller Emanzipation“ – dichtete er ihr gleich einen ganzen Reigen von Liebhabern an. Nach ihm sollte es dem Herrn v. Szczepanski nicht gelungen sein, „die freie Schöne zu fesseln“. Der Oberbefehlshaber, ein Major, ein Leutnant und wieder Szczepanski sollten ihre Gunst genossen haben (W. H. in Goetzinger 1983, 122f.). Interessanterweise druckte das Rendsburger Wochenblatt, das einen Teil dieses Artikels übernahm, den Part mit dem Liebhaber-Karussel nicht nach. Vermutlich war er ihnen zu unseriös, oder einfach unglaubwürdig. (Q 12) Auch der Witz nahm sich der Freischärlerin an, indem er Gatte Ludewig seiner Madame Eulalie Bullrig sagen ließ:

„Da is Nummer Eens: det verloofne Weibsbild, die gerne die Gorge Sand spielen möchte; die mit die Mannskleeder un abgeschnittene Haare wie 'ne Verrückte rumlooft, sich in de Bierkneipen rumdreibt, und in Schleswig-Holstein, ruhmreichen Angedenkens vor Preußen, mank die Soldaten geschlafen hat! – Emanzipiert nennst du des? – Ja, des heest, von alle Weiblichkeit" (Artikel in Goetzinger 1983, 125f.).

Eine Frau, die „mank die Soldaten geschlafen hat", da kann sich jeder vorstellen, was das für eine Frau ist. Das alte Bild, für wenige Patriotinnen 1814 außer Kraft gesetzt, die Hure im Troß, die liederliche Dirne in der Kriegerschar, für Louise Aston gewann es wieder seine alte Gültigkeit. Dieses Bild konnte auch umso leichter durchgesetzt werden, da es anders als 1814 auch Kritik an den Freischärlern gab. Da war von „Excessen Einzelner" die Rede, von „unsauberen Elementen", von „wilden Taugenichtsen" und von „Strolchen" (Rendsburger Wochenblatt vom 12. 4. 48)

Solche Aussagen konnten Raum greifen durch das gespannte Verhältnis zwischen den Freischaren und den preußischen Truppen, die zwar Seite an Seite kämpften, sich jedoch wechselseitig mit Mißtrauen und Skepsis betrachteten, ja mit Haß.

So soll ein preußischen Gardeoffizier gesagt haben, daß er nichts sehnlicher wünsche,

„als daß die Kanaille in Berlin wieder begönne Barrikaden zu bauen, dann sollte sie anders zusammengeschossen werden als das letzte Mal" (Martens 1848, 21).

Abbildung 14: Die alten Weiber in Holstein lernen exerciren

Die Freischärler wehrten sich gegen die ihnen unterstellten Übergriffe, gegen Bevormundung und ehrenrührige Behandlung durch preußische Offiziere. (Q 12) Sie forderten angesichts der ihnen angetanen „Kränkungen, Verhöhnungen und Verletzungen" Ehrenerklärungen, die ihnen jedoch versagt blieben (Gemeinnütz., unterhaltendes Wochenblatt No. 29, 30, 34 etc. 1848). Die Übergriffe von Freischärlern, angeblich oder tatsächlich, boten den vordergründigen Anlaß, das von der Tann'sche Corps aufzulösen. Der eigentliche Grund lag jedoch im demokratischen Selbstverständnis der Truppe, das ihr den Ruf, „Stammschule des Republikanismus" zu sein, einbrachte. Das Corps wurde noch einmal neu formiert, um im August 1848 endgültig verabschiedet zu werden.

Die Freischärler konnten es nicht fassen: „Ist es Wahrheit, ist es Traum?" Für sie hatten die „Deutschen Diplomaten – diese Rotte Seelenhändler", die sie durch ihre Revolution „vertilgt glaubten", noch einmal heftig zugeschlagen (GuW v. 9. 9. 1848).

13. „Auszuweisende Gedanken“

Nach Berlin zurückgekehrt, übte auch Louise Aston heftige Kritik an dem Verrat der Bundestruppen in Schleswig-Holstein, in dem von ihr redigierten neuen Blatt „Der Freischärler“, von dem insgesamt nur 7 Ausgaben in der Zeit vom 1. 11.–16. 12. 1848 erscheinen durften. Ihr Angriff gegen Wrangel, der am 10. 11. 48 in Berlin einmarschierte, am 12. 11. den Belagerungszustand verhängte und die Revolution mit Auflösung der preußischen Nationalversammlung im Dezember 1848 endgültig zum Scheitern brachte, führte zur abermaligen Ausweisung von Louise Aston. Am 23. 12. 1848 mußte sie Berlin verlassen.

„Die Grundrechte sind garantiert, darunter die deutsche Freizügigkeit“ mit dem Frankfurter Beschlusse, schrieb Louise Aston im „Freischärler“ unter „Auszuweisende Gedanken“ und fuhr bitter fort: daß man „Freizügigkeit bloß darin“ suchen könne, „daß man überall hingehen, aber nicht bleiben darf, wo man will“ (Aston in Goetzinger 1983, 135ff.)!

Ungelitten in einer Stadt, die Residenzstadt war und sich zur Metropole entfaltete, ahnte Louise Aston bereits 1846, daß sie sich „in keinem größern Orte, und zwar aus denselben Gründen, welche mich hier verstoßen“ niederlassen könnte (Aston 1846, 32).

In ihrem Gedicht „Hinaus“ schrieb sie:

„Seh ich die Vögel fliehn in die Nester,
ist eine Träne dem Auge erlaubt;
Denn nur die Sorge ist meine Schwester,
Nirgends bett ich mein heimatlos Haupt.

(Aston in Goetzinger 1983, 167)

Ihre Kraft muß hier wohl schon entscheidend gebrochen worden sein.

„Sie muß sehr schön gewesen sein und scheint sehr gutmütig, sieht aber krank aus und klagt auch sehr“, schrieb Varnhagen von Ense am 8. Dez. 1848 in sein Tagebuch und fügte hinzu „Ihr Freischärler ist sehr tapfer“(Varnhagen in Goetzinger 1983, 141).

Ihr Leben als politischer Flüchtling begann. Überall, wohin sie sich begab, begleiteten sie Verdächtigungen, Beschattungen, Gepäckdurchsuchungen, Paßkontrollen und Ausweisungen. Die deutschsprachige Presse verfolgte und beobachtete ihre Schritte. So auch der „Bremische Beobachter“ eine konservative Zeitung. Im Spiegel seiner parteilichen Berichterstattung lassen sich die Wege von Louise Aston nach ihrer Vertreibung aus Berlin nachzeichnen. Ganz offensichtlich der Leidensweg einer Verfolgten, vom Bremischen Beobachter unbarmherzig registriert und kommentiert. Die bremische Zeitung – wie auch andere regionale und überregionale Blätter – setzte mit der Art ihrer Berichterstattung zwischen Dichtung und Wahrheit, zwischen Faktendarstellung und Mutmaßung, zwischen Verdächtigung und Verleumdung die öffentliche Vernichtung von Louise Aston, die auch einer Vernichtung als Frau gleichkam, mit publizistischem Eifer fort. Bevor ich auf die Verfolgung durch den Bremischen Beobachter näher eingehe, möchte ich zunächst die Entwicklung der Revolution in Bremen darstellen, um das Klima zu skizzieren, auf das Louise traf. Es war von erstickender Provinzialität und patriarchalisch-calvinistischer Moral und Strenge.

14. Der 8. März und die Bremerinnen

Unter dem Eindruck der Französischen Revolution vom 27. und 28. Februar und ihrer Forderungen und der sogenannten „Mannheimer Adresse"[3] (Biebusch 1974, 22) wuchs auch in Bremen die Unruhe und Unzufriedenheit mit einer Verfassung, die sich noch auf mittelalterliche Verträge der „Eintracht" von 1433 und der „Neuen Eintracht" von 1534 stützte, mit einem bremischen Senat, der, wenngleich bürgerlich, von Standesdenken geleitet, sich eben auf diese alten Rechte berief. Er regierte mit gleicher Allumfassenheit und Allmacht wie der Adel und hielt die Bürger des 3. und 4. Standes und natürlich alle Frauen von politischer Verantwortung und Mitbestimmung fern.
Die Chronik der revolutionären Märztage in Bremen liest sich in Kürze so:

„Am 6. März 1848 – kam es in der Stadt zu Aufläufen und Ausschreitungen." – „Am Abend des 7. März war die Erregung in der Stadt noch gestiegen". – Und am 8. März begaben sich „zahlreiche Menschen", die Petitenten begleitend, „mit in die Rathaushalle, während viele Hunderte vor dem Rathaus warteten." (Biebusch 1974, 23ff.)

Sie forderten unmittelbare und zustimmende Antwort, die jedoch erst nach Stunden des Verhandelns gegeben wurde. Denn „die Stimmung im überfüllten Rathaussaal, auf dem Marktplatz und auf dem Domshof war inzwischen immer bedrohlicher geworden", so daß die Deputierten „nur noch mit Mühe, die seit drei Stunden wartenden Menschen zurückzuhalten" vermochten. Dem Druck wich der Senat und gab den Forderungen nach demokratischen Rechten und Verfassungsänderung nach. Geschickt wie er war, fühlte er sich verpflichtet, „zum Heile des Staats sich an die Spitze der Bewegung zu stellen" (Biebusch 1974, 27). So blieb der Senat an den wichtigsten Schalthebeln der Macht und konnte der Bewegung, sie bremsend und kontrollierend, Schwung und Radikalität nehmen. Es ging in Bremen ähnlich zu, wie Louise Aston die Revolution und ihre „Erfolge" in Berlin geschildert und eingeschätzt hatte:

„Als der Kampf losbrach, war es ein Aufstand, als er acht Stunden gedauert hatte, gab es keinen Kämpfer auf den Barrikaden, der nicht wußte, worum es sich nunmehr allein handle – um den Fürstenthron. Man hat sich nicht wenig mit der ‚Hochherzigkeit' des Berliner Volks gewußt, welche darin liegen sollte, daß die Berliner Revolution vor dem Throne – stehen geblieben. Ich aber meine, daß eine solche Hochherzigkeit nach

aller der Schmach und Entwürdigung, der sich das Volk seit drei Decennien hatte unterwerfen müssen, besser Feigheit heißen müßte.
Und doch ist diese Thatsache nicht abzuleugnen! –
Aber wer hat sie auf seinem Gewissen? Wahrscheinlich nicht jene heldenmüthigen Arbeiter im groben Leinwandskittel, die ihre nackte Brust den kriegserfahrenen, gutbewaffneten Soldaten entgegenwarfen. – Die feigen Weißbierbourgeois waren es, welche, während draußen die Kanonen donnerten, sich die Schlafmütze noch tiefer und die Bettdecke noch höher, wie gewöhnlich, über die Ohren zogen. Als sie am andern Morgen aus den Federn krochen und mit verstörten Blicken hinabschaueten auf das Straßenpflaster und nun statt des Kanonendonners den Jubel des siegreichen Volkes hörten, da schwoll ihnen plötzlich der Kamm – sie mischten sich unter die Jubelnden, ließen sich beglückwünschend die Hände drücken und schwärmten für die Freiheit. – Aber ihre Freiheitslust hatte nicht die Bluttaufe erhalten, das Philisterthum schlug ihnen in den Nacken, sie wurden sentimental beim Andenken an die Angst, die ein „hohes Haupt" in jener Nacht mit ihnen getheilt hatte – und ihre Sentimentalität brachte sie zur Hochherzigkeit, ihre Hochherzigkeit aber zum Verrath am Volke. Das Volk aber, das gekämpft, geblutet und gesiegt hatte, ließ sich täuschen von den Philistern, die es als Brüder betrachtete" (Aston 1849, 139f.).

Auch Bremens Philister hatten bei den neuen Tönen der Freiheitsgesänge die Lippen verräterisch mitbewegt. Sogar im Hause des Bürgermeisters Smidt wurden „nach einigem Besinnen", wie Wilhelmine Smidt (1815–1912) ihrem Tagebuch anvertraute, Wachslichte beschafft, um sie „wenn uns eine Ordre dazu kam", zur Feier des Sieges ins Fenster zu stellen (Smidt 1848, 8.3.).
Zwar teilentmachtet, war die Macht noch allemal groß genug, um überlieferte Sitte, auf der Verfassung, Gesetze, polizeiliche Anordnungen oder gesellschaftliche Standesunterschiede und Geschlechtertrennung beruhten, nicht völlig infragezustellen, sondern nur ruhenzulassen, solange der Druck stark genug war. Dennoch war mit der Bürgerschaft als verfassungsgebende Versammlung, – die 1. Sitzung fand am 19. 4. 1848 statt, – eine Institution geschaffen, die die Selbstherrlichkeit des Senats beschnitt und seine Allmacht stutzte.
Die Bremer Schilderung über die revolutionären Ereignisse scheint angemessen, sachlich und neutral. Doch hinter dieser Neutralität bleiben Frauen verborgen. Da wird zur nicht beweisbaren Vermutung, daß auch sie zu den Auflaufenden, zu den Erregten, zu den zahlreichen Menschen, zu denen gehörten, deren Stimmung auf dem Domshof immer drohender wurde, daß auch sie die Revolution wollten und für ihre Ziele kämpften. Nur drei Frauen werden im Text der Geschichte der bremischen Verfassungskämpfe von 1848–1854 (Biebusch 1974) unter vielen hunderten von Männernamen genannt; einige wenige weitere verschwinden in den Anmerkungen und werden im Personenregister aufgeführt.[4] Der Name Louise Aston findet sich nicht darunter. Dennoch gibt eine Quellenangabe auch Hinweis auf sie, als der Autor auf die Polizeiakte Johannes Rösing, Louise Meyer-Aston u. A., verweist. Er hat es nicht für nötig befunden, die weit über Bremen hinaus

bekannte Demokratin auch nur zu erwähnen, obgleich sie immerhin als Kontaktfrau zum „Central-Comité“ benannt war und die bremischen Polizeiakten ihre Bedeutung und ihre Verfolgung deutlich machen. Vielleicht ein Indiz dafür, wie schwer sich die Geschichtsschreibung mit Louise Aston tut. Wie schwer sich Bremen überhaupt mit den Frauen tut, mit jenen, die in Bremen geboren wurden und mit jenen, die für eine Weile Bürgerinnen der Stadt waren, wenn sie in die Öffentlichkeit traten. Denn bremischem Frauenideal entsprach noch allemal die Frau, „über die man nicht spricht“ (Kloos 1965, 9).

Nach dem „Speckkrawall“ am 5./6. 12. 1848, der einzigen, größeren Ausschreitung nach den Märzunruhen und dessen Unterdrückung und Verurteilung durch Senat und Bürgerschaft, und der Ermächtigung des Präsidenten des Senates, bei ähnlichen Vorfällen die gesamte bewaffnete Macht aufzubieten, begannen sich die konservativen Kräfte verstärkt zu regen und fanden im „Patriotischen Verein“, der sich am 5. 12. 48 konstituierte, ihre organisierte Mitte, und mit dem „Bremischen Beobachter“, der am 1. 1. 1849 erstmalig erschien, ihren publizistischen Ausdruck.

Konnte auch am 8. März 1849, dem Revolutionstage, die neue Verfassung verabschiedet werden und am 18. April in Kraft treten, so nahmen doch Kritik und der Versuch der Unterdrückung demokratischen Denkens und Handelns immer mehr zu. Besonders der „Bremische Beobachter“ machte sich in der ihm eigenen, gehässigen Weise um die Wiederherstellung der alten Verhältnisse verdient, giftete gegen die „Wühler“ und „Umsturzpartei“ und stellte den „Linksgesinnten“ die „Vernünftiggesinnten“ gegenüber.

15. Louise Aston und der „Bremische Beobachter“

Wohl in Ermangelung bremischer Frauen, über die er geschwätzig herfallen konnte, nahm sich der „Bremische Beobachter“ bereits in der 2. Nummer seines Erscheinens Louise Astons an. Er befand sich damit – wie bereits angedeutet – in bester Gesellschaft mit anderen Blättern, wie der „Kölner Zeitung“ oder dem „Freischütz“, die in ähnlich abschätziger Weise das jeweils Neueste über „Lady Aston“ zu berichten wußten. So ist an ihm durchaus auch exemplarisch festzumachen, wie eine Frau – chancenlos zur Gegenwehr – öffentlich gerichtet und in ihrer Existenz vernichtet wird. Die Mitteilungen im Bremischen Beobachter erlauben, die Odyssee einer Frau nachzuzeichnen und deren erzwungene Ruhelosigkeit nach ihrer Vertreibung aus Berlin. Die Hatz von Ort zu Ort, von Stadt zu Stadt, nur jeweils kurzfristig geduldet, diffamiert, beleidigt, ausgewiesen oder kurz vor der Ausweisung selbst abgereist.

Freischärler-Reminiscenzen.

Zwölf Gedichte

von

Louise Aston.

Leipzig.
Verlag von E. O. Weller.
1850.

Abbildung 15: Freischärler-Reminiszenzen

Bereits am 6. 1. 1849 weiß das Blatt zu berichten, daß „die *Aston,* deren Roman Lydia das Schamloseste ist, was wohl jemals einer weiblichen Feder entflossen“, sich in Hamburg niedergelassen hat. Und damit die Bremerinnen auch gleich wissen, was so viel Schamlosigkeit zu gegenwärtigen hat, versäumt der Bremische Beobachter nicht die abschließende Frage; „Ob sie auch von dort ausgewiesen wird?“ (Brem.-Beob. v. 6. 1. 49) Folgt man der Zeitung hat Louise Aston nach ihrer Ausweisung aus Hamburg (BB v. 5. 2. 49) vorübergehend in Rendsburg gelebt, bevor sie wieder nach Hamburg zurückkehrte(BB v. 10. 3. 49). Merkwürdigerweise ist in dem bremischen Blatt nicht nachzulesen, daß Louise Aston im März 1849 auch wieder in Berlin gewesen ist, wo sie den Paß von Johanne Lucie Meier, der Schwester ihres späteren Ehemannes, benutzte, um ihre Identität zu verbergen und unbehelligt zu bleiben. Sie wurde allerdings erkannt und ausgewiesen, reiste über München in die Schweiz nach Zürich, wo sie sich jedoch auch nur jeweils wenige Tage aufhalten durfte, da sie keinen Paß besaß. Angesichts dieser Unannehmlichkeiten schrieb sie nach ihrem Besuch der „Trümmer von Kolding“ nach dem preußischen Sieg am 23. April 1849 in Jütland am 27. Mai 1849 aus Bremen an den General Wrangel, er möge ihr erlauben, „auf 24 Stunden Berlin besuchen zu dürfen“, um sich von dort um einen Paß für das In- und Ausland zu bemühen (Aston in Goetzinger 1983, 146), was ihr übrigens verweigert wurde. Als Adresse wurde Bremen, Am Wall 81 angegeben, das Haus, in dem damals gemäß Bremer Adreßbuch Dr. Daniel Eduard Meier und seine verwitwete Mutter lebten. Es war der Besuch von Louise Aston, der, wie ich bereits zu Beginn dieser Arbeit geschildert habe, so lebhaftes Interesse bei den Bremerinnen erregte. Sie ist wohl nur wenige Tage in Bremen gewesen, denn im Juni hieß es bereits, daß „Louise Aston, der Stern zarter Weiblichkeit“ über Görlitz nach Breslau gereist sei (BB v. 16. 6. 49), dort nur wenige Tage rasten durfte und „ihr Freund Nees von Esenbeck (1776–1858), „bei dem sie abgestiegen“, ihr nicht das Geleit geben konnte, weil auch er keine Paßkarte bekam, (BB v. 25. 6. 1849) und sie sich, nachdem sie auch Breslau verlassen mußte, nach Züllichau zu ihrer Schwester begeben hat (BB. 7. 7. 49). Vermutend, daß es ihr dort nicht behagte, schwadronierte der aufmerksame „Beobachter“: „Sie sehnt sich fort, in des Sturmes Braus, in der Schlachten Graus“ (BB v. 7. 7. 49). In derselben Ausgabe erfolgte noch der Hinweis auf die Veröffentlichung ihrer Freischärler-Reminiscenzen – einer kleinen Sammlung von 12 Gedichten, die überwiegend aus den einzelnen Ausgaben ihres „Freischärler“ stammen. Dazu die Mitteilung, daß sie „bekanntlich“ die Schleswig-Holsteinischen Feldzüge mitgemacht hat, und sich namentlich in den Spitälern um die Verpflegung der verwundeten Freischärler verdient gemacht haben soll (BB 7. 7. 49).

Da wird die ganze Strategie der Verunglimpfung und Verächtlichmachung deutlich. Sie hat „bekanntlich“, das suggeriert gemeinsames Wissen mit dem Leser und in dieses Wissen ist eingebettet, daß die Teilnahme an Feldzügen für Frauen doch wohl etwas sehr Anrüchiges ist. Und damit das Suspekte auch erhalten bleibt, kleidet man in die Vermutung, daß sie sich verdient gemacht haben *soll.* Einer solchen Unwissenheit ausdrückenden Formulierung bedient sich das Blatt bei seinen negativen Berichten nicht. Da versteifen sich vielmehr Gerüchte zu Behauptungen. Daß Louise Aston auch kurze Zeit in Minden lebte, oder vielleicht einen Kurort in der Nähe besucht hatte, ist der nächsten Notiz zu entnehmen, in der es weiter hieß, daß sie von dort mit der Eisenbahn in die Rheinprovinz reiste, um sich nach Paris zu begeben (BB v. 18. 8. 49).

Aus dem fernen Paris wußte der Bremische Beobachter offensichtlich nichts zu berichten, so wurde es ruhig um Louise Aston. Es erfolgte nur noch der Hinweis auf ihr Buch „Revolution und Contrerevolution“ (BB 22. 9. 49), in späterer Ausgabe, wie „langweilig“ der Roman sei und daß er von Bremen datiert sei (BB 27. 10. 49).

Erst im Mai 1850 läßt sich der Bremische Beobachter wieder vernehmen und teilte mit, daß Louise Aston aus Paris „ausgewiesen“ worden ist und sich auf dem Weg nach Bremen befinden solle (BB v. 18. 5. 50). Nun, nach Bremen hatte sie sich nicht gewandt, sondern nach Berlin. Anstelle eines eigenen Kommentars druckte der Bremische Beobachter die „geistreiche“ Persiflage des Berliner Originals Buddelmeyer nach, hinter dem sich der Arzt Adalbert Cohnfeld verbarg. Der stellte sich das Gespräch zwischen Louise Aston und dem Berliner Polizeipräsidenten Hinckeldey so vor:

Hinckeldey: „Parlewun Sie sich mal gefälligst! oder auf deutsch: Drücke Dir Lowiese.“
Darauf fragte sie: „Muß das gleich sind?“
„Wuy Möppel!“
Als Französin begriff sie diesen Ausdruck und verschwand. Sie jeht von hier nach Petersburg und läßt sich von Kaiser Nikolaus russeln, un denn jeht se nach England un läßt sich von Lord Russeln englisiren. Ob sie och nach Italien jehn und sich vonnen Papst romeln lassen wird, des is noch nich jewiß“ (BB v. 24. 8. 1850).

Im Oktober 1850 wohnte Louise Aston wieder in Hamburg, und der Bremische Beobachter übernahm aus „Der Freischütz" die Mitteilung, daß sie sich „mit Dr. Müller (?) aus Bremen (!) vermählen" wird (12. 10. 1850). Später: „der Auserwählte ist ein Dr. Meyer aus Bremen, wie verlautet Irrenarzt" (16. 11. 1850).

Das war die letzte abwertende Äußerung des Bremischen Beobachters zu Louise Aston. Inzwischen dürfte auch diesem die Identität des „Irrenarztes" (zu den bremischen Krankenanstalten gehörte allerdings auch eine „Irrenabteilung") bekannt geworden sein. Es war Dr. Daniel Eduard Meier, stellvertretender Leiter der bremischen Krankenanstalten und aus exklusiver Bremer Familie mit Verwandtschaft im Senat, dem Bürgermeister Dr. Diedrich Meier und dessen Neffen Johann (John) Daniel Meier.

Am 7. 12. 1850 hieß es nur noch lapidar und obrigkeitsdienernd: „ein uns aus Braunschweig eingesandter Brief über die Hochzeit der Frau Louise Aston kann nicht mitgeteilt werden." (BB 7. 12. 1850) Das beflissene Blatt hörte mit seinen Gehässigkeiten und Verunglimpfungen auf. Verfolgung und Verfemung übernahm nun fern aller Öffentlichkeit der Senat, unerbittlich und unnachsichtig. Es lag sicher nicht an seinem bösen Willen, daß das länger dauerte als gedacht.

16. „Eigenthümliche Ansichten, abweichend vom Herkömmlichen"

Als die bremische Obrigkeit, aufgeschreckt durch den Kauf des Bürgerechts am 7. Nov. 1850 für Louise Aston, erfuhr, daß die Braut des Dr. Meier tatsächlich „dieselbe Louise Aston sei, die einen Roman Lydia geschrieben?", in dem doch recht „eigenthümliche Ansichten, abweichend vom Herkömmlichen" geäußert wurden, „fuhr diese Nachricht „gleichsam wie ein Wetterstrahl in diese Arrangements der neuen Anstalt. – Ich war seit diesem Momente eine *persona ingrata*" (Meier 1855, 6f. + Q 15).

Schon vor seiner Verheiratung wurde Meier bedrängt, seine Verlobung mit Louise Aston rückgängig zu machen. Als man einsah, daß jener nicht davon abzubringen war, machten sie es ihm zur Pflicht, seiner „Verlobten nicht vorzuenthalten, wie mißliebig sie hier sein würde, und daß man ihr nicht gestatten werde, die Kranken zu besuchen", ja, daß man nicht einmal bereit sei, sie im Krankenhaus wohnen zu lassen. (Q 15 + Q 16) Lehnte Meier letzteres Ansinnen auch ab, so versicherte er jedoch, daß seine Frau nicht die Absicht habe, sich in die inneren Angelegenheiten der Anstalt zu mischen.

Der 25. November 1850 brachte die Gewißheit der Verheiratung und bestimmte einen obrigkeitlichen Aktivismus, der sich in verschiedenen Anordnungen und Maßnahmen äußerte.

Am Hochzeitstage wurde gemäß Senatsprotokoll, nachdem sich die Verwandten von Meier entfernt hatten, beschlossen, die Ernennung „als zweiten Arzt“ noch auszusetzen. (Q 17) Und am Hochzeitstage wurden Briefe der bremischen Polizeidirektion nach Berlin, Hamburg, Königsberg und Breslau mit der Bitte um Auskunft über Louise Aston versandt. Doch noch waren die demokratischen Kräfte in Bremen stark genug, seine Entlassung zu verhindern. Sie scheiterte am Widerstand der damaligen aus aufrechten Demokraten bestehenden Administration des Krankenhauses, von denen 5 der 6 Administratoren erklärten, daß sie keinen Grund sähen, Dr. Meier aus seiner Stellung zu entfernen (Meier 1855, 10). So fehlte dem Senat die gewünschte Handhabe, gegen Meier vorzugehen. Auch das von den Polizeidirektionen aus Hamburg, (Q 18), Königsberg, (Q 19), Breslau, (Q 20) und Berlin (Q 11) eingesandte Material gegen Louise Aston reichte bei weitem nicht zu den beabsichtigten, drastischen Maßnahmen aus.
In der aufgeregten Diskussion ging es immer um die „Persönlichkeit dieses Frauenzimmers“, um das, was aus dem „früheren Leben“ der Louise Aston „im Publikum verbreitet“ ist, um den durch ihre „seitherigen Handlungen“ gebildeten Ruf, alles außerordentlich unangenehm und zum Nachteil für die Anstalt. (Q 16)
Was nun mit dem „Ruf“, mit den „seitherigen Handlungen“, mit dem „früheren Leben“ gemeint war, wird schamvoll verschwiegen. Vermutlich hatten sich die Federn bremisch-puritanischer Philister gegen die Niederschrift weiblicher Sündhaftigkeit erfolgreich gesträubt. Es steht jedoch zu vermuten, daß sich in bremischen Obrigkeitsköpfen das Bild einer schamlosen und liederlichen Person festgesetzt hatte, wie es ja überall in den Gazetten und auch im Bremischen Beobachter zu lesen stand.
Diese Louise Aston war für Bremen eine Zumutung – eine völlig undenkbare Frau. Als Ideal galten jene Frauen, die kaum „ein Eigenleben“ führten und „in der Sorge für Gatten, Kinder, Haus und Geschäft und im geregelten Verkehr mit einer großen Sippe,“ ihr Leben verbrachten (Kloos 1965, 10). Ein solches Leben, auf „den inneren Kreis“ der Familie beschränkt, führten in Perfektion die Gattinnen des 1. und 2. Standes. Zurückhaltend bis zur Selbstverleugnung, sittsam bis zur Prüderie und bescheiden bis zur Entäußerung, gab es von ihnen, wie von der Stadt selber, wie Friedrich Schiller einst bedauerte „gar nichts zu sagen“, gaben sie „der Muse nicht Stoff –“ (a. a. O., 9)!
Diesen Gattinnen war Louise Aston auch als Doktorin Meier nicht in Ehre zuzugesellen. Ebenso sicher ist aber auch, daß sich jene Damen mit Entrüstung gegen eine solche Zumutung gewandt hätten. Hatten doch auch schon Marie Mindermann (1808–1882) „die galanten Theedamen“ – „aus den vornehmern und mittlern Kreisen der Gesellschaft“ viel zu schaffen gemacht. Sie hatten unbarmherzig, wie Marie Mindermann schrieb, über sie den Stab

gebrochen und als „stehende Phrase“ war mit „welterschütterndem Klange“ an ihr „gemartertes Ohr“ geschlagen: „So die Weiblichkeit aus den Augen zu setzen“ (Mindermann 1852, 41).
Doch anders als die Drechslermeister-Tochter Marie Mindermann, der auch noch vorgehalten wurde „so seine Stellung zu verkennen“ (Mindermann 1852, 41), war die Tochter des Superintendenten Dr. J. G. Hoche von Stand. Fürchtete man um die Tugend der Töchter, die sich damals, als Louise Aston im Hillmann-Hotel abgestiegen war, gar zu interessiert zeigten? Oder fürchtete man weitere Unordnung durch sie in dem kleinen durch die Revolution schon recht unordentlich gewordenem Staate, in dem doch tatsächlich die Menschen des 3. und 4. Standes nicht nur Mitspracherecht beanspruchten, sondern auch noch durchgesetzt und patrizische Allmacht gestutzt hatten? Wie mußten erst Sitte und Ordnung verkommen, wenn nun auch noch Frauen und Töchter gegen die ihnen angetragene Zweitrangigkeit – „der Mann sei des Weibes Haupt“ – und die Verpflichtung auf Sittsamkeit revoltieren würden. Ordnungsprinzipien, die seit Jahrhunderten die Frauen am Gängelband hielten und die bremisch-patriachalische Herrschaft sicherten.
Louise Aston erlebte in Bremen den Untergang der Demokratie, ohne selbst handelnd einzugreifen. Sie hielt sich zurück, obgleich sie zu führenden Demokraten in Bremen Kontakt hatte und auch mit vielen Demokraten im Ausland korrespondierte. (Q 21) Bereits im Juni 1850 hatte der Senat begonnen, Bremen von „fremdartigen Elementen“ zu reinigen (Biebusch 1974,

Abbildung 16: oder wie sich die Bremer und Bremerinnen Louise Aston wohl vorgestellt haben

137). Fremde Zigarrenarbeiter und mißliebige Einzelpersonen erhielten keine Arbeitserlaubnis mchr. Unter der Bedrohung des Eingriffs der Bundeszentralgewalt, immer häßlicherer Attacken gegen die Demokraten mit Verunglimpfungen, persönlichen Beleidigungen und der groben Taktik „den Wühlern Arbeit und Kredit zu entziehen" (a. a. O., 128), zerbrach die Kraft und die Einheit der Linke.

17. Louise Aston „in weißer Mantille und Glacehandschuhen"

Enthielt sich auch Meier in Rücksicht auf „die Empfindlichkeit des Senates" des Rechtes des Redens als Abgeordneter in der Bürgerschaft und lebte Louise Aston wohl sehr zurückgezogen in Bremen, so bewahrte sie das dennoch nicht vor ständigem Mißtrauen, Überwachungen und Haussuchungen. (Q 21) Der „lebhafte Briefwechsel", den Louise Aston führte, und die Tatsache, daß sie den Briefsteller gebeten haben soll, „die für sie bestimmten Briefe, ihr unverzüglich und direct" zuzustellen, rief den für politische Angelegenheiten zuständigen Polizeiinspector Jürgen Conrad von Hunteln auf den Plan. Sein Bericht vom 2. 11. 1851 weist Louise Aston als Demokratin aus mit nüchterner Einschätzung der derzeitigen Situation der Demokratie,

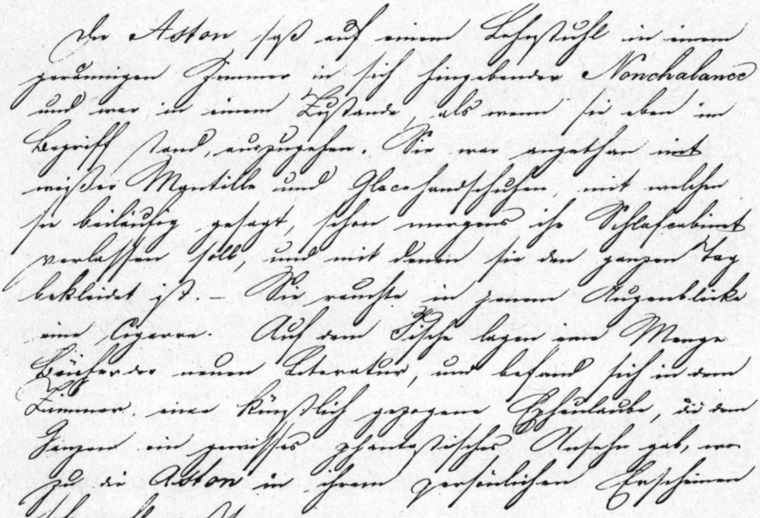
Die Aston saß auf einem Lehnstuhle in einem geräumigen Zimmer in sich hingebender Nonchalance und war in einem Zustande, als wenn sie eben im Begriff stand, auszugehen. Sie war angethan mit weißer Mantille und Glacehandschuhen, mit welchen sie beiläufig gesagt, schon morgens ihr Schlafcabinet verlassen soll, und mit denen sie den ganzen Tag bekleidet ist. – Sie rauchte in jenem Augenblicke eine Cigarre. Auf dem Tische lagen eine Menge Bücher der neuen Literatur, und befand sich in dem Zimmer eine künstlich gezogene Epheulaube, die dem Ganzen ein gewisses phantastisches Ansehen gab, wozu die Aston in ihrem persönlichen Erscheinen sehr wohl paßte. –

Abbildung 17: Brief des Polizei-Commissair

ihrer Ohnmacht und ihrer Chancenlosigkeit angesichts der sich immer stärker formierenden restaurativen Kräfte.
Da der Herr v. Hunteln es nicht für uninteressant hielt, „eine solche so oft öffentlich besprochene Persönlichkeit in ihrem Privatleben kennen zu lernen", schilderte er auch „nicht streng hier Hinzugehöriges". (Q 22)
Und das war eine Frau „in sich hingebender Nonchalance", angetan „mit weißer Mantille und Glacéhandschuhen", mit denen sie nicht nur den ganzen Tag bekleidet sein, sondern „auch schon morgens ihr Schlafcabinet verlassen soll". Wenn dann noch von einer künstlich gezogenen Efeulaube die Rede ist, die „dem Ganzen ein gewisses phantastisches Aussehen" geben soll, so kann von Hunteln seinen mühsamen Versuch, dem ganzen und der Begegnung noch knisternde Erotik abzugewinnen, nicht länger verbergen. Wenn er „nicht streng Hinzugehöriges" schilderte, so darf man wohl vermuten, daß er es tat, um ein ganz bestimmtes Bild von Louise Aston zu vermitteln.
Doch gewichtet man die Aussagen, so liegt die Gefährlichkeit der Louise Aston ganz zweifelsohne in ihrer demokratischen Gesinnung, in der von ihr bezeugten Zugehörigkeit zur radikalen Linken und in ihrem Eingeständnis der Notwendigkeit revolutionärer Veränderungen. Wenn von Hunteln sein Schreiben abschließt mit der Überzeugung, „daß die Aston gewiß noch ein sehr thätiges Werkzeug der Propaganda und der Beachtung zweifelsohne sehr werth ist", (Q 22) so würdigt er die politisch handelnde und denkende Frau, hält aber durch Mantille und Glacéhandschuhe, durch Efeulaube und Zigarre das Bild der unsittlichen und unschicklichen Person offen.

18. „So der Herr, so der Diener"

Seit der heil'gen Nacht des Märzen
Ging manch schöne Hoffnung unter,
Und der jungen Freiheit Kerzen
Brannten matt und tief herunter!
aus dem Gedicht „Im Oktober" (Aston in Goetzinger 1983, 165)

Am 8. März 1852 – ein sorgsam gewähltes Datum, – um die Demokraten von ihrer Revolutionsfeier abzuhalten, und sie nachdrücklich einzuschüchtern, – wurde seitens der Zentralgewalt in Frankfurt der Kriegsminister Jacobi aus Hannover auf nachdrückliches Bemühen des Bürgermeisters Johann Smidt als Bundeskommissar für Bremen berufen. Er sollte die Verfassung aus „der Verstrickung in den Schlingen der Legalität" (Biebusch 1974, 283) herauslösen. Ergebnis dieses Bemühens „durch einen scheinbar legalen, tatsächlich aber rechtswidrigen Eingriff des Deutschen Bundes" (a. a. O., 326) war der Verfassungsumsturz und die Erarbeitung einer neuen Verfassung, die am 21. Februar 1854 verkündet wurde (a. a. O., 321). Sie erlaubte die Betreibung

der Entlassung von Dr. Meier, als 1854 eine völlig neue Administration für das Krankenhaus mit Chr. Fr. Bödeker an der Spitze gewählt werden konnte (Meier 1855, 30f.).
Der schrieb in willfähriger Ergebenheit dem Senat und der Inspection des Krankenhauses den Bericht, den sie für die Entlassung brauchten.
In der Darstellung des Administrators (Q 23) fehlt jeglicher Hinweis auf Louise Aston. Was bedeuten dürfte, daß sich Louise Aston tatsächlich an den Oktroi gehalten hat, sich nicht in die inneren Angelegenheiten der Anstalt zu mischen. Akzentuiert wird der Sittenverfall, „so der Herr, so der Diener" und nachrangig, obgleich Meier für die Ökonomie nicht zuständig war, die Verschwendung, „mit wenigem kommt man auch aus" – und die Inanspruchnahme von Arbeitskräften der Anstalt zu Privatzwecken. Meier setzte sich gegen diese Vorwürfe in seiner Schrift „Meine Entlassung und Rechtfertigung" (Meier 1855) öffentlich zur Wehr. Das „so der Herr, so der Diener" steht in enger Verknüpfung zu der Feststellung, daß „grobe Unsittlichkeiten in der Anstalt ein Asyl gefunden" haben. Daß der Bäcker Droop ebenso wegen Hurerei und Defraudation entlassen werden mußte, wie der Maschinist und daß „die neuen guten zugeführten Elemente in dem Chaos untergingen, andere es wegen der Unmoralität im Hause nicht aushalten konnten." Als größte sittliche Fehlleistung rügte Bödeker, daß Meier seine schwangere Köchin weiterbeschäftigt hatte und zuließ, daß Droop der Vater des zu erwartenden Kindes „mehr bei Nacht in Dr. Meiers Hause als im eigenen" war. Und selbst als Meier „vom Herrn Oberinspector ermahnt" wurde, entließ er das Mädchen nicht, „nein, er that das Gegentheil, sie sollte noch belohnt werden für ihr unsittliches Betragen." Meier behielt seine Köchin bis 3 Tage vor der Entbindung in seinem Haus, brachte sie in die Anstalt und stellte sie nach Wiederherstellung als Wärterin an. „Dies wurde aber vereitelt", wie Bödeker mit Genugtuung feststellte, „durch die Aufmerksamkeit der dazu Berechtigten."
Scheinen auch heute diese Vergehen wider die Sittlichkeit recht konstruiert, so muß man doch konzedieren, daß diese Fragen derzeit, und nicht nur in biedermeierlich-calvinistischem Bremen von hochrangigem Interesse waren, und der Zwang zur Tugend eines der Ordnungselemente, auf denen die bürgerliche Gesellschaft ruhte. Traditionell unterlagen Hurerei, Ehebruch, außereheliches Kindbett strenger obrigkeitlicher Aufmerksamkeit. Gab es noch bis Ende des 18. Jahrhunderts harte Strafen von der öffentlichen Auspeitschung und dem Stadtverweis bis zur Einweisung in das Zucht- und Werkhaus, so war man zwar in der Mitte des 19. Jahrhundert gnädiger, dennoch galt die uneheliche Geburt als verwerflich und in höchstem Maße als ehrenrührig. Meier duldete also offensichtlich Unsittlichkeit, förderte sie gar noch. Wenn es jedoch hieß, „so der Herr, so der Diener", war damit ein unmittelbarer Angriff gegen Meier und seine Ehe, obgleich nicht näher aus-

geführt, gerichtet. Wenn er vielleicht auch nicht „Hurerei" betrieb mit einer geschiedenen Frau, deren Betragen einst dem „eines öffentlichen Mädchen" gleichkam (Q 18), so konnte er doch allemal für eine Stellung von Bedeutung und mit Vorbildcharakter für alle Stände nicht in Frage kommen. Das Ehepaar Meier war so „abweichend vom Herkömmlichen", daß es nach Wiederherstellung schöner, alter Ordnung nicht mehr tragbar war.

„Am 1. Novbr. 1854 erließ der Senat ein Decret: daß im Interesse der für nothwendig erachteten Reorganisation der Krankenanstalt ein Wechsel in der Person des Arztes durch Umstände geboten sei, und eröffnet dem Dr. med. Daniel Eduard Meier, daß ihm die durch Senatsbeschluß vom 17. April 1850 verliehne Stelle eines Arztes an der neuen Krankenanstalt auf den 1. Mai 1855 hiermit aufgekündigt sei. In der That", wie Meier weiter ausführte, „der rücksichtsvollste Termin des Ausscheidens für mich und meine Frau: gleichsam eine Weisung, dann fahret zum Blocksberg" (Meier 1855, 22, Q 15). Wohl wahr, die Meiers waren freigegeben für den Hexentanz in der Walpurgisnacht. Ihre gemeinsame Odysee begann. Heimatlos, entwurzelt zogen sie von Ort zu Ort. Zunächst in russischen Diensten als Militärarzt in Odessa und Charkow, arbeitete Meier später an vielen anderen Orten als Bezirksphysicus in Sephi Sent Gyorgy, in Kronstadt, als Brunnenarzt in Borszek, als Bahnarzt in Unterwaltersdorf, in Klagenfurt, in Bischofslack, in Bad Liebenzell und in Wangen im Allgäu.
Louise Aston starb am 21. Dezember 1871 in Wangen, Daniel Eduard Meier am 5. September 1873 in einer Nervenheilanstalt in Kreuzlingen (Goetzinger 1983, 204f.).
Auf ihren Grabsteinen mit dem Symbol der Wilden Rosen – ihrer ersten Gedichtsammlung entnommen – steht:

Louise Aston-Meier
geb. Hoche
geb. 26. Novbr. 1814 gest. 21. Decbr. 1871
Nach Kampf Frieden
–.–.–.–.–

Der mitleidsvolle Tod gönnt Ruh und Rasten.
Dem mitleidslos gehetzten Einfuß Meier-Aston.
Med. Dr. Daniel Eduard Meier
geboren in Bremen 15. Jan. 1812
verheirathet 25. Novbr. 1850
verbannt 1. Novbr. 1854
† 5. Septbr. 1873

in hebr. Sprache darunter:
Wem ein Weib gab Gott,
dem gab er ein Kleinod.

(Goetzinger 1983, 174ff.)

19. Anna Lühring – Louise Aston
2 Frauen – 2 Zeiten – 2 Welten?

In dem kurzen Nachruf auf Anna Lühring hieß es: „Sie ward durch Begeisterung getrieben, ihre Heimath zu verlassen und ihr Geschlecht zu verleugnen; das war in der Zeit der deutschen Erhebung nicht so auffallend wie es heute sein würde“ (Schumacher 1870 S. 173). Und

„Eine Dithmarscherin schrieb 1848 in einem Gedicht „An Dithmarschens Frauen“
(....)
Laßt mich ernstlich heut Euch mahnen
An die längstvergang'ne Zeit –
Wo die mütterlichen Ahnen
Sich dem Vaterland geweiht,
Wo sie auch das theu'rste Blut
Opferten mit Heldenmut!
(....)
Darum, weil einst vorgetreten,
In den Kampf Dithmarschens Frau,
Bruder, Sohn und Mann gebeten:
„Schützt, verteidigt unsern Gau!
Wir beschirmen unsern Herd,
Zeigen, daß wir Euer werth!“
(Q 24)

Die Zitate zeigen auf, daß sich die Zeiten offensichtlich gewandelt hatten, daß die Töchter nicht mehr tun konnten, was den Müttern zur Ehre gereicht hatte. 1814 wurden die Taten der Frauen im Kampf gerühmt, ja sie wurden durch den Kampf erst berühmt. 1848 galt bewaffneter Kampf der Frauen als Schande. Da gebührte den Männern der Streit, und den Frauen gereichte es zur Ehre, wenn sie, wie viele Gedichte und Schriften belegen, ihre Männer, Väter, Söhne zum Kampf anhielten:

„Sprech' von ihm scheidend, die geliebte Braut, ‚erst dann wenn unser Vaterland befreiet, werd' ich dem freien Manne angetraut!'“. (Q 25)

Was hatte sich geändert? Gewiß ist, daß sich das im 18. Jahrhundert entfaltete Bild der bürgerlichen Familie, mit der Frau als Gattin, Mutter und Hausfrau im Zentrum als allgemeine Norm durchgesetzt hatte. Die Arbeitsteilung und der Wirkungsbereich der Frau waren neu bestimmt worden. Die Familie, das Haus, diesen scheinbar so natürlichen Raum für die Frau zu verlassen, hieß, sich außerhalb von Sitte und Gesetz zu begeben. Hieß, einen allein dem Manne vorbehaltenen öffentlichen Raum zu betreten, und damit zur „öffentlichen Person“ zu werden. Alle Frauen, die sich in die Öffentlichkeit wagten, verletzten in massiver Weise Tabus. Sie überschritten Normen von minderem oder höherem Verbindlichkeitscharakter, welcher sich jeweils aus dem Grad der Bedrohung, den die Männerwelt empfand, bestimmte und die Art und Intensität der Sanktion regelte. Eine Briefe- und Romanschreibende Frau, vor allen Dingen, wenn es Liebesbriefe oder -romane waren, das ging noch an, eine gescheite, sich zu politischen und sozialen Fragen äußernde Frau war reichlich suspekt, eine für Frauenfragen sich engagierende Frau in höchstem Maße lächerlich. Eine ähnliche Wertehierarchie galt auch für die sich in Freiheitskämpfen einsetzenden Frauen. Die für den Kampf sammelten, Scharpie zupften, waren geachtet. Jene, die Gatten, Geliebte, Söhne zum Kampf anfeuerten genossen allgemeine Wertschätzung. Frauen, die mit der Feder fochten, waren Blaustrümpfe, die sich in Dinge mischten, die sie partout nichts angingen oder doch recht dumme Personen, die von den Sachen nichts verstanden hatten. Der Gipfel weiblicher Unanständigkeit äußerte sich in den Freischärlerinnen, die pauschal verachtet und diffamiert wurden. Wurden sie namentlich bekannt, regulierte sich der Grad der Verachtung noch an Klassenzugehörigkeit und Familienstand. Solche Faktoren bestimmten mit, ob noch gelacht werden durfte, oder verhöhnt und verächtlich gemacht, ob ins Gefängnis gesetzt oder gar ausgewiesen werden mußte. Louise Aston verstieß gegen alle Tabus, mit denen die Lebensräume der Frauen eingegrenzt wurden.

Sie äußerte sich als Demokratin, als Frauenrechtlerin und als Atheistin. Sie war eine geschiedene Frau, die die Freiheit der Liebe besang. Sie bezeichnete sich als Freischärlerin und gab eine Zeitung gleichen Namens heraus. Sie lief in Männerkleidung herum, rauchte und trank gleich den Männern in der Öffentlichkeit und in öffentlichen Lokalen. Daß sie ein Freischärlerwams trug, ist nicht belegt. Die Pflege von Verwundeten, sonst durchaus der Achtung wert, brachte ihr nur weitere spitze Bemerkungen und Verdächtigungen ein. Letztlich konnte sie nicht einmal mehr die Ehe mit einem ehrenhaften Manne und offensichtliche Zurückhaltung und Zurückgezogenheit rehabilitieren. Der einmal gewonnene Ruf haftete an ihr wie ein weithin sichtbares unauslöschbares Muttermal. Das hatte sie mit Anna Lühring gemein, die gleich ihr das angeheftete Etikett, mochte es auch schmückender sein, zu tragen hatte. Beider Portrait – das der Reinen und das der Schamlosen – war in Preußen entfaltet worden. Die Bremer übernahmen es und nutzten es für und gegen die Frauen – hier der sonst so beschwornen Unabhängigkeit und Selbständigkeit entratend. Beider Leben wurde durch Öffentlichkeit und Obrigkeit gewaltsam geprägt, sie waren ihr Gegenstand. Sie wurden als Objekte mißbraucht und als Persönlichkeiten nicht ernstgenommen.

Bremens Wahlspruch, der auf einem Stein aus der Mitte des 16. Jahrhunderts in eines der Stadttore eingelassen war, lautete:

BREMEN · WES · GHEDECHTICH · LATE NEICT
MER IN DV · BEIST · OHRER
MECHTICH

So betrachtet, fühlte man sich der Anna Lühring wohl mächtig – zumindest als man der alten Frau die Pension gewährte – der Louise Aston ganz offensichtlich nicht. Damals nicht und heute wohl auch noch nicht.
Und wer kennt schon Louise Aston in Bremen und weiß, daß auch sie einmal Bürgerin der Stadt war?

Abbildung 18: Die „Brema" 1822

Anmerkungen

1 Gar so weit her war es offensichtlich nicht mit dem bremischen Patriotismus. Man tat sich in Bremen schwer mit der Rekrutierung von Freiwilligen. Tettenborn rief nach der Befreiung Bremens von napoleonischer Herrschaft zur Bildung eines Freiwilligencorps auf, und bestimmte die Offiziere v. Eelking und v. Weddig, ein Kavallerie- und ein Infanterie-Corps zu bilden. Ende Nov. war das Corps noch nicht vollständig. „Man mußte nochmals an den Patriotismus appellieren und auch drohen: ‚Die ‚Zurückgebliebenen' müßten ‚der Hoffnung entsagen', ‚von dem Staate zu irgendeinem Amte angestellt oder befördert zu werden'. Auch bei den Spenden für die Ausrüstung der Soldaten standen ‚sehr viele und Wohlhabende ... noch zurück'. Es wurde angedeutet, daß die Säumigen zu Beiträgen gezwungen werden könnten (schließlich sollte eine Zwangsanleihe aufgenommen werden)" (Schwarzwälder 1976, Bd. II, 43).

2 Vgl. hierzu Staatsarchiv 2-R.6.b.2.i.5, u. a. baten 7 ehemalige Krieger, die im Armenhaus lebten, die jährliche Unterstützung von 5 Thalern für Zigaretten und ähnl. auf 20 Taler jährlich zu erhöhen. (27./28. 9. 1869)

Am 23. März 1866 wurden insgesamt 65 mehr oder minder Hilfsbedürftige registriert.

Am 22. Febr. 1849 wurden 2 Pensionen von 45 Thalern jährlich auf 120 Thaler jährlich erhöht. a) für Friedrich Meyer, der 1813 beide Feldzüge mitgemacht hatte, 5 Jahre als Soldat, 6 Jahre als Unteroffizier und 24 Jahre als Sergeant gedient hatte. b) Christ. Wilh. Bauer, der 1815 einen Feldzug mitgemacht, 3 Jahre als Soldat, 12 Jahre als Unteroffizier und 19 Jahre als Sergeant gedient hatte.

3 Sie wurde von Gustav Struve verfaßt, von einer Volksversammlung in Mannheim beschlossen und als Adresse (Sturmpetition) an den Bundestag gesandt. Sie „verlangte 1. Volksbewaffnung, 2. Preßfreiheit, 3. Schwurgerichte, 4. ein deutsches Parlament (‚Märzforderungen')". (Biebusch 1974, 22)

4 Im Text: *Marie Mindermann* (1808–1882) die Schriftstellerin und Mitbegründerin des Frauerwerbs- und Ausbildungsvereins, *Marie Rogge* geb. Koch, die Frau des Tabak- und Zigarrenhändlers Henrich Levin Rogge (Mitglied der Bürgerschaft von April 1849 bis 1852 (März) und *Margarethe Kramer* (1814–1891), die Frau des Zigarrensortierers Hinrich Kramer und *Wilhelmine Smidt* (Tochter des Bürgermeisters Johann Smidt).

In den Anmerkungen und im Register wurden noch erwähnt: Den Aufruf zur Unterstützung politischer Flüchtlinge in der Schweiz unterzeichneten: Anna Bödecker, Julie Dulon, Helene Eisenhardt, Doris Kotzenberg, Marie Meyer, Anna Riegelmann, Marie Rogge, Lucie Seemann, Friederike Wischmann, Anna Wulstein. Außerdem Meta Claußen, Marie Rogge und Anna Knigge als Überbringerin einer Frauenpetition zur Verhinderung der Absetzung des revolutionären Pastors Dulon am 17. 3. 1852 und

Adelgunde Köttgen als Gründerin des „Demokratischen Frauenvereins" in Bremen.

Literatur

einschl. Zeitschriften und gedruckter Quellen

Aston, L.: Meine Emancipation, Verweisung und Rechtfertigung, Brüssel 1846

Aston, L.: Revolution und Contrerevolution, Mannheim 1849

Bäumer, G.: Frauen der Tat, Tübingen 1959

Beauvoir de, Sim.: Das andere Geschlecht, Reinbek 1972

Biebusch, W.: Revolution und Staatsstreich, Bremen 1974

Böse, H.: Das Bremer Mädchen (1838), in Beyer, J. Bilder aus der Geschichte Bremens im 19. Jahrhundert, Bremen 1903

Böttcher, U.: Anfänge und Entwicklung der Arbeiterbewegung in Bremen, Bremen 1953

Bremer Nachrichten: Über die Rückkehr des Bremer Heldenmädchens ... Nr. 135 vom 18. 5. 1913

Bremische Biographie des 19. Jahrhunderts, Bremen 1912

Bremischer Beobachter, Jahrgang 1849/1850

Cyrus, H.: Von gelehrigen und gelehrten Frauenzimmern, in: diskurs 8, Bremen 1984

Der Bürgerfreund: Jahrgänge 1848–1850

Der Courier a. d. Weser: Jahrgänge 1848–1852

Der Freischarenfeldzug in Schleswig-Holstein und Jütland von einem Freiwilligen des von der Tannschen Corps, Frankfurt (Main) 1848

Der Freischütz: Jahrgänge 1847–1850

Die Reform: Jahrgänge 1848–1850

Förster, Fr.: Geschichte der Befreiungskriege 1813, 1814, 1815, Berlin 1857
Gemeinnütziges, unterhaltendes Itzehoer Wochenblatt: Jahrgänge 1848/1849
Gerhard, U. et al. (Hrsg.): „Dem Reich der Freiheit werb' ich Bürgerinnen", Die Frauenzeitung von Louise Otto, Frankfurt 1979
Goetzinger, G.: Louise Aston, Frankfurt 1983
Gruner, A.: Der Lützower Jäger Anna Lühring, in: Bremer Nachrichten aus der Serie – Unbekanntes Bremen 1934–1939
Henkel, M./Taubert, R.: Das Weib im Conflict mit den socialen Verhältnissen (Mathilde Franziska Anneke), Bochum 1976
Hummel-Haasis, G. (Hrsg.): Schwestern zerreißt eure Ketten, dtv Dokumente, München 1982
Kloos, W.: Die Bremerin, Bremen 1965
Lange, Fr. (Hrsg.): Die Lützower – Erinnerungen, Berichte, Dokumente, Berlin 1953
Martens, G. L.: Tagebuch eines Freiwilligen des von der Tann'schen Corps, Soltau 1848
Meier Dan. Ed.: Meine Entlassung und Rechtfertigung, Oldenburg 1855
Meiners: Ein deutsches Heldenmädchen, in: Oldenburger Volksbote 1871
Mindermann, M.: Eigenthümlichkeiten der Bremer Neuzeit in Briefen, Bremen 1852
Möhrmann, R. (Hrsg.): Frauenemanzipation im deutschen Vormärz, Texte und Dokumente, Stuttgart 1978
Neue Bremer Zeitung: Jahrgang 1815
Oelrichs, K. Th.: Anna Lühring, freiwilliger Lützower Jäger, in: Bremer Nachrichten vom 24. 8. 1941
Paulmann, Chr.: Die Sozialdemokratie in Bremen, Bremen 1964
Pistorius, S. M.: Vergessener Grabstein erzählt, in: Weser Kurier vom 26. Juni 1954
Rendsburger Wochenblatt: Jahrgänge 1848/1849
Schaefer, H. L.: Bremens Bevölkerung in der ersten Hälfte des neunzehnten Jahrhunderts, Bremen 1957
Schumacher, H. A.: Zur Erinnerung an den Lützower Jäger A. Lühring, in: Brem. Jahrbuch Bd. 5, 1870
Schwarzwälder, H.: Berühmte Bremer, München 1972
Schwarzwälder, H.: Geschichte der freien Hansestadt Bremen Bd. I/II, Bremen 1976
Theweleit, K.: Männerphantasien Bd. I/II, Reinbek 1980
Verhandlungen zwischen Senat und Bürgerschaft, Bremen 1860
Zucker, St.: German Women in the Revolution of 1848, in: Central European History 13/1980

Ungedruckte Quellen

Staatsarchiv Bremen

2–G.7.A.No.5	Königl. Preuß. Corps v. Freiwilligen unter Lützow
2–G.7.A.Nr.25	Freiwillige unter dem Lützowschen Corps
2–R.6.b.2.i.5.	Unterstützung der Veteranen
9,S3	Familiengeschichtliche Sammlung (A. Lühring)
2–D.20.b.2.a.	In Betreff der öffentl. Ruhe
2–D.20.b.2.e.	Vereine und Versammlungen
2–T.6.k.2.a.	Innere Ordnung des Krankenhauses

2–T.6.k.3.a.	Inspektion und Administration
2–T.6.k.6.a.	Anstellung von Ärzten
2–T.6.k.15.a.2.	Planung und Bau
4,14/1–V.L.4.	Pressevergehen
4,14/1–XII.A.2.b.	Demokratischer Verein
4,14/1–XII.C.1.g.	Marie Mindermann
4,14/1–XII.A.2.d.	Umzüge und Demonstrationen
4,14/1–XII.C.2.ak.	Politische Vergehen
7,20–X.S.1.a.	Tagebuch Wilhelmine Smidt
7,27	Tagebuch Engel Marie Thiermann

Bildnachweise

Abb. 1: Holzschnitt eines unbekannt. Künstlers nach C. Lindenschnitt, in: Deutsche Frauen, Steiniger Verlage Berlin 1939

Abb. 2: Gemälde von Carl Röchling, in: Lange Fr. Hrsg. Die Lützower, Berlin 1953

Abb. 3: Aus dem Prospekt einer Augsburger Kupferstichhandlung um 1780, in: Fuchs Ed. – Illustrierte Sittengeschichte, München

Abb. 4: Gemälde Öl auf Leinwand, unbek. Künstler, Focke-Museum, Bremen, in: Kloos: Die Bremerin, Bremen 1965

Abb. 5: Tasse und Teller
Tasse: Brustbilder der 3 verbündeten Monarchen von Preußen, Österreich und Rußland – Untertasse: Darstellung der Völkerschlacht bei Leipzig – Staatsarchiv, Bremen

Abb. 6: Bild Öl auf Leinwand. Maler vermutlich Gerhard Stöver um 1815 Focke-Museum, in: Kloos: Die Bremerin 1965

Abb. 7: Teil der Fassade Haus Brautstr. 27 – Reliefmedaillon, in: Bremer Nachrichten 1934–1938 Staatsarchiv Bremen

Abb. 8: Anonymer engl. Schabstich aus dem Londoner Dirnenleben 1781, in: Fuchs Ed. Illustrierte Sittengeschichte, München

Abb. 9. Aus dem Prospekt einer Augsburger Kupferstichhandlung um 1780, in: Fuchs Ed. Illustrierte Sittengeschichte, München

Abb. 10 nach der „Illustrierten Zeitung" von 1849 – Generallandesarchiv Karlsruhe (J/G K 8), in: Hummel-Haasis (Hrsg.), München 1982

Abb. 11: Lithographie von Ludwig Burger, in: Die Weiberherrschaft, Wien/Leipzig 1930

Abb. 12: Bild im Stadtarchiv Magdeburg, in: Goetzinger, Frankfurt 1983

Abb. 13: Zeichnung von A. Wilette, in: Die Weiberherrschaft, Wien/Leipzig 1930

Abb. 14: Karikatur in: Bremischer Hausbedarf f. Bürger und Landleute, im Tagebuch der Engel Marie Thiermann 1848–1856 (Staatsarchiv Bremen)

Abb. 15: Bild – The British Library London, in: Goetzinger, Frankfurt 83

Abb. 16: Prager Karikatur auf den Bloomerismus um 1850, in: Die Weiberherrschaft, Wien/Leipzig 1930
Abb. 17: Aus dem Brief des Polizei-Commissair von Hunteln, Staatsarchiv Bremen
Abb. 18: Die „Brema“ mit dem Bremer Wappen, in: Storck A., Ansichten der Freien Hansestadt Bremen, Frankfurt 1822

Bräute, Mütter, Gefährtinnen – Frauen und politische Öffentlichkeit in der Revolution 1848

Carola Lipp

Wer 1848 eine Volksversammlung oder eine der großen nationalen Feiern besucht hätte, der (oder dem) wäre eine Selbstverständlichkeit, was heute besonderer Betonung bedarf: Frauen kam in der Revolution 1848 eine wichtige politische Rolle zu. Von der bisherigen Revolutionsforschung wurden Frauen allerdings weitgehend ignoriert. Da sich Historiker traditionellerweise mehr für die Struktur politischer Entscheidungsprozesse, für Verfassungs- und Organisationsgeschichte und Massenbewegungen[1] interessieren, sind Frauen für sie eine quantité négligeable. Als ökonomisch unselbständige Personen[2] besaßen „Frauenzimmer" in der Gesellschaft des Ancien Régime keine „bürgerliche Persönlichkeit" (Kant), und damit keine politischen Rechte. Sie wurden deshalb nicht „zur Gesellschaft der Bürger" gerechnet, zu der nur die „im politischen Stande sich befindenden Männer" (Conze 1970, 210) gehörten. Die Forschung übernahm diese Perspektiven; der Begriff des politischen Verhaltens wurde eingeengt auf formalrechtliche Kompetenz. Wenn Frauen wahrgenommen wurden, dann als ‚Ausnahme', aber nicht im politischen Alltag der Revolution.[3]

Erst regionale Mikrostudien, die sich mit der politischen Kultur der Revolutionsjahre, den Aktionsformen und Ritualen der revolutionären Bewegung beschäftigen und die ihr zugrundeliegenden sozialen Beziehungen[4] verfolgen, vermögen zu zeigen, daß Frauen wesentlich das äußere Erscheinungsbild und die innere Kontingenz der revolutionären Bewegung prägten, und zwar nicht nur in den Feierstunden, sondern auch in der Zeit der politischen Niederlagen der Revolution.[5] Am Beispiel des politischen Verhaltens württembergischer Frauen, um das es im folgenden geht, wird deutlich, daß Frauen ein soziales Netzwerk bildeten, das die revolutionäre Bewegung zwar nicht getragen hat, aber doch stabilisierte. In den politischen Ideen und Denkmustern der nationalen und demokratischen Bewegung waren Frauen präsent, und bestimmte Formen der Geschlechterbeziehung gingen unmittelbar in den symbolischen Diskurs der Revolution ein. Der bürgerlich-demokratische wie auch der nationale Charakter der Revolution bedingten geradezu die politische Einbindung von Frauen.

Umgekehrt hat die Revolution 1848 bürgerlichen Frauen neue Möglichkeiten der politischen Partizipation[6] eröffnet und zur Verbreitung des bereits im Vormärz entwickelten Vereinswesens beigetragen. Damit waren Handlungsräume geschaffen und politische Aktionsformen eingeübt worden, die es Frauen später erlaubten, in selbständigen Organisationen der Frauenbewegung ihre eigenen Interessen zu vertreten (Gerhard 1983; Twellmann 1972). Um keine falschen Hoffnungen zu wecken, sei vorneweg bemerkt, daß sich in Württemberg, – um das es in der folgenden exemplarischen Studie geht – 1848 keine organisierte Stimme der Frauen erhob, die wie die Frauen der französischen Revolution soziale Gleichstellung und politische Gleichberechtigung gefordert hätte (Schröder et al 1977; Schweitzer et al 1982). Die württembergischen Frauen sprachen an keiner Stelle von der Emanzipation der Frau, nicht zuletzt, weil dieser Begriff durch die Geschichte seiner Rezeption belastet war. Von den Dichtern des jungen Deutschland wurde Frauenemanzipation als sexuelle Libertinage und Befreiung der Liebe aus den Fesseln der Ehe propagiert (Möhrmann 1978; Grass et al 1975, 187f.), und damit seines ehemals politischen Gehalts entkleidet. 1848 blieben davon nur Zerrbilder einer libertären Bohème, in der die Frauen Hosen trugen, Liebhaber wie Hemden wechselten und Zigarre rauchten (Sterr 1985). Emanzipation wurde zur Komödie: „Dr. Wespe und die Emanzipation der Frauen" hieß beziehungsvoll der Titel eines Lustspiels, das im Juli 1848 in der württembergischen Provinz aufgeführt wurde (Reutlinger und Mezinger Courier, RMC, 27. 4. 1848).

Es wäre indessen falsch, das politische Verhalten der württembergischen Frauen an der Elle der französischen Revolutionsideen und an den gesellschaftlichen Möglichkeiten und Perspektiven einzelner gebildeter, großbürgerlicher und adliger Frauen zu messen, die in der egalitär-aufklärerischen Tradition der vorrevolutionären Salons aufgewachsen waren (Baxmann 1983). Die geschichtlichen Erfahrungen der auf die französische Revolution folgenden Jahre hatten auch die Perspektiven und Formen, in denen weibliche ‚Politik' gedacht und gehandelt werden konnten, verändert. Der politische Horizont der „einfachen", „biedersinnigen", „deutschen Bürgerin", wie sich die Frauen gerne selbst bezeichneten, war ein anderer. Revolutionseuphorie, romantische Freiheitsträume, napoleonische Besetzung und Kriege, die enttäuschte Hoffnung auf nationalen Neubeginn, Restauration und Krisenerfahrung (nach einem bedeutsamen, ersten industriellen Aufschwung) haben die politische Wahrnehmung des Bürgertums und seine Perspektiven 1848 verändert. Dies spiegeln auch die ersten kollektiven Aktionen bürgerlicher Frauen 1848 wider, in denen sowohl das Trauma der französischen Hegemonie als auch die wirtschaftlichen Probleme des damaligen Deutschlands zum Ausdruck kamen.[7] Bereits in den ersten Tagen der Revolution, im März 1848, riefen Frauen in öffentlichen Erklärungen ihre

Mitschwestern auf, ausländische Luxusprodukte, insbesondere französische Stoffe zu boykottieren und nur noch „deutsche Waren“ zu kaufen (Kienitz 1985). Frauen sollten und wollten auf diese Weise zum „Schutze der vaterländischen Industrie“ beitragen. Zugleich bekundeten die Frauen mit dieser Solidaritätsaktion öffentlich ihre Handlungsbereitschaft. Diese Aufrufe, die zum Teil auf Anregung der Gewerbevereine entstanden waren, führten in vielen württembergischen Städten zu ersten Frauenversammlungen und zur Gründung von Vereinen, die vorerst allerdings eher noch informellen Charakter besaßen. In gemeinsamen Unterschriftenlisten, die bei „nationalgesinnten“ Kaufleuten oder in den (Gewerbe)Vereinslokalen auslagen, erklärten sie sich bereit, nationale Markt- und Schutzzollpolitik mit dem Einkaufskorb zu unterstützen und zur „Erstarkung Deutschlands das Ihrige beizutragen“ (Esslinger Schnellpost, ES, 11. 3. 1848). Demselben Zweck dienten schließlich auch Spendenaktionen und Lotterien, die „Patriotische Frauen“ im Laufe des Sommers für die Einrichtung einer „Deutschen Flotte“ (Kuby 1985) durchführten. Nationale Einheit und Stärke waren Ziele der Revolution, mit denen sich auch die Frauen uneingeschränkt identifizierten. Sie trugen Spenden- und Unterschriftenlisten von Haus zu Haus oder warben in der Verwandtschaft um Unterstützung und Geldspenden.[8] Als sich im April und Mai erste Bürgerwehren bildeten und die Bürger sich bewaffneten, um „Heim und Heerd“ zu schützen“, spendeten die Frauen Geld für die Ausrüstung der Wehrmänner und gründeten Vereine, in denen sie für die Bataillone Fahnen stickten. Fast jede Woche fanden den Sommer über in Württemberg Fahnenweihen statt, auf denen die Frauen „den deutschen Kriegern“ die „von zarter Hand gestickten Feldzeichen“ überreichten und gemeinsam mit ihnen die nationale Erhebung feierten (Citovics 1985).
Wie nie zuvor in der deutschen Geschichte – das Hambacher Fest 1832 vielleicht ausgenommen – nahmen Frauen unmittelbar Anteil am politischen Geschehen. Sie begleiteten ihre Gatten auf Vereinssitzungen und besuchten die riesigen Demonstrationen gleichenden Volksversammlungen. Bei vielen Veranstaltungen war die Teilnahme der Frauen vom Ablauf her bereits eingeplant, die Gruppe weißgekleideter und mit Schärpen geschmückter Frauen hatte ihren festen Platz in den Festzügen, und bei allen Feiern gab es spezielle Tribünenplätze für die Ehren- und Festdamen. Kein Festakt, kein Bürgerwehr- oder Vereinsaufmarsch, der ohne die Anwesenheit und den Beifall von Frauen auskam. Die Teilnahme von Frauen erst verlieh der politischen Bewegung Würde und Gesetztheit, machte deutlich, daß hier ihrer Verantwortung bewußte Familienväter die Geschicke der Nation in die Hand nahmen. Besonders zum Ausdruck kam dies bei den Fahnenweihen, wo die Wehrmänner schworen, „Heerd und Familie, oder Ordnung und Gesetz oder Ehre und Eigenthum“ gegen Feinde von „Innen und Außen“ zu verteidigen (Es 11. 10. 1848).

In doppelter Weise brauchte die revolutionäre Bewegung der Bürger Frauen. Zum einen wurde damit die Basis des neuen nationalen Staates, die Familie in Szene gesetzt; zum andern bedurfte es der Anwesenheit von Frauen, um die „Stärke" des bewaffneten Bürgertums zu demonstrieren. In den Reden der damaligen Zeit verkörperten die Frauen das zu Beschützende und standen so zugleich für die inneren und äußeren Grenzen der Nation (Kaufmann 1984). „Ein Bewaffneter ist ein geborener Beschützer", verkündete Decan Gundert auf der Esslinger Fahnenweihe im Oktober 1848. Bürgerwehrmänner sollten deshalb „mit kräftigem Arme das Zarte schützen, das Schwache schirmen, der guten Sitte, der biedern Bürgertugend, der Unschuld rettend und helfend zur Seite stehen" (ES 11. 10. 1848).

Frauen waren bei dieser Inszenierung nationaler Potenz nicht passive Zuschauerinnen, im Gegenteil, sie waren diejenigen, die „die stolzen Banner, die flatternden Fahnen" um die sich die Männer „schaaren", und denen sie „folgen" (ES 11. 10. 1848), produziert hatten und überreichten. Wurden die Kriegsbanner früher von den Feudalherrn übergeben und galt ihnen der Treueid, schworen nun die Männer angesichts ihrer Frauen, „Freiheit und Vaterland" zu verteidigen. Durch diese „Gabe hochsinniger deutscher Frauen", durch diese „Paniere ..., unter denen das Herz des deutschen Mannes hoch sich hebt und ihn begeistert zur unbedingten Hingebung für die Sache des Vaterlandes" (Ulmer Fahnenweihe, Es 25. 10. 1848), entstand eine spezifische Beziehung zwischen Mann und Frau, eine nationale Allianz, die konstitutiv war für die Bewegung. Die Fahnen, von den Frauen „in Liebe" gefertigt, sollten den Männern „Kraft" verleihen. Die revolutionäre Bewegung lebte von der emotionalen Unterstützung der Frauen, zog ihre Stärke aus deren Anteilnahme. In den Reden wurde dies immer wieder formuliert. In ihrer Ansprache auf der Esslinger Fahnenweihe sagte Ottilie Georgii, die Tochter eines Oberjustizprokurators, der auch Teilhaber der größten württembergischen Maschinenfabrik war:

„Ihr erhaltet diese Fahne aus unserer – aus deutscher Jungfrauen Hand – zum Zeichen, daß auch unsere Herzen warm für die Sache schlagen, der Ihr Euer Streben weiht – zum Beweis, daß auch wir, soweit es an uns, Euch kräftigen und stärken wollen" (ES 27. 9. 1848).

Die revolutionären Festakte waren zugleich Inszenierungen der Geschlechterbeziehung. Unübersehbar war die Brautsymbolik, die sich bereits in der weißen Kleidung der Frauen ausdrückte:

„Die Tribüne der Damen aber" schrieb eine Stuttgarter Zeitung über die Esslinger Fahnenweihe, „trug den schönsten Schmuck, einen wunderlieblichen Kranz der schönsten Mädchen (Fremde versichern nie schönere gesehen zu haben), in die Farbe der Unschuld gekleidet, roth-schwarz-goldene Schärpen um den Leib und zum Theil Blumenkränze in den Händen" (Neues Stuttgarter Tageblatt, NST, 10. 10. 1848).

Obwohl die Berichterstattung Frauen auf bloße Schmuckfunktion reduzierte, zeigt doch eine Analyse der Metaphorik der revolutionären Bewegung, daß die Teilnahme der Frauen für die äußere wie innere Repräsentanz der Bewegung elementar wichtig war. Das Bild der Braut kehrt in fast allen Fahnenweihreden wieder und wird auch von der damals üppig blühenden politischen Laienlyrik aufgegriffen. In einem Gedicht über das Wiedererwachen des „deutschen Reichsadlers" als Symbol für die neue nationale Bewegung wandte sich ein unbekannter Verseschmied aus dem württembergischen Gmünd direkt an die Frauen:

„Drum auf ihr lieben Mädchen
Müßt patriotisch sein!
Und liefert für den Adler
Die goldnen Ringlein ein.
Der Adler ist ein treuer
Und zuverlässiger Mann
Er ist der beste Freier,
Den man nur haben kann.
Dann machet man dem Adler
Ein güldnes Hochzeitskleid
Und ihr habt einen Liebsten
Für jetzt und Ewigkeit"

(Der Bote von Remsthal, 26. 4. 1848)

Geschlechterliebe und Vaterlandsliebe verschmolzen, und beide flossen zusammen in nationale Großmachtsträume. Für die Stuttgarter Fahnenweihe dichtete so der Bürgerwehrleutnant Fischer:

„Es eilt so gern der liebende Germane
zum Waffendienste auf der Frauen Ruf;
's ist EUER Ruhm, die Männer so zu ehren
und Ruhm ist's freien Männern zu gehören.
Laßt freie Männer eure Waffen rauschen,
daß frisch ein Eisengruß der Fahne klingt,
daß wie auf Himmelsklang die Frauen lauschen,
wenn solch ein deutscher Gruß ihr Herz durchdringt,
auf Deutscher Aar, entfalte Dein Gefieder
und groß und herrlich sei Germania wieder!"

(Beobachter, Beo, 26. 8. 1848)

In geradezu erschreckender Weise sind bürgerliche Frauen in den Diskurs um die militärische und nationale Stärke Deutschlands verwoben; – und dies ist ein Phänomen, das auch für die Entwicklung des späteren deutschen Nationalismus bedeutsam ist. Bemerkenswert auch, daß gerade im Zusammenhang mit Frauen dieser aggressive Nationalismus sehr viel deutlicher zutage tritt als bei einer Analyse politischer Entscheidungsabläufe.[9] Im Zusammenspiel von Nationalismus und Geschlechterinteraktion muß allerdings fraglos differenziert werden zwischen den oft blutrünstigen, sich im Spannungsfeld der Krieger-Braut Metaphorik bewegenden Reden der Fahnenweihen als verbale Speerspitzen der nationalen Bewegung und den Formen der Geschlechterbeziehungen, die von der demokratischen Bewegung, vor allem von den Turnern und Volksvereinsmitgliedern propagiert und praktiziert wurden. In dieser Generation junger Revolutionäre wirkten Vorstellungen und Verhaltensweisen einer romantisch gewendeten Empfindsamkeit ebenso nach wie die Begeisterung für die deutsche Klassik, und besonders für Schiller, der Kultfigur der nationalliberalen Bewegung, zu dessen Andenken es sogar eigene Vereine gab. Das Leitwort dieser Generation, das auf allen Festen beschworen wurde, war Liebe. „Ehret die Frauen, denn sie flechten der Liebe ewiges Band" (Schiller), könnte so als Motto über vielen Veranstaltungen der Revolution stehen. Liebe meint dabei eine Beziehung zwischen Mann und Frau, die nicht auf materiellen Interessen beruhte, wie dies bei der damals üblichen Konvenienzehe der Fall war, sondern auf dem Gleichklang der Gefühle und der Vereinigung der Seelen. (Kluckhohn 1966; Schwab 1975, 286) Diese Vorstellung wurde auch auf die Ebene der Politik übertragen. Indem Mann und Frau gleichermaßen „entflammt" (Beo 16. 5. 1849) waren für die „gemeinsame Sache", für das höhere Ziel der nationalen Einheit, entstand über diese Begeisterung eine enge Verbindung zwischen Mann und Frau, wie umgekehrt die Beziehung zwischen den Geschlechtern ihre Überhöhung und Sublimation in der Vaterlandsliebe erfuhr. In den politischen Reden ist Liebe ein wichtiges Thema. Revolution drückt sich in einem Gefühlsüberschwang aus, in einer Befreiung der Emotion, die die politische Befreiung und nationale Vereinigung antizipiert. (Pikulik 1984, 257) Die Sphäre der Öffentlichkeit und privates Erleben überlagern sich. Private Gefühle werden veröffentlicht, bzw. politisches Handeln wird intimisiert (Sennett 1977, 41). Mathilde Gutekunst rezitiert bei der Übergabe der Turnerfahne in Stuttgart:

„So nehmt denn hin, das buntgeschmückte Zeichen,
in Liebe ist's in Freundschaft Euch geweiht...
Sey's Euch ein Zeichen, daß die Deutschen
Der Eintracht Band jetzt mehr und mehr umschlingt,
Sey's Euch ein Zeichen, daß auch deutsche Frauen
Noch deutscher Sinn für Deutschlands Heil durchdringt.
Doch sey es auch ein Zeichen heil'ger Treue,
Die treu vereintem Streben jetzt ihr schwört;
nur Brüdersinn, nur Liebe gilt die Weihe,
Die hoch allein den Turner ziert und ehrt.
Von Allen ward – oh glaubt es uns – gewunden,
in Liebe Euch der deutungsreiche Kranz,
die Freude dran, sie kürzte uns die Stunden,
doch Eure Freude sie erst lohnt uns ganz" (NST 5. 5. 1848).

Die patriotische Hochstimmung veränderte auch den alltäglichen Umgang von Männern und Frauen.

„Es schien damals, als ob ein neuer Weltenmorgen angebrochen sei, etwas festlich-frühlingshaftes ging durch die Lüfte, alle Zöpfe fielen mit einem Schlag, es gab auf einmal keine Bureaukratie und keine gesellschaftlichen Vorurteile, keine Schranken des geselligen Verkehrs zwischen den Geschlechtern mehr“ (Kurz 1906, 123).

Gemeinsame politische Ansichten führten Frauen und Männer aus unterschiedlichen sozialen Schichten zusammen, setzten für kurze Zeit soziale Konventionen außer Kraft. Die radikaldemokratische Baronesse Marie von Brunow, die spätere Frau des demokratischen Redakteurs Hermann Kurz, besuchte nicht nur die Veranstaltungen der bürgerlichen Volksvereine, sondern hatte auch Kontakt zum Vorstand des Arbeitervereins.

„Ungehindert konnte sie mit diesem oder jenem ihrer bürgerlichen Verehrer halbe Nächte allein auf dem Neckar rudern, in Träumen von Volksbeglückung und Menschheitsverbrüderung schwelgend“ (Kurz 1906, 141).

Frauen waren jedoch nicht nur über die Ebene der symbolischen Interaktion mit der revolutionären Bewegung verbunden, sondern ganz real mit den Männern befreundet, verheiratet und verwandt. Über die Frauen konstituierten sich sowohl politische als auch private Beziehungen, die wesentlich zum Zusammenhalt einzelner politischer Gruppen beitrugen. Denn es darf nicht übersehen werden, daß die bürgerliche Revolution selbst ein gesellschaftliches Ereignis darstellte. Politik und Geselligkeit gingen bei allen politischen Fraktionen oft fließend ineinander über und beeinflußten sich wechselseitig. Alle größeren politischen Versammlungen und Veranstaltungen mündeten meistens in geselligen Unterhaltungen oder Tanzvergnügen. Nach der Stuttgarter Fahnenweihe der Bürgerwehr fand z. B. ein prächtiger Ball im Redoutensaal statt, bei dem sich sogar Mitglieder des königlichen Hauses die Ehre gaben und mit den Stuttgarter Bürgertöchtern tanzten.

Gesellige Unterhaltungen, zu denen die Töchter und Ehefrauen der Vereinsmitglieder eingeladen waren, waren für die verschiedenen Fraktionen, Konstitutionelle wie Demokraten, Arbeiter wie Turner, ein Mittel, Gleichgesinnte zusammenzuführen. Über politische Beziehungen knüpften sich private Bande, und umgekehrt wirkten private Beziehungen wiederum zurück auf die innere Kohärenz der Bewegung.

Vor allem bei den „turnfähigen Jünglingen“, Männer im heiratsfähigen Alter, wurde auf die Teilnahme von Frauen geachtet. Ihre Anwesenheit galt geradezu als Indiz für die ‚Attraktivität‘ des politischen Programms. Als der schwäbische Turnerbund im Mai 1848 das „Fest der Verbrüderung“ (sic) feierte, zu dem mehrere hundert Turner aus 28 Turngemeinden des Landes gekommen waren, schrieb die Zeitung:

„Unsere Frauen und Jungfrauen, die in neuerer Zeit großen Patriotismus an den Tag legen, fanden sich zahlreich zu dem Festzug, beim Turnen und Nachmittags bei der geselligen Unterhaltung ein. Es war, wie gesagt, ein doppelt schöner Tag“ (NST 5. 5. 1848).

Gemeinsamen Idealen verpflichtet, empfanden sich Frauen in diesen Tagen als politische Gefährtinnen.

„In dieser Zeit, wo Alles um uns her vorwärts drängt, dürfen wir nicht allein zurückbleiben", schrieben Esslinger Frauen. „Wir wollen auch unsern Theil FORDERN – aber zuerst verdienen – an der großen WELTENERLÖSUNG, welche der ganzen Menschheit, deren eine Hälfte wir sind, GLÜCK, EINHEIT, FREIHEIT und GLEICHHEIT bringen soll" (ES 19. 10. 1850).

In der Vorstellung der politischen Gefährtin vermengte sich die Vorstellung der natürlichen Zweckbestimmung der Frau als „treusorgende Gattin" mit einer eher egalitaeren Geschlechterkonzeption, wie sie vor allem von der aufklärerischen Naturrechtslehre und teilweise noch von der frühen Romantik vertreten worden war. In dieser Denktradition wurden Mann und Frau als gleichermaßen vernunftbegabte Wesen betrachtet und insofern ‚gleichberechtigt'. Anstelle der traditionellen Geschlechterordnung, in der die Frau dem Mann untergeordnet und zu Gehorsam verpflichtet war, wurde die Beziehung zwischen ihnen komplementär definiert und eine enge emotionale Verbindung zwischen den Geschlechtern angestrebt. Nach einem „Damenconversationslexicon" aus dem Jahr 1835 sollte die Frau dem „Manne nicht nur Haushälterin, Gebärerin und Pflegerin seiner Kinder, sondern auch Freundin, Vertraute, Rathgeberin, eine Stütze bei schwierigen Verhältnissen" sein. „Ein Weib", auf das sich Männer in ihren „Kämpfen für (ihre) Überzeugung" stützen können, und keine, die sich „wie Blei an Eure Thatkraft hängt", forderte ein schwäbischer Demokrat 1847 (RMC 5. 11. 1847).

Dieses spezifische Verhältnis zwischen Mann und Frau führte dazu, daß im Umfeld der liberalen und demokratischen Bewegung bereits vor 1848 Frauen sukzessive in das politische Leben hineingewachsen waren. In den Geselligkeitsorganisationen des frühen 19. Jahrhunderts, den Museumsvereinen und Bürgergesellschaften, die Nachfolgeinstitutionen der patriotischen Lesegesellschaften der Aufklärung[10], waren sie entweder über ihre Gatten und Väter eingebunden und nahmen an den politisch-literarischen Veranstaltungen und Unterhaltungsabenden teil, oder sie waren z. B. als Witwen selbst Mitglied. In den 1830er/40er Jahren begannen Frauen immer mehr das Vereinswesen zu erobern. Sie sangen in den für die politische Gesinnungspflege der damaligen Zeit wichtigen Liederkränzen oder bildeten gar eigene Frauenchöre.[11] Genauso wie für die Männer war für sie Geselligkeit ein wesentliches Ferment im Prozeß der politischen Bewußtseinsbildung und der politischen Organisation (Lipp 1985). Über die Partizipation am Kulturleben (Nipperdey 1976, 192f.) erhielten Frauen Zugang zur bis dahin ausschließlich den Männern vorbehaltenen öffentlichen Sphäre. Eine nicht unerhebliche Rolle spielte dabei die Bildung. Seit den 1820er Jahren gab es private Schulen für die Töchter des gehobenen Bürgertums, in denen diese zwar noch keine höhere Schulbildung genossen, aber so etwas wie einen gemeinsamen bildungsmäßigen Horizont und damit auch soziale Zusammengehörigkeitsgefühle entwickeln konnten (Cornelius 1985).

1832/1833, nach der Julirevolution, finden wir die Frauen auch auf den großen politischen Versammlungen, wie Hambach oder bei den lokalen Veranstaltungen der liberalen Wahlvereine und Bürgergesellschaften. In manchen Städten, wie Esslingen, gründeten Frauen sogar eigene Vereine zur Unterstützung des nationalen Befreiungskampfes in Polen bzw. zur Unterstützung der polnischen Flüchtlinge (Esslinger Anzeiger 25. 1. und 25. 2. 1832).

Diese ersten politischen Frauenvereine in Württemberg ähnelten in ihrer Mitgliederstruktur wie von ihrer Aufgabenstellung den späteren Frauenvereinen 1848.

Es gab also vor 1848 erste Ansätze der Politisierung von Frauen, die in der Revolution ihre Fortsetzung fanden, andererseits stimmt aber auch, was das Stuttgarter Tagblatt 1846 schrieb, daß nämlich Frauen lange „vom öffentlichen Leben ferngehalten“ (13. 2. 1846) worden waren. Im Unterschied zur Breite des Engagements 1848 war es im Vormärz nur eine Minderheit von Frauen, die sich auf das Terrain der politischen Öffentlichkeit gewagt hatte, und es gab keine institutionalisierten Formen der politischen Partizipation von Frauen.

1848 entstanden in den meisten der württembergischen Oberamtsstädte selbständige Frauenvereinigungen zur Unterstützung der nationalen Bewegung, denen vor allem die Frauen der traditionell liberalen und demokratischen Familien angehörten. Die Männer oder Väter waren selbst meist aktiv in den politischen Vereinen oder bei der Bürgerwehr. Die Frauen trafen sich wöchentlich zum Fahnensticken oder beriefen Versammlungen ein, um eine Lotterie vorzubereiten oder die zu verlosenden „weiblichen Arbeiten“ gemeinsam herzustellen. Frauen beteiligten sich aber auch am Prozeß der politischen Meinungsbildung. Von Marie Brunow aus Esslingen ist bekannt, daß sie „Manifeste und Wahlzettel“ (Kurz 1906, 147) verteilte, andere Frauen sammelten Unterschriften für weibliche Solidaritätsadressen und unterschrieben, wenn der Mann nicht zu Hause war, in dessen Namen allgemeine politische Petitionen und Erklärungen, die sich an Nationalversammlung und Landtag richteten. Auf den Vereins- und Volksversammlungen waren Frauen regelmäßig Gäste, und in Einzelfällen haben sie sich auch zu Wort gemeldet und an der politischen Diskussion beteiligt – ein Vorgang, der wenige Jahre vorher undenkbar gewesen wäre. Daß Frauen sich zu politischen Tagesfragen äußerten, wurde allerdings nicht immer positiv vermerkt. Viele unserer Informationen über weibliche Aktivitäten sind so nur in Gestalt bissiger männlicher Kommentare erhalten geblieben. Andererseits benutzten Frauen 1848 immer mehr das Forum der Presse, um ihre politische Meinung zu veröffentlichen. Eine der wesentlichen und von den meisten als

revolutionär empfundenen Neuerungen war 1848 die Zulassung von Frauen zu den Gerichtsverhandlungen. Die Revolution hatte die Öffentlichkeit von Schwurgerichts- und Presseprozessen erfochten, ebenso die Öffnung der bis dahin hinter geschlossenen Türen tagenden Gemeindegremien. Damit erhielten auch Frauen erstmals Zutritt zu politischen Entscheidungsräumen, wenn auch vorerst nur als Zuschauerinnen. Dennoch war dies sensationell, und die Presse berichtete regelmäßig, wenn sich Frauen in den Gerichtssälen sehen ließen. Zögerten diese noch Ende des Jahres 1848 von ihrem neuen Recht Gebrauch zu machen, wuchs das politische Interesse mit der Zuspitzung der politischen Auseinandersetzungen im Laufe des Jahres 1849. Bei den Preßprozessen gegen Demokraten 1849 wie auch bei den politischen Schwurgerichtsverhandlungen in den Hochverratsprozessen 1849 war die Anwesenheit von Frauen bereits eine Selbstverständlichkeit.
Ein Terrain blieb den politisch interessierten Württembergerinnen 1848 allerdings versperrt: die Abgeordnetenkammer des Landtags. Frauen war es in Württemberg als einzigem deutschen Land nicht erlaubt, die Besuchergallerie zu benutzen, und dies, obwohl seit 1819 die Kammerverhandlungen (für Männer) öffentlich waren. Als dies 1848 zunehmend Kritik auslöste, erklärte noch im Oktober der Präsident der Abgeordnetenkammer, von „dem seit Bestehen der Verfassung eingehaltenen Gebrauche, den Damen keinen Plätze einzuräumen", wegen Raumknappheit nicht abgehen zu können (Schwäbische Kronik 22. 10. 1848).
Eine „Stuttgarter Dame" griff daraufhin empört zur Feder, um „die gekränkten Rechte (ihres) armen Geschlechts zu vertheidigen" und sich gegen diese neue „Art der Geschlechtsvormundschaft" zu wehren, die ausgerechnet ein alter Liberaler wieder eingeführt hatte. „Wir haben das Recht, uns weiblich an den Sorgen unsrer Männer zu betheiligen, auch an ihren politischen Sorgen, und sie versperren uns den Weg zu ihrem Verständnis?! Doch was rede ich, unser Recht ist anerkannt und überall, in allen Ständekammern werden Damen zugelassen" (Beo 2. 11. 1848).
Obwohl diese Form der politischen Partizipation passiv war, war das Interesse für allgemeinpolitische Fragen eine wesentliche Voraussetzung für die Entwicklung aktiver politischer Verhaltensformen. Schließlich sahen sich die Frauen damals mit erheblichen Zweifeln in ihrer politischen Kompetenz und Intelligenz konfrontiert. Dessen ist sich auch die Stuttgarterin bewußt, wenn sie sich gegen diese männliche Haltung wehrt:

„Oh schnöder Conservativismus! ... wir wissen den Werth eines Kompliments zu schätzen, mit dem man uns die Thüre vor der Nase zuschlägt, die Thüre zu der ‚zu unbequemen und engen' Gallerie ... Finden wir den Raum zu unbequem, ... dann werden wir schon selbst so frei seyn, wegzubleiben. Aber die Gallerie ist auch zu eng, sagen Sie, es muß daher das Privilegium der Männer gewahrt und diesen der wenige Raum vorbehalten werden. Es wäre ja thöricht, den kostbaren Platz an Frauen zu verschwenden; sie haben ja doch keine Theilnahme, kein Verständnis für die Verhandlungen. Es ist besser, wenn sie zu Hause sitzen, ihre Haushaltung besorgen und nach ihrer Wäsche sehen, statt nach der unsrigen" (Beo 2. 11..1848).

Trotz dieses Protestes blieb die Gallerie den Frauen verschlossen, und erst als die Nationalversammlung von Frankfurt nach Stuttgart floh und das sogenannte „Rumpfparlament" tagte, kamen die Württembergerinnen zu ihrem politischen Recht. „Auf den Gallerien des Ständehauses", schrieb der liberaldemokratische Beobachter, „bemerkte man zum ersten Mal Frauen und Jungfrauen" (Beo 7. 6. 1849).

Interessant ist die Argumentation, mit der die Frauen ihren Anspruch auf politische Partizipation begründeten. Um ihrer Forderung nach Zulassung zu den Kammerverhandlungen Nachdruck zu verleihen, berief sich die oben zitierte Stuttgarterin auf die bei Tacitus geschilderten Germaninnen:

„Die Frauen der alten Deutschen wohnten den Schlachten ihrer Männer bei, ihre Anwesenheit entflammte den Muth der Kämpfenden, und uns, ihre Töchter schließen Sie aus den Kämpfen des Geistes, welche in der Ständekammer gekämpft werden" (Beo 2. 11. 1848).

Solche historisierenden Rückgriffe auf germanische Volkstumsmythen finden sich häufig in den Erklärungen der Frauen, vor allem dort, wo es um nationale Mobilisierung, um Volksbewaffnung und militärische Ausrüstung der Bürgerwehren bzw. um die Sicherung bürgerlichen Besitzstandes ging. Als die Rottweilerinnen im Frühsommer 1848 einen Aufruf für eine erste Frauenversammlung erließen, bezogen sie sich ebenfalls auf historische Leitbilder sowie auf das Beispiel ihrer Männer:

„Die Bildung patriotischer Vereine im ganzen deutschen Vaterlande, die Kriegsübungen unserer Ehegatten, Väter und Brüder und die düsteren Wolken, die den socialen Horizont verdunkeln, geben uns deutlich genug zu verstehen, daß wir ernsteren Tagen entgegensehen als wir seit dem erlebt haben. Unsere Voreltern, die deutschen Frauen, deren Ruhm nie erlöschen wird, theilten die Opfer, die ihre Männer zu bringen hatten, wenn das Vaterland in Gefahr war, damit gerne, daß sie einen Theil ihres entbehrlichen Besitzes, ihres Schmuckes auf den Altar des Vaterlandes niederlegten, und für den Erlös Waffen und andere Kriegsgeräthe herbeischafften. Wir sind um nichts schlimmer geworden, auch wir begreifen den Ernst der Zeit und laden darum unsere Mitbürgerinnen ein, gleich uns durch freiwillige patriotische Geschenke ... zur Wehrhaftmachung unbemittelter Wehrmänner beizutragen" (Stadtarchiv).

1849, als es um die Verteidigung der Reichsverfassung und der Grundrechte ging, erinnerte auch die demokratische Linke ganz bewußt an die Erfahrung der Befreiungskriege 1813, als Frauen erstmals patriotische Vereine gegründet und mit Geldspenden und Charpiezupfen den Krieg und vor allem die Freikorps gegen Napoleon unterstützt hatten. Der Gmünder Märzspiegel, ein radikaldemokratisches Blatt, schrieb im Mai 1849, als in Baden bereits die Kämpfe um die Reichsverfassung begonnen hatten, über das Jahr 1813:

„Alles strömte nach den Sammelplätzen, um am Kampfe für Freiheit und Vaterland theil zu nehmen. Damals fühlten auch unsere Frauen und Jungfrauen, daß auch auf sie das Vaterland heilige Rechte habe, und tief ergreifend war der Anblick, der sich da dem Auge so oft darbot. Hier sah man Jungfrauen ihren Schmuck, dort ihr kleines Ersparnis darbringen; hier widmeten sich sie sich mit unermüdlicher Ausdauer der Verwundeten und Kranken, dort zogen sie selbst, durch männliche Tracht unkenntlich gemacht mit in den Krieg und bewiesen welche Kraft Begeisterung und Vaterlandsliebe verleiht“ (14. 5. 1849).

Im Juni 1849, als die württembergische Regierung, die ursprünglich die Reichsverfassung anerkannt hatte, die von der Nationalversammlung eingesetzte Reichsregentschaft für illegal erklärte, und daraufhin auf demokratischen Volksversammlungen im Land Solidaritätsadressen an die Nationalversammlung verabschiedet wurden, sahen sich die auf der Volksversammlung anwesenden Gmünder Frauen „durch den tiefen Ernst der Sache“ veranlaßt, eine eigene Erklärung abzugeben:

„Die unterzeichneten Frauen und Jungfrauen von Gmünd, eingedenk der patriotischen und heroischen Frauen des Altertums lassen sich nicht abhalten der Erklärung ihrer Männer und Brüder auch ihre Unterschriften nachzutragen, auf daß dem deutschen Vaterlande die Kunde werde, daß auch das weibliche Geschlecht in patriotischer Begeisterung bereit ist, die Männer und Jünglinge für den Kampf um des theueren Vaterlandes Freiheit und Wohl zu ermuntern und zu bestärken ... und wir fordern unsere Schwestern in Württemberg auf, unserem Beispiele zu folgen und die Bestrebungen der Männer durch entschlossene Hingebung von unserer Seite zu unterstützen und nachhaltig zu machen. Man spricht von Bürgerkrieg, – wir fürchten ihn nicht, wenn es gilt, die Freiheit unserer Kinder zu retten“ (März-Spiegel 11. 6. 1849).

Nach der gewaltsamen Auflösung des Rumpfparlaments, als die „hundert getreuen Märtyrer der deutschen Nation ... samt ihren Frauen auf eine (beschämende) Art beschimpft wurden“, empörten sich die Frauen in zahlreichen Leserinnenbriefen an die demokratischen Zeitungen: „Immer waren wir zufrieden und glücklich, an diesem unglücklichen Tag hätten wir groß und mächtig sein mögen, um den edelsten Männern Deutschlands den Sieg der gerechten Sache verschaffen zu können.“
Auf den „großen Tag der Vergeltung“ hoffte eine andere „Frau, die sich jetzt schämt Schwäbin zu seyn“, und sie schwor: „Wir Frauen aber wollen bis dahin unsere Söhne zur Freiheit erziehen und zum glühenden Haß gegen jede Unterdrückung und rohe Gewalt“ (Beo 23. 6. 1849). In Ellwangen trugen die Frauen die Solidaritätsadresse an das Rumpfparlament von Haus zu Haus, um auf diese Weise noch „einige Stimmen zu gewinnen“ (SKR . .6. 1849).
Im Juni wurde deutlich, daß die Bewegung der Frauen vor allem von Demokratinnen getragen wurde. Diese bildeten Unterstützungsvereine zur Ausrüstung der Freikorps, die in die badischen Reichsverfassungskämpfe zogen. Stuttgarter Frauen, über die wir leider nichts Näheres wissen, riefen sogar selbst zur Bildung eines weiblichen Freikorps auf, um „fürs Vaterland zu kämpfen und zu streiten“ (NST 27. 4. 1849). Daß Frauen in Zeiten politi-

scher Krise auch vor militärischer Konfrontation nicht zurückschreckten, hatte sich bereits im Herbst 1848 gezeigt, als der Heilbronner Frauenverein mithalf, scharfe Patronen für die Bürgerwehr anzufertigen (Schubert 1985). In einem Dorf bei Rottweil verfaßten im September 1848 Frauen eine Erklärung mit Unterschriftenliste, um ihre Männer zu einem republikanischen Marsch auf Stuttgart zu bewegen (Bechtold-Comforty). Jetzt als in Baden gekämpft wurde, sammelten demokratische Frauen Geld für die Pflege der Verwundeten in den Reichsverfassungskämpfen und nach deren Niederlage für die Flüchtlinge in der Schweiz und in Frankreich. Das Solidarnetz der demokratischen Bewegung baute damit wesentlich auf dem Engagement der Frauen auf. Dort, wo die Männer verhaftet worden waren, übernahmen die Ehefrauen die Geschäfte ihrer Männer. Gerade in der Reaktionszeit bekannten sich viele Frauen öffentlich in Zeitungserklärungen zu der politischen Gesinnung, die ihre Männer ins Gefängnis geführt hatte.

„Wir wollen die Unwissenden belehren, die Schwankenden aufrichten, die Kämpfenden ermutigen, die Gefangenen und Bedrängten unterstützen, wie es die PFLICHT DER LIEBE und der ALLGEMEINEN VERBRÜDERUNG fordert, welche alle wahrhaft freigesinnten Herzen anerkennen müssen", heißt es in der programmatischen Erklärung des demokratischen Unterstützungsvereins der Esslinger Frauen 1850 (ES 19. 10. 1850). Die Aktivitäten der Frauenvereine halten schließlich an bis zum allgemeinen Vereinsverbot 1854.

Wie die Erklärungen der Frauen zeigen, stand ihr Engagement unter dem Vorzeichen einer Geschlechterrollenzuweisung, die die Frau im wesentlichen als Gattin, Mutter und Braut sah.

„Sämtliche württembergische Jungfrauen" verfaßten so im Mai 1849 einen öffentlichen Brief an „die deutschen Krieger", erklärten „keinem Manne die Hand zu reichen, dessen Hand von dem Blute seiner deutschen Mitbürger befleckt wurde. Nie werden wir mit dem unsern häuslichen Herd teilen, der mit Feuer und Schwert dieses, unser Heiligtum zerstöret hat! Nie werden wir dem einst in treuer Liebe nahn, dessen feindliche Waffen Unglück und Verderben über die deutschen Gaue gebracht hat" (Hummel-Haasis 1982, 145 f.).

Sie schworen dies als zukünftige Bräute und verknüpften ihren politischen Appell an die Soldaten der Bundestruppen, die gegen die Reichsverfassung marschierten, mit ihrer individuellen und privaten Perspektive. Ihr Aufruf ist insofern typisch für die Denk- und Verhaltensmodelle, denen politisches Handeln von Frauen 1848 folgte.

Im Verhalten der Frauen kreuzen sich zwei auf den ersten Blick widersprüchliche Entwicklungslinien. In der Revolution 1848 kommt eine Vorstellung von der „Natur" des Weiblichen zum Tragen, die den natürlichen Beruf der Frau in ihrer Aufgabe als Gattin, Mutter und Hausfrau sieht. Das Leben der Frau erscheint bestimmt durch das Gefühl und die Liebe (die „entschlossene Hingebung an die Bestrebungen der Männer", sagen die Gmünder Radikaldemokratinnen), und dementsprechend wird Frauen in dieser romantisch-biedermeierlichen Wendung der Naturrechtsphilosophie der familiäre Binnenraum als Lebenswelt zugeschrieben. Männern dagegen wird die Welt des Erwerbs und die Sphäre der Politik und staatsbürgerlichen Verantwortung zugeordnet (Hausen 1980, 169). Die Frau verkörpert damit eine Privatheit, die der politischen Öffentlichkeit diametral entgegengesetzt zu sein scheint.[12]

Dieses Modell der „polarisierten Geschlechtscharaktere" (Hausen) wird 1848 nicht in Frage gestellt, im Gegenteil, wird es gerade in der Beziehung zwischen den Kämpfern fürs Vaterland und der liebenden Gattin zu Hause in extenso zelebriert. „Es wacht der Männer kühner Muth ob unsrer Heimath trautem Heerde", zitierte Fräulein Vestner frei nach Schiller. „Den Frauen ziemt es, treu und rein des Heerdes heilige Flamme pflegen" (ES 11. 10. 1848). Über die Frage der Mode und des „weiblichen Luxusbedürfnisses" kam es während der Revolution sogar zu einem Diskurs über „ächt deutsche Weiblichkeit", der bei der Idee einer deutschen „Nationaltracht" begann, und schließlich in die Definition eines spezifisch nationalen und sozialen weiblichen Geschlechtscharakters mündete (Kienitz 1985).

Obwohl Frauen durch die kulturellen Definitionen aus dem Raum der Öffentlichkeit verbannt waren, traten sie dennoch seit Beginn des 19. Jahrhunderts verstärkt in der Öffentlichkeit auf, und zwar 1848 in einem Maße, daß konservative Kritiker bereits den Verlust jeder Weiblichkeit befürchteten, und wie Wilhelm Riehl von der Entfesselung „weiblicher Art und Sitte" sprachen und hinter den Frauenvereinen „überweibliche Gelüste, die Männer nachzuahmen" spuken sahen (Riehl 1882, 72, 75). Was den Frauen indessen den Weg in die politische Öffentlichkeit bahnte, war nicht die Übernahme männlicher Verhaltensweisen, sondern eben ihre Stellung als Gattin und Mutter. Obwohl diese Rollenzuschreibungen im Laufe des 19. Jahrhunderts zu einer Schranke wurden, die die außerhäusliche und vor allem die politische Betätigung von Frauen verhinderte, besaßen sie im frühen 19. Jahrhundert noch ein gewisse politische Virulenz, vor allem da, wo sich Nationalidee und Geschlechterdiskurs verbanden, wo es um die nationale ‚Mobilmachung' der Frauen ging.

Im Konzept eines bürgerlichen Nationalstaates, dessen Basis die Familie war, gewann die Aufgabe der Mutterschaft eine politische Dimension, die über die reproduktive Funktion der Frau als Gebärerin hinausging, die sie in der alten hausväterlichen Gesellschaft innehatte.

„Frauen, ihr seid die Halterinnen der Gesellschaft, die Mütter der Kinder, die Weiserinnen und Erzieherinnen derer, die für das Vaterland künftig raten und streiten sollen", schrieb Arndt 1813 in der Phase der ersten nationalen Bewegung (Arndt 1814, 55), und dieser Argumentationsstrang zieht sich durch bis 1848.

Frauen wurde im Rahmen der Nationalerziehung eine politische Verantwortung zugewiesen. Lag früher die Erziehung der Kinder in der Kompetenz des Hausvaters, teilten sich nun Schule und Mutter in diese Aufgabe. Die Mutter war dabei für die ‚Seelenbildung' der Kinder zuständig, sie sollte nationale Ideen pflanzen und hegen:

„... der treuen Sorge wackerer Bürgerinnen hat Gott die Vorbereitung einer besseren Zeit mit übertragen", betonte der Stuttgarter Stiftungsprediger von Klemm auf der Fahnenweihe im August 1848. „Vaterlandssinn und Vaterlandseifer, welche zusammen die Vaterlandsliebe bilden, gedeihen am lieblichsten, wo sie am häuslichen Heerde gehegt und gepflegt werden von Gattinnen, Müttern und Töchtern, die, hellen Geistes und frommen Herzens und festen Willen und schlichten Thuns, deutsch, brav und ehrenhaft für des Vaterlandes Wohl in der eigenen Brust erglühen, und durch Wort und Beispiel diese edle Flamme auch in ihren Umgebungen anzufachen bemüht sind. Ehre solcher Frauen ..." (Klemms Archiv 1971, 292).

Mutterschaft bedeutete nicht die Übernahme einer privaten Rolle, sondern einer gesellschaftlichen Funktion, die zugleich übertragen wurde auf den Staat als Ganzes. Frauen wurden damit nicht auf die Familie als ‚Rückzugsort vor der Öffentlichkeit' festgelegt, im Gegenteil eröffneten sich ihnen neue Handlungsräume. Das „Kränzchen", eine württembergische Zeitung, die sich direkt an ein weibliches Publikum richtete, schrieb 1850 (Nr. 47):

„Es ist ein gewisses Heraustreten des Weibes aus dem Hause allerdings geboten, und bloß durch das Weib kann gegründet werden, was als Unterlage des politischen Lebens vor Allem noth thut: eine wirklich bürgerliche Gesellschaft."

Familie und Staat wurden analog gesehen (Schwab 1975, 280). Wurde Herrschaft bis Ende des 18. Jahrhunderts noch in den paternalistischen Strukturen des „ganzen Hauses" gedacht, wurde diese Vorstellung sukzessive abgelöst durch das Ideal der bürgerlichen Gattenfamilie, einem Denkmodell, dem sich auch ein aufgeklärtes absolutistisches Regime nicht entziehen konnte. Seit der Wende zum 19. Jahrhundert gehörte es zu den vornehmsten Aufgaben von Kronprinzessinnen und Königinnen , sich als Landesmutter zu zeigen und sich dem „Allgemeinwohl" zu widmen. In dem von Königin Katharina unterzeichneten Gründungsaufruf des ersten württembergischen Wohltätigkeitsvereins vom 6. 1. 1817 heißt es so:

„In einem von Natur begünstigten Staate, wo die Vaterlandsliebe die staats-bügerlichen Verhältnisse zu einem Familien-Verbande erhebt, bedarf es nur einer zweckmäßigen Anregung, um der Ausübung dieser Familienpflicht wieder jene allgemeine Wirksamkeit zu geben, wodurch sich unsere Voreltern so vorteilhaft ausgezeichnet haben" (Rumpel-Nienstedt 1985).

Wohltätigkeit wurde in der ersten Hälfte des 19. Jahrhunderts zu einem wichtigen politischen Betätigungsfeld bürgerlicher und adliger Frauen, die damit eine Form sozialer Mutterschaft ausübten. Bürgerliche Privatwohltätigkeit füllte im 19. Jahrhundert die Lücken der staatlichen Armenpflege.

Frauen übernahmen seit den 1830er Jahren zunehmend Fürsorgefunktionen im öffentlichen Bereich. An der Seite des patriotischen bürgerlichen Vaterlandsfreundes, der sich Ende der 1820er Jahre in Bürgergesellschaften organisierte, stand die mildtätige Frau, die für das Wohl des Armen sorgte. Frauen wurden keineswegs als passiv begriffen, sondern sie sollten ‚auf ihre Weise' zum Gemeinwohl beitragen. Frauen pflegten „verwahrloste Kinder", zum Teil in Vereinen mit über 400 Mitgliedern, nähten Kleider für arme Landleute, unterrichteten in Industrieschulen und nahmen sich in der Krise 1847 schließlich der Probleme der eigenen sozialen Schicht an, kümmerten sich um „verarmte Töchter des Honoratiorenstandes".

Mit dieser Form der Wohltätigkeit waren bestimmte Verhaltensmuster und Verhaltensräume vorgegeben, die in der Revolution politisch genutzt wurden. Auch die Frauenvereine 1848/49 waren in gewisser Weise wohltätig, beschäftigten sich hauptsächlich mit Spendensammeln, Nähen oder der Unterstützung bedürftiger Personen. Nur taten sie es mit einem dezidiert politischen Bekenntnis. Sie unterstützten bestimmte politische Gruppen und damit auch ein politisches Programm, mit dem sie sich einig wußten und für das zu arbeiten, sie gerne bereit waren.

Frauen kamen so über ihre scheinbar traditionalen Rollen als Mütter (Stöhr 1983) und Bräute zu neuen Organisationsformen, bildeten über familiäre Bindungen und private Zusammenkünfte hinaus neue, formalstrukturierte Vereinigungen. Wenn die Frauen 1848 auf den Rathäusern zum Sticken der Bürgerwehrfahnen zusammenkamen, geschah dies innerhalb eines politisch definierten Bezugssystems. Ein öffentlicher Ort, an dem sonst politische Entscheidungen fielen, wurde nun zum Schauplatz einer Arbeit, die sonst im Haus stattfand. Damit wurde weibliche Tätigkeit nicht nur in ihrer sozialen Bedeutung aufgewertet. In den oft nur temporär funktionierenden, losen politischen Vereinigungen 1848 war erstmals die Chance gegeben, daß sich Ansichten und Interessen vereinheitlichen konnten, was wiederum auch andere politische Handlungsformen erlaubte. Die Zunahme eigenständiger weiblicher Aktivitäten im Verlauf der Jahre 1848 und 1849 zeigte dies deutlich.

Indem das Auftreten der Frauen in der politischen Öffentlichkeit unter der Vorgabe bestimmter Rollenerwartungen erfolgte, wurde ihnen ein relativ eng umgrenzter Verhaltenspielraum zugewiesen. Verließen sie diesen, nahmen sie sich nicht mehr „in weiblicher Weise den Sorgen ihrer Männer an" (Beo 2. 11. 1848), sondern handelten selbstbestimmt, liefen sie Gefahr, sich die Kritik der männlich dominierten „öffentlichen Meinung" zuzuziehen. Vor allem Konservative beobachteten mißtrauisch das politische Engagement der Frauen und rügten scharf jede Grenzüberschreitung. Die politische Betätigung von Frauen 1848 glich so mitunter einer Gratwanderung.

Die Öffnung des politischen Raums scheiterte allerdings oft auch an den

Begrenzungen der alltäglichen Lebenswelt bürgerlicher Frauen. Die Aktivitäten von Frauenvereinen, die im Sommer wöchentlich am Nachmittag tagten, erlahmten im Winter sichtlich, weil es sich nicht schickte, daß eine bürgerliche Frau bei Anbruch der Dunkelheit noch allein in der Stadt unterwegs war. Nachts draußen waren nur Unterschichtsfrauen und „liederliche Weibsbilder". Frauen aus gutem Haus mußten von ihren männlichen Familienangehörigen oder Dienstbotinnen abgeholt werden. Auch auf politische Veranstaltungen konnte eine Frau schwerlich allein gehen, ohne die Etikette zu verletzen und damit in einen schlechten Ruf zu geraten. Marie Brunow aus Esslingen nahm so die Haushälterin ihres Vaters mit auf Volksversammlungen, wenn sich kein männlicher Begleiter fand. Daß Josephine Seite an Seite mit ihr ging und nicht wie die Bedienten sonst einen Schritt hinter ihrer Herrschaft, war Marie von Brunow ihren radikaldemokratischen Ansichten schuldig. Auch die Dienstboten ihrer Stuttgarter Verwandtschaft entführte sie auf diese Weise in die Politik, denn bei entsprechenden politischen Ereignissen fuhr sie sogar mit der Eisenbahn nach Stuttgart (Kurz 1906, 149f.). Die meisten Frauen besuchten zusammen mit ihren Gatten die Versammlungen oder en famille, mit Brüdern und Onkeln. Vor allem ledige Frauen waren auf eine Anstandsbegleitung angewiesen, – dies um so mehr, wenn sie gemeinsam mit ihren Verlobten in politischen Dingen unterwegs waren.
Über diese Etikette hinaus begannen aber die Hemmnisse politischer Betätigung für Frauen sehr viel früher, zu Hause, beim Ankleiden. Obwohl es seit den 1840er Jahren bessere Überkleidung und endlich Mäntel für Frauen gab, war bürgerliche Frauenkleidung insgesamt nicht besonders geeignet für längere Aufenthalte im Freien und bei nassem Wetter. Nicht alle Frauen setzten sich über bürgerliche Konventionen hinweg, wie das in einfachen Verhältnissen aufgewachsene Freifräulein von Brunow, das bei seinen politischen Ausflügen in die nahe Oberamtsstadt mitunter bäuerliche Kleidung trug, weil diese bequemer war (Kurz 1906, 144). Wenn die „günstige Witterung es gestattete", waren deshalb in der Regel sehr viel mehr Frauen auf Volksversammlungen zu finden als bei Regen. (März-Spiegel 11. 6. 1849) Politik hatte auch hier wieder für Frauen eine scheinbar private Dimension, die wie alle Restriktionen des weiblichen Alltags von eminent politischer Bedeutung war.

Anmerkungen

1 Der Überblick von Dieter Langewiesche zählt genau drei Titel auf, wobei allerdings die einzige ausführliche Dokumentation über Frauen 1848 von Gerlinde Hummel-Haasis (Schwestern zerreißt eure Ketten. Zeugnisse zur Geschichte der Frauen in der Revolution 1848/1849, München 1982) noch nicht erschienen war. Vgl. D. Langewiesche: Die deutsche Revolution von 1848/1849 und die vorrevolutionäre

Gesellschaft: Forschungsstand und Forschungsperspektiven, in: Archiv für Sozialgeschichte. Band. XXI, (1981), 458–497, hier S. 487.

2 Frauen besaßen keine aktiven Bürgerrechte, d. h. kein Wahlrecht. Bis 1828 standen Frauen in Württemberg sogar noch unter der Geschlechtsvormundschaft und konnten ohne männlichen Beistand keine Rechtsgeschäfte vollziehen.

3 Untersucht sind bisher nur einige wenige Frauen der ‚Avantgarde' wie Louise Otto, Mathilde Anneke oder Louise Aston. Vgl. M. Wagner: Mathilde Franziska Anneke in Selbstzeugnissen und Dokumenten, Frankfurt 1980. M. Henkel/R. Taubert: Das Weib im Conflict mit den socialen Verhältnissen. Mathilde Franziska Anneke und die erste deutsche Frauenzeitung, Bochum 1976. M. F. Anneke: Memoiren einer Frau aus dem badisch-pfälzischen Feldzuge 1848/1849. Erschienen unter dem Titel: Mutterland, Münster 1982. G. Goetzinger: Für die Selbstverwirklichung der Frau: Louise Aston, Frankfurt 1983.
Dem Reich der Freiheit werb' ich Bürgerinnen. Die Frauen-Zeitung von Louise Otto, hg. von U, Gerhard, E. Hannover-Drück und R. Schmitter, Frankfurt 1980. C. Köpcke: Louise Otto-Peters, Freiburg 1981.
S. Zucker: German Women and the Revolution of 1848: Kathinka Zitz-Halein and the Humania Association, in: Central European History, 13, (1980) 196–221.

4 Vgl. das von der Deutschen Forschungsgemeinschaft geförderte Forschungsprojekt „Revolutionskultur 1848", das zur Zeit am Ludwig-Uhland-Institut der Universität Tübingen durchgeführt wird. W. Kaschuba/C. Lipp: Revolutionskultur 1848, in: Zeitschrift für württembergische Landesgeschichte, Jg. 39, (1980), 141–164.

5 Mit der Rolle der Frauen in der Revolution befaßt sich eine gesonderte Frauenprojektgruppe des Ludwig-Uhland-Institutes, auf deren Forschungsergebnissen dieser Artikel im wesentlichen aufbaut. Für die Mitarbeit und Überlassung von Materialien danke ich Beate Binder, Beate Bechtold-Comforty, Tamara Citovics, Steffi Cornelius, Sabine Kienitz, Eva Kuby, Alexandra Lotz, Andrea Pollig, Sabine Rumpel-Nienstedt, Gertrud Schubert, Margit Stephan, Lisa Sterr. Vgl. C. Lipp (Hrsg.): Schimpfende Weiber und patriotische Jungfrauen, Moos 1985. Ebenso C. Lipp et al: Frauen und Revolution, in: Die ungeschriebene Geschichte. Dokumentation des 5. Historikerinnentreffens, Wien 1984, 375–391.

6 Die folgenden Thesen gelten ausschließlich für bürgerliche Frauen. Politische Partizipation meint hier nicht die Teilhabe an Entscheidungsprozessen, sondern das Einbezogensein in den politischen Meinungsbildungsprozeß und die Interaktionsformen der revolutionären Bewegung. Dies gilt nicht für Unterschichtsfrauen, deren unterschiedliche soziale Lebensweise zu anderen politischen Äußerungsformen führt. Vgl. Beate Binder (1985) und Sabine Kienitz (1985).

7 Ich verzichte darauf, näher auf die Ereignisse 1848/49 einzugehen. Das beste Buch zu diesem Thema ist immer noch V. Valentin: Geschichte der deutschen Revolution 1848–1849, 2 Bde, Berlin 1920 und 1931, Reprint Aalen 1968. Neu jetzt T. Nipperdey: Deutsche Geschichte 1800–1866. Bürgerwelt und starker Staat, München 1983.
Zur Krise 1847/J. Bergmann: Ökonomische Voraussetzungen der Revolution von 1848: Zur Krise von 1845 bis 1848 in Deutschland, in: Geschichte und Gesellschaft. Sonderheft 2, (1976), 254–287. Zur Revolution in Württemberg siehe D. Langewiesche: Liberalismus und Demokratie in Württemberg zwischen Revolution und Reichsgründung, Düsseldorf 1974.

8 Nach ähnlichen Strukturen funktionierten auch die frühen amerikanischen Frauenvereine. Vgl. G. Lerner: Political Acitivities of Antislavery Women. In: G. Lerner: Majority finds its Past. Oxford, New York 1979, 122–128.

9 Von der Forschung ist die Bedeutung der Frauen im nationalen Diskurs bisher übersehen worden. Vgl. G. Wollstein: Das „Großdeutschland" der Paulskirche. Nationale Ziele in der Revolution 1848/1849, Düsseldorf 1977.

10 Bereits in den Lesegesellschaften des 18. Jahrhunderts wurden vereinzelt Frauen aufgenommen. In Leipzig gab es 1784 sogar eine eigene Damen-Lesegesellschaft. M. Prüsener: Lesegesellschaften im 18. Jahrhundert, in: Börsenblatt für den deutschen Buchhandel Nr. 10, (1972), 282.
Vgl. auch O. Dann: Die Anfänge politischer Vereinsbildung in Deutschland, in: U. Engelhardt/V. Sellin/H. Stuke: Soziale Bewegung und politische Verfassung, Stuttgart 1976, 197–232, hier 201.

11 Stuttgarter Vereinsbuch, Stuttgart 1885. C. Lotter: Geschichte der Museums-Gesellschaft in Stuttgart, Stuttgart 1907, 28f. K. Biedermann: Ulmer Biedermeier im Spiegel seiner Presse, Ulm 1955, 103.
In mehreren Städten Württembergs bestanden eigene Frauenchöre u. a. in Herrenberg (Neues Tagblatt 3. 2. 1847) und Stuttgart. Den letzteren leitete die Komponistin Emielie Zumsteeg. Vgl. Nachlaß in der Landesbibliothek Stuttgart und A. Blos: Frauen in Schwaben, Stuttgart 1929, 135–148; und die Geschichte des Stuttgarter Liederkranzes, Stuttgart 1924, 84.

12 Schleiermacher schreibt 1826: „Das männliche Geschlecht ist immer in gewissem Maße für ein öffentliches Leben bestimmt, das weibliche nur für das häusliche". F. Schleiermacher: Die Vorlesungen aus dem Jahre 1826, Sämtliche Werke, 3. Abt., Bd. 9. Erziehungslehre. Zit. nach D. Schwab: Familie. Artikel in O. Brunner et al (Hrsg.): Geschichtliche Grundbegriffe. Historisches Lexikon zur politisch-sozialen Sprache in Deutschland, Bd. 2, Stuttgart 1975, 253–301, hier 294.

Abkürzungen:

Beo = Beobachter
ES = Esslinger Schnellpost
NST = Neues Stuttgarter Tagblatt
RMC = Reutlinger und Mezinger Courier
SKR = Schwäbische Kronik

Literatur

Anneke, M. F.: Memoiren einer Frau aus dem badisch-pfälzischen Feldzuge 1848/1849. Erschienen unter dem Titel: Mutterland, Münster 1982

Arndt, E. M.: Über Sitte, Mode und Kleidertracht, Leipzig 1814

Baxmann, I.: Von der Egalité im Salon zur Citoyenne – Einige Aspekte der Genese des bürgerlichen Frauenbildes, in: A. Kuhn/J. Rüsen (Hrsg.): Frauen in der Geschichte, Bd. III., Düseldorf 1983, 109–139

Bechtold-Comforty, B.: „... und was die Männer unterließen, das sollte jetzt durch die Weiber geschehen", in: C. Lipp (Hrsg.): Schimpfende Weiber und patriotische Jungfrauen, Moos 1985

Bergmann, J.: Ökonomische Voraussetzungen der Revolution von 1848: Zur Krise von 1845 bis 1848 in Deutschland, in: Geschichte und Gesellschaft, Sonderheft 2, (1976), 254–287

Biedermann, K.: Ulmer Biedermeier im Spiegel seiner Presse, Ulm 1955

Binder, B.: „Dort sah ich, daß nicht Mehl verschenkt, sondern rebellt wird", in: Lipp, C. (Hrsg.): Schimpfende Weiber und patriotische Jungfrauen, erscheint 1985 Elster Verlag Moos

Blos, A.: Frauen in Schwaben, Stuttgart 1929
Citovics, T.: Bräute der Revolution und ihre Helden. Zur politischen Funktion des Fahnenstickens, in: Lipp, C. (Hrsg.): Schimpfende Weiber und patriotische Jungfrauen, Moos 1985
Conze, W.: Das Spannungsfeld von Staat und Gesellschaft im Vormärz. in: Staat und Gesellschaft im deutschen Vormärz 1815–1848, 2. Auflage, Stuttgart 1970
Cornelius, S.: Erziehung zur Bürgerin, in: C. Lipp (Hrsg.): Schimpfende Weiber und Patriotische Jungfrauen, Moos 1985
Damenconversationslexikon, hg. von Carl Herlossohn. Stichwort: Erziehung, Bd. 3, Adorf 1835
Dann, O.: Die Anfänge politischer Vereinsbildung in Deutschland, in: U. Engelhardt/Sellin V./Stuke, H.: Soziale Bewegung und politische Verfassung, Stuttgart 1976, 197–232
Das Kränzchen 1850
Der Bote vom Remsthal 1848
Der Märzspiegel von Gmünd 1849
Esslinger Anzeiger 1831, 1832
Esslinger Schnellpost 1848–1850
Gerhard, U./Hannover-Drück, E./Schmitter, R. (Hrsg.): Dem Reich der Freiheit werb ich Bürgerinnen. Die Frauen-Zeitung von Louise Otto, Frankfurt 1980
Gerhard, U.: Über die Anfänge der deutschen Frauenbewegung 1848. Frauenpresse, Frauenpolitik und Frauenvereine, in: Hausen, K. (Hrsg.): Frauen suchen ihre Geschichte, Frankfurt 1983, 196–220
Götzinger, G.: Für die Selbstverwirklichung der Frau: Louise Aston, Frankfurt 1983
Grass, K. M./Koselleck, R.: Emanzipation. Artikel in: Brunner, O./Conze, W./Koselleck, R. (Hrsg.) Geschichtliche Grundbegriffe, 2. Bd., Stuttgart 1975, 153–197
Hausen, K.: Die Polarisierung der „Geschlechtscharaktere“. – Eine Spiegelung der Dissoziation von Erwerbs- und Familienleben, in: H. Rosenbaum (Hrsg.): Seminar: Familie und Gesellschaftsstruktur. 2. Aufl. Frankfurt 1980, 161–194
Henkel, M./Taubert, R.: Das Weib im Conflict mit den socialen Verhältnissen. Mathilde Franziska Anneke und die erste deutsche Frauenzeitung, Bochum 1976
Hummel-Haasis, G.: Schwestern zerreißt eure Ketten. Zeugnisse zur Geschichte der Frauen in der Revolution 1848/1849, München 1982
Kaschuba, W./Lipp, C.: Revolutionskultur 1848, in: Zeitschrift für württembergische Landesgeschichte, Jg. 39, (1980), 141–164
Kaufmann, D.: Äußere und innere Grenzen. Überlegungen zum nationalen und Sittlichkeits-Diskurs im Deutsch-Evangelischen Frauenbund nach dem 1. Weltkrieg, in: Die ungeschriebene Geschichte. Dokumentation des 5. Historikerinnentreffens, Wien 1984, 62–69
Kienitz, S.: „und die Weiber waren die ärgsten mit Schreien und Lärmen.“ Die Gewalt der Verhältnisse und gewälttätige Frauen, in: C. Lipp (Hrsg.): Schimpfende Weiber und patriotische Jungfrauen, Moos 1985
Kienitz, S.: „Ächt deutsche Weiblichkeit“. Kleidung als bürgerliche Frauenpolitik, in: Schimpfende Weiber und patriotische Jungfrauen, Moos 1985
Klemms Archiv. Mitteilungen aus der Familiengeschichte 8 (1971), 291–294
Kluckhohn, P.: Die Auffassung der Liebe in der Literatur des 18. Jahrhunderts und in der deutschen Romantik, 3. Aufl. Tübingen 1966
Koepcke, C.: Louise Otto-Peters, Freiburg 1981
Kuby, E.: Politische Frauenvereine 1848/50, in: Lipp, C. (Hrsg.): Schimpfende Weiber und patriotische Jungfrauen, Moos 1985
Kurz, I.: Hermann Kurz. Ein Beitrag zu seiner Lebensgeschichte, München/Leipzig 1906

Langewiesche, D.: Liberalismus und Demokratie in Württemberg zwischen Revolution und Reichsgründung, Düsseldorf 1974
Langewiesche, D.: Die deutsche Revolution von 1848/1849 und die vorrevolutionäre Gesellschaft: Forschungsstand und Forschungsperspektiven, in: Archiv für Sozialgeschichte. Band. XXI, (1981), 458–497
Lerner, G.: Political Acitivities of Antislavery Women, in: G. Lerner: Majority finds its Past. Oxford, New York 1979, 112–128
Lipp, C. (Hrsg.): Schimpfende Weiber und patriotische Jungfrauen. Frauen im Vormärz und in der Revolution 1848, Moos 1985
Lipp, C. et al: Frauen und Revolution, in: Die ungeschriebene Geschichte. Dokumentation des 5. Historikerinnentreffens, Wien 1984, 375–391
Lipp, C.: Verein als politisches Handlungsmuster. Das Beispiel des württembergischen Vereinswesens 1800–1849, in: Maurice Agulhon (Ed.): Sociabilité et société bourgeoise, Paris 1985
Lotter, C.: Geschichte der Museums-Gesellschaft in Stuttgart, Stuttgart 1907
Möhrmann, R. (Hrsg.): Frauenemanzipation im deutschen Vormärz, Stuttgart 1978
Neues Stuttgarter Tagblatt (NST) 1846–1850
Nipperdey, T.: Verein als soziale Struktur in Deutschland im späten 18. und frühen 19. Jahrhundert, in: Ders.: Gesellschaft, Kultur, Theorie, Göttingen 1976, 179–205
Nipperdey, T.: Deutsche Geschichte 1800/1866. Bürgerwelt und starker Staat, München 1983
Pikulik, L.: Leistungsethik contra Gefühlskult. Über das Verhältnis von Bürgerlichkeit und Empfindsamkeit in Deutschland, Göttingen 1984
Prüsener, M.: Lesegesellschaften im 18. Jahrhundert, in: Börsenblatt für den deutschen Buchhandel Nr. 10, 1972
Reutlinger und Mezinger Courier (RMC) 1847, 1848
Riehl, W. H.: Die Familie. Die Naturgeschichte des deutschen Volkes, Bd. 3., Stuttgart 1882
Rumpel-Nienstedt, S.: „Thäterinnen der Liebe“. Frauen und Wohltätigkeit, in: C. Lipp (Hrsg.): Schimpfende Weiber und patriotische Jungfrauen, Moos 1985
Schröder, H./Sauter, T.: Zur politischen Theorie des Feminismus. Die Deklaration der Rechte der Frau und Bürgerin, in: Politik und Zeitgeschichte. Beilage zur Wochenzeitung „Das Parlament“ 48, (1977), 29–54
Schubert, Gertrud: Passiver Widerstand, „Verführung zum Treubruch“. In: Schimpfende Weiber, patriotische Jungfrauen, Moos 1985
Schwab, D.: Familie. Artikel in Brunner, O. et al (Hrsg.): Geschichtliche Grundbegriffe. Historisches Lexikon zur politisch-sozialen Sprache in Deutschland, Bd. 2, Stuttgart 1975, 253–301
Schwäbische Kronik 1848, 1849
Schweitzer, S./Schlemmer, S./Greverath, A.: Die Forderung der Frauen nach Gleichberechtigung in der französischen Revolution – Ein Unterrichtsmodell, in: Kuhn, A./Schröder, G. (Hrsg.): Frauen in der Geschichte, Bd. I, Düsseldorf 1982, 153–168
Sennett, R.: Verfall und Ende des öffentlichen Lebens. Die Tyrannei der Intimität, 2. Aufl. Frankfurt 1977
Stadtarchiv Rottweil, Bürgerwehrakten
Sterr, L.: Das Frauenbild in der württembergischen Presse, in: Lipp, C. (Hrsg.): Schimpfende Weiber und patriotische Jungfrauen, Moos 1985
Stöhr, I.: „Organisierte Mütterlichkeit“. Zur Politik der deutschen Frauenbewegung um 1900, in: Hausen, K. (Hrsg.): Frauen suchen ihre Geschichte, Frankfurt 1983, 221–249
Stuttgarter Vereinsbuch, Stuttgart 1885
Twellmann, M.: Die deutsche Frauenbewegung. Ihre Anfänge und ihre erste Entwicklung 1843–1889, Meisenheim 1972

Valentin, V.: Geschichte der deutschen Revolution 1848–1849, 2. Bd., Berlin 1920 und 1931, Reprint Aalen 1968
Wagner, M.: Mathilde Franziska Anneke in Selbstzeugnissen und Dokumenten, Frankfurt 1980
Wollstein, G.: Das „Großdeutschland" der Paulskirche. Nationale Ziele in der Revolution 1848/1849, Düsseldorf 1977
Zucker, S.: German Women and the Revolution of 1848: Kathinka Zitz-Halein and the Humania Association. In: Central European History, 13, (1980), 196–221

Blumenkranz und Selbstbewaffnung – Frauenengagement in der Wiener Revolution 1848

Gabriella Hauch

Vorangestellt

Heiser vor Trunkenheit klingt ihre Stimme, als Ninon in der gleichnamigen Novelle Ferdinand von Saars (Saar 1983, 45–79) anhebt, um über ‚ihre' Revolution 1848 in Wien zu sprechen; als halbwüchsiges Mädchen war sie zuerst mit den Studenten, später mit den „Brüder Arbeitern" ausgezogen und hatte sich auf der Höhe einer Barrikade das erstemal „preisgegeben". Saar zeichnet sie als Tochter eines zugrundegegangenen Tischlermeisters, obdachlos, kaum des Lesens und Schreibens mächtig, jedoch mit „Geist, Urteilskraft und stets sarkastischem, schlagfertigem Witz". Erzählt sie ihm und seinen Freunden (Saar war 1849 in Dienst der kaiserlichen österreichischenArmee getreten, G. H.) zu später Stunde von 1848, wandelt sich die anfangs alkoholgetränkte Melancholie zu Wut und Haß, schimpft sie die Männerrunde „feile Knechte der Tyrannei", beginnt zu toben und mit Gläsern und Tellern nach ihnen zu werfen.

Sucht man nach Frauen, ihrer Solidarität, ihrem Engagement, ihren Wünschen, Hoffnungen und Ängsten im Revolutionsjahr – findet man sich durchwegs ‚Quellen' dieser Art gegenüber. Das heißt, ein gebildeter, wortgewandter Literat thematisiert ihre Aktionen und Handlungen. ‚Revolutionäre' Frauen in Wien! Wer sind sie? Männerverschlingende Mänaden in Amazonenkostümen, ‚geschlechtslose' Mütter, sittsame höhere Töchter im weißen Kleid der Unschuld, mit ihren Familien brechend, bewaffnete Unterschichtsfrauen aus den Vorstädten, Frauen der Ober- und Mittelschichten, die zu ‚häßlich' sind, um einen Mann zu bekommen?

Sie geben kaum darauf Antwort. Sind stumm. Ninon zum Beispiel – eine Angehörige der Wiener Unterschichten, aus der Vorstadt, ohne Wohnsitz – kann nicht lesen, nicht schreiben. Sie verfaßte keine ‚Quellen'. Er – Saar – kein Freund der 48er Bewegung, stellt ihren Lebensabschnitt der Revolutionsbegeisterung als ‚ehrliche', von Hoffnungen auf ein besseres Leben durchdrungene Zeit dar. In diesem Sinn brechen Aggressionen gegen die damaligen Feinde aus ihr, von ‚kühler Berechnung', ihrem Leitfaden des späteren Lebens weit entfernt. Garniert wird dies mit Sexualität, indem Saar das Gerücht des öffentlichen Beischlafs während des Sturmjahres einflicht, ohne es explizit wertend zu gebrauchen.

„Emotionen, die alles vergessen lassen", „Rasen und Toben" gelten jedoch als weibliche Attribute, die Frauen in revolutionären Situationen – nicht nur 1848 – zugeschrieben werden. Auch Ninon. Dafür werden sie verflucht und/oder begehrt. Begehrt wird die Phantasie der sich leidenschaftlich hingebenden Geliebten; verflucht, gefürchtet die der männerverschlingendenVerführerin, die die Normen der doppelbödigen Moral in Zweifel zieht. Könnte ein bestimmtes Verhalten doch neben gesellschaftlichen Machtstrukturen auch Machtpositionen des „starken Geschlechts" in Frage stellen.

Revolutionen stehen für Bruch, verstärkte Dynamik; gesellschaftliche Normen wanken. Schranken der Unmöglichkeiten, die Mögliches verdecken, zeigen Risse; Machtungleichheiten, die vormals noch erträglich schienen, werden Brennpunkt von Engagement und Emotion. Betroffen davon sind gesellschaftliche, wie Geschlechtsverhältnisse.
Frauen aller Klassen und Schichten betreten 1848 in Wien die Bühne der Öffentlichkeit, stehen – allein aufgrund dessen – im Scheinwerferlicht. So ‚grell' sie in diesem Lichtkegel gezeichnet werden, umgibt sie doch etwas geheimnisvoll ‚Verruchtes', wie Saar die Atmosphäre um die politisch-emotionale Ninon gestaltet. Gesinnungsgenossen oder Gegner halten ihre verschiedenen Rollen, Handlungen, Positionen in Jubel- wie in Schmähschriften fest und kommentieren sie nach Bedarf bzw. verschiedenen Standpunkten. So zeigen auch Parteigänger der 48er Bewegung ihr eingeschränktes Verständnis der Losung der bürgerlichen Revolution, deren ‚Brüderlichkeit' sie auch in der Realität ‚Brüdern' vorbehalten wollen und die mit diffamierenden Äußerungen zur Gründung der ersten politischen Selbstorganisation der Frauen nicht geizen.
Eine Linie, an der sich verschiedenes Verhalten von Frauen differenzieren läßt, ist, ob es bestehende Strukturen fortführt, in sie einfügt oder ob es als zu verändern und verändernd begriffen und praktiziert wird. Dies ist aus den ‚Quellen' – mehrheitlich von Männern verfaßt – zu filtern. Handlungen, Toten-, Verletzten-, Verhaftungslisten müssen für die kaum vorhandenen Selbstzeugnisse der belächelten, verteufelten, bejubelten Frauen ‚sprechen'. In diesem Sinn, für damals wie heute und morgen, gelte das Wort der Zeitgenossin Luise Otto-Peters:
„Mitten in den großen Umwälzungen, in denen wir uns alle befinden, werden sich die Frauen vergessen sehen, wenn sie selbst an sich zu denken vergessen. Wohlauf denn Schwestern, vereinigt Euch ..."

Kurze Chronologie der Wiener Revolution von 1848

Im Herbst 1845 waren in der zeitgenössischen Literatur keine idyllischen Beschreibungen vom gemütlichen Wiener mehr vorhanden.
Beschönigte der Polizeibericht vom September noch die Lage, daß „die gute Laune der Wiener und ihr Hang zum geselligen Vergnügen im allgemeinen keinen merklichen Abbruch erlitten habe ..." (Glossy 1917–1919, 7), konstatierte dasselbe Organ einen Monat später, daß „die drückenden Verhältnisse noch durch Arbeitsstockung und den Erwerbsmangel vermehrt" (Glossy 1917–1919, 68–70) worden wären. Bandenbildungen von Arbeitslosen, Hungerplünderungen, Alkoholismus und Prostitution prägten das Bild der überfüllten Vorstädte Wiens.
Diese soziale Notlage der Unterschichten war Teil einer allgemeinen Wirtschafts- und Finanzkrise. Die zunehmende Zerrüttung der landwirtschaftlichen feudalen Produktion, die zu einer massenhaften Arbeitslosigkeit und Landflucht geführt hatte, wurde in den Jahren 1845–1847 durch Mißernten verstärkt. Hungertyphus und astronomische Getreide- wie Kartoffelpreise waren die Folge. Die allgemeine Agrarkrise traf mit einer von England ausgegangenen Handelskrise zusammen. Besonders davon getroffen wurde der Hauptproduktionsbereich Wiens, der Textilbereich, der sich bereits durch die zunehmende Technisierung in Schwierigkeiten befand.
Wien war eine Stadt des „kleinen" Bürgertums, das ökonomisch vom Hof und Adel abhängig war. Die Übermacht der fürstlichen Staatsgewalt, die von Beginn der Kapitalisierung an durch kluge Verwaltungspolitik auf einen Ausgleich aristokratischer und bürgerlicher Interessen zielte, Ansätze zu privatkapitalistischer Wirtschaftsform im städtischen Bereich in den Hintergrund drängte, war lange Zeit stabil gewesen. Nun unterhöhlte ein riesiges Budgetdefizit das System, das steigende Abhängigkeit des

Staatshaushaltes von den großen Bankhäusern und eine steuerliche Überbelastung des Mittelstandes bedeutete.
Gleichzeitig bewirkten auch politische und ideologische Gründe eine Verdichtung der gesellschaftlichen Krise. Das, wenn auch schwache, Bürgertum verlangte politische Mitsprache, Aufhebung der Zensur, Aufnahme in die Ständeversammlung und Veröffentlichung des Staatshaushaltes. Alles Punkte, die eine Aufhebung des „Metternich-Systems" bedeuteten, der Garantie der Aufrechterhaltung der absolutistischen Staatsmacht durch Unterdrückung jeglicher freiheitlich-demokratischer Regungen auf politischem Gebiet. Führend in der freiheitlichen Bewegung waren die Studenten.
Das Habsburgische System hielt nun den „Dampf", um einen Ausdruck Friedrich Engels zur österreichischen Situation (Engels 1974, 508) zu gebrauchen, nicht mehr aus. Die Nachrichten über den Pariser Februaraufstand von 1848 lösten begeisterte Diskussionen aus.
„In einem Monat wird Fürst Metternich gestürzt sein", war auf einem Plakat am Kärntnertor zu lesen (Reschauer 1872, 23).
Als am 12. März eine Abordnung der Studenten dem Kaiser eine Petition mit politischen Forderungen überbrachte, brach an der Wiener Börse Panik aus. Die Kassenschalter wurden vom Bürgertum und Kleinbürgertum, das um seinen Besitz fürchtete, gestürmt. Arbeitslose Textilarbeiter/innen hielten militante Versammlungen ab und unter den Gloggnitzer Maschinenarbeitern, der Avantgarde des entstehenden Wiener Proletariats, war eine „befremdende Unruhe" (Reschauer 1872, 154) ausgebrochen. Zwischen Studenten und Arbeitern/innen existierten schon seit dem Vormärz rege Kontakte.
Am 15. März wurde nach heftigen, blutigen Kämpfen die studentische Petition gewährt: Pressefreiheit, Errichtung einer Nationalgarde auf Grundlage von Besitz und Intelligenz und eine Constitution. Um die Realisierung dieser Forderungen ging es in den nächsten Monaten. Das Spezifikum der Wiener Revolution war, daß der Kampf zwischen den „Untertanen" – Bürgertum und Proletariat – von Anfang an existierte. So schlug die neugebildete Nationalgarde gemeinsam mit dem kaiserlichen Militär in den Märztagen den proletarischen Aufstand in den Vorstädten nieder.
Das am 1. April erlassene repressive Pressegesetz, der erste Versuch zur Einschränkung der bürgerlichen Freiheiten, wurde von der Bewegung abgelehnt und bis Oktober herrschte völlige Pressefreiheit.
Auch die zweite Forderung nach „Volksbewaffnung" war in der Nationalgarde und in der studentischen Akademischen Legion bis zur Niederschlagung der Wiener Revolution im Oktober realisiert.
Der 3. Punkt, die Constitution, wurde am 25. April gewährt, entsprach jedoch nicht den bürgerlichen Vorstellungen von „Volkssouveränität" und wurde abgelehnt.
Das nun von Akademischer Legion und Nationalgarde eingerichtete politische Zentralkomitee agierte in Konkurrenz zum bestehenden Ministerium. Eine Massendemonstration am 15. Mai, die mittels einer „Sturmpetition" ihren Wünschen Ausdruck verlieh, vereitelte Auflösungspläne. Zwei Tage später floh der Hof ins kaisertreue Innsbruck.
Die nun folgende Desorientierung der Bewegung gründete sich auf dem patriarchalen Verhältnis der Bevölkerung zum „pater" Kaiser („schuld" an den Mißständen war Metternich und die den Kaiser umgebende Clique) und auf der ökonomischen Abhängigkeit der Kleingewerbeproduktion vom Wiener Adel. Diese Verwirrung sollte zur Auflösung der radikalen Akademischen Legion genutzt werden. Der Barrikadentag vom 26. Mai war Ausdruck des Widerstands gegen dieses Vorhaben.
Anschließend bildete das Bürgertum den Sicherheitsausschuß, der eine Politik der Versöhnung verfolgte. Im Mai trat auch das Proletariat (Handwerksgesellen, Fabrikarbeiter/innen, Erdarbeiter/innen) erstmals mit eigenständigen Forderungen auf.

Nach den im Juni stattgefundenen Reichsratswahlen wurde den Wiener Demokraten bei den Sitzungen das Nationalitätenproblem des Vielvölkerstaates mit seiner feudalen ländlichen Produktionsstruktur vor Augen geführt. Die Lösung der Bauernfrage, ein Grundpfeiler der Bürgerlichen Revolution, wurde jedoch verzögert und führte verspätet zum Kompromiß mit „Entschädigungszahlungen für Grundherren". Dies blieb jedoch auch nach der Niederschlagung der Revolution als einzige Freiheit bestehen.
In den Augustunruhen manifestierte sich die Konstituierung der Arbeiterschaft als Klasse. Unter dem Eindruck der Pariser Junischlacht beabsichtigte Arbeitsminister Schwarzer auch gegen den Widerstand von Arbeiter/innen drastische Lohnkürzungen durchzusetzen. Es gab viele Tote. Das Proletariat stand in diesen blutigen Auseinandersetzungen allein. Die Bewegung, die bis dorthin eine Klassenkoalition dargestellt hatte, spaltete sich, und der Sicherheitsausschuß löste sich auf.
Die einsetzende Wende stand in engem Zusammenhang mit den Ereignissen in den Provinzen. Bereits im Juni hatte Windischgrätz den Prager Slawenkongreß und die demokratische revolutionäre Bewegung zerschlagen. Radetzky hatte das ganze Frühjahr Siege über die aufständischen italienischen Gebiete zu verzeichnen, und die kaiserlichen Truppen konnten Mailand im Juni erneut besetzen. Den kroatischen Aufstand unter Jelacic nutzte die Hofpartei für sich. Jelacic, seines Amtes enthoben, wurde rehabilitiert und für die Niederwerfung der ungarischen Revolution bestimmt, wo er Anfang September einmarschierte.
In Wien wurde im September versucht, alle Kräfte wieder zu vereinen. Das Zentralkomitee der politischen Vereine entstand. Gleichzeitig startete die militärische Gegenrevolution ihre Offensive. Auch die Auseinandersetzungen in der Stadt weiteten sich aus: Stadtgarden standen Vorstadtgarden gegenüber. Das Kriegsministerium wurde gestürmt, Latour aufgehängt. Unterschichten plünderten das kaiserliche Zeughaus und bewaffneten sich selber. Wieder verließ der Hof Wien. Die bis jetzt noch mögliche Verbindung mit dem revolutionären Ungarn wurde nicht hergestellt. Der Gedanke einer „loyalen" Revolution war noch nicht gestorben. Im Gegensatz etwa zu Ungarn war die großstädtische Wiener Revolution beinahe gänzlich vom ländlichen Bereich isoliert. Ende Oktober wurde Wien nach letzten Kämpfen, die hauptsächlich von den Unterschichten und Studenten geführt wurden, von kaiserlichen Truppen besetzt. Sämtliche bürgerliche Freiheiten wurden zurückgenommen, ein Terrorregime errichtet.
Vor dieser kurzen Skizze, die keine Möglichkeit bot, etwa den Begriff „Revolution" genauer zu diskutieren, sollen nun die Aktivitäten und das Bild von Frauen in und am Rande der Bewegung gezeichnet werden.

I. „Nicht wie Männer könnt ihr streiten . . ."

1. Frauen als Schmuck – sich und andere schmückend

Nach stürmischen Tagen im März 1848 feierten die nun – durch Aufhebung der Zensur – massenhaft erscheinenden Zeitungen in überschwenglichen Worten die Solidarität der „Wienerinnen" mit der „freiheitlichen" Bewegung. Eine schöne Kulisse waren sie gewesen, die Frauen der höheren Klassen, die in der Wiener Innenstadt samt Töchtern und Hauspersonal an Fenstern oberhalb der Straße den Demonstranten zujubelten, die neben Bändern, Blumen, Kränzen auch wertvolle Colliers, Brilliantringe und Ketten ablösten und auf die Vorbeiziehenden hinabwarfen.

„Mit blitzenden Augen und begeisterten Anblicke . . ." winkten sie den „Männern des freien Vaterlandes zu", bemerkte einer der geschmückten Helden und konstatierte dies als „Zeichen einer ungeahnten Begeisterung und Hingebung an die Sache der Nation", denn „als sich bei uns [den Männern, G. H.] der Geist der Freiheit erhob, da wurden ihre Herzen mitgehoben" (Der Freimüthige 1848, 3).

Die Sache der Nation war Männersache – Studenten waren mit einer Petition zum Landhaus gezogen, hatten die Forderungen formuliert, in der Öffentlichkeit soziale-politische-wirtschaftliche Mißstände aufgegriffen. Eine Realität, die den gesellschaftlichen Strukturen entsprach. Daß auch Frauen der Mief des „europäischen Chinas", wie Friedrich Engels treffend das geistige und ökonomische Klima des damaligen Vielvölkerstaates bezeichnete, nicht als Paradies auf Erden erschien, zog der Verfasser solcher Lobeshymnen nicht in Betracht. Willenlos gaben sie sich in seinen Augen hin und folgten ihren Männern. Sie haben „. . . mit uns gelitten, mit uns gejubelt . . .", heißt es weiter. Dieser „schmückenden Solidarität" wurde auch in lyrischen Ergüssen gedankt, wie im „Nationalgardelied" von Dr. Jurende (Die Constitution 1848, 30).

Auf Brüder, präsentiert das Gewehr
und ruft ein Lebehoch
Den holden Frauen Ruhm und Ehr,
Warum – das wißt ihr doch!
Seht die *Kokard* auf eurem Hut,
die *Schleife* und das *Band,*
Geschenke sinds für euren Muth
von edler Frauenhand.
Seht an die *Fahne,* blank und weiß
O herrlich schöne *Zier,*
Es ist der *Liebe* hoher Preis,
das heiligste Panier.
Habt Dank ihr Schönen für den *Kranz*
von Rosen sanft und mild
Nie schwinden wird sein Duft und Glanz
Er ist ja euer *Bild.*
Habt Dank, daß ihr in Sturmesnacht
die uns die Freiheit gab,
mit uns gelitten und gewacht
geweint am Heldengrab.

Der Rosenkranz – duftend, sanft, mild und glänzend – war „sein" Frauenbild. Und die damit bedachten „bürgerlichen" Frauen, hatten sie ein anderes von sich? Massenhaft begannen sie Bänder – Schleifen – Fahnen zu Ehren ihrer Helden anzufertigen, sogar in eigenen Vereinen organisierten sie sich

zu diesem Zweck, das heißt, sie führten gewohnte Tätigkeiten fort und widmeten sie neuen politischen Inhalten. Wichtiger Teil der „Schmuckfunktion", ja der politischen Kultur der Wiener Revolution 1848, war die Farbsymbolik. Hierin trafen sich politisches Bekennen (Johann Strauß etwa, komponierte einen Walzer „Schwarz-Roth-Gold", um nur eines der originellen Beispiele anzuführen) und „Mode", was sich auch in der Verwertung durch die Wiener Geschäftswelt manifestierte (davon zeugen etwa Zeitungsannoncen, die schwarz-rot-goldene Sonnenschirme anboten).
In diesem Sinn überreichten Frauen in glänzenden Festakten nicht nur verschiedenen Abteilungen der im März gegründeten Nationalgarde ihre dafür verfertigten Stücke, sondern trugen diese „Wettergläser der politischen Meinung", wie ihre Bedeutung auch charakterisiert werden kann, selber in Form von Schärpen, in Knopflöchern oder anderem Zierat öffentlich zur Schau. „Liebe deutsche Schwestern", begann eine Frau einen Appell, nur mehr „Deutsche Strohhüte", verziert mit einem schwarz-rot-goldenen Band, zu tragen (Die Constitution 1848, 418).
Das Verhalten der Frauen der höheren Schichten entsprach der Arbeitsteilung zwischen Mann und Frau. Auch die Erotik kam nicht zu kurz in den enthusiastischen Artikeln zum März-Engagement der „besseren" Wienerinnen. Der „Volksfreund" schrieb, er hätte einen halben Monat zu küssen, bekäme er von allen Frauen Wiens einen „Schmatz", die sich während der „Wiener Freiheitskämpfe durch schöne, patriothische Thaten ausgezeichnet haben" (Der Volksfreund 1848, 123). Auch hier wurde die Tendenz der Meinung des Verfassers deutlich, daß die politische Solidarität der Frauen in der Motivation, den Männern zu gefallen, begründet war. Ihre „Hingabe" mit „blitzenden Augen, strahlenden Gesichtern" wies in dieselbe Richtung. „War es uns auch nicht vergönnt mit euch zu kämpfen", begann zwar eine der wenigen schriftlichen Äußerungen einer Frau zu ihrem Verhalten, mündet jedoch einige Zeilen später in ausschließliche Dankbarkeit über „das große, edle Werk, welches ihr unternommen" (Die Constitution 1848, 363).

2. „Würdige Mütter tapferer Söhne ..."

Eine andere „Umwidmung" erfuhr in diesen Monaten die Gebärfähigkeit von Frauen.
Eine „Patriotische Wienerin" schrieb, daß die Freiheit mit den Opfern „unserer Söhne" und „unter dem Zittern unserer Mutterherzen" erreicht worden sei. Daraus schloß sie ihren Platz in der revolutionären Bewegung: „Laßt uns würdige Mütter tapferer Söhne und als ermunternde Gattinnen hochherziger Männer unser Möglichstes beitragen, die Begeisterung für die junge Freiheit zu erhalten und zu erhöhen ..." (Der Volksfreund 1848, 76).

Familie, das Verhältnis zu Mann und Kindern, besonders zu ihren Söhnen, nahm die primäre Stellung im Leben der oben zitierten Frau und vieler anderer ein. Da für sie ein Leben ohne diesen zentralen Punkt nicht vorstellbar war, schlossen sich ihre Überlegungen zu einem Beitrag für die neue Freiheit daran an. Die Sorge und Hoffnung über die Zukunft ihrer Kinder konnten sie zwar zur Solidarität drängen, aber sie verunmöglichte ihnen auch, sich selber als Handelnde zu begreifen. Dies ist schichtspezifisch zu differenzieren. Kinder implizieren jedoch Zukunft, Hoffnungen, Erwartungen. Gerade in Zeiten revolutionärer Veränderungen verkörpern sie dies nicht nur individuell für Eltern und Mütter („sie sollen's einmal besser haben"), sondern für die gesamte Bewegung. Sprößlinge reaktionärer Familien sind deren Erben und deshalb Kontinuität der Besitzverhältnisse und Ideologie, sie sind Feinde. „Revolutionäre Mutterschaft", die ihre Bedeutung über die Erziehung erfährt, ist in allen revolutionären Prozessen proklamiert worden. Die Frauen haben nun den Auftrag, die neue Generation im „fortschrittlichen", „revolutionären" Geist zu erziehen und erfahren hiermit eine Aufwertung ihrer Mutterfunktion. Sie erhält ganz konkret einen politischen-fortschrittlichen Inhalt. Dies birgt jedoch die Gefahr in sich, das tendenziell vorhandene Bewußtsein von Frauen zu verstärken, ausschließlich für die Kinder zu leben, und sich selber als eigenbestimmte Menschen nicht wahrzunehmen.

1848 in Wien beriefen sich nicht nur Frauen auf ihre Erziehungsaufgabe, noch öfter wurde ihnen dies von ihren Gesinnungsgenossen,im wahrsten Sinne des Wortes gepredigt. „Frohlocken Sie!", jubelte der Wiener Geistliche Anton Füster, „Ihre Kinder sind frei geboren! Führen sie ihre Kinder . . ., begeistern sie diesselben . . ., erziehen sie . . ." (Füster 1850, 66).

Wie klassenspezifisch begrenzt die Adressatinnen seines Auftrags realiter waren und wieweit Ideologie und Realität auseinanderklafften, zeigt, daß in den Jahren um 1848 die Hälfte (51 %) der in Wien Geborenen unehelich zur Welt kamen. Der Zeitgenosse Karl Beidtel bezeichnete die Ehe in Wien als „privilegierte Vereinigung zur Erzeugung von Kindern" (Beidtel 1847, 96), von den unehelichen wurden mehr als drei Viertel (86 %) im „Gebärhaus" geboren und nur 0,6 %(!) der Mütter konnten ihre Kinder bei sich aufziehen (Ehmer 1980, 96–100). Die hohen Geburts- und Taufzahlen der Zeit bedeuteten nicht von Kinderscharen umgebene Mütter. Eine extrem hohe Kinder- und Säuglingssterblichkeit (Epidemien, Hunger, sanitäre Verhältnisse, nicht zuletzt Arbeits- bzw. Ausbeutungsbedingungen) bedingte, daß während des gesamten vorigen Jahrhunderts in Wien durchschnittlich jeder zweite Mensch nicht älter als 10 Jahre wurde. Zieht man bei Betrachtung dieser Zahlen noch in Erwägung, daß diese Statistiken nicht schichtsspezifisch aufgeschlüsselt zur Verfügung stehen, wird deutlich, daß die Kindersterblichkeit in den unteren Schichten noch um etliches höher liegen mußte.

Zurück zum Frauenbild Pfarrer Füsters. Waren auch nicht alle Mütter, standen sie doch sämtlich in irgendeinem Verhältnis zu einem Mann und ihre „blutenden Herzen um Brüder, Söhne, Väter“ entflammte die der Kämpfenden.
Auch das Gedicht einer Frau bestätigt ihre Definition über die Mutterrolle (Die Constitution 1848, 588).

Männer schwingen blanke Säbel!
...
Doch in manches Frauenauge
steigt die Thräne heiß empor
Kämpfe dürfen sie nicht teilen
sprengen nicht des Kerkers Tor!
Trauert nicht, ihr edlen Herzen, –
Mütter euer Liebstes lebt.
In den Kindern, die euch bleiben,
ist die Tat für euch verwebt.

Die zweite Strophe zeigt das Wissen um die Möglichkeit einer anderen Form der Frauenbeteiligung an den Auseinandersetzungen. Die Konsequenz, die sie aus dem „nicht dürfen“ zog, war jedoch eine sich in die Situation ergebende – Trauern. Schranken – annähernd – selbstbestimmten Verhaltens waren ihr möglicherweise bewußt. Sie suchte jedoch nicht, sie zu benennen oder nach einer Alternative. Bestehendes sollte mit möglichst geringem Leid erhalten und Selbstwertgefühl der „Deutschen Frauen“ in diesem Rahmen gestärkt werden. „Gedanken der Freiheit“ sollten sie nicht mit sich selber in Verbindung bringen. Der Ausweg bot sich in denen, in dem eigenes Leben fortgesetzt bzw. manchmal erst verwirklicht werden sollte: den Kindern.

Lehret sie die Wahrheit suchen,
scheuen nicht des Lichtes Strahl,
daß sie wandeln auf den Wegen,
die gebahnt der Männer Strahl!
Bildet sie zu starken Männern
daß sich Kraft mit Maß bewegt.
Und sie bauen auf dem Grunde,
den die ernste Zeit gelegt.

Ihre Konkretisierung des Erziehungsauftrages in der 3. Strophe beschränkt sich auf „starke Männer“. Auch bei ihr herrschte – im wahrsten Sinne des Wortes – das Bewußtsein, daß es Männern allein überlassen sei, Revolutionserrungenschaften zu konkretisieren und auszubauen.

Doch auch euch, verwaisten Herzen,
Frauen, die ihr einsam klagt,
ist ein großes Werk beschieden,
wenn ihr's frisch und fröhlich wagt.
Nehmt das Wort für Eure Schwestern.
Sprecht es aus, was Euch durchglüht.

Zeigt, daß würdig ihr der Freiheit,
weil sie auch für Euch erblüht.
Nicht wie Männer könnt ihr streiten,
wirken mutig doch wie sie,
auch der Same den begeistert
Ihr gestreut, verzehrt nie!
Tröstend helfen zu erscheinen
seid bereit mit hohem Sinn.
Euch gehört nur Euer Leben –
opfert freudig es dahin.

Eine Seltenheit war die explizite Thematisierung alleinstehender Frauen in den letzten beiden Strophen. Sie waren die einzigen, die sich im Revolutionsgeschehen direkt engagieren „durften". Ohne Verantwortung für andere, das heißt eine Familie, konnten sie über ihr Leben selber bestimmen, konnten die Stimme erheben in der Öffentlichkeit stellvertretend für ihre Schwestern, die durch die Realisierung der Möglichkeit, Kinder zu gebären, in dieser Gesellschaft quasi zum Schweigen „verurteilt" waren. Für diese „verwaisten" Frauen bedeutete es eine Möglichkeit, ihrer Einsamkeit zu entfliehen. Ihre Selbstbestimmung stieg zu höchstem Wert und wurde gleichzeitig für wertlos erklärt. Wenn nicht für andere leben, dann für andere und sich sterben.
Der Tod einer Professorengattin zeigte, daß nicht alle bürgerlichen Frauen hinter ihren Fenstern während der Märzauseinandersetzungen verweilten. Elisabeth BAUER war schwanger, als sie bei einem Angriff der kaiserlichen Truppen auf die stadtauswärtsflüchtenden Unterschichten bei der Maria-Hilfstraße starb. Dr. Falke widmete ihr eine Strophe seines Gedichts „Das Begräbnis der Märzgefallenen" (Politischer Studenten-Courier 1848, 139). Er klagt das Vorgehen des Militärs insbesondere an, „ein Weib, mit zagem Herzen", das nicht verwegen im „Schlachtgewühl verweilt hat", getötet zu haben.

Die bleichen Lippen schienen noch zu beben
„Was tötet ihr ein bleiches Weib? Oh Gott!"
(Politischer Studenten-Courier 1848, 139).

II. Mai – Barrikadentag und Barrikadennacht

Die am 25. April veröffentlichte Verfassung stieß auf heftige Ablehnung bei einem Teil der Bewegung. Mitte Mai zog eine Abordnung der Studenten zum Kaiser, verlangte ihre Zurücknahme, die Einrichtung einer Nationalversammlung auf Basis von freien allgemeinen Wahlen und die Anerkennung des Zentralkomitees der Nationalgarde. Die Position des Hofes war durch die Abwesenheit des Großteils des kaiserlichen Heeres (Krieg in Italien) schwach, so daß die Forderungen bald gewährt werden mußten. Der Hof

Abbildung 1: Ehre dem Ehre gebührt

verließ Wien und in panischer Reaktion darauf, wurde ohne Widerstand zugelassen, daß das Zentralkomitee der Nationalgarde aufgelöst wurde. Am 26. Mai folgte ein Dekret, das auch die Akademische Legion für nicht existent erklärte. Dagegen begannen sich Bürger, Studenten und Arbeiter/innen nun zu wehren. In geordneten Zügen eilten Arbeiter/innen in den frühen Morgenstunden von ihren Arbeitsplätzen vor der Stadt in die Wiener Innenbezirke. Frauen gingen dabei in der Mitte, auch Proletarierinnen wurden geschützt! (Unterreiter III 1848/49, 108). Der Barrikadenbau hatte bereits im Morgengrauen unter Beteiligung von Frauen aller Klassen begonnen, „Mädchen und Frauen in Hüten und Schals, Stubenmädchen, Hausmeistersche und distinguierte Damen" (Kudlich 1873, 269). Solidarisierendes Verhalten der weiblichen Angehörigen höherer Schichten durchbrach an diesem Tag „symbolisch" die gesellschaftlichen Hierarchien. Es war Veränderung und konnte verändern, wenn „Frauen und Mädchen aus gebildeten Ständen" (Denkbuch 1850, 126), „in feinsten Kleidern Steine und Geräthe mit wahrer Begeisterung" hinzutrugen (Der Volksfreund 1848, 109). Das Zusammentreffen von tendentiellem Bruch und Verhaftetsein in Konvention zeichnete eine Szene, die auch Lächeln provozierte.

„Auf dem alten Fleischmarkte beflissen sich Mädchen aus einem der besten Häuser, von ihrer Gouvernante begleitet und unterstützt, ... sie trugen mit ihren zarten und verwöhnten Händen Steine, deren Gewicht fast ihre Kräfte erschöpfte, bis in das 2. Stockwerk hinauf, um sie nötigenfalls als Wurfgeschütz zu verwerten" (Der Freimüthige 1848, 198).

Einerseits durchbrach die körperliche Schwerarbeit in der Öffentlichkeit der Straße das Bild der zarten, zu behütenden Tochter aus gutem Hause. Andererseits war dabei auch die für die Einhaltung der herrschenden Normen stehende Gouvernante, die „Aufpasserin" anwesend. Dieses rollendurchbrechende Handeln und Bewußtsein der Mädchen, die ihren Beitrag an dem Barrikadenbau leisteten, existierte gleichzeitig mit der gesellschaftlichen Realität, die es ihnen verunmöglicht hatte, alleine loszuziehen.
Am 26. Mai 1848 kümmerten sich diese Frauen nicht nur um Verpflegung der Barrikadenbauer/innen, sondern ebenso um Waffen, Pulver, Blei, Kugeln, Degen, Säbel, Büchsen und Musketen. Dies schafften sie nicht allein für Männer heran! Viele „Damen in feinen Kleidern schnallten selber den Degen um und trugen auch das Gewehr" (Der Volksfreund 1848, 123), auch die Wache einer „höchst elegant gekleideten Dame" mit „gezücktem Säbel" vor der Universitätshalle wurde beschrieben. „Der Volksfreund" berichtete von 200 Mädchen, die sich bereit zeigten, bewaffnet aufzutreten, um die Männer durch ihr Erscheinen zu begeistern (Der Volksfreund 1848, 123/124). Dabei gab er nicht preis, um welche Frauen es sich hierbei handelte, wie sie ihr Vorhaben verlautbarten – alles Fragen, die auf der Zunge brennen – oder ob der Vorschlag vielmehr seinem eigenen Wunschdenken entsprang. Die Funktion als „Animatorinnen" für verzagte Männer zu wirken, nahmen Wienerinnen aller Schichten das ganze Jahr ein. Angesprochen sollte damit der „Beschützer" im Mann werden, der zu den Waffen greifen sollte! Denn wen hätte es noch zu beschützen und verteidigen gegeben, hätten die Frauen gekämpft?

Frauen organisierten an diesem Tag auch die Verpflegung mit Essen, Trinken und Tabakwaren. Bemerkenswert, daß es sich Frauen der höheren Klassen an diesen Tagen nicht nehmen ließen, Arbeiter – erinnert sei an das Bild der Schreckensherrschaft dieses Pöbels – mitsamt ihrem silbernen Eßbesteck eigenhändig zu bewirten (Der Volksfreund 1848, 124). Haushaltslinnen und Silber mittlerer Schichten waren wichtige Besitzgüter, Prestige, Statussymbol und „Stolz" der Frauen. Nun fand das feine Tuch eine neue Funktion in den von den Barrikaden wehenden Fahnen. Hatte es früher vor den Fenstern „Licht und frische Luft" von den Stuben ferngehalten, wehte es nun unter freiem Himmel, für einen öffentlichen Zweck.
Dies waren keine Massenaktionen, sie zeigten jedoch die Tendenz zur Änderung von Verhalten bei Oberschichtsfrauen an.
Bei Frauen aus den Unterschichten sind andere Kriterien anzulegen. Steine schleppen, arbeiten, kämpfen war für sie kein neues Leben. In den Zeitungsberichten über die Maitage wurden sie meist als jung beschrieben, als sie von Studenten in die Innenstadt geführt wurden. Mit breiten, gelben Strohhüten, Zigarren im Mund (Der Volksfreund-Beilage 1848) bauten sie Barrikaden

und hielten auf ihnen Wache, das Gewehr in der Hand (Unterreiter III 1848/49, 110).

Die Wiener Innenstadt mit ihren verwinkelten Gäßchen erleichterte das Erbauen der 160–200 Barrikaden, meist bis zum zweiten Stockwerk reichend. Mit Hereinbrechen der Dunkelheit wurden in allen Gassen Wachfeuer entzündet – dumpfes Lärmen, Waffenklirren, Gesang stieg in die Nacht auf. Nach Beendigung der Barrikadenarbeiten lagerten zusammengewürfelte, bunte Gruppen um die Feuer. Ein Fest wurde gefeiert, wenn es auch nicht als solches proklamiert war. Zu essen und trinken gab es in Hülle und Fülle. In vielen Haustoren und in der Universität standen Fässer mit Bier, auch Wein wurde herumgereicht. Fertig gekochtes Essen wurde gebracht oder direkt am Fuß jeder Barrikade in riesigen Kesseln zubereitet. Dieses Bild vermitteln die Schilderungen vieler Zeitgenossen.

Abbildung 2: „Hier ist der Sitz der Volkssouveränität. Merkt's euch!"

Heftige Diskussionen und Lieder wechselten sich ab, es wurde „gepredigt", gelacht, gescherzt, gestritten. Studenten, Garden, Legionäre, Bürger, Arbeiter, Arbeiterinnen, Ehefrauen, Töchter, Söhne, ja ganze Familien nächtigten hinter und unter dieser für Wien neuen „Revolutionsarchitektur". Die Nacht wurde zum Tag. Rechts und links an den Häuserwänden entlang, kletterten Schaulustige, Freunde oder Familienangehörige suchend, auf und nieder (Der Volksfreund-Beilage 1848).

Der Festcharakter der Barrikadennacht bot reaktionären Zeitgenossen genügend Anlaß, um über Verfall von Moral und Sitten zu schimpfen. Besonders Arbeiterinnen waren für sie Zielpunkt ihrer Angriffe.

„Sie wurden trunkene Mänaden, die im phantastischen Aufputze mit Pistolen, Säbeln, Musketen und Piken bewaffnet, die ernste Volksbewegung zur frivolen Farce erniedrigten" (Reschauer 1872, 280).

Bei Unterschichtsfrauen war ausgelassenes Trinken und Feiern, übermütig den Arbeitstag vergessen suchend, durchaus üblich. Der Tag des gemeinsamen Barrikadenbaus, Symbol für die Bereitschaft, die Märzerrungenschaften militant zu verteidigen, verstärkten sicherlich den Überschwang an „Revolutionseuphorie". Die Tatsache, daß Männer und Frauen gemeinsam öffentlich die Nacht verbrachten, verstärkte Phantasien, die die Sexualität betreffen. Ob nun wirklich Männer und Frauen miteinander in dieser Barrikadennacht schliefen, bleibt dahingestellt. Das Gerücht ging zumindest um.

„Am 26. Mai beging die Jugend so viel Unzucht unter freiem Himmel, daß durch die Syphillitischen bedeutende Lücken in den Reihen der Legion entstanden" (Dunder 1849, 5).

In revolutionären Situationen macht vielen nicht nur das Aufbrechen der herrschenden Machtstrukturen Angst, sondern auch freigesetzte Emotionen scheinen vorhandene sittliche Normen und Moralcodices, Sexualität betreffend, außer Kraft zu setzen. Sinnbild dafür werden Frauen, besonders oder direkt angesprochen, die der Unterschichten. Sie rasen, ihre Gefühle fließen über. Sie haben sie nicht mehr unter Kontrolle. Genau diese Phantasien besetzen auch das Bild der begehrten/begehrenswerten Geliebten. Sie beinhalten jedoch Angst, wenn Frauen Gewehre oder Pflastersteine zur Hand nehmen und kämpfen. Kämpfen, „die ernste Volksbewegung" des Jahres 1848, war Männersache. Frauenbeteiligung zeigte sich besetzt mit „Emotionalität",mit „Geschlechtlichkeit", was „verderblich", „zersetzend" wirkte, was der Ausfall von Kämpfern durch eine Geschlechtskrankheit verdeutlichte.

„Unter den Arbeiterinnen... grassierte in der Mehrzahl eine Studentomanie und Kalabreserwut, die aus sehr lockerer Sittlichkeit und urwüchsiger Gemeinheit entsprang." (Reschauer 1872, 283).
„Junge Arbeiterinnen, gelbe breite Strohhüte auf dem Kopf und Zigarren im Munde sagten mit glühenden Wangen und seligen Augen: Servus! wenn sie an ihren Lieblingen den Studenten vorbeigingen." (Der Volksfreund-Beilage 1848).

Abbildung 3: J. C. Schöller, „Die Barricaden in Wien am 26. May"

Obige zeitgenössische Karikatur zeichnet das gleichzeitig „verwerfliche" und begehrte Frauenbild. Links eine an ihrem Strohhut als Arbeiterin erkennbare Frau mit entblößter Schulter und Brust und bis über die Knie hinauf gerutschtem Rock. Zur rechten windet sich eine andere, sinnlich, mit bis zu den Hüften geschobenem Kleid und kokettem, anzüglichem Augenaufschlag in Richtung des oben stehenden Studenten. Interessant auch für die „untergründigen" Phantasien des Karikaturisten Schöller ist der von links unten nach rechts oben verlaufende Bal-

Abbildung 4: J. C. Schöller: „Die Carolinen-Barricade“

ken, der beim Unterleib der Frau endet.

„Die leidenschaftliche Teilnahme des weiblichen Geschlechts am 26. Mai bietet viel mehr Stoff zum Nachdenken als zum Witzeln“ zitierte Smets einen Zeitgenossen (Reschauer 1872, 283). Neben dem Bild der leidenschaftlich sich hingebenden Barrikadengeliebten, existierte jedoch auch die „reine“, jungfräuliche Barrikadenheldin.

Antoine – die reine Barrikadenbraut

Im Feuilleton des „Radikalen“ erschien die „Barrikadenbraut“. Es war die Liebesgeschichte der Grafentochter Antoine mit einem Maler der Akademischen Legion. Der alte Graf von Vettenberg und der von ihm für seine Tochter ausgewählte Ehemann gehörten dem reaktionären Lager an. Als sie einen Plan belauschte, wie die Akademische Legion entwaffnet werden sollte, gab sie den an ihren Freund weiter. Sie verließ ihr Elternhaus und verbrachte die Nacht vom 26. auf 27. Mai auf den Barrikaden. „Eine wunderliebliche Amazone, mit flatternden Locken, glühendem Auge, sanft und doch sittig an der Schulter eines jungen Mannes lehnend.“ Als der Vater wegen seines Vorhabens von der „Volksjustiz“ gerichtet werden sollte, rettete sie ihn. „Eine solche Tochter macht die Sünden des Vaters vergessen!“ Dieser war jedoch „härter“ als sie, verweigerte den Versöhnungskuß, worauf Antoine ohnmächtig zusammenbrach und von der versammelten Menge als „Tochter des Volkes“ aufgenommen wurde. Antoine brach mit ihren Verpflichtungen aufgrund ihrer Geburt, nahm bewußt Abschied von „der Kette des Vorurtheils ... der falschen Scham ... der erheuchelten Sitte“. Die von ihr nun eingeschlagene politische Richtung orientierte sich neuerlich an einem Mann. „Adolf! Sie haben mich die Freiheit lieben gelernt ... Dieses Herz ... ist durch den Hauch ihrer Lehren erwärmt und mit Begeisterung erfüllt ...“ (Der Radikale 1848, 19–21).

Welch Unterschied zu den früheren „trunkenen Mänaden“, die die Barrikadennacht ebenfalls unter freiem Himmel verbrachten. Antoine hatte zwar „die Schriften der George Sand stets mit heißer Begierde gelesen“, das heißt, sie müßte mit deren Beziehungskonzeption vertraut gewesen sein, wurde vom Autor jedoch als „sittsam“ gezeichnet. Dies unterstrich, ja bedingte ihre

Klassenzugehörigkeit, das Zeichen der „Unsittlichkeit" traf lediglich Frauen aus der Unterschicht.
Im weißen Kleid der Unschuld, sittsam zugeknöpft bis unters Kinn, den Rock fast bis an die Knöchel, stellte Schöller „die andere" Frauenbeteiligung dar.
Am Abend des 26. Mai wurde den Forderungen nach Nichtauflösung der Akademischen Legion nachgegeben. Die Barrikaden blieben jedoch noch einige Tage bestehen und waren eine Art Sehenswürdigkeit. Statt nach Schönbrunn oder im Prater zu spazieren, besichtigte man am Sonntag die Wiener Innenstadt. An diesem Tag verabschiedeten sich 200 Arbeiterinnen, mit Stangen und Haken bewaffnet, in der Aula von den Studenten. „Ein ältliches Weib führte sie an, kommandierte in der Aula: ‚Halt! Front! Präsentiert! Bei Fuß!' Sie bestieg die Tribüne und sprach wenige, aber treuherzige Worte: daß sie alle bereit seien wiederzukommen, wenn es Not tue, und wie sie alle ihre Freunde dazu aufmuntern würden..." (Silberstein 1848, 66). Dies war die erste mehrfach belegte öffentliche Rede einer Frau oder Arbeiterin. Es sollte auch die einzige bleiben, sieht man von Reden im Frauenverein und „Aufforderungen" zum Weiterkämpfen ab.

III. „Emancipation der Weiber"

1. „Werfet weg Eure Sonnenschirme, eure Stricknadeln..."

Durch die Ereignisse im Mai waren Frauen als Thema in die demokratische Öffentlichkeit eingedrungen. Verschiedene Artikel, die sich speziell an das weibliche Geschlecht richteten, wurden veröffentlicht.
„Werfet weg Eure Sonnenschirme" und „werfet auch Eure Stricknadeln weg!" appellierte ein Redakteur der „Wahrheit" (1848, 6).
Ihre Aktivitäten im Mai gab er als erschöpfende Begründung an, daß sie Sonne sehr wohl vertragen würden! Statt der Stricknadeln sollten sie Federn ergreifen und schreiben. Diese eindeutige Aufforderung, ihre Lebensweise zu ändern, wurde am Ende des Artikels wieder relativiert, indem er das Bild der schwachen Frauen, die vom starken Geschlecht beschützt werden müßten, beschwor. Dieselbe Tendenz enthielt ein Bericht eines anderen Redakteurs (Der Prophet 1848, 102/103). Inhaltlich reformfreudig, formulierte er Forderungen für seine „lieben unterdrückten Mitbürgerinnen" in satirischem Stil, der die Ernsthaftigkeit des Inhalts wieder aufhob. Der heikle Punkt war die „Frauenbewaffnung", im 1. und 6. Abschnitt. Bewaffnete, kämpfende Frauen waren für ihn ein Äquivalent des Schreckens. Solch eine „Xanthippen-Legion" würde den Männern im Krieg mehr als alle Waffen helfen. Ihr Auftreten allein würde Sieg bedeuten, da die Feinde sofort flie-

hen würden. Soviel „Angst" verbarg sich hinter der scheinbaren Lächerlichkeit einer „Frauen-Legion".
Im 3. und 4. Punkt verließ er diese Ebene und forderte, daß Frauen ohne Begleitung auf die Straße gehen könnten und öffentliche Einrichtungen besuchen. Dabei bemerkte er, seine Geschlechtsgenossen kritisierend:

„. . . dann sollen die Männer, . . . nicht wie Maulaffen die Augen weit aufsperren und sie angaffen . . ., denn nur durch diese Gleichstellung wird die Forderung ‚Freiheit, Gleichheit, Brüderlichkeit' keine leere Floskel".

Der 5. Teil behandelte die „freie Rede" und der 7. die „unumschränkte Freiheit und Gleichstellung mit den Männern"!
Nun, wie äußerten sich Frauen zu den an sie gestellten Forderungen?
Vehement forderte „eine Dame" in einem „Brief an einen Clubb" (Der Freimüthige 1848, 306) politische Rechte und Beteiligung ihres Geschlechts im Kreise der Linken. Darin unterstrich sie ihre Forderungen mit dem Hinweis, daß auf der politischen Gegenseite Frauen „entscheidende Stimmen" inne hätten (Anspielung auf Erzherzogin Sophie, G. H.). Weiter führte sie ironisch an, daß der Anblick von schönen Frauen schwankende Zentrumsmänner auf Seiten der Revolution ziehen könnte. Sie traf hierbei die Schmuck- bzw. Anreizfunktion, die Frauen heute noch in verschiedenen Parteien ausüben („Alibifrauen"). Ferner trat sie in ihrem Brief für Forderungen der Linken ein und verband sie mit speziellen zeitgemäßen Frauenanliegen.

„Unbedingt stimmen wir für direkte Wahlen. Unseren Erwählten wollen wir selber die Hand für das Leben reichen. Wahlen, welche durch Oheime und Tanten vermittelt werden, haben noch selten Gutes gebracht."

Heftig insistierte sie darauf, ernst genommen zu werden:

„Meine Herren, . . . hüten sie sich zu glauben, daß wir nicht vom lebhaftesten Interesse für die Emanzipation der Menschheit durchdrungen sind. Es gibt keine Frau von Geist, die nicht ein bißchen George Sand wäre . . . Wir beanspruchen Gleichheit der Politischen Rechte. Weshalb sollen Frauen nicht in den Reichstag gewählt werden?"

Frauenwahlrecht und Wählbarkeit von Frauen in die Gremien des Staates war 1848 nicht Thema einer breiten Debatte. Obige Äußerung war ein Einzelfall und läßt auf individuell vorhandenes Bewußtsein schließen.

2. Der erste demokratische Frauenverein Wiens

Zwei Tage vor dem angekündigten ersten Sitzungstermin waren die Straßenecken der Hauptstadt mit Plakaten übersät, die alle Frauen Wiens aufforderten, sich am 28. 8. um 10 Uhr vormittags im Salon des Volksgartens einzufinden. Eine schwarz-rot-goldene Schleife auf der linken Brust sollte das Erkennungszeichen sein. Am Morgen des 28. wurden „Scharen von Frauen, die

Schleife auf der Brust mit dem Taschentuche züchtig bedeckend" (Gerad' aus 1848, 6) beobachtet. Als der Salon für die Frauen geöffnet wurde, fanden die ebenso zahlreich erschienenen Männer keinen Einlaß.
Von den drei Frauen, die zu Beginn die Sitzung leiteten und auf einem Podium saßen, ist nur Frau STRUNZ namentlich überliefert. (Sie hatte sich schon früher im Jahr, durch die Fahrt mit anderen ins Innsbrucker „Exil" des kaiserlichen Hofes einen Namen gemacht. Dort wollten sie den Monarchen zur Rückkehr nach Wien bewegen, was ihnen nicht nur mißlang, sondern diesen bürgerlichen Frauen wurde ferner auch kein freundlicher Empfang bereitet.) Mehrere 100 Frauen sollen anwesend gewesen sein (Höger 1898, 3). Es existieren auch Angaben über 400, 200 und 150. Frau Strunz legte zwei Punkte zur Tagesordnung vor: Geldsammlungen, um die kürzlich erfolgten Lohnkürzungen der Arbeiterinnen auszugleichen und Entsendung einer Frauendelegation, um Studenten, Arbeiter/innen und die Nationalgarden wieder zu versöhnen. Dieser Punkt war Auslöser für erste Auseinandersetzungen. Denn nicht nur mit „deutschen" Farben dekorierte Frauen hatten sich zur Gründungssitzung eingefunden, einige bekannten sich durch Tragen der schwarz-gelben Kaiserfarben zur „anderen Seite". Mehrere Quellen berichten, daß diese Feindinnen der revolutionären Bewegung tumultartig zur Tür hinausgewiesen wurden. Neben der Basis ihres gemeinsamen Geschlechts, spielte seit der ersten Sitzung die politische Position eine dominierende Rolle. Der Grundkonsens lautete, mit der Bewegung des 48er Jahres gegen die alte Herrschaft des Adels, für bürgerliche Freiheiten einzutreten. Diese Diskussionen und Auseinandersetzungen nützten die ausgesperrten Männer. Sie drückten Fensterscheiben ein und strömten in den Saal.

„Die hochherzige Frauenversammlung ist durch einige elende Burschen gesprengt. Einige Nationalgarden hatten sich mit Gewalt den Weg gebahnt, sprangen dort auf den Tische, äfften die Stimmen der Frauen nach, beleidigten mit gemeinsten Grobheiten . . ." (Neue politische Straßenzeitung 1848, 6).

Mit altbekannten Waffen setzten sich die Frauen zur Wehr. Ein vielhundertstimmiges „Ruhig" zischte den einbrechenden Männern entgegen. Als einer, auf die Bitte einer Frau, doch den Saal zu verlassen, ihr eine Ohrfeige androhte, setzte Gequietsche und Gezeter ein. Fluchend und schimpfend traten die Frauen den Rückzug an, nicht ohne einen neuerlichen Termin für den Spätnachmittag desselben Tages vereinbart zu haben. Der neue Tagungsort, im Gasthaus Waben an der Laimgrube, konnte die anwesenden Frauen nicht fassen, wodurch auch die Straße zum Ort der Diskussion, des „Beratschlagens" gebraucht wurde. Auf Störaktionen vorbereitet, gelang es diesmal einer „Abtheilung des schwachen Geschlechts" die Männer wegzudrängen.
Diese zweite Versammlung verwarf die individuelle Hilfsaktion für die Arbeiterinnen und forderte stattdessen vom Ministerium, die Lohnkürzun-

gen zurückzunehmen. Bewußt oder unbewußt lehnten sie eine individualisierte Lösung dieses gesellschaftlichen, nicht privaten (!) Problems ab und wiesen auf die Verantwortlichkeit der den Staat verwaltenden Organe. Ferner beschlossen sie, die weibliche Arbeiterjugend zu erziehen und die Verwundeten des 23. August zu pflegen. Diese karitativen Aktionen waren Zeichen ihrer Solidarität mit den Protestaktionen der Unterschichten. Am Ende wurde für die dritte Sitzung, die mittels eines neuerlichen Plakats bekanntgegeben werden sollte, die Erstellung von Statuten geplant. Der erste demokratische Frauenverein Wiens, der sich von Beginn an mit der sich formierenden Arbeiterbewegung verbunden sah, war gegründet.

Die Frauen hatten erkannt, daß sie an sich denken mußten, andernfalls würde niemand an sie denken, um den Ausspruch Luise Otto-Peters, Zeitgenossin in Deutschland, zu gebrauchen. Dies ist damals wie heute von brennender Aktualität. Im „Reisenden Teufel“ von 1848 fragte ein Bauer den Teufel (der Bauer hat die Rolle des Unwissenden über die Vorgänge in der Welt; der Teufel weiß in allen Fragen Antwort), ob es denn wirklich wahr sei, daß in bälde Frauen die gleichen Rechte wie die Männer erlangen würden. Der Teufel bestätigte dies und betonte, daß die Frauen es wünschten, auch alle diejenigen Dinge für sich zu haben, die den Männern jetzt den Vorzug vor ihnen gäben. Darüber freute sich der Bauer ganz ungemein, nahm jedoch in seinem Kommentar den bis heute existierenden „Fehler“ der Arbeiterbewegung vorweg, indem er meinte, „aber besser wärs, wenn man vor der Hand an andere Dinge dächte, als an die Emanzipation der Frauen“ (Der Reisende Teufel 4, 31).

Mehrheitlich waren im ersten demokratischen Frauenverein sicherlich keine Unterschichtsfrauen organisiert. Ein Hinweis darauf ist der Zeitpunkt des ersten Sitzungstermins um 10 Uhr Vormittag – denn welche Frau, die arbeiten mußte, hatte zu dieser Stunde Zeit? Trotzdem befanden sich auch Arbeiterinnen unter den Mitgliedern.

Ihre Aufgabe betrachteten sie als dreifache; als politische – soziale – humane (Frankl-Hochwart 1898, 119),

a) eine POLITISCHE, um sich durch Lektüre und belehrende Vorträge über das Wohl des Vaterlandes aufzuklären, das demokratische Prinzip in allen weiblichen Kreisen zu verbreiten, die Freiheitsliebe schon bei dem Beginne der Erziehung in der Kinderbrust anzufachen und zugleich das deutsche Element zu kräftigen.
b) eine SOZIALE, um die Gleichberechtigung der Frauen anzustreben, durch Gründung öffentlicher Volksschulen und höherer Bildungsanstalten, den gewerblichen Unterricht umzugestalten und die Lage der ärmeren Mädchen durch liebevolle Erhebung zu veredeln.
c) eine HUMANE, um den tiefgefühlten Dank der Frauen Wiens für die Segnungen der Freiheit durch sorgsame Verpflegung aller Opfer der Revolution auszusprechen.

In den „Aufgaben“ finden wir die schon früher behandelten „Frauendefinitionen“; Muttersein, karitativ tätig sein. Bildung, auch politische Bildung

betrachteten sie als Voraussetzung für Gleichstellung (vgl. „Wissen ist Macht" – Losung der Arbeiterbewegung).
Die relativ große Publizität, die die Gründung des Frauenvereins hatte, ermunterte andere Frauen, ihre Ideen zur Situation ihrer Geschlechtsgenossinnen zu äußern. Eine außerhalb Wiens wohnende Frau, schrieb an den „Frauenclub zu Wien" einen Forderungskatalog, der das weitestgehende Programm zur Erreichung der „Gleichberechtigung" darstellte (Der Freimüthige 1848, 532).
Der erste Artikel enthielt einen Ansatz zur Selbstbestimmung in Beziehungen und forderte „eigene Wahl des Ehemannes oder Freundes". War es für Unterschichten durchaus üblich, ohne Trauschein zusammenzuleben (für eine Ehe war der Nachweis eines gewissen Vermögens notwendig), sollte diese Forderung jedoch noch jahrzehntelang für die Frauen der höheren Stände ihre Berechtigung behalten. Im zweiten und dritten Artikel thematisierte sie das Recht auf Bildung, forderte gleiche Berufschancen, auch den Zugang zum Universitätsstudium,für Hausfrauen schienen ihr Bildungsschulen notwendig. Der sechste Artikel zeugte von „puritanischem" Einschlag. „Einfaches Äußeres, Ablehnung von modisch aufwendiger und exclusiver Aufmachung" sollte ein neues Frauenbild bestimmen, das der einfachen Frau, die es ablehnt ihr Selbstbewußtsein durch die Aufmerksamkeit der Männer für ihre „geputzte" Schönheit zu erreichen. Der vierte Artikel befaßte sich mit der Bildung eines Amazonenkorps, „nicht zum Paradieren, sondern zur Vertheidigung", das heißt kein schmückendes, männliche Kämpfer motivierendes. Sie widersetzte sich schriftlich – und dies veröffentlichend – den Männerphantasien und -wünschen, wie die Frauen der Bewegung sich verhalten sollten! Entwarf gleichzeitig zukünftige Perspektiven, um deren Verwirklichung es zu kämpfen gälte. Der Weg dorthin mußte ihrer Ansicht nach von den Frauen selber beschritten werden, mittels ihrer Organisation, dem Frauenverein.

3. Männerreaktionen – die gestörte Mächtigkeit

Die Frauen organisierten sich aufgrund ihres Geschlechts und einer gemeinsamen politischen Plattform – wie Männer. Frauen hatten keinen Zugang zu deren Clubs oder Vereinen, ja sie bemühten sich nicht einmal darum. (Zumindest waren keine Quellen dafür zu finden). So sehr stand das „Frauenbild" einem gemeinsamen und zumindest ansatzweise gleichgestellten Diskutieren über öffentliche, politische Belange entgegen. Dem entsprach auch die verunsicherte, haßerfüllte Reaktion einiger Männer auf die Organisationsstruktur der Frauen. Nachdem sie sich selber in Clubs zusammengeschlossen hatten, um ihre Stärke zu vergrößern, war ihnen sehr wohl bewußt, daß dieselbe Wirkung auch eine Organisation des „schwachen" Geschlechts

haben mußte. Vor allem mit solchen Frauen, die nicht „nur“ der revolutionären Bewegung dienen wollten, sondern ihre eigene Stellung verändern wollten.
Dies ist die Reaktion des „Humoristen“ auf die Forderung nach Bildung. Die erste Diffamierung der Frauen traf ihr Aussehen. Interessieren sich Frauen für Politik oder andere Dinge, die nicht unmittelbar mit ihrer Position in der Familie in Verbindung stehen, herrscht bis heute die Vorstellung, daß sie durch eigene Mängel, etwa das Aussehen oder Kinderlosigkeit, dazu gedrängt werden. Da ihnen dadurch ihre eigentliche Bestimmung versperrt bleibt, müssen sie aus der Not eine Tugend machen und sich einen Ersatz schaffen. Eine andere Antriebskraft für sie ist ihre Rache den Männern gegenüber, die sie ja verschmäht haben. So auch im „Humoristen“. Der Anblick der Frauen ekelte oder erschreckte ihn so sehr, daß er nur zu ihrem Rücken sprechen konnte. Ihre „Freiheitswünsche“waren für ihn eine Frechheit und im selben Atemzug wies er sie auf ihre wahren Aufgaben als Angehörige des weiblichen Geschlechts hin: Familie, Mann und Kinder dienend zu umsorgen. Außerdem sollten sie „ihre eigene schmutzige Wäsche waschen...“!!! Was nichts anderes heißen konnte, bei sich selber „Fehler“ oder Ursachen für die eigene Situation zu suchen.
Auch andere Publikationen setzten in den Chor der Herabsetzungen des Frauenvereins ein. Redakteure verschiedenster politischer Couleur gingen zum Angriff über. In witzigem Ton sollten die Anliegen der Frauen der Lächerlichkeit preisgegeben werden. „Was schadet's“ nannte die „Wiener

Abbildung 5: J. C. Schöller: Club emancipierter Frauen und Mädchen

Gassenzeitung" (1848, 368) ihre Auseinandersetzung mit dem Wahlrecht der Frauen. Ein „Frauenministerium" wurde vorgeschlagen, das heißt alle Ministerposten mit Frauen zu besetzen. „Was schadet's" bezog sich auf die Kurzlebigkeit der damaligen Ministerposten, worin die Frauen sicher, gemäß ihrer politischen Seriosität keine Ausnahme machen würden . . .
Auch auf die erste politische Aktion des Frauenvereins wurde in dieser Weise reagiert. Unterstützt von über 1000 Unterschriften forderte der Frauenverein vom Sicherheitsausschuß die Einberufung des Landsturms zum Schutz der Hauptstadt. Von den hunderten Frauen, die mit dieser Petition zum Reichstag zogen, sind Frau PERIN, Frau BRUCKMÜLLER und Frau BOUVARD bekannt (Dunder 1849, 501/502). „Heitere Augenblicke" hätte die „Adresse des hierortigen Frauenvereins" bei den Abgeordneten ausgelöst (Humorist 1848, 1023). Jedoch auch „beleidigt und enttäuscht" zeigten sich die Männer der Politik, hatten sie doch erwartet, die Frauen würden sich für etwaige Krankendienste zur Verfügung stellen.
Diese traten jedoch mit einer politischen Forderung, die in die ernste Sphäre der Politik einbrach, an den Sicherheitsausschuß heran. Einige sich demokratisch oder liberal nennende Männer fühlten sich dadurch in dem ausschließlich ihnen vorbehaltenen Bereich so gefährdet, daß es nicht einmal zu einer inhaltlichen Diskussion der Petition kam.

4. Karoline PERIN

Karoline Perin ist die einzige des Frauenvereins, ja die einzige Frau der 48er Bewegung, über die heute mehr als der Name, eine Aktion bekannt ist. Ihr Leben kann nicht repräsentativ für andere stehen, aber doch sind darin Einschnitte, Schwierigkeiten, Veränderungen, die damalige Bedingungen für Frauenexistenz lebendig machen.
Karoline Perin hatte die oben erwähnte Petition formuliert und überreicht. Dunder, Offizier beim Oberkommando der Nationalgarde, kommentierte dies in seinem „Erinnerungsbuch" und brachte sämtliche Saiten von Frauendiffamierung zum Schwingen. „Weib aller Weiblichkeit bar" nannte er die „sogenannte Präsidentin des sogenannten Frauenvereins", und empört rief er aus:

> „Was haben die Weiber mit Politik zu schaffen! Man kann ja die Geliebte eines Demagogen sein und doch ein Weib bleiben; aber frechstes Eindrängen in Völkerfragen bleibe fern dem weiblichen Gemüthe!" (Dunder 1849, 456).

Politisches Engagement zerstörte auch bei ihm seine Vorstellungen von Frausein, von Weiblichkeit, die durch ihr Verhältnis zur Familie definiert war. Dagegen verstieß Karoline P. und „machte ihrem ehrenvollen Familiennamen wahrlich keine Ehre". Sie selber gab im Exil 1849, wo sie ihre Erinne-

rungen notierte, diesem Druck nach und distanzierte sich nachträglich von der Überreichung und Verfassung dieser Petition (Frankl-Hochwart 1898, 119). Verfolgung, Repression und Androhung des endgültigen Einreiseverbots nach Österreich scheinen plausible Gründe dafür zu sein.
Sie gab an, daß Frau BOUVARD, nicht sie, die Petition überbrachte. Da Karoline jedoch eine stadtbekannte Frau war, scheint dies unwahrscheinlich. Frau Bouvard ist uns als schillernde Persönlichkeit des Wiener Frauenvereins überliefert. Wegen politischer Differenzen war sie aus dem Frauenverein ausgeschlossen worden. Bouvard vertrat eine radikalere Position – im Sinn von: ein Problem bei der Wurzel anzufassen – sie bezeichnete die Frauen als „politische Schlafmützen" und Perin als „schwarzgelbe Baronin". Anlaß dafür bot ihre Forderung, den Ministerrat per Petition aufzufordern, die fälligen Halbjahresmieten der Häuser und Wohnungen gesetzlich aufzuheben. Eine solche Deklaration des Frauenvereins für eine Änderung der Eigentumsverhältnisse ging Perin und anderen Frauen entschieden zu weit. Sie erkannten den Eingriff ins Privateigentum und taten dies als „undemokratisch" ab.
Wie Frau Bouvards Ausschluß erfolgte, ist unbekannt. Überliefert ist jedoch ihr spektakulärer Abgang mit den Worten:

> „Ihr Verein ist eine Chimäre, ihr alle zieht euch die Schlafhauben über den Kopf und legt euch zur Ruhe, wenn der Arme hungert!" (Frankl-Hochwart 1898, 119).

Die Betonung von „Ihr Verein" weist auf einen Dominanz Perins hin. (Leider sind trotz großer Bemühungen keine weiteren Informationen über das Innenleben des ersten demokratischen Frauenvereins zu finden).
Perin wurde 1806 als Tochter des Adeligen Freiherrn von Pasqualti, Besitzer großer Obst- und Blumenplantagen, in Wien geboren. Mit 24 Jahren heiratete sie standesgemäß den Freiherrn Perin-Gradenstein, mit dem sie 3 Kinder hatte. Nach dessen Tod verliebte sie sich in den Klavierlehrer ihrer Tochter Marie, Julius Becher. Dieser, ein humanistisch gebildeter junger Mann, hatte in Jena, Berlin und Heidelberg Jura studiert und ließ sich nach verschiedenen Aufenthalten in deutschen Städten als Professor für Theorie und Ästhetik 1841 in Wien nieder.
1848 waren die beiden als politisch engagiertes Paar – ohne Trauschein – stadtbekannt. Ihr Zusammenleben ohne kirchliche bzw. staatliche Legitimation, Perins skandalöses Durchbrechen der Normen ihres Standes durch solche Lebensart war ein beliebtes Angriffsziel. Da sich die beiden offen zueinander bekannten, rührten sie an der doppelbödigen Moral der Angehörigen der oberen Klassen, die ihre „Pantscherl" in der Dunkelheit lebten.
Die politische Betätigung beider wurde mit ihrer Beziehung begründet. Entweder war er – Becher – aufgrund seiner Männlichkeit und Bildung der bestimmende Faktor, oder Karoline Perin wegen ihres höheren Alters, der

größeren Lebens- und Liebeserfahrung und nicht zuletzt wegen ihres größeren Wohlstandes.
„Das sentimentale Verhältnis und die materielle Verlegenheit dürften den weichherzigen Schwärmer für alles Schöne dazu getrieben haben, die Leier mit dem Schwerte zu vertauschen (Zenker 1892–1893, 88). Hier war sie die Starke, die materiell sichergestellt war, er der willensschwache, der sich ihrer Meinung beugte, dafür aber ausgehalten wurde.
Fenneberg schilderte sie als „kleine, schwächliche, anspruchslose Frau, die sich früher wenig mit Politik befaßte und ein ruhiges Oberschichtleben führte". Er konstatierte, daß ihr durch den Wohlstand ein Platz in den Reihen der Konservativen zugestanden hätte, sie es jedoch vorzog, „mit ihren sämtlichen Verwandten zu brechen, ihre Abkunft und ihren Stand zu verleugnen und sich der demokratischen Partei anzuschließen". Genau dieser Bruch mit der Familie, verbunden mit dem Engagement für Gleichstellung und Organisierung der Frauen, wurde ihr auch aus den Reihen der Demokraten stark angekreidet.
„Sie hat uns keinen Nutzen gebracht", lamentierte Fenneberg, „und durch die Gründung des Frauenclubs mehr geschadet" (Fenneberg 1849, 104/105). Worin er den Schaden sah, führte er nicht weiter aus. Gleichzeitig betonte er die makellose persönliche Ehre, Ernsthaftigkeit und Überzeugung Perins und „daß sie der Partei, die sie ergriffen, ... mit Leib und Seele, mit Aufopferung ihrer theuersten Interessen zugethan" war.
Höhepunkt der Phantasien bezüglich Karoline P. war ihr Engagement im Oktober. Als sie sich in eine schwarz-rot-goldene Trikolore hüllte, um ihr Bekenntnis zur Revolution zu demonstrieren, wurde das mit „überspannt, unzurechnungsfähig und verrückt" pathologisiert. Auch bei der Präsentation der Petition zur Einberufung des Landsturms war sie für geisteskrank erklärt worden. Außerdem war sie eine „Megäre", eine „politische Marktschreierin" (Österreichischer Courier 1848, 3), „Egeria der Revolution" (Zenker 1892–1893, 169).
Sie, die „unweibliche Geliebte eines Demagogen" (Dunder 1849, 456), verlor mit ihrem politischen Engagement ihr „Recht auf Weiblichkeit, auf Frausein". Dies ist nur „logische Folge", wenn Frauen ihren von der Gesellschaft erwarteten Verpflichtungen absagen und in Rollen schlüpfen, die dem anderen Geschlecht vorbehalten sind. Dunder beschreibt sie aber auch als körperlich zu schwach, um überhaupt ein Gewehr zu tragen. Abschließend betonte er noch, wer der Herr in der Beziehung sei und fügt hinzu, daß Becher ihr nie die Erlaubnis dazu gegeben hätte, eine Waffe zu führen.
Diese Anfeindungen lesend, wartet man auf die Entgegnung Perins, die von ihr als selbstbewußte Frau aus der Oberschicht durchaus hätte folgen können. Wie schon früher erwähnt, sind uns heute einzig ihre 1849 im Münchner Exil aufgezeichneten Erinnerungen überliefert (Frankl-Hochwart 1898,

135). Diese enthalten lediglich Distanzierungen von ihren Aktivitäten, die alle Frau Bouvard durchgeführt haben soll. Karoline Perin hatte resigniert, war gebrochen.

Am 4.11.1848 – Wien war am 31.10. von kaiserlichen Truppen besetzt worden – wurde ihr Versteck verraten, sie verhaftet, bevor sie flüchten konnte. In Polizeigewahrsam, wurde sie am Boden liegend getreten und von den Polizeibeamten an den Haaren durchs Zimmer geschleift (Grüner 1849, 327). Nach 23 Tagen Haft wurde sie als psychisch krank bezeichnet. Um „Pathologisierung" dürfte es sich hierbei nicht handeln; Perins „neuer Definition" war mit der Niederlage der 48er Bewegung die Grundlage entzogen, die meisten Freunde, auch Becher, waren tot. Allein war sie als Frau, der auch in den eigenen Reihen Ablehnung und Verachtung entgegengebracht worden war, den neuen alten Machthabern ausgeliefert. In den Augen vieler wurde ihr nun die verdiente Strafe für das Ausbrechen aus Geschlechts- und Klassenrolle zuteil.

„Möge sie zur Einsicht kommen, daß Frauen Mutterpflichten zu erfüllen haben und keinen Platz in der Avantgarde eines mobilen Heeres ...– die Geschichte möge uns von nun an größere und würdigere Heldinnen zu Tage fördern", schrieb die in Prag erscheinende Zeitung *Bohemia* (1848, o. S.).

Vor diesem Hintergrund schrieb sie ihre Aufzeichnungen über ihr Leben und konnte aufgrund der Distanzierungen im Oktober 1849 nach Wien zurückkehren. Nach ihrer Entlassung wegen ihres Standes und ihrer seelischen Verfassung hatte sie in München gelebt. Wieder in Wien, setzte sie den Bruch mit ihrer Familie fort, eröffnete ein Stellenvermittlungsbüro, um nicht auf fremde Hilfe angewiesen zu sein. Nun verlor sich Karoline Perins Spur, bis sie im Dezember 1888 starb (Ullrich 1967/69, 303f.).

IV. Hierarchie des Hungers – Unterschichtfrauen

Arbeitende Frauen wurden nicht in die neuentstehenden Organisationen der Arbeiter aufgenommen. Es existieren keine Hinweise, daß dies von einigen angestrebt wurde oder Diskussionspunkt gewesen wäre. Frauenarbeit war in den Augen der Kollegen nicht gleichwertig. Es ging ihnen vielmehr darum, ein besseres Leben zu führen, eines, das sich an dem orientierte, das ihnen von höheren Gesellschaftsschichten vorgelebt wurde; verheiratet zu sein, mit einem Verdienst, bei dem die Frau nicht mehr arbeiten mußte. Der andere Punkt war, daß Frauen als Lohndrückerinnen fungierten. Bis 1770 (Aufstand der Seidenmachergesellen) reichte im Bereich Wiens die Tradition der Forderung, Frauen aufgrund ihrer billigeren Arbeitskraft von der Produktion auszuschließen. Ein Weg, den die Arbeiterbewegung lange beschreiten wird. Die soziale Lage der Wiener Unterschichten war vor 1848 katastrophal.

Überfälle auf Bäckerläden und auf nach Schönbrunn fahrende Kutschen, Bandenbildungen und andere Nahrungsbeschaffungsaktionen geben beredtes Zeugnis davon, jedoch auch vom Widerstand der Betroffenen. Hierbei besonders von Frauen, die meist führend beteiligt waren.
Frauen mußten für die physische Reproduktion der Familienangehörigen sorgen. Es war ihre Aufgabe, die Töpfe, aus denen gegessen wurde, zu füllen. Männer, Kinder stellten meist erst nachher fest, ob sie noch hungrig waren oder nicht. Auch die Folgen der Not tragen zuerst die Frauen. Männer gehen fort, das Geschrei hungriger Kinder oder die Stille hungernder Kleiner bleibt bei ihnen.
Andere, im besonderen Kinder, zu umsorgen, für diese da zu sein, haben wir bereits bei den Frauen der Mittel- bzw. Oberschichten beobachtet. Dort folgte dieser Sorge ein Rückzug aus dem öffentlichen Geschehen. Die Frauen der Unterschichten mußten jedoch genau das entgegengesetzte Verhalten zeigen, wenn sie für ihre Kinder Essen, die Grundlage jeden Kümmerns, herbeischaffen wollten. Sie gingen auf die Straße und organisierten illegale Aktionen, um ihre Kinder am Leben erhalten zu können. Das machte sie tendentiell zu rebellischen Weibern.
Sie waren es auch, die den Hunger als erste verspürten; sparten sie sich doch alles vom Munde ab, um andere zu ernähren. Das meint Hierarchie des Hungers. Auch heute existiert in vielen Familien, die nicht zu den oberen Schichten zu zählen sind, eine Essensrangordnung; die Männer bekommen mehr Fleisch, oder „das beste Stück“; Kindern ist immer noch die Milch vorbehalten; Frauen hingegen essen das, was übrig bleibt.

1. März – „proletarische“ Revolution in den Vorstädten

Die Zeitungsberichte, die die Märzsolidarität der Wienerinnen feierten, erwähnten keine Unterschichtsfrauen. Kein Wunder! „Engel der Milde“ und „Verwalterinnen der Liebe“ war den Redakteuren zu ihrem Verhalten nicht in den Sinn gekommen. Sie führten ihre gewalttätigen Widerstandsformen fort, zündeten mit den Männern Mauthaus, Polizeikommissariat und Amtshaus an, plünderten Geschäftsinhaber und Hausherren, die für ihren Wucher bekannt waren, zerstörten Fabrikeinrichtungen, deren Besitzer den Ruf von „Blutsaugern“ hatten. Auch bei den Auseinandersetzungen in der Wiener Innenstadt, bei der Erstürmung des bürgerlichen Zeughauses beteiligten sich diese Frauen, kämpften und trugen Waffen.
Arm in Arm zog der „bleiche und verwilderte Pöbel“ (Glossy 1917–1919, 68–70) durch die nächtliche Innenstadt. Die zeitgenössischen Bilder und Lithographien, die kämpferisches Engagement von Unterschichtfrauen zeigen, werden einzig – jedoch unwiderlegbar – durch Meldungen über verletzte und getötete Frauen bestätigt.

Von kaiserlichen Soldaten wurden sie vor der Hofburg von deren aufgepflanzten Bajonetten verletzt (Höger 1848, 6), auf dem Burgglacis wurde auf sie geschossen (Hehner 1848, 8). Dabei fanden folgende registrierte Frauen den Tod (Dunkelziffer unbekannt): Rosine SCHAMBOR (Dienstmagd), Margaretha SCHAMBOR (Wäscherin), Eva HAUMER (Zimmergesellengattin), Maria MAYER (70jährige Pfründnerin), Anna SERFLINGER (Pfründnerin) (Humorist 1848, 274).
Der tagewährende Aufstand der Wiener Vorstädte, der sich auch auf die Vororte ausdehnte, wurde blutig niedergeschlagen. Das Engagement der Frauen hierbei blieb unartikuliert, nicht einmal für Gegner der Märzbewegung existierend.

„Den Männern die Bewegung, den Frauen die Rührung,
den Männern der muthige Kampf für Recht und Freiheit,
den Frauen das Mitleid und das weiche Herzgefühl"
(Humorist 1848, 296) – dies war ihren Geschlechtsgenossinnen aus anderen Schichten vorbehalten.

2. August – erste Arbeiterinnendemonstration

Die staatlich angeordneten Erdarbeiten (20000 Beschäftigte, davon 8218 Frauen) hatten zwar Arbeitsplätze geschaffen, aber nichts grundsätzlich am sozialen Elend der Unterschichten geändert.

Am 18. August gab Minister Schwarzer bekannt, daß der Lohn, der bei den Erdarbeiten beschäftigten Frauen von 20 auf 15 kr gesenkt werde. Dies war nicht mehr genug zum Überleben. Ein kleines Brot kostete 6 kr, ein Frühstück wurde mit 10 kr berechnet, ein Mittagessen mit 16 kr, ein Abendessen mit 6 kr. (Häusler 1979, 181). Außerdem sollten sie, von vornherein schlechter entlohnt als Männer, nun bei Akkordarbeiten eingesetzt werden. Die aus beiden Geschlechtern bestehenden Arbeitsgruppen hätten das ungleiche physische Kräfteverhältnis verstärkt, da die Leistung der Gruppe bewertet werden sollte.
Am 21. August, 9 Uhr morgens, zogen tausende betroffene Arbeiterinnen mit einer Petition für die Rücknahme der Kürzung in die Innenstadt und verkündeten lauthals, daß sie die von ihnen besetzten Plätze nicht eher freigeben würden, bis ihre Forderung akzeptiert würde. Dies war die erste Frauendemonstration Wiens. Später am Tag gesellten sich auch Männer hinzu, deren Lohn von 25 auf 20 kr gekürzt werden sollte. Pfarrer Füster, begeisternder Rhetoriker des 48er Jahres übernahm die Aufgabe, die Demonstrantinnen zu beruhigen. Als er zu einer Rede ansetzte „erscholl aus 1000 Weiberkehlen: Nein! Nein! Ich fiel vollständig durch, das erste und das letzte Mal", bekannte er in seinen Memoiren (Füster 1850, 101). Sein Nebenmann kommentierte: „langes Haar, kurzer Verstand, es ist vergebliche Arbeit, die Weiber, wenn sie sich etwas in den Kopf gesetzt haben, eines besseren belehren zu wollen." (Füster 1850, 101). Die Frauen wurden als rasend, stur, nicht fähig zu denken, beschrieben. Die Arbeiterinnen „verstanden" nicht, daß sie „verstehen sollten", waren sich lediglich der Unmöglichkeit bewußt, mit 15 kr das Auskommen zu finden.
Füster wich vor der Auseinandersetzung zurück, Kavallerie zog auf. Die Frauen, in Auseinandersetzungen nicht zimperlich und daran gewöhnt, drängten den Zug anfangs zurück. *Der Volksfreund* berichtete über zwei „bedauerliche" Vorfälle. Ein

„anständiger Herr“ am Hohenmarkt drängte sich in ein „Weiberknäuel“, um die Frauen zu beruhigen; die Arbeiterinnen fielen jedoch über ihn her und „bleuten ihn furchtbar durch“ (Der Volksfreund 1848, 396).
Am 23. August kam es bereits in den frühen Morgenstunden zu Ausschreitungen zwischen Arbeitern/innen und Sicherheitswache bzw. Teilen der Nationalgarde. Strohpuppen, die Minister Schwarzer darstellten, mit 5 kr im Mund und dem Hinweis, vier hätte er geschluckt und nun werde er am fünften ersticken, wurden hergestellt. Acht Arbeiter waren als Priester verkleidet, eine Arbeiterin trug schwarze Trauerkleidung. Sogar eine Trauerkapelle mit Instrumenten aus ihren Arbeitsgeräten hatten sie zusammengestellt. Zu Beginn umfaßte die bunte Demonstration ungefähr 500 Menschen, die Spottlieder sangen und die Fahnen des 26. Mai mit sich führten. So zogen sie durch die Vorstädte, wo sich immer mehr Menschen, mit Schaufeln und Krampen bewaffnet von ihren Arbeitsplätzen forteilend, anschlossen.
Als ihnen der Durchgang zum Praterstern verwehrt wurde, marschierten Frauen und Kinder in der Mitte und Spitze des Zuges. Es folgten die üblichen Beschimpfungen, die Demonstranten und Demonstrantinnen veranstalteten dem bewaffneten Gegenüber eine Katzenmusik. Mit Säbeln und aufgepflanzten Bajonetten begannen Militär und Teile der Nationalgarde ein Blutbad unter den anfangs nicht zurückweichenden Männern, Frauen und Kindern. Nach vergeblichen Verteidigungsversuchen mit ihren Arbeitswerkzeugen, flüchteten sie in wildem Schrecken.
Zwei verwundete Arbeiterinnen, Barbara GOMER und Katharine HUSTMANN (Steiner 1978, 78), eilten zu anderen Arbeitsstätten, um mehr Menschen zu mobilisieren. Nun zogen 3000 zur Stadt, wo eine systematische Hetzjagd begann.

Den Widerstand der Arbeiterinnen beurteilte das Plakat *Der Wiener Arbeiterkrawall:* „Die Weiber begriffen ihre momentane Wichtigkeit und wurden so leidenschaftlich hingerissen.“ (Steiner 1978, 78) Endlich wurden Frauen „wichtig“! – Auch hier das Bild der die Umwelt vergessenden Frau, die nur mehr durch Emotionen bestimmt agierte.
Nach Beendigung der Schlacht zogen „die Sieger“, erbeutete Fahnen und blutige Säbel schwingend, unter Jubel und Vivatrufen in die Innenstadt ein.
Die *Wiener Gassenzeitung* berichtete von 10 schwerstverwundeten Frauen (Wiener Gassenzeitung 1848, 326):

Maria SEIDL, Kopfwunde / Maria WEISS, Kopfwunde / Barbara FLEISCHMANN, Kopfwunde mit Gehirnerschütterung / Gertraud PIGLER, Schenkelwunde / Maria SKABA, Halshiebwunde / Magdalena STÖCKLER, Hautwunde und Quetschungen / Rosalia FERSCH, Hautwunde und Quetschungen / Katharina ZODERIN, Hautwunde und Quetschungen / Anna WEIDLICH, Hautwunde und Quetschungen / Katharina WILLE, Hautwunde und Quetschungen.

Die Klassenkoalition des Jahres 1848 war auseinandergebrochen. Der Gegensatz Bourgeoisie – Proletariat war, vor der Konstituierung zur Klasse für sich, offen zu Tage getreten. In den folgenden Tagen wurden reihenweise „Rechtfertigungen“ für das brutale Vorgehen von Nationalgarde und Sicherheitswache veröffentlicht. Als eine der Hauptprovokationen wurde immer wieder „ungeheuerliches Verhalten“ der Arbeiterinnen angeführt.

„Besonders die Weibsbilder betrugen sich wie Furien; auf die roheste, empörendste, unsittlichste Weise wurde die Garde beleidigt . . .Nun erst wurde eingeschritten und zwar mit äußerster Schonung“ (*Mellach* 1968, 124).

Die Nationalgardisten, von denen obiger Ausspruch stammt, definierten sich als Hüter von Ordnung und Sittlichkeit. Ihre Ehre war durch das Benehmen der Frauen verletzt worden. Sicherlich benahmen sie sich nicht wie Innenstadtfrauen bei einem Kaffeekränzchen oder einem Festakt, wo Abteilungen der Nationalgarde gestickte Fahnen überreicht wurden.
„Sauberes", „reines" Verhalten existierte für sie als Unterschichtfrauen, deren Existenzgrundlage zunichte gemacht worden war, nicht als „Leitfaden" der Gegenaktionen. Daß die Weiber bewaffnet mit Stangen, ... gegen die Garde rückten, ... daß sie oftmaligem gütlichen Zureden nicht nur kein Gehör geben, sondern diesselben sogar mit Beschimpfungen und Steinwürfen erwiderten, wobei vorzüglich die jungen Mädchen viele Tätigkeiten entwickelten ..." (Steiner 1978, 85f.), – das war Teil ihrer Uberlebenstaktik, die sie für sich und die Kinder lange geübt hatten.
Wichtig ist die diffamierende Reduktion dieser Frauen auf denkunfähige, (halb)verrückte Wilde, die jegliche Selbstbestimmtheit für das weibliche Geschlecht ausschließt. Es existieren – selbstverständlich? – keinerlei Selbstzeugnisse von Frauen aus diesen Tagen. Abbildungen, Beschreibungen, Verletztenlisten müssen für sich sprechen. Neu war ihr massenhaftes gemeinsames Auftreten in einer revolutionären Bewegung, wo es um die Interessen ihrer Klasse ging. Ihre Forderungen richteten sich an diejenigen Teile der 48er Bewegung, die ihnen entgegengesetzte Positionen vertraten, die den Staat und seine „Ordnung" verwalteten. Nicht wie „früher", wo ausschließlich Individuen, wie Bäcker oder Vermieter von ihnen attackiert worden waren.

Abbildung 6: J. G. Weixelgärnter: Der Kampf mit den Arbeitern im Prater

V. Amazonen – Märchenwelt – „Realität“

Frauen in Verbindung mit Waffen wurden auch im Revolutionsjahr 48 in Wien nach dem sagenumwobenen kämpfenden Frauenstaat „Amazonen“ benannt. Einer der „historischen“ Berichte zu dem Mythos, wußte zu berichten, daß einzelne dieser Frauen verstreut in der Welt lebten und bei gegebenen Anlässen in Erscheinung träten. So ein Augenblick sei auch in Wien gekommen und die Bildung eines Amazonenkorps durchaus notwendig (Freier Wiener 1848, 98).

Schillernd stellt sich uns das Bild dar, das damit verbunden wurde.

Begehrenswerte Frauen werden in ihrem Engagement in eine andere Welt versetzt. Zu ihnen bewundernd aufblicken und von ihnen bewundert zu werden, beherrscht die Phantasie von nicht wenigen Freunden der Revolution.

Im März wies die einzige überlieferte individuelle Aktion einer „Zierde des Theater an der Wien“ darauf hin. Eine Abteilung Militär passierend, fragte sie den kommandierenden Offizier, ob die Gewehre scharf geladen wären und als dieser ihre Frage bejahte, fragte sie weiter, ob er auch wagen würde zu schießen.

Als der Offizier den Befehl seiner Vorgesetzten vorschützte, schimpfte sie ihn „einen Feigling, der zu keiner Heldentat fähig wäre, als auf unbewaffnete Leute zu schießen, die bloß ihre seit langem unterdrückten Menschenrechte zurückforderten ...“(Reschauer 1872, 238f.).

Weiter warf sie ihm vor, seine Auszeichnungen höher zu schätzen als Menschlichkeit. So zwang sie quasi den Soldaten, zu dessen Aufgabe auch „Schutzfunktion“ zählt, zu handeln. Mit den Worten „der Teufel möchte heute Soldat sein!“ ließ ihn der Korrespondent den Säbel in die Scheide stecken und beschämt, überhaupt nicht mehr „soldatisch seinen Ordern nachkommend“, dastehen ... Auch in einer anderen Zeitung wurde über die „wundersame“ Wirkung der Worte dieser Schauspielerin berichtet (Der Volksfreund 1848, 6). Als sie später aus einem Fenster blickend, Bajonette aufmarschieren sah, rief sie, „Bajonette vom Gewehr“ und die Menschenmenge schrie es tausendstimmig nach ..., worauf der Kommandant dem Befehl des „schönen Geschlechts“ nichts entgegensetzen konnte. Ähnliche Szenen wurden auch vom Mehlmarkt, der Kärntnerstraße, vom Stephansplatz und anderen Orten berichtet.

Schauspielerinnen genossen weitverbreitete Popularität. Davor wurden die „starken“ Männer zu „schwachen“. Schön, jung, begehrenswert mußten sie sein, dann konnten sie auf das „Privileg ihres Geschlechts pochen“ und Männer, Order ihrer Vorgesetzten mißachtend, waren nur mehr „Beschützer“ und (potentielle) Liebhaber.

1. In eine Märchenwelt entrückte „Rächerinnen"

Nach dem Barrikadentag vom 26. Mai sprachen viele Berichte vom Auftreten der „Barrikaden- oder Fahnenkönigin", die sich in das früher gezeichnete Bild einfügt.

Einmal war sie jung, mit turbanähnlicher Kopfbedeckung, weißem Schleier, der beinahe bis zum Boden reichte und Fahnenkönigin der Arbeiter (Der Volksfreund 1848, 2); ein andermal Ungarin, die ein Schild mit der Aufschrift „Nichtauflösung der Akademischen Legion trägt" (Reschauer 1872, 283). Im *Freimüthigen* wurde sie als Weib von hoher, edler Gestalt beschrieben, das mit einer „Flinte am Arm" an der Spitze eines Trupps von Barrikade zu Barrikade zog, wo sie mit stürmischem Jubel begrüßt wurde.

„Ihre glänzenden Augen sprachen starren Todesmuth, ihre zusammengepreßten Lippen bargen Flüche über die Verräther . . . Das war ein Weib der Revolution und solche Weiber gab es viele . . ." (Der Freimüthige 1848, 215).

Diese Frauen – Rächerinnen – erschienen der Realität in eine Märchenwelt entrückt. Mit dem realen Leben schienen sie kaum noch verbunden zu sein, sie waren revolutionärer Wille. Bedeuteten mit ihrer Jugend, Schönheit, Kühnheit Ziel für Männerphantasien, gleichzeitig jedoch tabuisiert durch die Erhöhung in eine andere Welt. Auch die in „Amazonenkostümen" beschriebenen Frauen entsprachen dieser in begehrender Bewunderung erstarrten Erhöhung der Frauen. In allen Festen waren Frauen als Amazonen verkleidet präsent. „Kräftigen Schrittes durchzogen sie die Menge", so beschrieben beim Burschen-Kommers zu Pfingsten in Hainbach, „und feuerten ihre Gewehre jubelnd und unerschrocken in die Luft" (Der Reisende Teufel 1848, 55).

Diese Wunschbilder wurden literarisch verarbeitet. Im Sommer 1848 erschienen die „Politischen Liebeslieder an eine Schwärmerin" von Cerri Cajetan. Seine „Serena gewidmeten" Gedichte veröffentlichte er im 5. Monat nach der Befreiung. (Neue Zeitrechnung – Symbol vieler

11.

Und wären wir, Liebchen, im fränkischen Reich,
Wo Jeder, der Muth hat, darf ringen,
Das blühende Mädchen dem Manne gleich
Das Schwert für die Freiheit darf schwingen,

Da könnt' ich dich sehen in göttlicher Pracht,
Von Lieb' und Begeisterung trunken,
Das Lockenhaar flatternd hinaus in die Nacht,
Die Blicke auflodernd in Funken.

Die Wangen erröthend in rosiger Glut,
Im Auge wollüstige Thränen,
Hochschwellend der Busen in Ebbe und Flut,
In Kampflust gespannet die Sehnen.

Ich wollte dann selber, du herrliches Weib,
Mit Panzer und Degen dich schmücken,
Um dann deinen wonnigen, üppigen Leib
Berauscht in die Arme zu drücken.

Um dann wohl mit dir zu zieh'n in den Krieg,
Den Feinden des Rechts zum Verderben;
Um dann auch zusammen zu schwelgen im Sieg,
Oder zusammen zu sterben.

Dann würd' ich noch sterbend mich richten empor,
Um dich noch einmal zu küssen,
Du wilde, du stolze Amazone, bevor
Auf ewig die Augen sich schließen.

Abbildung 7: Cajetan: Gedicht 11

Revolutionen offiziell oder inoffiziell, für radikalen Neubeginn.)

12.

O! sprich mir doch nicht von Emancipation
Der Frauen — das ist eine Sünde;
Wohl mag dies mein Wort dich wundern vielleicht –
Ich aber hab' meine Gründe.

Du Schwärmerin möchtest, daß ganz wie der Mann
Gleiche Rechte hätten die Frauen?
Ich aber gewiß reich' nimmer die Hand,
Dies Werk der Schlauheit zu bauen.

Sonst könntest du einmal, weil Alles jetzt
Sehr möglich und thunlich auf Erden,
An einem schönen, sonnigen Tag
Minister des Innern werden.

Dann könntest du auch, wie es Pillersdorff that,
Zu Allem und Jedem „Ja“ sagen:
Das aber wäre beim Himmel zu hart
Für mein liebendes Herz zu ertragen!

Abbildung 8: Cajetan: Gedicht 12

In seiner Einleitung thematisierte Cajetan sein gespaltenes Verhältnis zur Rolle der Frauen in revolutionären Bewegungen, das für viele seiner Zeitgenossen Gültigkeit hatte. Zum einen träumte er von seiner geliebten Serena in der Rolle als Amazonenführerin, die „die Trikolore in der Hand und das Schwert an der Seite . . ., wäre es auch nur um zu ermutigen, um zu beleben, um zu begeistern“ sich an Kämpfen beteiligen würde. „Wenn du dich nur einmal emancipieren wolltest aus den Vorurteilen der Alltäglichkeit“, stöhnte er, der „bewußte“ Demokrat. Im gleichen Atem, Schreib- oder Gedankenzug ermahnte er jedoch die geliebte Frau, „die Mission des Weibes nicht zu vergessen, die da lautet: unendlich zu lieben.“ Seine Traumfrau war Revolutionärin – weit entrückt, er konnte und wollte sie nicht erreichen, und die real neben ihm lebende Geliebte. Als Ort ihres Zusammenseins nannte er Frankreich – Land der schönen, kecken Frauen und Revolutionen –, „wo das blühende Mädchen dem Manne gleich“ ringen durfte . . .“.
Seine Sprache ist mit erotisch stimulierenden Ausdrücken durchsetzt: Blicke lodern, Lockenhaar flattert, Tränen sind wollüstig, hochschwellender Busen, berauscht drückte er den wonnig üppigen Leib in den Armen. Latent vorhandene sexuelle Wünsche und Phantasien vermischten sich mit dem Bekenntnis zur Revolution, ja, schienen dieses zu überwiegen; Ziel war die Leidenschaft „des letzten Kusses“, das heißt, sterbend die größte und letzte Befriedigung zu genießen. Frauen, die selbständig handeln, existieren in seinen lyrischen Freiheitskämpfen nicht, vielmehr agierten sie seinem Begehren entsprechend.
Dieselbe Tendenz birgt ein anderes Gedicht, wenn auch ein scheinbar konträrer Inhalt gezeichnet wurde.
Die Geliebte und andere Frauen waren nicht fähig, eigenständige, das heißt, nicht von Männern übernommene Meinungen zu formulieren. In ein imaginäres Gespräch mit einer „Emancipierten“ transformierte er seine Weigerung, diese Frauen ernstzunehmen oder es auch nur zu versuchen. Das sicherlich existierende Defizit an politischer Bildung und Bildung überhaupt, betrachtete er nicht als veränderbar und in Zusammenhang mit gesellschaftlichen Verhältnissen. (Ein Defizit übrigens, das die österreichische Intelli-

gentia der Zeit kennzeichnete. Als z. B. Karl Marx im August des Jahres drei Vorträge in Wien hielt, wurde der 3. über Lohnarbeit und Kapital mit nicht wenigen Mißverständnissen rezensiert. *Die Constitution* 1848, 1371).
Cerri Cajetan rationalisierte sein schillerndes Frauenbild, indem er vorgab, sie so sehr zu lieben und zu achten, daß er durch ihre „wahre“ Dummheit nicht eines besseren belehrt werden wollte. Nicht mit Meinungen und Aktionen von Frauen in einem breiten, öffentlichen Rahmen konfrontiert, lebten Urteile und Wunschbilder weiter, um in Darstellungen wie oben lyrische Wirklichkeit zu zeichnen.

2. Oktober – Einbruch der Realität

Im Oktober hatte sich die Situation in Wien mit der Erstürmung des kaiserlichen Zeughauses und der Ermordung des Kriegsministers zugespitzt. Bei der Erhängung Latours – durch ein „Volksgericht“ – wurden Frauen wieder als besonders grausam dargestellt. Gerüchte, genährt durch die Phantasien bezüglich „rasender Furien“ schwirrten durch Wien, Auerbach versuchte sie in seinem Tagebuch zu entkräften:

„Daß das kannibalische Benehmen einzelner Frauen gegen die Leiche, sowie daß man auf der Leiche getanzt habe, nichts als pure Lüge sei“ (Auerbach 1849, 56).

Während des ganzen Jahres gab es nie eine „offizielle Frauenbewaffnung“. Das Tragen von Säbeln und Gewehren hatte bisher immer symbolischen Charakter, die Arbeiterinnen vom August, die „kämpften“, waren unbewaffnet oder benutzten ihre Arbeitswerkzeuge. In den nun noch erschienen Wiener Zeitungen überwiegen jubelnde Artikel, die den früheren und gegenwärtigen Mut von Frauen feierten. Frauen der Vorstadt Wieden gelobten, daß sie, wenn ihre Männer fallen würden, blutig deren Tod rächen würden, bevor der Feind siegreich durch ihre Vorstadt zöge (Der Freimüthige 1848, 659). Und von Fünfhaus, „wo das Proletariat in seiner ursprünglichen Gestaltung zu Hause ist“ (Bohemia 1848, o. S.) wurde beschrieben, daß dort „die Mädchen und Weiber am wüthendsten sind und ganz nach der Art der alten Germanen mit den Männern in den Kampf ziehen und Schnaderhüpfl [Spottverse, G. H.] singen über den Feigling“ (Bohemia 1848, o. S.).
Das Bild der heroischen, wilden Proletarierfrau, die bereit war, „für die Sache“ zu kämpfen und zu sterben, wurde herausgestrichen. Frauen als „Retterinnen“ des Kampfes – vielleicht könnten sie die Niederlage verhindern. Vorbild hierfür war sicher Jeanne d’Arc, Unterschichtmädchen mit „überirdischer“ Sendung. Propagiert wurde nun die Tradition, daß sich „Weiber in Revolutionen und bei Belagerungen immer muthvoll bewiesen haben“ (Freier Wiener 1848, 98). Die Kampfbereitschaft der Arbeiterinnen am 26. Mai wurde hervorgehoben, die Bildung von Amazonenkorps vorgeschlagen. Dies wurde jedoch nie offiziell umgesetzt.

a) Frauen in Männerkleidung

Abbildung 9: J. C. Schöller: Uniformierung der Nationalgarde

Schon bei der Erstürmung des kaiserlichen Zeughauses wurde eine Frau in Männerkleidung verhaftet. Ihrer „Verpflegungs-, Schmuck- und Helferinnenfunktion" müde, hatte sie zu dieser List gegriffen, erklärte sie. Trotzig gab sie zu Protokoll, sie sei ihrer unbequemen Röcke in diesen Zeiten endgültig überdrüssig (Wiener Gassenzeitung 1848, 369). Eine Gesinnungsgenossin versuchte auf diesselbe Weise, in die Reihen der bewaffneten Korps aufgenommen zu werden. Als man sie als Frau erkannte, wurde sie abgelehnt. Sie wandte sich protestierend an den Studentenausschuß, der ihre Bemühungen mit schallendem Gelächter quittierte und sie zum Nationalgardeoberkommando verwies (Wiener Gassenzeitung 1848, 513).

Die tagelangen Kämpfe um das Zeughaus endeten mit seiner Erstürmung durch Arbeiter/innen, Kinder, Vorstadtgarden und die Akademische Legion am 7. Oktober. 100 000 waren nun bewaffnet – eine allgemeine Volksbewaffnung hatte stattgefunden, da bisher die Angehörigen unterer Schichten vom Waffentragen, wie vom Eintritt in die Nationalgarde ausgeschlossen waren. Die nun erbeuteten Waffen – teilweise völlig veraltet noch aus den Türkenkriegen stammend – boten ein groteskes Bild und konnten ihren eigentlichen Zweck nicht erfüllen.

BECKER Emilie (Schneiderstochter), Schußwunde / DIETTMANN Anna Maria (Uhrmachersgattin), Schußwunde / MÜHLBAUER Anna (Taglöhnerin), Schußwunde / RÜCHGEBERLE Veronika (Bürstentischlersgattin), Schußwunde / WEKKERLE Johanna (Dienstmagd), Schußwunde und eine Vielzahl Unbekannter waren unter den Toten und Verwundeten, die nach den Kämpfen registriert wurden (Dunder 1849, 197–201).

Im Spital erlagen den Verletzungen von Schußwunden (Unterreiter 1848 VI, 76–85):

KRÄMER, Theresia, 53, Taglöhnerin / LANZ, Magdalena / MANDEL, Theresia, 25, Handschuhnäherin / PODLANOWSKY, Barbara. Und die *Wiener Gassenzeitung* (1848, 466) registrierte: LANG, Helene, 78, Pfründnerin / WELZ, Josefa, 39, Taglöhnerin / PEDLAWSKY, Barbara, 37, Pfründnerin.

Von bürgerlichen Frauen überlieferten Presse und verschiedene biographische Erinnerungen nichts. Einzig Auguste Zimmermann berichtete in ihrem Tagebuch:
„Wie oft ich in diesen Tagen mit halber Verzweiflung auf meine weiblichen Kleider sah, das mag ich mir nur sagen, denn andere zanken und lachen mich nur aus..." Eine Mädchenschwärmerei mit „realer" Grundlage. Für die behütete Tochter eines Wiener Vorstadtfabrikanten, war es nicht mehr möglich, sich in dieser Phase der Auseinandersetzungen, die quasi nur mehr vom gefürchteten Pöbel geführt wurden, von zu Hause zu entfernen. Da blieb ihr und ihrer Freundin nur, im Verborgenen zu schwärmen. Ihre Familie, konnte beispielhaft für die Wiener Bürger stehen, die im März noch begeisterte Anhänger der Neuerungen waren, wenn sie schrieb: „... um mich die Glieder der Familie, die Bilder der Angst, der höchsten Verzweiflung" (Zimmermann 1927, 141f.).
Am 22. Oktober begann der Angriff der vereinten kaiserlichen Truppen auf Wien.
Frauen hatten sich an den Verteidigungsvorbereitungen beteiligt, Barrikaden gebaut, die Einschreibstellen für die „Mobilen Korps", in denen es keine Kriterien des Standes mehr gab, mit Kaffee und Zigaretten versorgt. Für die Revolutionäre war ihr ernstes Vorhaben lächerlich. Sie handelten trotzdem. Paulina PFIFFNER (1825–1853), eine Polin, kämpfte in der Studentenlegion, emigrierte nach der Niederlage nach Ungarn, wo sie Oberstleutnant wurde. Als die Revolution in Ungarn niedergeschlagen wurde, starb sie im Gefängnis. (Spira 1959, 427, 654). Auch Maria LEBSTÜCK (1830–1892) kämpfte als Mann verkleidet auf den Barrikaden Wiens. Auch sie wurde Oberstleutnant in der Armee Kossuths. (Spira 1959, 426f., 649). In der ungarischen Armee kämpften mehrere Frauen, zwar in Männerkleidung, jedoch nicht unerkannt. Diese Realität bot sich geheimnisvoll, fremd als literarischer Stoff an, so in *Caroline, die Wiener Barrikadenheldin, Jäger Karl genannt* (Storch 1850).
Caroline erlebte 16jährig als Näherin bei einer Wiener Zwischenhändlerin den Ausbruch der Märzrevolution. Sie zog auf die Straße, nahm das Gewehr eines Verletzten auf und kämpfte statt seiner weiter. Später erhielt sie Waffen, Kleidung, Hut und Segen, „aber die da, die berufen ist, Waffen zu tragen, soll sie führen, sich zur Ehre, dem Volke zum Schutz, den Männern zum Beispiel". Unter dem Namen Carl wurde sie einem Jägerregiment eingereiht. Verschiedene Umstände verschlugen sie nach Italien, wo sie auf Seiten der Mailänder Revolution kämpfte, verletzt und verhaftet wurde. Von einem österreichischen Arzt als Frau erkannt, wurde sie gerettet (Privileg des Geschlechts). Die *Wiener Gassenzeitung* berichtete übrigens, daß sich ein italienischer Gefangener als Frau entpuppt hätte (Wiener Gassenzeitung 1848, 493). Gerade rechtzeitig erreichte Caroline den Oktoberkampf, wo sie

an der Barrikade der Jägerzeile kämpfte. Sie floh wieder – erfuhr vorher noch ihre adelige ungarisch-kroatische Herkunft – mit einem jungen Ungarn, den sie während des Kampfes um die Jägerzeile kennen- und liebengelernt hatte.
Caroline wurde unerkannt Leutnant in der ungarischen Armee, verriet sich aber, als sie Lajos, ihren Freund, mit einer anderen Frau sah. „Das Geschlecht" hatte gesprochen. Nun wußte er, daß es sich bei seinem Freund Carl um eine Caroline gehandelt hatte, sie konnten sich so ihre Liebe erklären und kämpften gemeinsam weiter. Beide überlebten die Niederlage und emigrierten in die Türkei.

Abbildung 10: A. Zampis: „Leichtes Korps"

Dieselbe Begebenheit überliefert Wilhelmine von Beck in ihren Memoiren (Beck 1850 I, 183–187). Beck arbeitete nach der Niederlage der Wiener Revolution, wo sie ihren Gatten und die meisten Freunde verloren hatte, als Spionin für Kossuth. (Leider berichtete sie nichts zu Wien 1848). Sie erzählte, daß in der Schlacht um Kapolna ein junger Tiroler Jäger besondere Aufmerksamkeit auf sich gezogen hatte, durch seine Tapferkeit und weil er – „es mag seltsam erscheinen, – ein junges Mädchen von etwa 20 Jahren" war. Beck schilderte auch andere Frauen, „welche in Reih und Glied als Krieger dienten . . . in der Infanterie, Kavallerie und Artillerie". Der Wiener Oktoberkampf – Eintritt in die ungarische Armee – Leutnant und später Husar, so zeichnete sie Carolines Karriere. Sie stammte aus Agram und war mit einem Major verheiratet. Ihre Spur verlor sich 1850, als sie in Festungshaft geraten war.
Mir geht es nicht darum zu spekulieren, ob es gerade Caroline gegeben hat, sondern darum, daß es Frauen gab, die sich um „formale" Ge- bzw. Verbote nicht kümmerten und diese umgingen. Diese List mußte jedoch mit einer „Verleugnung" ihres Geschlechts einhergehen. Gleiche Rechte und Möglichkeiten konnten für sie nur im Männerkostüm erreicht werden. Um beides – als Frau mit gleichen Rechten und Möglichkeiten wie Männer – zu kämpfen, kam ihnen nicht in den Sinn, zumindest ist darüber nichts überliefert. Es ging ihnen um ihre individuelle Rolle in dem Geschehen und nicht um Propagierung einer alternativen Lebens- und Handlungsweise von und für Frauen.

b) Die letzten Tage

Das Bild der Frauen, die sich in den letzten Wochen an den Kämpfen beteiligten, positiv oder negativ gezeichnet, hatte durchweg dieselbe Struktur. „Frauen rasen", ihre Emotionen sind voll des Überschwangs", – sie zögerten keinen Augenblick und schreckten vor nichts zurück.

Der Vorbildcharakter ihres Verhaltens für Männer wurde herausgestrichen, als sie am 30. Oktober nach der Proklamation der Übergabe Wiens diese von den Häuserwänden rissen. Mit „Schämet euch ihr feigen Männer! Sehet nur, wir übernehmen eure Stellen" (Schütte 1848, 56), bemächtigten sie sich der Gewehre, die bereits an Häuserwänden lehnten. Sie teilten sich in Gruppen, wählten Anführerinnen aus ihrer Mitte oder „unterstellten" sich einem Mobilen. Abends zogen sie laut singend und schreiend, mit der Aufforderung zum Weiterkämpfen, durch die Stadt und besetzten einige Posten (Dunder 1849, 741).

Karoline Perin wurde mit einer roten Mütze auf dem Kopf an der Spitze eines Frauentrupps durch die Innenstadt ziehend beschrieben (Helfert 1869–1886 I, 386). Fenneberg widersprach dem, womit wir uns jedoch schon früher beschäftigt haben. Auch Fritz Unterreiter bestätigte in seinen Erinnerungen, daß mit zunehmendem Abgang der Garden die Zahl der Frauen stieg, die zu den Waffen griffen. Er formulierte, „daß sie recht erträglich hinter einer Trommel mit Gewehr, Kartouch und Kalabreserhütchen kämpferisch durch Wien zogen" (Unterreiter VII, 1848/49, 70).

Für ihn, „den Arbeiter", der durchaus positiv zu allen gewalttätigen Phasen des Jahres stand, existierte kein „Rasen". Entsprach diese geordnete, disziplinierte Beschreibung seinem „Wunschbild", daß Arbeiter/innen ernstgenommen werden sollten? Über die Zahl der Frauen, die in der Endphase mitkämpften, gibt es verschiedenste Angaben. Mehrere Hundert (Dunder 1849, 741) sollen mit Gewehren, Pistolen bewaffnet und mit Kalabresern verwundeter oder gefallener Studenten auf den Köpfen herumgezogen sein. Als ein Gefecht der anrückenden Ungarn gemeldet wurde, war das „Weibergekreische" der Maßstab der „wachsenden Hemmungslosigkeit". „Es gibt keine Autoritäten mehr" schrieb Veit Valentin über die letzten Tage (Valentin 1977, 207).

„Ungefähr 40 sogenannte Amazonen, mit Gewehren bewaffnet, und angeführt von einem Weibsbilde mit einem gewaltigen Pallasch in der Rechten und einem Kalabreser auf dem Kopfe ..." (Dunder 1849, 820f.) beabsichtigten, einen Wachtposten abzulösen, damit die Männer an die Verteidigungslinien der Stadt wechseln könnten. Als sie vom diensthabenden Offizier abgelehnt wurden, zogen sie weiter, „alles zum Kampfe auffordernd".

Eine Arbeiterin riß eine für die Übergabe der Stadt bestimmte Fahne von den Basteien herab und feuerte die Arbeiter zum Weiterkämpfen an (Schütte 1848, 72).

Die irrationale Hoffnung, die Situation doch noch zu retten, der Mut der Verzweiflung, den kaiserlichen Truppen nicht in die Hände zu fallen und in diesem Fall lieber vorher zu sterben, dürften Triebkräfte für die Ausdauer ihres Widerstands gewesen sein. Die meisten Unterschichtsfrauen mußten gewußt haben, was ihnen bevorstand:

Abbildung 11: Anonym: „Ein Held in Gefahr in den Oktobertagen"

„Die in der Leopoldsstadt eingedrungenen Kroaten verübten Greueltaten, die man wiederzugeben schauert. Der Wirtin am Schüttelbade wurden die Brüste abgeschnitten, der Bauch aufgeschlitzt und dann ihr Mann ins Feuer geworfen. Kinder und Frauen wurden ermordet, alles geplündert und zerschlagen ..." (Grüner 1849, 274f.).

Grüner berichtete auch, daß viele Mädchen und Frauen nach Vergewaltigungen grausam verstümmelt wurden. Soldaten waren in Wohnhäuser eingedrungen und hatten sie aus ihren Verstecken gezerrt.

„Ein sechzehnjähriges Mädchen auf dem Erdberg starb infolge einer Notzüchtigung, welche sie von sechs Kroaten hintereinander erlitten hatte" (Streckfuß 1850, 381).

Die Mißhandlung von Geschlechtsteilen, in ihrer extremsten Form die Vergewaltigung, ist nicht nur Mittel, um mögliche und unmögliche Geständnisse zu erfahren, um das Selbstbewußtsein zu brechen, sondern „reinste" Form für Männer, Rache an den Frauen als Geschlecht zu verüben und ihre Macht zu demonstrieren.
Die Schätzungen der im Kampf Gefallenen betrugen 2000–6000. Im Kriegsarchiv befindet sich ein Verzeichnis der im Allgemeinen Krankenhaus Verstorbenen oder Verwundeten. Unter den 411 Toten waren 20 Frauen und von den 748 Verwundeten 22. Die reale Zahl und Namen liegen jedoch im Dunklen.

VI. Ausblick auf den Belagerungszustand

In Bezug auf das Thema „Frau" beschloß die Regierung zwei einschneidende Maßnahmen. Angeli schrieb in seinem Bericht über Wien nach 1848:

„In jeder Wienerin sah man eine Hetäre. Nach den Zügellosigkeiten der letzten Monate vor Beginn der Ära Windischgrätz, war dies nicht zu verwundern" (Angeli 1905, 41).

Die früher geschilderte wachsende Bewegungsfreiheit der Frauen aller Klassen, der „lockere" Umgang der Geschlechter untereinander sollte zurückgenommen werden. Dies ist ein Punkt des auch bereits früher angedeuteten Zusammenhangs von Revolutions- und Frauenfeindlichkeit. Die Maßnahmen bedingten, daß jede Frau, die alleine auf der Straße ging, aufgehalten und mitgenommen werden konnte. Ein Schauspiel, das öfter in diesen Tagen in Wien zu beobachten gewesen ist. In der Nacht herrschte sogar ein Ausgehverbot ab 21 Uhr für Frauen ohne männliche Begleitung. Die zweite Maßnahme betraf die Einbeziehung von Frauen im außerhäuslichen Produktionsbereich. Die Gemeinde Wien begann nach der Niederschlagung der Revolution wieder mit „Nothstandsbauten". Ausgeschlossen von einer Aufnahme waren neben nicht in Wien Ansässigen und Männern unter 18 Jahren vor allem ledige Frauen unter 30 Jahren. Außerdem wurde bestimmt, „um bei der Aufnahme der Arbeiter die nötige Ruhe zu erzielen", ... daß sich „die Männer nur in den Vormittagsstunden die Weiber aber in den Nachmittagsstunden zu melden haben." (Central Organ 1848, 633).

VII. Zusammenfassung

Das Wiener Sturmjahr von 1848 präsentierte sich als Kulminationspunkt des klassen- und schichtspezifisch unterschiedlichen Widerstandsverhalten von Frauen. Die Unterschichtsfrauen führten ihre vorindustriellen Protestformen weiter durch das ganze Jahr; eingebunden in eine revolutionäre Bewegung.
Die Frauen des Bürger- und Kleinbürgertums äußerten ihre Sympathie für die revolutionäre Bewegung im März in „passiver" Form. Dies veränderte sich im Mai, wo sie aktiv am Barrikadenbau teilnahmen, was einen qualitativen Bruch darstellte. Nach diesem Mai vermehrten sich die Zeitungsartikel zum Thema Emanzipation. Gleichzeitig wurde in der Presse auch die Situation der Arbeiterinnen verstärkt berücksichtigt.
Im August 1848 kamen mit der ersten „Arbeiterinnendemonstration" am 21. und der Gründung des ersten demokratischen Frauenvereins am 28. zwei wesentliche weibliche Widerstandsformen zum Ausdruck. Im Oktoberkampf hielten die Frauen der Unterschicht am längsten durch.
Die verschiedenen Regierungsgremien des Jahres unternahmen nichts, um die Frauen in die Entscheidungsprozesse einzubinden. Auch die neugegründeten Clubs waren „Männersache". Gegen diesen Frauenausschluß aus den Strukturen, die die gesellschaftliche Macht ausübten, konnten wirkungsvoll nur Frauen selber Maßnahmen setzen. In diesem Sinn ist die Gründung des ersten demokratischen Frauenvereins zu interpretieren, als Beginn der Frauenbewegung in Österreich.

Der revolutionäre Prozeß war in Wien zu kurzlebig, als daß Frauen, wie in anderen Revolutionen, u. a. aufgrund ihres Ausschlusses, eine Basis der Konterrevolution geworden wären.

„Die Veränderung einer geschichtlichen Epoche läßt sich immer aus dem Verhältnis des Fortschritts der Frauen zur Freiheit bestimmen, weil hier im Verhältnis des Weibes zum Mann, des Schwachen zum Starken, der Sieg der menschlichen Natur über die Brutalität am evidentesten erscheint. Der Grad der weiblichen Emanzipation ist das natürliche Maß der allgemeinen Emanzipation" (Fourier 1829, 208).

Literatur

Angeli, Moritz von: Wien nach 1848, 1905

Auerbach, Berthold: Tagebuch aus Wien. Von Latour bis auf Windischgrätz. Breslau 1849

Beck, Karoline v.: Memoiren einer Dame während des letzten Unabhängigkeitskrieges in Ungarn, London 1850

Beidtel, Karl: Die Geldangelegenheiten Österreichs, Leipzig 1847

Bohemia, Red.: Klutschach, Prag 1848

Cajetan, Cerri: Politische Liebeslieder an eine Schwärmerin. Verwehte Blätter aus der Gegenwart, Wien 1848

Central Organ, Wien 1848

Denkbuch der merkwürdigsten Tage Wiens, Wien 1850

Der Freimüthige, Zeitschrift für Denker und Lacher, Red.: M. Mahler, 1–72, Wien 1848

Der Prophet, Tagblatt fürs Volk, 1–26, Wien 1848

Der Radikale, Abendzeitung für das In- und Ausland, Red.: Becher, Tausenau, Messenhauser, 1–111, Wien 1848

Der Reisende Teufel, Zeitschrift für Volksbelehrung, 1–25, Wien 1848

Der Volksfreund, Red.: Rank, Tuvora, 1–144, Wien 1848

Die Constitution, Red.: Häfner, Wien 1848

Die Gegenwart, Leipzig 1855

Die Goldene Mittelstraße, Red.: Rosental, 1–48, Wien 1848

Die Grenzboten, Leipzig 1849/1–1850

Die Wahrheit, Red.: Rosenthal, 1–30, Wien 1848

Dunder, D. G.: Denkschrift über die Wiener October-Revolution, Wien 1849

Ehmer, Josef: Familienstruktur und Arbeitsorganisation im frühindustriellen Wien, Wien 1980

Engels, Friedrich: Der Anfang vom Ende in Österreich, MEW 4, 504–511, Berlin-Ost 1974

Fenneberg, Fenner von: Geschichte der Wiener Oktobertage. Geschildert und mit allen Aktenstücken belegt, Leipzig 1849

Fourier: Le noveau monde industriel et societaire, 1829, in: Marx, Karl: Die heilige Familie, MEW 2, Berlin-Ost 1974

Frankl-Hochwart: Aus Bechers letzten Tagen. Mit ungedruckten Aufzeichnungen seiner Braut, in: Die Zeit. Wiener Wochenzeitschrift für Politik und Volkswirtschaft, Wissenschaft und Kunst 16. Jg., Wien 1898

Freier Wiener, Beilage: Die entschiedene Linke, Wien 1848

Füster, Anton: Memoiren vom März 1848 bis zum Juli 1849. Beitrag zur Geschichte der Wiener Revolution, Frankfurt a.M. 1850

Gerad'aus, 1–39, Wien 1848
Glaßbrenner, Adolph: Bilder und Träume aus Wien, Wien/Berlin/Leipzig1922
Glossy, Karl (Hrsg.): Wien 1840–1848. Eine amtliche Chronik, Wien 1917–1919
Grüner, Karl: Die Geschichte der Oktoberrevolution in Wien, Wien 1849
Häusler, Wolfgang: Von der Massenarmut zur Arbeiterbewegung. Demokratie und soziale Frage in der Wiener Revolution von 1848, Wien 1979
Hehner, W. M.: Wiener Ereignisse, Wien 1848
Helfert, Josef: Geschichte Österreichs vom Ausgange des Wiener Oktober-Aufstandes, Leipzig/Prag 1869–1886
Höger, Karl: Die 3 Märztage, Wien 1848
Humorist, Red.: M. G. Saphir, 1–288, Wien 1848
Kudlich, Hans: Rückblicke und Erinnerungen, Wien/Pest/Leipzig 1873
Mellach, Kurt: 1848. Protokolle einer Revolution. Wien 1968
Neue politische Straßenzeitung, Volksblatt, Red.: Reidl, 1–43, Wien 1848
Österreichischer Courier, Wien 1848
Politischer Studenten-Courier, Wien 24. 6.–o. D. 1848
Reschauer, Heinrich und Smets, Moritz: Das Jahr 1848. Geschichte der Wiener Revolution, Wien 1872
Saar, Ferdinand von: Ninon. in: ders.: Ginevra und andere Novellen, Rossbacher, Karlheinz (Hrsg.): Frankfurt a. M./Berlin/Wien 1983, 46–79
Schütte, Anton: Die Wiener Revolution. Aus dem Tagebuch des Dr. Schütte, Prag 1848
Silberstein, August: Geschichte der Aula. Die Wiener Universität und die akademische Legion vom März bis Ende Oktober 1848, Mannheim 1848. In: Portraits und Szenen aus dem Jahre 1848, Bd. 1, Mannheim 1849
Spira, György: A magyar farradalom 1848–1849, Budapest 1959
Steiner, Herbert: Karl Marx in Wien. Die Arbeiterbewegung zwischen Revolution und Restauration 1848. Wien/München/Zürich 1978
Storch, Leopold: Caroline, die Wiener Barrikadenheldin, Jäger Carl genannt, Revolutionsgeschichte aus Wiens Oktoberkämpfen und den ungarisch-italienischen Freiheitskämpfen, Grimma/Leipzig 1850
Streckfuß, Adolph: Robert Blum, sein Leben, sein Wirken. Ein Buch für das Volk, nach besten Quellen bearbeitet, Berlin 1850
Ullrich, Hermann: Dr. Alfred Becher und sein Kreis. in: Jahrbuch des Vereins für Geschichte der Stadt Wien 23/25, Wien 1967/69
Unterreiter, Friedrich: Die Revolution in Wien, 8 Bde, Wien 1848/49
Valentin, Veit: Geschichte der deutschen Revolution von 1848–1849. 2 Bde. Frankfurt a. M./Wien/Zürich 1977
Violand, Ernst: Sociale Geschichte der Revolution in Österreich, Leipzig 1850
Wien aktuell 3, Wien 1978
Wiener Gassenzeitung, 1–130, Wien 1848
Zenker, Ernst: Die Wiener Revolution in ihren sozialen Voraussetzungen und Beziehungen, Wien/Pest/Leipzig 1897
ders.: Geschichte der Wiener Journalistik während des Jahres 1848, Wien/Leipzig 1892–1893
Zimmermann, Auguste: Tagebuch. in: Immendörfer, Benno (Hrsg.): Zwei Wiener Mädchentagebücher 1848/49, Wien 1927, 63–199

Bildnachweise

Abb. 1: „Ehre dem Ehre gebührt“, aus: Mellach, Kurt: 1848. Protokolle einer Revolution, Wien 1968, 95.
Abb. 2: „Hier ist der Sitz der Volkssouveränität. Merkt's euch!“ aus: Ebda, 86.
Abb. 3: J. C. Schöller, „Die Barricaden in Wien am 26. May“, aus: Wien aktuell 3/1978, 28.
Abb. 4: J. C. Schöller: “Die Carolinen-Barricade“, aus: Ebda.
Abb. 5: J. C. Schöller: Club emancipierter Frauen und Mädchen, aus: Wien aktuell, a. a. O., 29.
Abb. 6: J. G. Weixelgärnter: Der Kampf mit den Arbeitern im Prater, aus: Mellach, a. a. O., 130.
Abb. 7: Cajetan: Gedicht 11, aus: Cajetan, Cerri: Politische Liebeslieder an eine Schwärmerin, Verwehte Blätter aus der Gegenwart, Wien 1848, 15.
Abb. 8: Cajetan: Gedicht 12, aus: Ebda, 16.
Abb. 9: J. C. Schöller: Uniformierung der Nationalgarde, aus: Wien aktuell, a. a. O., 26.
Abb. 10: A. Zampis: „Leichtes Korps“, aus: Mellach, a. a. O., 166.
Abb. 11: „Ein Held in Gefahr in den Oktobertagen“, aus: Mellach, a. a. O., 162.

„Aus Liebe zum Vaterland und aus Liebe zu Dir!"

Anmerkungen zur Rolle der Flora in der Novelle aus der Pfälzer Revolution 1849 „Die Freischärlerin" von F. A. Karcher

Inge Buck

Der Tabakfabrikant Friedrich Albert Karcher ist Zeit seines Lebens unverheiratet geblieben. Vielleicht mag es daran gelegen haben, daß er ein Frauenbild im Kopf herum trug, dem im Alltag seines pfälzischen Heimatstädtchens Kaiserslautern um die Mitte des vorigen Jahrhunderts keine Frau entsprechen konnte. Vielleicht war diese Kluft zwischen Ideal und Wirklichkeit letztlich auch der Grund dafür, daß der Handelsmann anfing zu schriftstellern, um so den Figuren seiner Phantasie Gestalt zu geben.

Auguste Baudius als Julie in dem Konversationsstück „Die Bekenntnisse" von E. von Bauernfeld (um 1870), Bildnachweis: Historisches Museum der Stadt Wien (Rasterfotografie)

Mit volkstümlichen Bühnenstücken, Fastnachtsspielen, fing er an, bevor er sich 1849 an seine erste Erzählung wagte, die er unter dem Titel „Die Freischärlerin. Eine Novelle aus der Pfälzer Revolution von 1849" im Jahre 1851 veröffentlichte (vgl. Haasis 1977, 185f.).

Daß die Freischärlerin als revolutionäre Frau nicht nur für die Gegner der Revolution eine Provokation war, sondern auch für ihre Anhänger, soll Ausgangspunkt dieser Untersuchung sein.

Karcher hat sie zwar zur Titelfigur seiner Novelle aus den bewegten Tagen der Pfälzer Revolution gemacht, aber erst im Schlußkapitel die Heldin an den Ereignissen der Haupthandlung teilnehmen lassen. Es wird also im folgenden darum gehen, sichtbar zu machen, *mit welchen Mitteln* der Autor F. A. Karcher gearbeitet hat, um seiner Freischärlerin liebenswürdig weibliche Züge zu geben, sie für Männeraugen begehrlich zu machen, ihr die Bedrohlichkeit einer Frau zu nehmen, die nach ihrer eigenen Gesetzmäßigkeit lebt und handelt.

Auch als Novellist blieb Karcher seinem ersten schriftstellerischen Metier, der Bühne, verbunden. Gerade die Gestalt der Freischärlerin mit dem bürgerlichen Namen

„Flora“ scheint mit ihren Auftritten und Abgängen, ihren Dialogen und ihrer Mimik eher Handlungsträgerin eines Theaterstücks als einer Novelle zu sein. Darüber hinaus hat Karcher jedoch der Gestalt der Flora nicht nur die Züge einer einzigen Rollenfigur verliehen. Vielmehr hat er eine ganze Skale weiblicher Rollenmuster vorwiegend aus dem Bühnenrepertoire seiner Zeit in dieser Figur zu einem Bild verdichtet, zu einem weiblichen Idol stilisiert.
So sind die Rollen der „Naiven“, der „Gesellschaftsdame“, der „Romantikerin“, der „Liebenden“, der „Widerspenstigen“, der „Heldin“, der „Amazone“, der „unsterblich Geliebten“ zum Beispiel Spielfiguren ihrer Weiblichkeit, Variationen oder Verwandlungen der weiblichen Protagonistin.
Obwohl F. A. Karcher auch noch nach 1851 „an den Ideen der Revolutionsbewegung festhielt“ (Haasis 1977, 187), hat er *der revolutionären Frauengestalt* in seiner Novelle *konventionelle Züge* verliehen.
In zwei voneinander getrennten Handlungssträngen hat Karcher von der Pfälzer Revolution erzählt. „Die Wahrheit, die historischen Tatsachen, von der Dichtung oder Erdichtung zu trennen, wird dem Leser nicht schwer fallen“ (Karcher, 7), schreibt er selbst dazu in einem Vorwort aus dem Jahr 1850.
In einer Art Montageverfahren hat er dabei diese beiden Erzählungen einerseits unverbunden nebeneinander gesetzt, zum anderen durch den männlichen Protagonisten miteinander verknüpft. Historienteil und Dichtung verhalten sich zueinander wie Haupt- und Nebenhandlung. Das Aktionsfeld Floras bleibt, – bis auf den Schluß, – der Nebenhandlung vorbehalten.
Um das Frauenbild sichtbar zu machen, das Karcher von der „Freischärlerin“ entworfen hat, wird es darauf ankommen, von den öffentlichen Plätzen des Geschehens wegzublenden in die Nischen und Nebenschauplätze der Novelle.

1. Topographie eines Freiheitstraums: Vom Hausgärtchen zum Waldesgrab

Welche Rolle Karcher der Figur der Flora im Rahmen der pfälzischen Revolutionsbewegung zugeschrieben hat, läßt sich bereits an der *Szenerie* ablesen, in der sie auftritt und agiert.
So sehen wir sie eingangs im Saal für politische Versammlungen auf der „von Zuschauern reich besetzten Galerie . . . an die Brüstung gelehnt“ (Karcher 1851, 11), den Redeschlachten der politischen Vertreter des Bürgertums auf der Tribüne folgend.
Während in den folgenden Szenen auf öffentlichen Plätzen, in Biergärten und Versammlungsräumen die politische Meinungsbildung unter der männlichen Bevölkerung vorangetrieben wird, so daß die Entscheidung über Einrichtung und Ernennung eines Landesverteidigungsausschusses gefällt werden kann, treffen wir Flora wieder an einem lauen Maiabend im Hausgärtchen ihres Oheims Blumen pflückend. Ihre demokratische Gesinnung, die gegen Ende der Novelle zu dem Entschluß führt, selbst aktiv am Revolutionsgeschehen teilzunehmen, muß sie sich, – so die Szenenfolge, – *in den Innenräumen ihres Hauses und Herzens* selbst bilden.
Zuvor können wir sie jedoch auf einem Gesellschaftsausflug ins Grüne

begleiten, in „die schönen Wälder, welche Kaiserslautern umkränzen", wo sie sich auf einem Aussichtsplateau mit Blick auf die „weite Landschaft mit ihrem sanft elegischen Charakter" (Karcher, 1851, 32ff.) mit dem männlichen Protagonisten verlobt.

Während die Pfälzer Freiheitsbewegung die Einrichtung einer provisorischen Regierung erkämpft, die Geld und Waffen für die pfälzische Volkswehr eintreibt, *bleibt das Aktionsfeld der „Freischärlerin" weiterhin das Haus.*

Durch eine Intrige gelingt es sogar, sie ohnmächtig aufs Krankenlager zu werfen und das in dem Augenblick, als den öffentlichen Redeschlachten die bewaffneten Auseinandersetzungen folgen, und ihr Bräutigam zu den Waffen im badisch-pfälzischen Freiheitskampf eilen muß.

Ihr nächster Auftritt ist wiederum eine Zimmerszene, dieses Mal jedoch in einem Dorfgasthaus, in dem Robert als Freischärler einquartiert ist. Flora, – und davon wird noch zu reden sein, – trägt jetzt ebenfalls das Kostüm der Freischärler. Auf welchem Weg und mit welchen Mitteln sie indessen die Reise ins Feldlager zurückgelegt hat, darüber schweigt der Autor. Seine Vorstellungskraft reicht in diesem Fall nur bis zum Bahnhof in Kaiserslautern, wo sie einen Frühzug bestiegen haben soll (vgl. Karcher, 149).

Die Szenenfolge, die wir bereits aus dem bürgerlichen Leben der beiden Protagonisten kennen, bleibt auch beim Militär unverändert: der Zimmersszene folgt in sanftem Wechsel eine einsame Waldgegend, wo die Gespräche fortgesetzt werden.

Wie sehr der Autor darum bemüht ist, die Figur der „Freischärlerin" aus den militärischen Auseinandersetzungen heraus zu halten, – ebenso wie zuvor aus den öffentlichen Meinungsbildungsprozessen, – das wird an der zurückhaltenden Szenenbeschreibung ihres Aufenthalts bei der Kompanie deutlich:

„Kriegerischen Lärm" (Karcher, 155) hört sie nur von Ferne und nach der Schilderung hartnäckiger Gefechte mit den preußischen Regierungstruppen taucht sie erst wieder „im Quartier" bei Gernsbach auf (Karcher, 167).

Das Terrain schließlich, auf dem die Freischärlerin selbst unmittelbar am Kriegsgeschehen teilnimmt, erinnert zunächst an die Waldlandschaft der Verlobungszene: „... eine Höhe auf dem rechten Ufer der Murg ... Nach Westen lag die Gegend ziemlich frei, nach Osten aber verschloß sie ein dunkler Tannenwald" (Karcher, 171). Kaum jedoch, daß die Heldin auf dem Kriegsschauplatz aufgetreten ist, wird sie auch schon von einer feindlichen Kugel kampfunfähig gemacht. Sie stirbt unter demselben Baum, unter dem sie erschossen wurde, ihre letzte Sorge gilt ihrem Grab: „Hier, wo ich sterbe, hier auf dieser Stelle, unter diesen Bäumen möchte ich begraben sein" (Karcher, 173). Mit der liebevollen Schilderung der letzten Ruhestätte der Freischärlerin endet die Erzählung aus der Pfälzer Revolution: *ein blumenge-*

schmücktes Grab auf einer Waldeshöhe, davor unter einer großen Buche eine Rasenbank (Karcher, 177f.).
Das Biedermeier hat den Traum von der Freiheit eingeholt.

2. Dramaturgie als Konvention

Die Dramaturgie der „Freischärlerin" verrät Karchers Vorliebe fürs Theater. Dabei scheinen Anlehnungen an die zeitgenössische Dramatik, vor allem an das sogenannte *Konversationsstück* anzuklingen (vgl. Kindermann, Bd. VII, 1965, 126ff.).
Die Konstellation der auftretenden Personen als Vertreter bestimmter politischer Interessen und Parteien, die Figuration der Spielpartner und Gegenspieler, das Partnerspiel von Männern und Frauen: das alles zeigt eine gewisse Verwandtschaft mit dem Konversationsstück, das vor und nach 1848 die zeitgenössischen Theaterspielpläne bestimmte. Treten doch hier die Personen nicht als Individuen, sondern immer als Vertreter ihrer Klasse auf, eine neue Art der *Selbstinszenierung des Bürgertums,* die sich auch gegen den Adel richtet. Dabei geht es auch um die Demonstration eines neu errungenen gesellschaftlichen Selbstbewußtseins, um die Darstellung gesellschaftlicher Umgangsformen, um den Beweis der Präsenz in Rede und Gegenrede. Vor diesem Hintergrund könnten die Züge deutlicher werden, die Karcher seiner „Freischärlerin" verliehen hat. Er hat dafür gesorgt, daß die Figur der Flora, – obwohl von der Rollenfunktion und gegen Ende der Novelle vom Erscheinungsbild her radikal, – *nie zur gesellschaftlichen Außenseiterin* gerät. Sie bleibt stattdessen eingebettet in ein gleichbleibend ihr wohlgesonnenes, gesellschaftliches Gefüge mit familienähnlichem Charakter.
Der konventionelle Rahmen der Flora-Szenen wird bereits dadurch gewahrt, daß sie sowohl als Bürgerin wie als Freischärlerin fast *nie ohne den ihr adäquaten männlichen Partner auftritt.* Der Repräsentationsgestus dieser Figur wird überdies dadurch unterstrichen, daß in den Partnerszenen Flora – Robert ein zweites, standesgemäßes Paar mit auftritt und zwar sowohl in der bürgerlichen Welt wie im Feldlager.
Mit dieser Doppelpaar-Strategie bleibt nicht nur der gesellschaftliche Anstand gewahrt, – das Protagonisten-Paar ist noch kein Ehepaar, sondern nur verlobt, – Heldin und Held geraten durch die mitauftretenden Personen zudem in ein besseres Licht. So werden beispielsweise Roberts leidenschaftlich demokratische Gesinnung und seine mitreißende Redekunst durch die ruhigeren und gemäßigteren Mispieler hervorgehoben; Floras Besonderheit durch zwei unbedeutendere weibliche Nebenrollen unterstrichen. Diese beiden Frauen, – Therese, die ältere Schwester Floras und Röschen, die jungverheiratete Frau eines Kompanieführers, – sind übrigens neben Flora die einzigen weiblichen Figuren in der von Männern beherrschten Novelle.

Die dramaturgische Einbindung Floras in einen die Konvention sichernden Rahmen bezeichnet indessen nicht nur ihre gesellschaftliche Zugehörigkeit. Sie ist zugleich ein Mittel zur *Abgrenzung gegen die Volksszenen,* gegen die Revolutionsbewegung als Volkserhebung. In keiner Szene mischt sich Flora direkt unters Volk. Ihre Teilnahme an öffentlichen Aktionen ist immer vermittelt durch den männlichen Protagonisten als Verbindungsfigur zwischen den sogenannten Kammerszenen und den Massenszenen.
Mit Hilfe der Dramaturgie hat Karcher auch den politischen Standort der „Freischärlerin" markiert. Bereits *durch ihre szenische Zuordnung zu Robert* und dem Kreis der Demokraten um ihn, *ist ihre politische Gesinnung* offenbar.
Da ihre politische Haltung und ihr gesellschaftliches Umfeld offenbar nicht im Widerspruch miteinander stehen, muß der Konflikt, der die Handlung antreibt, an einen anderen Schauplatz verlegt werden. Karcher hat dazu auf eine beliebte Praktik des Konversationsstücks, *auf die Intrige,* zurückgegriffen.
Während die Haupthandlung von den Ereignissen der badisch-pfälzischen Revolution im Jahr 1849 bestimmt wird, wird der Gang der Nebenhandlung, – und damit auch die Entwicklung Floras, – an entscheidenden Stellen von den Plänen einer Intrigantenclique gesteuert. Diese Gruppe der Gegenspieler, in deren Mittelpunkt ein betrügerischer Pfarrer und ein reicher Liebhaber stehen, repräsentieren, – wie könnte es anders sein, – die Partei der Aristokratie, der Kirche und des Geldadels.
Mit dieser Typencharakterisierung hat Karcher das Rollenrepertoire des Konversationsstücks, – das sich vorwiegend am Rollenmuster der bürgerlichen Familie orientiert, – erweitert um typische Vertreter der politischen Parteien um 1848/49.
Während nun die Machenschaften der Reaktionäre sich gegen die Revolutionsbewegung als Ganzes richten, richten sie sich vor allem auch gegen Floras Parteinahme für Robert und die Revolution: sie soll stattdessen für den Erzaristokraten Alfred und die Kirche (Karcher, S. 22) gewonnen werden. Floras Entscheidungen und Handlungen werden dadurch an entscheidenden Stellen zunächst von außen gelenkt, wenn nicht manipuliert. Diebstahl und Betrug, unterschlagene Briefe und falsche Nachrichten stiften nicht nur Verwirrung, sondern werden *an die Stelle der inneren Motivation* gesetzt.

3. „Sie sprechen mir aus der Seele!"

Wie wird aus Flora Florian?
Obwohl mittels der dramaturgischen Struktur eher Rollentypen als individuelle Charaktere in der „Freischärlerin" geschaffen wurden, kann dennoch

von einer Entwicklung der Titelfigur die Rede sein. Dabei ist der *Grundkonflikt zwischen Denken und Handeln,* zwischen Taten und Träumen nicht nur ein Leitmotiv der Frau, die den häuslichen Herd verläßt, um in die Schlacht zu ziehen. Karcher hat damit gleichzeitig das Dilemma der deutschen Revolution von 1848/49 thematisiert:

„Es liegt ein Fluch auf dem deutschen Charakter, daß wir vor lauter Bedenken kaum zum Denken, viel weniger aber zum Handeln kommen" (Karcher, 14).

Denken und Handeln, Sprache und Aktion: zwischen diesen beiden Polen entwickelt sich die Geschichte des bürgerlichen Mädchens Flora zur Freischärlerin, die sich Florian nennt.

Es ist dabei aufschlußreich, daß Karcher ein Frauenbild gezeichnet hat, dem im Bereich sprachlicher Auseinandersetzung Zurückhaltung angemessen scheint: in Diskussionen, ob im öffentlichen oder privaten Rahmen, *überläßt Flora das Wort den Männern.* Damit entspricht sie zwar einerseits dem allgemeinen Frauenbild ihrer Zeit; zugleich aber bleibt Karcher mit seiner Darstellung der revolutionären Frau weit hinter dem zurück, was Frauen bereits im Vormärz und in der Achtundvierziger-Revolution öffentlich in Wort und Schrift vertreten haben (vgl. Möhrmann 1978, 180, 3ff.).

Sicher ist die „Freischärlerin", gesehen durch die Brille von F. A. Karcher, z. B. keine Louise Aston, die im Berlin der 40iger Jahre des letzten Jahrhunderts eine Zeitschrift mit dem Titel „Der Freischärler" herausgegeben hat und die u. a. Gedichte und das „Glaubensbekenntnis einer emanzipierten Frau" veröffentlichte (vgl. Aston, 1983 und Cyrus in diesem Band).

Eher gehört sie zu dem „Kranz demokratischer Frauen", die von der Galerie aus den Redeschlachten der „begeisterten Jünger der Revolution" (vgl. Hummel-Haasis 1982, 40f.) folgten.

Als Autor mit der Vorliebe fürs Theater bevorzugt Karcher auch in seiner Novelle den Dialog.

In den Gesprächsszenen zwischen Flora und dem männlichen Protagonisten Robert, – in dem sich Karcher möglicherweise sogar teilweise selbst portraitiert hat, – kommt ein Frauenbild zum Vorschein, in dem sich *die Begeisterung für die Ideen der Revolution und traditionell weibliche Ausdrucksformen verbinden.* Während Robert öffentlich unter Beifall spricht, hört Flora „mit gerötetem Gesicht" (Karcher, 14) zu; während er im privaten Kreis die „Nationalversammlung als „ohnmächtiges Phantom" (Karcher, 16) geißelt und in einem langen Redebeitrag nicht für eine halbe sondern für eine ganze Revolution plädiert, klatscht sie am Ende Beifall (Karcher, 24).

Während sich Flora in den Gesprächsszenen mit den rhetorisch geübten Herren eher auf mimische und gestische Beifallsäußerungen beschränkt, ist sie im Zwiegespräch mit der bescheideneren Schwester jedoch fast ebenso beredt wie Robert:

„Die guten Deutschen! Trotz aller Erfahrungen seit dem vorigen Jahr haben sie noch nichts gelernt, aber alles vergessen. Sie glauben in ihrer Gutmütigkeit noch immer, die Freiheit werde ihnen über Nacht wie einem Kinde, dem man auf Weihnachten beschert, auf dem Präsentierteller gebracht."(12)

Mit dieser Meinung handelt sich Flora zwar den Vorwurf der Schwester ein, eine „wilde Demokratin" (11) zu sein; mit ihrer Äußerung dokumentiert sie indessen ihre Seelenverwandtschaft mit dem Radikaldemokraten Robert. Ihre politische und emotionale Übereinstimmung mit ihm gipfelt in dem Ausruf: *„Sie sprechen mir aus der Seele!"* (14).

Liebe und Politik, Denken und Empfinden, Sprache und Blick fließen ineinander. *Dabei ist es jedoch seine Sprache, die gesprochen wird.* Sie lehnt sich sprachlich und gedanklich an ihn an, erfährt damit Schutz vor gesellschaftlicher Diskriminierung und Isolation. Das bedeutet jedoch, daß sie keine eigene Sprache hat. Wenn von den Ideen der Revolution die Sprache ist, liefert er den Text, sie ist seine Interpretin.

Er ist der Gedanke, sie die schöne Form, er der Autor, sie die Sprecherin oder Sängerin, wenn auf einem Gesellschaftsausflug ins Grüne von ihr ein Lied zur Gitarre vorgetragen wird mit folgendem Refrain:

„Freiheit durch Verfassungswahrheit!
Gleichheit durch Gesetzesklarheit!
Bruderliebe, schling' ein Band
Um das ganze Vaterland!" (36)

Hinter der Figur Roberts wird der Autor Karcher sichtbar, – ein Anhänger der Revolutionsideen von 1848, – der mit der Gestalt der Flora auch sein weibliches Ideal geschaffen, eine Art Seelenverwandte, die zugleich Interpretin seiner Texte ist. Eine schöne Schauspielerin oder Sängerin, die keinen Anspruch auf Autorenschaft erhebt, die zwar seine Gedanken wirkungsvoll vermittelt, jedoch darin *weder ihre eigenen Vorstellungen zum Ausdruck bringt noch etwa die der Frauen um 1848:*

„Wo wieder aber ward der Ruf vernommen:
‚Für Alle Freiheit!' klang es fast wie Hohn,
Denn für die Männer nur war er gekommen
Im Wettersturm der Revolution.
Denn stürzte auch in Trümmern Thron um Thron:
Dem Männerrecht nur galt das neue Ringen,
Das Frauenrecht blieb in den alten Schlingen."
(Möhrmann 1978, 59)

So Louise Otto-Peters. Von ihrer sprachlichen Genauigkeit und politischen Selbständigkeit (vgl. Möhrmann 1978, 252ff.), – die in ihrer 1849 gegründeten „Frauen-Zeitung" oder in ihren Gedichten den Widerspruch zwischen den allgemeinen Freiheits- und Gleichheitsparolen und der gesellschaftlichen Realität der Frauen und ihrer Rechtlosigkeit auch nach der Achtundvierziger-Revolution angeprangert hat, – davon ist in Karchers „Freischärlerin" nichts zu spüren.

In den Dialogen zwischen dem Liebespaar offenbart sich vielmehr ein Frauenbild, dessen Ideologie des Gleichheitsgedankens sich ableitet aus einer romantisch-symbiotischen Beziehung der Geschlechter: der Gleichklang ihrer Seelen verbindet sich nicht nur in den Gesprächen über aktuelle politische Tagesfragen, sondern auch in der gemeinsamen Betrachtung der heimatlichen Landschaft.
Dabei sind die Schilderungen der „schönen Wälder, welche Kaiserslautern umkränzen" (32) einerseits realistische Landschaftsbeschreibungen des Terrains, auf dem sich die pfälzische Revolution abgespielt hat. Andererseits ist die Landschaftsbetrachtung im Gedankenaustausch zwischen dem Liebespaar zu einem *Topos für eine traditionelle Mann-Frau-Beziehung geraten.*

Flora: „Dies ist (ein) herrlicher Punkt, obgleich er sich gegen die paradiesischen Aussichten von der Höhe der vordern Pfalz, welche Sie täglich zu sehen gewohnt sind, bescheiden zurückziehen muß." Robert: „Sie sagten, dieser Punkt müsse sich bescheiden zurückziehen. – Sie haben recht, bescheidene Zurückgezogenheit ist die eigentliche Physiognomie dieses Bildes, und eben sie verleiht ihm diesen eigentümlichen Reiz... *Indem wir von Gegenden sprechen, schildern wir das Leben.* Ja, draußen ist's so, wie wenn der Mensch stolz auf seine eigene Größe... sich ins öffentliche Leben stürzt, mit Hindernissen kämpft... hier ruht er aus von den Mühen des Tages im traulichen Kreise; *draußen ist die Welt, hier ist der häusliche Herd,* draußen sind die Leidenschaften, hier ist die Liebe..."In Floras Auge glänzte eine Träne (46/47, Herv. J.B.).

Mit ihrer stummen, tränenumflorten Zustimmung zu dieser Rollenzuweisung endet dieses Gespräch, das mit der Verlobung besiegelt wird.

4. Näharbeiten für die Revolution

Dennoch wird Flora den häuslichen Herd verlassen, um an den bewaffneten Kämpfen der Pfälzer Revolutionsbewegung teilzunehmen. Ihr Ausbruch aus der traditionell weiblichen Rolle, ihr Aufbruch vom Denken zum Handeln, vom Bekenntnis zur Aktion erfolgt indessen nicht unvermittelt.
Im folgenden sollen die einzelnen Etappen nachgezeichnet werden von den Aufbruchsphantasien bis zum bewaffneten Kampf, die Karcher für die Entwicklung Floras zur Freischärlerin entworfen hat.
Bereits im Vorfeld ihrer revolutionären Entschlüsse und Handlungen hat der Autor für *kleine Verletzungen des Konversationstons,* für „unartiges Benehmen" (26) im Rahmen konventioneller Gesprächsszenen gesorgt. Allerdings wird hier schon deutlich, daß Floras beleidigende Attacken legitimiert sind durch ihre Parteinahme für Robert und seine Gesinnungsgenossen:

„Flora warf dem Sprecher einen wütenden Blick zu und fuhr heraus: ‚Sie scheinen zu vergessen, Herr Alfred, daß diese Herren die Sache des Vaterlandes nicht wie Sie für Komödie und Possenreißerei ansehen.' Alfred biß sich vor Ingrimm in die Lippen. Eine ängstliche Pause entstand..." (26).

Erste Aktivitäten für die demokratische Bewegung entfaltet Flora noch durchaus im Rahmen *„harmloser" weiblicher Handlungsmöglichkeiten* (vgl. Hummel-Haasis, 1982 9, Herv. J. B.), „mit der Anfertigung von Blusen und anderer Arbeiten für die Volkswehr" (87), während der Verlobte Robert mit „Schießübungen und Exerzitien" (87) für die Volkswehr beschäftigt ist.
Wie im verbalen Bereich so bleibt auch im Aktionsbereich zunächst die herkömmliche Rollenverteilung gewahrt: er ist für die Hauptsache zuständig, sie für den dekorativen Zusatz; er für den Inhalt, sie für die schöne Form; er für den revolutionären Kampf, sie für das Kostüm des Revolutionärs.
Vielleicht wurde ihre Phantasie während der Näharbeiten beflügelt, vielleicht kam Aufbruchsstimmung auf, als sie das Haus verließ und „die Runde (machte) bei ihren Freundinnen, um diese zu gleichem Eifer zu ermuntern" (87).
Sicher ist, daß die bevorstehende *Trennung von dem Geliebten,* – der mit der pfälzischen Freiheitsarmee das Hauptquartier in Kaiserslautern verlassen muß, – Träume weckte und Wünsche auslöste, die Fesseln der sogenannten „Konvenienz" zu durchbrechen:

„Warum kann ich ihn nicht begleiten, alle Gefahren und Mühen mit ihm tragen ...?
Warum nicht im Kampfe, wenn die Kugeln pfeifen, an seiner Seite stehen?
Kämpft denn der Mann nur allein für sich? Ist die Freiheit nicht für uns alle? Haben wir Frauen nicht auch ein Herz, welches für das Vaterland schlägt, ist unser Arm zu schwach, um die Waffe zu tragen?
Elende Bande der sogenannten Konvenienz, die uns Frauen fesselt! Warum sind wir so schwach, warum haben wir den Mut nicht, sie zu sprengen?" (107)

In einem *inneren Monolog* nehmen Floras *Ausbruchsphantasien* zuerst Gestalt an. Dabei fällt auf, daß hier frauenemanzipatorische Themen anklingen, – allerdings in einer von Karcher modifizierten Form, – die 1849, also im Entstehungsjahr der „Freischärlerin", in der von Louise Otto-Peters herausgegebenen „Frauen-Zeitung" publiziert wurden. Ob Karcher darin gelesen haben mag?
„Freiheit für alle" (vgl. Möhrmann 1978, 59f.) und „die elenden Bande der sogenannten Konvenienz" (vgl. Möhrmann 126ff.) sind hier die Stichworte. Während indessen die Frauen, die sich für die Veränderung der Lebensbedingungen der Frauen eingesetzt haben, für die gesetzliche Gleichheit und damit für die Freiheit der Frauen gekämpft haben; während sie mit der Lösung von den „elenden Banden der Konvenienz" sich von der „herrschenden Konvenienzehe" lossagten, träumt Flora von einer *Gleichstellung mit dem Mann nicht im Alltag sondern im Kriegsfall.*
Die vorherrschende Motivation ihres Gleichheitsgedankens ist der Wunsch, wie im häuslichen Bereich so auch auf dem Schlachtfeld begleitend in seiner Nähe zu sein. Ihr Traum von der Bewaffnung als Mittel zur Frauenbefreiung und zur Befreiung des Vaterlandes bleibt dagegen *rhetorischer Aktionismus,*

dem, – wie noch auszuführen sein wird, – die konkreten Grundlagen fehlen. *Der Umschlag ihrer Handlungsphantasien zum tatsächlichen Aufbruch* wird dann folgerichtig ausgelöst durch den Abbruch jeglicher Verbindung zu dem Geliebten. Bezeichnenderweise ist eine Intrige dabei die treibende Kraft, so daß Floras Entscheidungen in mehrfacher Weise von außen beeinflußt werden.

„Als sie allein war, brach der Sturm in ihrem Innern los. Eine unaussprechliche Freude, aber auch eine unsägliche Angst bewegten sie zu gleicher Zeit. Robert war noch der ihre, Robert liebte sie noch, aber der Feind, der sich fortwährend zwischen sie stellte, erfüllte sie mit Grauen. Ihr erster Gedanke war, zu der Schwester zu eilen und ihr alles mitzuteilen, ... einen sicheren Boten zu bestellen, um diesen zu Robert zu schicken, ... aber da zuckte plötzlich eine Idee durch ihren Kopf, die Idee eines früheren Traums“ (119f.).

Der Entschluß, den gesellschaftlich vorgegebenen Rahmen zu verlassen, ist bezeichnenderweise erst im Zustand gesellschaftlicher Isolation möglich und vor dem Hintergrund erfahrener Leiden. Flora, bislang eingebunden in einen vertrauten, gesellschaftlichen Rahmen, kann sich jetzt niemand mehr mitteilen. Sie hält ihren Entschluß geheim, sie hat dafür keine Sprache: der Autor hat für ihren einsamen Entschluß keine Sprache: *Er hat die Szene ausgespart,* die die Umwandlung von der Bürgerin zur Freischärlerin konkretisieren und nachvollziehbar machen würde.
Stattdessen wird noch einmal die vertraute Umgebung geschildert am „Tag danach“: eine weinende Schwester, ein leeres Bett, die unbestimmte Erinnerung an eine winkende Gestalt im Morgengrauen, ein Abschiedsbrief muten eher wie *Versatzstücke aus einem Trivial- oder Unterhaltungsroman* an.
Und Karcher will auch unterhalten. Er will das Lesepublikum für die rückblickend geschriebene Geschichte der Pfälzer Revolution interessieren. Wenn er seine Leserinnen und Leser schließlich direkt auf den Kriegsschauplatz führt, benützt er dazu die Figur Floras, deren Liebesgeschichte rührt, mit der Leserinnen und Leser sich identifizieren können. Wenn Flora auch verschiedene Etappen der Entwicklung – von der Begeisterung für die Ideen der Revolution bis zur Teilnahme am Kriegsgeschehen durchläuft, – so bleiben diese Stationen nur äußerliche. An der inneren Entwicklung einer Frau, die sich tatsächlich aus den Banden der „Konvenienz“ befreit, ist Karcher nicht interessiert. Er will und kann sicher nicht die Geschichte einer Frau schreiben, sondern *er benutzt die weibliche Figur einschließlich ihrer Entwicklungsprozesse als publikumswirksames Mittel für die spannende und unterhaltende Geschichtsschreibung der pfälzischen Freiheitsbewegung.*

5. „Sie schien ein Mann geworden"

„Er trug die gewöhnliche Freischarenbluse und den Turnerhut" (121). Doppelt getarnt trifft Flora auf dem Kriegsschauplatz ein. Mit ihren weiblichen Kleidern hat sie zugleich ihren Namen abgelegt: ihr Ubertritt von der Nebenhandlung in die Haupthandlung, vom Privaten an die Öffentlichkeit ist ihr nur *in der Verkleidung und unter dem Namen eines Mannes* erlaubt. An zeitgenössischen oder literarischen Vorbildern für dieses Motiv hat es Karcher sicher nicht gefehlt. Dabei hat seine Abenteuerin im Männerkostüm sicher weniger gemeinsam mit den Verkleidungen einer Aston (Sand), die sich Männerkleider nähte, um ihren Aktionsradius und ihre Erfahrungen als Schriftstellerin unbehelligt erweitern zu können.

Eher scheint sie mit den weiblichen Rollenfiguren verwandt zu sein, die in sogenannten Hosenrollen vorwiegend im Lustspielrepertoire der Theater ihren publikumswirksamen Platz behaupten, etwa wie die schöne Rosalinde in Shakespeares „Wie es Euch gefällt" (vgl. Kindermann, III, 1959, 75) oder die „reizende Julie" in dem Konversationsstück „Die Bekenntnisse" von Bauernfeld (vgl. Buck 1968, 56f.).

Aber während die Lustspielfiguren das männliche Kostüm nur angezogen haben, um damit ungehindert in die Nähe des Geliebten gelangen zu können, um die Hindernisse, die einer Heirat im Wege stehen, zu umgehen, hat die Freischärlerin in ihrer Uniform noch andere Ziele vor sich.

Zwar war auch das ursprüngliche Motiv ihrer Verwandlungstat die Überwindung der Trennung von dem Geliebten, aber in seinen Armen ist sie dennoch nicht am Ziel ihrer Wünsche angelangt.

„Die Sonne war schon hinter den Vogesen hinabgesunken, im Zimmer dämmerte es bereits, als der angemeldete Jüngling mit einem schüchternen: ‚Guten Abend!' eintrat... ‚Was wollen Sie?' fragte Robert barsch... ‚Wer sind Sie? Was führt Sie zu mir?'

‚Die Liebe zum Vaterland' antwortete dieselbe sanfte Stimme, jetzt aber ohne Verstellung und in all ihrer Klarheit. – Jetzt hatte Robert die Stimme erkannt. Er blickte in ein Auge, das sich mit Tränen füllte... ‚*Die Liebe zum Vaterland*', hatte die Stimme gesagt, ‚*und die Liebe zu Dir!*' (121/122, Herv. J. B.).

Mit diesem doppelten Motiv rückt Karchers Freischärlerin ganz in die Nähe einer Frauengestalt ihrer Zeit, die ihrem Mann ebenfalls in den badisch-pfälzischen Freiheitskrieg gefolgt ist. In ihren Memoiren hat Mathilde Franziska Anneke ihre Beweggründe folgendermaßen festgehalten:

„Wisset, nicht der Krieg hat mich gerufen, sondern die Liebe, – aber ich gestehe es Euch, – auch der Haß, der glühende, im Kampf des Lebens erzeugte Haß gegen die Tyrannen und Unterdrücker der heiligen Menschenrechte. Mit der Liebe bin ich dem Manne meines Herzens gefolgt, ... Die Liebe, aber auch die Hoffnung, wenigstens auf den Anfang eines Sieges über die Unterdrücker..." (Anneke 1982, 10).

Auch wenn F. A. Karcher dieses Selbstzeugnis von Mathilde Franziska Anneke nicht wörtlich kannte, – erst 1853 im amerikanischen Exil hat sie es im Selbstverlag herausgebracht (vgl. Hummel-Haasis, 1982, 222), – so ist doch anzunehmen, daß Karcher zumindestens aus der Presse seiner Zeit Kenntnis von ihrer aktiven Beteiligung an den badisch-pfälzischen Freiheitskämpfen erhalten hat ebenso wie von der Teilnahme anderer Frauen, etwa von Frau Blenker oder Amalie Struve (vgl. Haasis 1977, 225).
Während nun die reaktionäre Presse das Auftreten von Frauen in der Männeröffentlichkeit der Revolutionstruppen diffamiert und ihre Ablehnung vor allem auch an der Männerkleidung der Freiheitskämpferinnen festgemacht hat, – obwohl nachgewiesenermaßen gerade M. F. Anneke in ihrer „gewöhnlichen Frauentracht, die nur durch ein leinenes Beinkleid zu einem Reitanzuge complettirt wurde, den Feldzug an der Seite (ihres) Gatten mitgemacht" hat (vgl. Anneke 1982, 48), – *gewinnt Karchers Freischärlerin erst in Männerkleidung an Ansehen, Wertschätzung, Legitimation, ja, Macht.*
Ihre Umwandlung von der errötenden Braut zum kampfentschlossenen Freischärler scheint indessen auch vollständig gelungen. Denn mit dem Kleiderwechsel hat sie mehr abgelegt als nur die äußere Hülle, die männliche Kleidung scheint ein Teil ihrer selbst geworden zu sein: *„Sie schien ein Mann geworden."* (123)
Mit diesem Umschmelzungsprozeß hat Karcher *die Legitimationsbasis für ihren Aufenthalt in der Männeröffentlichkeit, für ihre aktive Beteiligung am Freiheitskampf* geschaffen.
Für ihre doppelte Motivation, – „Aus Liebe zum Vaterland" und „Aus Liebe zu Dir", – wird dieser Geschlechtsumwandlungsprozeß im folgenden auch in doppelter Weise von Bedeutung sein.

6. Vom Hermaphroditen zur Heiligen

Nach der ersten Wiedersehensfreude besteht Robert darauf, daß seine Braut zurückkehrt in die häusliche Sicherheit und in ihre angestammte Frauenrolle.
Das männliche Kostüm, – das ihr zunächst als Deckmantel gedient hat, um ungehindert auf den Kriegsschauplatz gelangen zu können – verleiht ihr jetzt *eine Art psychischer Panzerung:* nicht nur ihre Stimme ist „fest" (123) geworden, auch ihre äußere und innere Haltung, mit der sie sich seinem Willen widersetzt.

> „Zweifle nicht an meinem Mut und an meiner Ausdauer, . . . wende mir nicht ein, ein schwaches Mädchen wie ich, die vor einer Umarmung in Ohnmacht sank, könne die Mühseligkeiten eines Feldzuges nicht ertragen. *Nein, ich kann Mann sein.* Seitdem mein Entschluß gefaßt ist, fühle ich eine Kraft in mir, welche allen Hindernissen Trotz bieten wird" (123, Herv. I. B.).

Nicht in ihrer weiblichen Identität tritt sie ihm jetzt zum Handeln entschlossen entgegen, sondern ein Mann tritt dem anderen Mann gegenüber. Sie ist ihm gleich geworden.
Doch der Gleichklang ihrer Seelen, der sie anfangs romantisch verband, hat jetzt einen härteren Ton angenommen. Noch verbunden durch die gleiche „Begeisterung für die heilige Sache des Volkes" (124), geraten ihre Vorstellungen über die gleichen Handlungsmöglichkeiten aneinander. *Indem die Freischärlerin jedoch als Mann das Gleichheitsprinzip auch für den Handlungsbereich fordert, bleibt sie als Frau davon unberührt.* Und Karcher ist es gelungen, in ein und derselben Figur einerseits die Emanzipationsforderung einzulösen und gleichzeitig das traditionelle Frauenbild zu retten.
Darüber hinaus hat Karcher dieses Frauenbild doppelt abgesichert. Die Freischärlerin, die die vorgegebenen Grenzen gesellschaftlicher Konvention überschreitet, handelt nicht nur im äußeren und inneren Rollenkostüm eines Mannes sondern überdies *schicksalhaft gelenkt von einer höheren Macht: „Ich kann nicht anders."* (124).
Damit hat der Klassikeranhänger Karcher (vgl. Haasis 1977, 187) sie in die Tradition etwa der Schillerschen „Jungfrau von Orleans" gestellt, die sich „in schöner Übereinstimmung mit der klassischen Geschlechterphilosophie nicht als Subjekt ihres eigenen Handelns, sondern als Objekt eines höheren . . . Willens" versteht (vgl. Stephan 1984, 35).
Die Geliebte in den Kleidern und der Attitüde eines Mannes, ihre Ferne trotz ihrer Nähe üben auf den Betrachter einen eigentümlich ästhetischen und erotischen Reiz aus. Die weibliche Protagonistin, die bislang eher durch ihre Sprache und ihr Handeln charakterisiert wurde, wird in dieser Szene zum ersten Mal in ihrer sinnlichen Erscheinung sichtbar:

> „Wie schön erschien sie ihm in der männlichen Tracht! Die gestreifte Bluse, deren Gürtel leicht ihre Taille umschloß, stand ihr allerliebst. Ein Teil ihres üppigen kastanienbraunen Haares war unter die Schere gefallen. Es wallte jetzt nur noch, aber nicht minder schön, in reichen Locken bis auf die Schultern herab, und unter dem breitgekrempten Hütchen blitzten ihre dunklen, glänzenden Augen so feurig hervor, daß man sich keine reizendere Erscheinung denken konnte, und Georg ganz recht hatte, als er beim Anmelden von ihr sagte:
> Es ist ein bildschöner junger Mensch" (124).

Den Widerspruch zwischen männlichem und weiblichem Prinzip, zwischen einem an der Klassik orientierten Weiblichkeitsideal und dem Aufbruch der Frauen in der Achtundvierziger-Revolution hat Karcher schließlich dadurch zu lösen versucht, indem er die Polaritäten in ein und derselben Figur zur Deckung bringen will. Damit hat er mehr oder weniger an die *Sehnsucht der Romantiker* angeknüpft, Gegensätzlichkeiten zur verschmelzen, Zerrissenes zu versöhnen, Körper und Geist, Seele und Körper, Männliches und Weibliches miteinander symbiotisch zu vereinigen.

„Das Frauenideal der Romantiker war nicht die betonte Weiblichkeit, die Schiller liebte, sondern die männliche Karoline Schlegel oder die knabenhafte Bettina", schreibt der Historiker Franz Schnabel in seinen Grundlagen zur „Deutschen Geschichte im neunzehnten Jahrhundert" (Schnabel 1964, 315). Dabei geht es ihm in diesem Zusammenhang vor allem auch darum, die theoretischen bzw. die ästhetischen Grundlagen für diesen – wie er es nennt, – „modernen Feminismus" (Schnabel 315) aufzuzeigen, die er vor allem im Griechenlandideal des Altertumsforschers Winckelmann (1717–1768) sieht, dessen Ästhetik die Lebens- und Kunstauffassung der Romantiker und damit ihr Frauenbild nachhaltig beeinflußt hat.
„Winckelmann hatte *im Hermaphroditen der griechischen Plastik und als Gegenstück in der Amazone – das „Idealschöne" verwirklicht gesehen,* ... so rühmte er (daran) den ephebenhaften Körper und die männliche Seelenverfassung" (Schnabel, 316, Herv. I. B.). Karchers Freischärlerin als „bildschöner junger Mensch" steht indessen nicht nur in der Tradition jener hermaphroditischen Gestalten, die weder Mann noch Frau sind. Sie verkörpert nicht das 3. Geschlecht, sondern die *Aufhebung der Geschlechtlichkeit,* etwa wie die Jungfrau von Orléans, nicht die „Vermischung der Charaktere, sondern ihre Abstraktion" (Schnabel, 317).
Daß mit der geschlechtlichen Abstraktion der Freischärlerin auch das Motiv „Aus Liebe zu Dir" gefährdet ist, wird dem Bräutigam spätestens dann vor Augen geführt, als eine andere Frau unter dem Motiv „Ich erfülle die Pflicht der Gattin" (152) ihrem Ehemann ins Feldlager folgt.

„Robert ... dachte, unter dem Schutz von Bennos Frau könne (Flora) die Frauenkleider wieder anziehen und ihn auf diese weniger beschwerliche Weise begleiten. Das mutige Mädchen wies indessen dies Ansinnen mit Entschiedenheit zurück" (153).

Die Ästhetisierung, wenn nicht Entsexualisierung Karchers Freischärlerin ist sicher nicht nur ein dramaturgischer Kniff. Der Autor, ein Verfechter der Freiheitsbewegung, wollte damit vor allem jenen Angriffen auf die demokratische Volkserhebung begegnen, die die Beteiligung von Frauen an der Bewegung schlechthin diffamierten und die besonders die Freischärlerinnen der Unsittlichkeit bezichtigten:

„Bekannt ist ja, daß solche Dirnen selbst, in Mannestracht gekleidet, am Freischarenzug teilnahmen. Wie mag es mit der Sittlichkeit solcher Heldinnen aussehen?" (Hummel-Haasis 1982, 20).

Aus der Hure ist bei Karcher fast eine Heilige geworden, die für die Idee von der Befreiung des Vaterlandes ihre Weiblichkeit verleugnet, wenn nicht geopfert hat. Damit ist sie, trotz ihrer Schönheit, bereits *präventiv über jeden Verdacht der Sittenlosigkeit erhaben.*
Während im folgenden Roberts Männlichkeit immer mehr in den Hintergrund tritt, bleiben auch die anderen Männer der Kompanie in ehrfürchtiger Distanz:

„Ihre Schönheit mußte natürlich den übrigen Wehrmännern auffallen, und so ging auch schon in den ersten Tagen ihres Eintritts das Geflüster durch die ganze Kompanie, Florian sei eine Frau... Keiner aber ließ es sie merken, daß ihr Geheimnis entdeckt sei, und nur unter sich sprachen sie, aber immer mit einer Art von *Verehrung und heiliger Scheu,* von ihrer schönen Freischärlerin" (155, Herv. I. B.).

7. Die Freischärlerin als Allegorie

Die Metamorphosen der Freischärlerin sind indessen noch nicht abgeschlossen.

Nachdem sie erst in hermaphroditischer Gestalt und zuletzt als „reines Wesen" ihren Platz in der Männeröffentlichkeit des Feldlagers behauptet hat, beginnt mit dem Vorrücken der preußischen Truppen gegen die badisch-pfälzische Volksfront ein neues Stadium nicht nur für die Freiheitsbewegung, auch für die Freischärlerin. Nachdem sie „unter dem Namen Florian in die Schützenkompanie aufgenommen war" (155), setzt sich der Autor nun mit ihrer direkten Beteiligung am bewaffneten Kampf auseinander.

Dabei greift er zunächst wieder auf sein beliebtes Stilmittel, die Konversation, zurück, wobei in Rede und Gegenrede zwischen dem Protagonistenpaar und einem befreundeten Ehepaar, – also in konventionellem Rahmen, – *die radikalste Form weiblicher Beteiligung an den Freiheitskämpfen erörtert* wird. Hier Flora und Röschen im Gespräch:

„Wir werden uns gemeinschaftlich in den Waffen üben", setzte Flora hinzu. – „In den Waffen? Was diese betrifft, so gedenke ich deren Führung meinem Mann zu überlassen. Ich hoffe, er wird mich zu schützen wissen." – „Und Du willst nicht selber die Waffe tragen?" „Das ist mir noch nicht eingefallen. Ich glaube auch, ohne dies mich nützlich machen zu können. Ich werde kochen, waschen, Kleider ausbessern, kurzum alle jene Arbeiten verrichten, denen wir Frauen uns zu Hause unterziehen.

„Nun ja, Du hast Recht, Röschen. Auch auf diese Weise kannst Du Dich nützlich machen. *Ich aber, ich werde die Waffen tragen.* Du weißt ja, ich kann schon etwas damit umgehen, ich habe schon recht gut nach der Scheibe geschossen. Und das Marschieren und Exerzieren werde ich lernen, wie man Tanztouren einübt" (152f. Herv. I. B.).

Nicht unter dem Motto „Aus Liebe zu Dir" sondern unter der Devise „Aus Liebe zum Vaterland" fordert Flora auch für sich *das Recht, Waffen zu tragen.* Dabei ist das entscheidende Motiv jetzt nicht mehr vorrangig, alles mit „ihm" zu teilen, sondern der *Anspruch auf gleiche Rechte.*

Daß diese Gleichheitsforderung sich so ausschließlich auf das Recht der Bewaffnung kapriziert, verdeutlicht wiederum, daß Karchers Freischärlerin völlig losgelöst ist von den realen Lebensbedingungen der Frauen ihrer Zeit, deren Forderungen nach gleichen Bildungschancen zum Beispiel, nach sozialer Gleichberechtigung, nach der „Teilnahme der weiblichen Welt am Staatsleben" (vgl. Möhrmann 1978, 253ff.) konkrete Ziele verfolgten. Aber auch das Insistieren auf dem Recht der Bewaffnung als Ausdruck der Gleichbe-

rechtigung entbehrt der Konkretion, der realen Handlungsmöglichkeiten. Im Verlauf der Erzählung wird ihr Umgang mit der Waffe auch nirgends aktiv dargestellt: der Waffengebrauch bleibt spielerisches Als-ob-Handeln – „wie man Tanztouren einübt", *er steht für die Möglichkeit des Handelns, nicht für das Handeln selbst.*
Gerade diese Behandlung der Thematik verdeutlicht, daß es Karcher letztlich überhaupt nicht darum ging, Frauen tatsächlich in die revolutionären Auseinandersetzungen mit einzubeziehen. Indem er sie bis zum Kern der Haupthandlung vordringen läßt, hat er sie gleichzeitig, – mittels solcher Scheingefechte, – aus der Handlung herausgehalten.
Im Vergleich etwa auch mit anderen Frauen, die tatsächlich an den bewaffneten Auseinandersetzungen der Achtundvierziger-Revolution teilgenommen haben, – wenn auch nicht mit spektakulären Aktionen sondern mit relativ unscheinbaren, aber dennoch konkreten Handlungen (vgl. Anneke 1982, 31f.), – wird deutlich, daß Karchers Freischärlerin letzten Endes nicht die Verkörperung einer realen Gestalt ist, sondern einer Idee: mit seinen Mitteln hat der Autor mit der *„Freischärlerin" eine Allegorie der gescheiterten Revolution von 1848/49 geschaffen.*
Diese Vermutung läßt sich vor allem auch gegen Ende der Novelle erhärten, bevor es zur entscheidenden Schlacht kommt zwischen den preußischen Truppen und der badisch-pfälzischen Volkswehr.
Auch wenn Flora die Waffe nicht selbst führen wird, so hat allein die Auseinandersetzung mit dem Gedanken der Bewaffnung sie verändert, ihren Geist und Willen gestählt: während Robert von Ängsten erfüllt ist angesichts der Übermacht der preußischen Truppen, erwartet sie den Kampf „mit Spannung, mit Sehnsucht" (169); während einige Männer – „Keine Männer! Es waren Feiglinge" (170), – „aus Mißmut oder Ermüdung die Fahne verlassen" (166), *hält sie die Fahne der Revolution hoch:*

„Kleinmütiger! . . . wie kannst Du so mutlos sein? . . . Die Sache, für welche wir streiten, ist eine gerechte, heilige. Wir können untergehen, unsere Sache nicht" (167).

Indem die männliche und weibliche Rolle vertauscht werden, – *Flora die geistige Führung übernimmt,* Robert nicht mehr wagt, ihr zu widersprechen, – hat sich zwar einerseits im Rollentausch das Ideal der romantischen Liebe erfüllt, die im „Unterschied der Geschlechter etwas Zufälliges, Gleichgültiges sah" (vgl. Schnabel, 314f.). Mit dem Rollentausch wird aber auch gleichzeitig der weibliche Teil von der soeben noch hermaphroditisch erscheinenden Gestalt der Freischärlerin abgespalten und so vollständig an den Mann abgegeben, daß dieser Anteil nicht mehr in seine ursprüngliche Gestalt zurückkehren kann. Das heißt aber auch: *das Frauenbild existiert unabhängig von den weiblichen Lebenszusammenhängen nur noch im Kopf des Mannes.*

8. Tod und Auferstehung als Geschichtsschreibung

Damit ist die letzte Station des Heldenlebens der Freischärlerin erreicht: mit ihrem Tod.
Noch bevor sie überhaupt einen Fuß auf den Kriegsschauplatz gesetzt hat, thematisiert sie bereits ihren Tod auf dem Schlachtfeld, jedoch nicht als Schreckensvision, sondern als Wunschbild:

„O, wie schön ... muß ein solcher Tod sein, zu sterben für's Vaterland, für die Freiheit der Völker! Wie sanft muß sich's ruhen unter dem Totenhügel des Schlachtfeldes! Wie elend ist dagegen ein Leben unter der Schande der Knechtschaft" (151).

Ein Jahr nach der Niederschlagung der badisch-pfälzischen Volkserhebung durch die preußischen Truppen hat Karcher in der „Freischärlerin" versucht, der Opferideologie und dem Heldentod einen Sinn zu verleihen, die Geschichte nicht in Vergessenheit geraten zu lassen, vor allem aber auch der Toten zu gedenken und der Revolutionäre, denen die Flucht in die Emigration gelungen war und die in ihrer Abwesenheit zum Tode verurteilt wurden. Auf dem von Karcher entworfenen Schlachtfeld stirbt indessen kein Mann, sondern eine Frau, – die übrigens in dieser Novelle bezeichnet wird als das „einzige Opfer", das es zu beklagen gab (vgl. 174). Karchers Freischärlerin stirbt indessen nicht nur als Freiheitskämpferin: sie stirbt einen *doppelten Tod,* wie sie auch eine *doppelte Auferstehung* erlebt: *als Geliebte und als Revolutionärin.* Männerkostüm, Bewaffnung und der erste Auftritt auf dem Kriegsschauplatz besiegeln den Tod der Freischärlerin als Geliebte. Als Posten eines Spähtrupps, flankiert von Robert, wird sie genau in dem Augenblick erschossen, als sie damit beginnen will, den ersten militärischen Auftrag auszuführen.
Letztlich hat die Geliebte nichts auf dem Kriegsschauplatz verloren. *Ihr Tod restauriert die alte Ordnung:* erst über die sterbende Geliebte gebeugt, findet Robert wieder zurück in seine angestammte männliche Rolle; und erst die tote Geliebte gibt ihm das traditionelle Frauenbild zurück. In der Erinnerung kann Robert die Spuren einer Flora verwischen, die ihm als Florian entfremdet war. In der rückwärtsgewandten Erinnerung kann er sich mit der toten Geliebten vereinigen, wie der Romantiker Novalis alias Friedrich von Hardenberg mit seiner toten Braut Sophie (vgl. Novalis, o. J., 57f.):

„In Floras Auge erglänzte eine Träne, ich wage in dies Auge hineinzusehen, und sie, es war *ein* und derselbe Blick, *ein* Gedanke, *ein* Wort: Flora! Robert ... Schwelge ich im Genusse jener Stunde, dann lebt Flora, dann ist sie die meine, dann ist es unmöglich, daß sie tot sei, denn ich fühle mich vereint mit ihr, wir führen ein seliges Leben" (Karcher, 181, Herv. I. B.).

Mit dem Tod der Freischärlerin wird zwar das Ende der Revolutionsbewegung angesagt, – „wild loderten die Flammen, sie leuchteten als Leichenfackeln der erdrücken Revolution" (176) – *nicht aber der Tod der Revolutionsidee.*

Das Bild, das sich Flora vom Ungarn der Achtundvierziger-Revolution gemacht hat, an dem sie festhält und das durch nichts beeinträchtigt werden kann, mag dafür stehen:

„... es soll euch doch nicht gelingen, das schöne Bild ... zu verderben" (169).

Es ist sicher bezeichnend, daß Karchers Novelle mit der Sorge um die angemessene Pflege des Grabes der Freischärlerin endet: die Einzäunung der Grabstelle, die Besorgung der Inschrift, ein Aussichtsplateau, auf dem Besucher erinnernd verweilen können: sie stehen für eine Geschichtsschreibung, die die Idee der Freiheitsbewegung zumindestens weiterschreibt.

Literatur

Anneke, M. F.: Mutterland. Memoiren einer Frau aus dem badisch-pfälzischen Feldzuge 1848/49 (Newark 1853), Nachdruck München 1982

Aston, L.: Ein Lesebuch. Gedichte, Romane, Schriften in Auswahl (1846–1849), hg. von K. Fingerhut, Stuttgart 1983

Buck, I.: Auguste Wilbrandt Baudius' Konversationsstil, Wien 1968

Gerhard, U.: Über die Anfänge der deutschen Frauenbewegung um 1848. Frauenpresse, Frauenpolitik, Frauenvereine, in: Frauen suchen ihre Geschichte, hg. von K. Hausen, München 1983

Haasis, H. G.: Die Pfälzer Revolution von 1849 und Friedrich Albrecht Karchers Novelle „Freischärlerin", in: Karcher, F. A.: Die Freischärlerin. Eine Novelle aus der Pfälzer Revolution von 1849 (Kaiserslautern 1851), Frankfurt 1977

Hummel-Haasis, G.: Schwestern, zerreißt eure Ketten. Zeugnisse zur Geschichte der Frauen in der Revolution von 1848/49, München 1982

Karcher, F. A.: Die Freischärlerin. Eine Novelle aus der Pfälzer Revolution 1849, (Kaiserslautern 1851), Frankfurt 1977

Kindermann, H.: Theatergeschichte Europas, Bd. III, Salzburg 1959 und Bd. VII, Salzburg 1965

Möhrmann, R.: Frauenemanzipation im deutschen Vormärz. Texte und Dokumente, Stuttgart 1978

Novalis: Hymnen an die Nacht, Wiesbaden 1957

Schnabel, F.: Deutsche Geschichte im neunzehnten Jahrhundert. Die Grundlagen der neueren Geschichte, Freiburg 1964

Stephan, I.: Da werden Weiber zu Hyänen ... Amazonen und Amazonenmythen bei Schiller und Kleist, in: Feministische Literaturwissenschaft. Dokumentation der Tagung in Hamburg vom Mai 1983, hg. von I. Stephan und S. Weigel, Argument-Sonderband AS 120, Berlin 1984

Michelets „Frauen der Revolution“

Helga Grubitzsch

Frauengeschichte wird in der Regel von Männern aufgezeichnet. Die Frauen der Französischen Revolution machen da keine Ausnahme. Schon die Zeitgenossen malten ein verzerrtes Bild von ihnen: Journalisten schrieben die Zeitungsberichte über ihre Aktionen oder verfaßten Pamphlete, die Nationalversammlung der Männer kommentierte und entschied über ihre Petitionen, Polizisten protokollierten ihr Verhalten, Richter fällten Urteile über sie, Mediziner beurteilten ihren Geisteszustand. Abgesehen von den wenigen Selbstzeugnissen (die ihre Erhaltung in der Regel auch männlichem Interesse verdanken), sind alle zugänglichen Quellen über die Frauen der Revolution durch die Wahrnehmung von Männern gefiltert. Die Historiker schrieben dann ihre Geschichte, eine Geschichte, die mehr über die Vorstellungen der Männer, ihre Ängste, Wünsche und Phantasien verrät als über die Frauen.

Um die Geschichte der Frauen in der Französischen Revolution zu rekonstruieren, ist es zunächst notwendig, die Mythen, die Männer von ihnen geschaffen haben, zu erkennen und zu destruieren. Ich fange damit bei Michelets „Frauen der Revolution“ an, weil dieses Buch bis heute als Standardwerk gilt und die Geschichtsschreibung nachhaltig beeinflußt hat. Noch Duhet erweist ihm Reverenz, wenn sie ihr Buch „Les femmes et la Révolution“ (1971) mit einem Anfangskapitel über Michelet eröffnet und ihn auch im Text mehrfach als Quelle zitiert (vgl. z. B. S. 79f.).

1. Michelet

Michelet gilt in Frankreich als Begründer der modernen Geschichtsschreibung. „Mit Michelet beginnt die Geschichte“, schreibt Seebacher (1977, 103) – eine Geschichte, die ihre männliche Herkunft nicht verleugnet:

> „Die Geschichte, die wir thörichterweise als weibliches Wort gebrauchen, ist ein rauher, wilder Mann“ (Michelet 1860, 140).

Eine solche Geschichte scheint Michelet wohl geeignet, den jungen Mann auf den Kampf des Lebens vorzubereiten, ein junges Mädchen würde sie jedoch nur ermüden und verderben. Sie soll aus der Natur lernen, denn die Natur ist weiblich wie sie:

„Für den Mann, der zur Arbeit berufen ist, zum Kampfe der Welt, ist die Geschichte, die Darstellung dieses Kampfes, das große Studium...
Für die Frau, die sanfte Mittlerin zwischen der Natur und dem Manne, zwischen dem Vater und dem Kinde, ist das durchaus praktische, verjüngende, verschönernde Studium das der Natur“ (Michelet 1860, 139).

Indem Michelet Geschichte als „männlich“ und Natur als „weiblich“ setzt, betrügt er die Frauen um ihre Geschichte und die Männer um ihre Natur. Die Grenze zwischen den Lebensräumen von Mann und Frau wird zwischen „Arbeit“, genauer: bezahlter Arbeit im öffentlichen Bereich, und „Haus“ gezogen. Was dem jungen Mädchen als „Geschichte“ bleibt, ist das „einfache, wahre, bittere“ Leben der Mutter, ein ewiger Zyklus von Gebären und Tod, von Schmerz und weiblicher Opferbereitschaft. Und die Geschichte der zweiten Mutter, des Vaterlandes („la patrie“), das durch die Opferbereitschaft des Volkes – das weibliche Eigenschaften hat (vgl. Moreau 1982) – geschaffen wurde.

„Was ich dir von der Geschichte mittheilen muß, ist zuvörderst deine eigene von der Wiege an, eine Geschichte, welche die Grundlage deines moralischen Lebens ausmachen soll. Ich habe dir zuvörderst gesagt, wie du geboren wurdest, dir erzählt von den Schmerzen, den unendlichen Sorgen, den Nachtwachen deiner Mutter, wie oft sie deinethalben litt und weinte und beinahe gestorben ist. Möge diese Geschichte, liebes Kind, deine theure Legende sein, deine religiöse Erinnerung, und dein erster Cultus auf Erden.
Dann habe ich dir im Allgemeinen gesagt, welches deine zweite Mutter, die große Mutter, das Vaterland ist und war“ (Michelet 1860, 140f.).

Die „Legenden“, die Michelet dem jungen Mädchen schafft, entsprechen seinen Wunschvorstellungen von Weiblichkeit und denen vieler seiner männlichen Zeitgenossen (u. a. Proudhon und Comte; vgl. Mey 1984). Sie werden auch bestimmend für seine Wahrnehmung der Frauen, die in der Geschichte das männliche Terrain der Politik betreten hatten. Michelet hat sich sehr intensiv mit der Natur der Frau und der Liebe – beides gehört in seiner Vorstellung zusammen und bildet den Gegenpol zur Arbeitswelt – beschäftigt und mit seinen Schriften das Bild der Frau im 19. Jahrhundert ganz entscheidend geprägt.
Seine Werke „L'Amour“ (1858) und „La Femme“ (1859), die eine „Erneuerung der Sitten“ und der Familie versprachen (vgl. Michelet 1913, 25), fanden zu ihrer Zeit reißenden Absatz (vgl. Kippur 1981, 193; Moreau 1982, 29ff.). Sie dokumentierten die historische Notwendigkeit einer breiten Verständigung über die sich verändernden Normen im Verhältnis der Geschlechter. Inzwischen sind Michelets Vorstellungen über die Frau ein

fast selbstverständlicher Teil der herrschenden Geschlechterideologie geworden. Moreau (1982) weist dies z. B. an französischen Schulbüchern nach. In der Bundesrepublik haben u. a. die Blüm-Thesen (1981) viele Gedanken wieder aufgegriffen, die Michelet Mitte des 19. Jahrhunderts durch „L'Amour“ und „La Femme“ populär machte.
Michelet war Republikaner, er gilt den Franzosen als „Vater der III. Republik“. Dies schützt ihn vor dem Verdacht, daß seine Gedanken besonders rückschrittlich oder konservativ seien. Er hatte nichts mit den zeitgenössischen royalistischen Anklägern der herrschenden Moral wie z. B. Nettement (vgl. Grubitzsch 1977) gemein. Die sich im 19. Jahrhundert durchsetzenden Vorstellungen über Mann und Frau wurden von Männern formuliert, die eine Veränderung und Demokratisierung der gesellschaftlichen Verhältnisse anstrebten (u. a. Rousseau, Enfantin, Michelet, Proudhon).
Michelet gab sich auch nicht als „Frauenfeind“. Nicht nur, daß er die Frauen immer wieder seiner höchsten Verehrung versicherte – das tun viele Männer und es besagt gar nichts über ihr tatsächliches Verhalten –, sondern er schätzte offensichtlich auch die weiblichen Fähigkeiten, die er sich selbst zuschrieb: „Ich bin ein vollständiger Mensch, der die beiden Geschlechter des Geistes besitzt“ (Michelet in Barthes 1980, 3). An vielen Punkten kritisierte er auch die Unterdrückung der Frauen, wie z. B. die harten Lebensbedingungen der Dienstmädchen, der Arbeiterinnen und der Frauen auf dem Land („Auf den Antillen kauft man sich einen Neger, in Frankreich heiratet man eine Frau“, Michelet 1860, 23). Aufgrund dieser Kritik galt er auch bei vielen Frauen der damaligen Bewegung als Adressat für fortschrittliche Forderungen (vgl. Grubitzsch; Lagpacan 1980, 203; Pugh 1966, 152ff.). So wirkt Michelets persönliche Einstellung von vornherein einer zu einfachen individuellen Begründung oder Plakatierung seiner Ideen als „frauenfeindlich“ entgegen. Daß den Frauen und der Liebe in der soziologischen und historischen Literatur im 19. Jahrhundert so viel Interesse entgegengebracht wird, daß in dieser Zeit u. a. von Michelet die gegenwärtig noch herrschende Geschlechterideologie begründet und verfestigt wird, hat gesellschaftliche Gründe, auf die ich nach der Analyse der „Frauen der französischen Revolution“ noch eingehen werde.

2. Die „Frauen der Revolution“

Die „Frauen der Revolution“ erschienen 1854, ein Jahr nach Michelets letztem Band seiner „Geschichte der französischen Revolution“ (1847–1853), aus der er große Teile für dieses Buch übernommen hat. 1845 hatte er „Du prêtre, de la femme, de la famille“, 1846 „Le peuple“ veröffentlicht, zwei Werke, in denen er sich bereits ausführlich mit der Frau auseinandergesetzt hatte. Während der folgenden Jahre hatte er auf seinem „Lehrstuhl im Collège de France versucht, die großen Gegenstände des Einflusses der Frau und der Familie wieder aufzunehmen und zu vertiefen" (Michelet 1913, 219). Wir können also davon ausgehen, daß seine später in „L'Amour" (1858) und „La femme" (1859) popularisierten Theorien zur Weiblichkeit zu diesem Zeitpunkt bereits entwickelt waren. Sie sind der Hintergrund, vor dem er die „Frauen der französischen Revolution" sieht und bewertet. Dies zeigt sich implizit in den verschiedenen Frauenporträts, „den wechselnden Anekdoten dieser Lebensbilder" – wie Michelet (1913, 220) sie selbst bezeichnet – und explizit in der Einleitung (1. Kap.) und dem Schluß.

Im ersten Kapitel verweist Michelet auf den historischen Ursprung seines Frauenbildes: das 18. Jahrhundert und Rousseaus „Emile". Im 5. Buch des „Emile" hatte Rousseau schon die zentralen Thesen formuliert, die Michelet wieder aufnehmen und weiterführen sollte: die Natur bestimmt die Frauen zur Mutterschaft, daraus resultiert sowohl ihre körperliche Schwäche und Schonungsbedürftigkeit als auch ihre Gefühlsbetontheit und Liebesfähigkeit sowie ihre Bestimmung, im Hause zu wirken, während der Mann außer Haus seinen Geschäften nachgeht und die Entwicklung der Gesellschaft vorantreibt (vgl. Fontenay 1976; Garbe 1983; Grubitzsch 1983). Für Michelet haben die Frauen dann auch im 18. Jahrhundert zu ihrer natürlichen Bestimmung gefunden:

„Beim ersten Leuchten der Morgenröte eines neuen Glaubens trafen sich im Herzen der Frauen, im Busen der Mütter zwei Strahlen: *Menschenliebe und Mutterschaft*" (Michelet 1913, 5, Herv. i. Orig.).

Mutterschaft bedeutet für Michelet immer auch Nähe zum Tod. Die Frau, die Leben gibt, setzt dabei ihr eigenes Leben aufs Spiel. Dies gibt ihr das Recht und die Pflicht, sich für politische Fragen zu interessieren:

„Ja, ich sagte zu den Frauen: keiner ist mehr am Staate interessiert als ihr, denn keiner trägt schwerer als ihr das Gewicht des allgemeinen Unglücks.
Der Mann gibt sein Leben hin und seinen Schweiß. Ihr gibt eure Kinder.
Wer bezahlt mit seinem Blute? Die Mutter.
Sie leistet den größten Beitrag zu unseren Angelegenheiten, den wertvollsten Einsatz.
Wer hat mehr als ihr das Recht, die Pflicht, sich über dieses Interesse aufzuklären und sich durchaus um die Schicksale des Vaterlandes zu kümmern?" (Michelet 1913, 220).

So begründet Michelet im Nachhinein sein Buch über die Frauen der Revolution. Aber was sollen die Frauen seiner Meinung nach daraus lernen? Erstens: Frauen handeln, weil ihr Herz sie dazu treibt, nicht etwa aus politischer Absicht und rationaler Einsicht:

„Die Empfänglichkeit, das Herz, das Mitleid mit dem Elend der Menschen trieb euch im Jahre 1789 in die Revolution",

und später, gegen Ende der Revolution:

„Wieder trugen Empfänglichkeit, Mitleid, Schauder vor dem Blut, sorgende Liebe zur Familie mehr als alles andere dazu bei, euch in die Arme der Reaktion zu treiben“ (ebda).

„Heldenmut aus Mitleid“ (S. 5) bewies Mme Legros, als sie den Gefangenen Latude aus der Bastille rettete (2. Kap.). Es waren die „Frauen mit den großen Herzen“ (S. 15), die die Leiden des Volkes nicht mehr ertragen konnten und am 5./6. Oktober 1789 nach Versailles marschierten, um die Königsfamilie nach Paris zu holen. Mitleid veranlaßte Olympe de Gouges, sich für den angeklagten König einzusetzen, und „brachte ihr den Tod“ (11. Kap., S. 69). Aus Mitleid handelte auch Charlotte Corday, als sie Marat tötete: Sie wollte Blutvergießen verhindern (17. Kap., S. 133).
Die Grausamkeit der Revolution machte die Frauen zu den „hauptsächlichsten Geschäftsführern der Reaktion“ (S. 213), denn sie litten mit den Opfern. So macht Michelet die Frauen verantwortlich für den Aufstand in der Vendée (1790–91), da seiner Ansicht nach „die tiefe Rückwirkung des Mitleids in der Natur, im Herzen der Frauen, die tatsächliche Kraft der Gegenrevolution bildete“ (13. Kap., S. 84). Kein Wunder, daß der Terror die Frauen endgültig in die Arme der Reaktion trieb: „Überströmend wurde das Erbarmen, blind, unwiderstehlich“ (31. Kap., S. 213). Wo das Herz so mächtig spricht, ist die Einsicht in politische Zusammenhänge vernebelt. Revolutionäre Taten entspringen bei den Frauen „der Glut ihres Herzens“, das sie in die Aktion treibt.

„Das träge, passive Mitleid der Männer, das gelassener bleibt bei den Übeln anderer, ist bei den Frauen ein sehr aktives, heftiges Empfinden, das bisweilen heroisch wird und sie gebieterisch zu den kühnsten Taten treibt“ (S. 15).

Dieser gebieterischen Macht des Mitleids fehlt die rationale Kontrolle. Frauen sind deshalb auch „infolge ihres leidenschaftlichen Temperamentes in der Politik gefährlich“ (S. 195). Diese andere Seite des „Heldenmuts“ der Frauen, ihre blinden, vom Gefühl diktierten Aktionen, macht Michelet dann letztlich auch für das Scheitern der Revolution verantwortlich: „In der Hauptsache sind die Frauen an ihrem Mißlingen schuld“ (S. 195).
Wenn Michelet also die Frauen aufruft, sich um die „Schicksale des Vaterlands zu kümmern“, dann meint er damit gewiß nicht, daß sie sich kämpferisch für gesellschaftliche Veränderungen oder gar ihre eigene Emanzipation einsetzen sollen – auch wenn er mehrfach Bewunderung für die Initiative der Revolutionärinnen erkennen läßt (vgl. S. 12). Denn nach seiner Vorstellung läßt die Natur, die die Frauen zur Mutterschaft bestimmt und durch die Menstruation bis zu 20 Tagen im Monat (!) unpäßlich macht[1], politische Aktivitäten nur in engem Rahmen zu:

„Es ist nicht unsere Schuld, daß die Natur sie zwar nicht, wie man behauptet, schwach, aber anfällig macht und zeitweise krank; daß sie ebensosehr der Natur unterworfen wie selbständige Menschen sind, daß sie abhängig sind vom Lauf der Gestirne und also durch ihre Ungleichmäßigkeit von manchen bedeutsamen Funktionen des politischen Lebens ausgeschlossen" (S. 195).

Frauen dienen der Gesellschaft am besten durch ihre Liebe, indem sie Männer lieben und unterstützen, die sich für den Fortschritt einsetzen, und indem sie die Vaterlandsliebe zur Richtschnur ihres Verhaltens machen. Das ist die zweite Botschaft, die Michelet mit seinem Buch vermitteln will. Damit sich die „schlaffe" Gesellschaft des 2. Kaiserreichs erneuern, „dieses erbärmliche Halbjahrhundert der Reaktion" beendet werden kann, sollen die Frauen wie ihre Mütter der Revolution wieder „die Starken und Lebendigen" lieben (S. 221, vgl. 3. Kap., S. 10ff.). Das sind die Männer des Fortschritts, die die Wissenschaft und Technik vorantreiben und täglich neue Wunder schaffen wie „Photographie, Eisenbahn und elektrischer Telegraph" (S. 221):

„Lebendig nenne ich die, deren Taten und Werke die Welt erneuern, sie wenigstens in Bewegung setzen, die sie durch ihre Tätigkeit in Atem halten und mit ihr treiben in dem starken Winde, von dem die Segel des Jahrhunderts geschwellt sind, deren Aufschrift lautet: *Vorwärts!*" (Herv. i. Orig., S. 221).

Vorbildlich waren die Frauen, die schworen, „nur rechtschaffene Bürger zu heiraten, nur Tapfere zu lieben, ihr Leben nur mit denen zu teilen, die das ihrige Frankreich darbrächten" (S. 39). Zu diesen Frauen, die Liebe zu fortschrittlichen Männern zu ihrem Lebensinhalt machten, gehörten Mme Roland, Mme de Condorcet, Lucile Desmoulins (vgl. Kap. 9, 10, 14, 15, 25). Solche Frauen haben

„ruhmvoll Ehe und Liebe geheiligt, sie richteten die ermattete Stirn des Mannes im Angesicht des Todes auf, flößten ihm noch Leben ein und errangen ihm die Unsterblichkeit.
Auch sie werden immer unsterblich sein. Immer werden die Männer der Zukunft es bedauern, daß sie diese heldenmütigen, reizenden Frauen nicht mehr gekannt haben. Sie leben in uns fort, in den edelsten Träumen des Herzens, als Urbild einer ewigen Liebe, nach der wir uns sehnen." (S. 59).

Abbildung 1: Mme de Staël

Bedeutung gewinnt die Frau in bezug auf den Mann. Mme de Staël war großartig in ihrer Liebe zu ihrem Vater, dem Bankier und Finanzminister Necker, den sie mit ihrer glühenden Begeisterung für die Revolution erwärmte. Ihre Liebhaber haben sie später jedoch „verkleinert" (S. 49).

„Für mich", sagt Michelet ohne Zögern, „liegt ihre große Originalität in ihrer ersten Zeit, ihr Ruhm in der Liebe zu ihrem Vater, in dem Mut, den sie ihm einflößte. Ihre Mittelmäßigkeit kam auf Rechnung ihrer geistreichen Liebhaber" (S. 50).

So ist es auch nicht verwunderlich, daß wir in den Kapiteln über die Frauen und Töchter berühmter Männer oft mehr über die Männer erfahren als über sie selber (vgl. besonders Kap. 9 + 10 über Mme de Condorcet und Kap. 20 über Dantons erste Frau, die noch nicht einmal einen Namen hat). Michelet läßt uns nachempfinden, was die liebende Ehefrau für den Revolutionär bedeutet:

„Die Männer, die das Leben in so furchtbarer Überfülle nach außen drängen, die die Völker mit ihrem Wort, mit ihrer glühenden Brust, mit ihrem Herzblut ernähren, haben ein großes Bedürfnis nach dem häuslichen Herd. Das Herz muß wieder gesund werden, das Blut muß sich beruhigen. Und das geschieht immer nur durch eine Frau . . ." (S. 162).

Wenn die Frauen nicht in der Liebe zu den Männern aufgehen, dann bleibt ihnen nur noch eine Möglichkeit, um von Michelet Anerkenung zu erfahren: sie müssen sich ganz der Liebe zur revolutionären Idee und zum Vaterland hingeben, „einem edlen Antrieb zum uneigennützigen Schönen folgen, das Vaterland zur Herzensfreundin [frz. la patrie!] nehmen und das ewige Recht zum Liebhaber" (S. 11).
Sexualität erscheint unvereinbar mit diesem Frauenbild, die Idee ersetzt den Geliebten. So „rein und untadelig" waren z. B. die jungfräuliche Charlotte Corday oder die weißgekleideten Mädchen, die beim Bundesfest „edle, entrückende Worte" sprachen, „die morgen Helden machen werden" (S. 38). Aber auch die „weniger würdigen" Frauen, wie z. B. Théroigne de Méri-

Abbildung 2: Charlotte Corday tötet Marat im Bade

court, können durch die Vaterlandsliebe geadelt werden. In ihrem Bild erkennt Michelet noch

„die Spur der glühenden Liebe, in der dieses Mädchen lebte und starb – nicht der Liebe zu einem Manne, so sonderbar das klingen mag angesichts eines solchen Lebens, sondern der Liebe zur Idee, der Liebe zur Freiheit und zur Revolution“ (S. 72).

Wenn Michelet von weiblicher Liebe spricht, dann meint er Hingabe, Selbstverleugnung und Opferbereitschaft. Das Opfer ist ihm „das Gesetz dieser Welt“ (S. 224). Denn Fortschritt bedeutet Kampf, der Traum der Utopisten von einer harmonischen Klassenversöhnung und Geschlechtergleichheit ist ausgeträumt. Wer nicht von Unterdrückung reden will – und das tut mann nicht im Dienste des Fortschritts –, muß Opfer verlangen. Wer ist bereit, Opfer zu bringen? Derjenige, der liebt. Und so stellt Michelet die nächste Frage: „Wer liebt? Die Frau“ (S. 224). Diese Antwort glaubt er von der Natur zu bekommen, die die Frau zur Mutterschaft und damit zur „unbegrenzten Opferfreudigkeit“ bestimmt. Im Opfer wird die Frau zur „Weihe“, zu „Sinnbild und Religion“ (S. 225, 41). Nur sie vermag dem Opfer Schönheit und Harmonie zu verleihen.

„Das schwere, tragische Opfer, das oft durch den Kampf, die Mühe, die es kostet, abstößt – in der Mutter ist es harmonisch, es wird einbegriffen in ihre eigene Harmonie, das ist ihre höchste Schönheit.
Anderswo ringt das Opfer, reißt sich los und zerreißt sich. In ihr lächelt es und ist dankbar. Wenn sie ihr Leben hingibt für das, was sie liebt, für ihre Fleisch gewordene, lebende Liebe (für ihr Kind meine ich), dann klagt sie noch, daß sie wenig gibt“ (S. 225f.).

Und darin liegt die dritte Botschaft, die Michelet den Frauen mit seinem Buch auf den Weg geben will: Sie sollen opferbereit sein, sich selbst dem Mann, den Kindern, der Idee opfern; die Kinder dem Vaterland, den Mann der Welt zum Opfer bringen und natürlich zu allererst „vergängliche Liebschaften“ vergessen. Gekrönt wird das Opfer der Frau durch den Verzicht auf eigene Liebes- und Zärtlichkeitsbedürfnisse:

„Die Opferwilligkeit soll herrschen, die da sagt: Nicht für mich, sondern für alle! Möge er mich lieben; aber vor allem: möge er groß sein!“ (S. 227).

Wie sollte der Mann auch sonst seine großen Werke der Zivilisation schaffen, wenn die Frau oder Mutter ihn mit egoistischen „schlaffen Zärtlichkeiten“ (S. 227) zu Hause festhalten würde?
Alle positiven Frauengestalten in Michelets Buch bringen Opfer: Sie weihen ihre Kinder in „heldenmütiger Entsagung“ dem Vaterland (5. Kap., S. 40f.), setzen ihre Existenz aufs Spiel, um anderen zu helfen, wie Mme Legros (2. Kap.), stellen ihre eigenen Talente in den Dienst ihrer Männer (wie z. B. Mme Roland, S. 96), opfern ihr Leben dem geliebten Mann und der Revolution (Lucile Desmoulins, Mme Roland). Diese Frauen stellten ihre Liebe zu ihren Männern und Kindern in den Dienst der revolutionären Idee. Eine

solche entsagende Liebe beflügelt zu Taten. Anders die Liebe, die den Mann „einhüllt“ und wie im Falle des Girondisten Vergniauds „seine natürliche Trägheit“ fördert. Fräulein Candeilles Opfer, die doch „alles verlassen“ hatte, um Vergniaud zu folgen, war nicht groß genug. „Das süße, schwache Herz einer Frau hielt das löwenkühne Herz Vergniauds fest umfaßt“ (S. 158). Da kann der Mann nur schwach werden. Den Untergang der Gironde schiebt Michelet auf den „gefährlichen Einfluß“ (S. 156) der Frauen. Sie umstrickten und verhätschelten die Männer mit ihren Schmeicheleien, und diese „wurden sanftmütig und hatten nicht mehr ‚die Herbe im Blut, mit der man Schlachten gewinnt‘“ (S. 156).

Abbildung 3: Im Palais Royal

Die Frauen sind um so gefährlicher, je weniger sie ihrer weiblichen Natur (wie sie von Michelet definiert wird) gemäß handeln und sich von der Liebe leiten lassen. Dann werden ihre Zärtlichkeiten zur Falle, die mehr als einem Revolutionär den Untergang gebracht hat (vgl. S. 209f.). Ihre physische Anziehungskraft ist ohne den Mantel der opferbereiten Liebe für den Mann zerstörerisch. „Die Freudenmädchen: das bedeutet Vertierung und die

Straße zum Tod" (S. 156). Die Frau, die nicht das Idealbild der Mutter oder Jungfrau widerspiegelt, ist ein bedrohliches Geschöpf, das die animalischen Instinkte im Manne weckt. Ihre Macht ist destruktiv, „eine erschlaffende Gewalt, eine schreckliche Gewalt, die die Kraft der Revolution unterwühlt und zerbricht" (S. 167). Die nicht gebändigte Sinnlichkeit ist die verborgene Triebfeder des Terrors:

„Unter der sichtbaren Strenge der republikanischen Sitten, unter den Schrecken und den Tragödien des Schafotts sind das Weib und die physische Liebe die Könige von 1793" (S. 167).

Im Haß auf Robespierre, dessen Sittenstrenge die Dirnen, Spielerinnen und Salondamen „ihrer Wirksamkeit beraubte" (S. 214), kam die ganze Verderbnis dann ans Tageslicht. „Unbekannte Gestalten, die sich seit langer Zeit verborgen hatten, waren ans Licht gekommen" (S. 214). Als Robespierre am 9. Thermidor (27. 7. 1794) zum Schafott geführt wurde, boten die Frauen „ein unerträgliches Schauspiel":

„Schamlos, halb nackt, unter dem Vorwande, man sei im Juli, den Busen mit Blumen überladen, auf die Fensterkissen gestützt und mit halbem Leibe auf die Rue Saint-Honoré hinausgelehnt, die Männer hinter ihnen, schrien sie mit greller Stimme: ‚In den Tod! Auf die Guillotine!' " (S. 214).

Als Indiz dafür, daß sexuelle Zügellosigkeit nun vollends um sich gegriffen hat, führt Michelet trocken an: „De Sade wurde am 10. Thermidor aus der Haft entlassen." Da wurden die Frauen zu „Furien", wilden „Bacchantinnen". Vor diesem Spektakel konnte Robespierre nur noch die Augen schließen. Die Republik ertrank im Blut, und wer war schuld daran?

„Die Marquisen und Gräfinnen, die royalistischen Schauspielerinnen kehrten frech nach Frankreich zurück, kamen aus den Gefängnissen oder aus ihren Schlupfwinkeln hervor und arbeiteten unermüdlich daran, den Schrecken royalistisch zu machen; sie umstrickten die Terroristen, fingen die Thermidorianer in ihre Netze, trieben sie zu Mordtaten und wetzten ihnen das Messer, um die Republik im Blut zu ertränken" (S. 215).

Der politische Gegner wird weiblich, seine Macht dämonisiert. Dahinter steht Angst. Angst vor dem schwachen Punkt, der die Männer an Frauen ausliefert, ihrer Sexualität. Sinnlichkeit ist für Michelet animalisch, der Mann, der von ihr beherrscht wird, gilt ihm nicht mehr als ein „Wildschwein" (S. 166, über Danton). Eine Frau zu begehren, die sich nicht für die Republik zu opfern bereit ist, muß ein Zeichen unkontrollierter Sinnlichkeit sein. Der Frau des politischen Gegners wird die dämonische Kraft zugesprochen, den Mann zum Sklaven seiner sexuellen Wünsche zu machen. Da nützt es ihr auch nicht, wie Dantons zweite Frau, zurückhaltend zu sein und „aus ehrbarer Familie" zu kommen. Sie hat dennoch die Zaubermacht, Danton in „ein düsteres, gedrücktes, in seiner wilden Sinnlichkeit unleidliches Geschöpf" (S. 166) zu verwandeln. Dieses Mädchen hatte sich im Unterschied zu Dan-

Abbildung 4: Gabrielle Charpentier, Dantons erste Frau (David)

Abbildung 5: Louise Gély, Dantons zweite Frau (Boilly)

tons erster Frau nicht geopfert. Ihre Familie verlangte laut Michelet von Danton eine demütigende Hochzeitszeremonie mit einem eidbrüchigen Priester. Wenn er sich dieser unterzog und damit seine revolutionäre Gesinnung verleugnete, dann unterlag er der „Tyrannei seines blinden Begehrens" (S. 166). Michelet gilt dies als ein Beispiel für die zerstörerische Macht des Weibes und der physischen Liebe.

Die liebende, selbstlose Frau ist stark nur in ihrem Opfer. Dieses selbst beinhaltet jedoch, daß sie sich in Abhängigkeit zum Mann begibt. Ohne ihn ist sie nichts. Von Natur aus schon durch ihre Menstruation zum Leiden bestimmt, verstärkt ihre Abhängigkeit ihre Schwäche.

„Das große Unglück ist grausam; es trifft die Schwachen stärker, es mißhandelt die Kinder und die Weiber viel mehr als die Männer. Die gehen weg, kommen wieder, suchen mutig, werden erfinderisch und finden schließlich, wenigstens für die Not des Tages. Die Frauen, die armen Frauen, leben meistens abgeschlossen, sie sitzen zu Hause, stricken und nähen; sie sind völlig außerstande, wenn es an allem mangelt, ihren Lebensunterhalt zu suchen. Es ist jammervoll, wenn man bedenkt, daß die Frau, das abhängige Wesen, das nur zu zweien leben kann, viel öfter allein steht als der Mann. Er findet überall Gesellschaft und knüpft neue Beziehungen an. Sie ist ohne Familie nichts" (S. 14f.).

Alleinstehende Mädchen sind hilflose, „traurige Geschöpfe ohne Familie".

„Wenn ihr kleines Handwerk sie nicht mehr ernähren kann, so wissen sie keinen Ersatz zu schaffen; sie ziehen auf eine Bodenkammer und warten ab; bisweilen findet man sie tot, eine Nachbarin bemerkt es zufällig" (S. 15).

Dieses Frauenbild, das Michelet im Zusammenhang mit der Schilderung des Frauenmarsches nach Versailles am 5./6. Oktober 1789 gibt, steht im krassen Widerspruch zu den tatsächlichen Lebensverhältnissen der Frauen. Die meisten kämpften mit großer Stärke und Mut um ihr tägliches Leben und versahen mit Geschick und Zähigkeit ihre Geschäfte. Die Frauen, die die Leiden der Armut zu spüren bekamen, saßen auch keineswegs zu Hause bei ihrer

Strickarbeit. Sie waren gezwungen, einer Erwerbstätigkeit nachzugehen, und wenn sie zu Hause nähten, dann handelte es sich dabei meist um Heimarbeit (vgl. Groppi 1979). Auch die Abgeschlossenheit des Heims ist eine Fiktion, das Leben des Volkes spielte sich in der Revolution noch weitgehend auf der Straße ab, und die Frauen nahmen daran teil (vgl. Farge 1979). Die Teilnehmerinnen des Marsches nach Versailles waren auch keineswegs die schwachen gramgebeugten Frauen, die Michelet in ihnen sehen möchte, sondern – wie er an anderer Stelle selber schreibt – stark, mutig und aggressiv.

Abbildung 6: Die Frauen ziehen am 5. Oktober 1789 nach Versailles

Weibliche Stärke paßt nur dann in Michelets Frauenbild; wenn sie Verzicht ausdrückt. Sonst gilt sie ihm als männliche Qualität, positiv bei den Frauen, die er seiner Achtung für würdig hält, wie z. B. Mme Roland, die „ernst, stark, männlich" war (Michelet 1913, 111), negativ bei den Frauen, die sich der Rolle der selbstlosen Gattin und Mutter nicht fügten und daher den Männern bedrohlich schienen. Aber auch bei den „ehrbaren Frauen" sind ihm männliche Eigenschaften nicht ganz geheuer, die Gegenüberstellung von „ehrbar, *aber* stark und mutig" (S. 16, Herv. v. mir) verrät es. Es gibt eine Grenze für weibliche Stärke, die die liebende Frau kennen muß, um sich an diesem Punkt zurückzunehmen. Mme Roland z. B. fehlte durch „kühne Unvorsichtigkeit":

„Sie hatte den Ruhm ihrer Partei, ihres Gatten geschaffen und nicht wenig dazu beigetragen, sie zu vernichten. Sie hat in Zukunft Roland unfreiwillig in Schatten gestellt" (S. 115).

Die „richtige“, die weibliche Frau, zeigt sich schwach und gibt den Männern damit die Möglichkeit, sich fürsorglich um sie zu bemühen (vgl. Pugh 1966, 186ff.; Moreau 1982, 112ff.). Sie entspricht damit ihrer Natur, der auch die „Unerschrockensten“ ausgeliefert sind. Olympe de Gouges wurde im Gefängnis „wieder Weib und schwach, sie zitterte und hatte Angst vor dem Tode“ (Michelet 1913, 70). Vorher paßt sie in ihrer Selbständigkeit, in ihrem Eintreten für die Rechte der Frauen, nicht in Michelets Frauenbild. „Voller edler Ideen“, konnte er sie nicht einfach auf die Seite der „wilden Bacchantinnen“ abschieben. So machte er sie zu einer „unglücklichen Frau“, zum „Opfer ihrer nervösen Reizbarkeit“ (S. 69), erklärte sie für unzurechnungsfähig:

„Man ließ sie in mehr als einer Angelegenheit, die ihr schwacher Kopf nicht verstand, handeln und schreiben“ (S. 69).

Daß nicht „mann“ sie handeln ließ, sondern sie sehr wohl selber wußte, was sie wollte, gibt Michelet selber zu erkennen, wenn er im folgenden Absatz schreibt:

„Die in der Öffentlichkeit stehenden Frauen wagen, wenn sie den Parteien Trotz bieten, viel mehr als die Männer“ (S. 69f.).

Was Olympe forderte und kritisierte, wird von Michelet übergangen. Nur ihr bekannter Satz über die Frauen: „Sie haben wohl ein Recht auf die Tribüne, denn sie haben ja auch ein Recht auf das Schafott“ (S. 69) wird als einziger Hinweis darauf, daß sie für die Rechte der Frauen eintrat, überliefert. Michelet verliert kein Wort über ihre „Déclaration des Droits de la Femme et de la Citoyenne“ (vgl. De Gouges 1980, Blanc 1981, Schröder; Sauter 1977). Dabei wäre hier der Platz gewesen, um über die Forderungen der Frauen an die Revolution zur Verbesserung der Lage ihres eigenen Geschlechts zu berichten (vgl. Duhet 1971, Devance 1977, Cahiers de doléances 1981, Les femmes dans la Révolution 1982). An diesem Punkt hält sich Michelet in seinem ganzen Buch zurück. Über die Frauenvereine weiß er nichts zu berichten, weil er davon in den Quellen nur „hier und da geringe Spuren“ gefunden hat (Michelet 1913, 69). Der Verlust der Versammlungsfreiheit der Frauen im Jahre 1973 beruht seiner Meinung nach auf einem „Zufall“, dem der Historiker keine weitere Aufmerksamkeit zu widmen braucht (S. 71).

Abbildung 7: Mme Roland (Labille-Guiard)

Das 7. Kapitel, das u. a. der „Emanzipation der Frauen“ gewidmet ist, stellt zwei Männer vor, die sich für die Rechte der Frauen einsetzten, den Abbé Fauchet und Condorcet. Über den Inhalt der Reden des Abbés und Condorcets Schrift über „Die Zulassung der Frauen zum Bürgerrecht“ (1790) verliert Michelet kein Wort (vgl. Schröder 1979, 55ff.). Die Frau, die in der Frauenbewegung der Revolution eine wichtige Rolle spielte, die sich für eine bessere Mädchenerziehung einsetzte und mehrere Petitionen an die Nationalversammlung richtete, Etta Palm d'Aelders (vgl. Dessens 1905, 106ff.), wird lediglich als Freundin des Abbé Fauchet erwähnt. Die Frauen kommen in diesem Kapitel erst wieder als Familienmütter vor, die die Not in den Jakobinerklub treibt, um dort mit ihren Männern „Fragen des Lebensunterhaltes“ und „der öffentlichen Gefahr“ zu diskutieren.

„Die beunruhigten Frauen, die Familienmütter, von ihren häuslichen Bedrängnissen, von der Not ihrer Kinder getrieben, kommen mit ihren Gatten, unterrichten sich über die Lage, fragen nach den Übelständen, nach Mitteln zu ihrer Beseitigung“ (Michelet 1913, 46).

So vorbereitet werden die Leser(innen) zu den Frauen, die allein kommen, weil sie „keinen Mann haben oder deren Männer zu dieser Stunde noch bei der Arbeit sind“ (S. 46), keine weiteren Fragen mehr stellen. Sie passen in das Bild der bedauernswerten Frauen, das Michelet zuvor gemalt hat. So wertet er ihre Aktivität mit fürsorglichem Paternalismus als einen „erste(n) und rührende(n) Beginn der Frauenvereine“ (S. 46). Er vergißt dabei zu sagen, daß der Jakobinerklub den Frauen erst ab 1791 Stimmrecht gab (vgl. Dessens 1905, 151), nachdem es dank der Initiative von Frauen schon längst andere Volksvereine gab, in denen beide Geschlechter gleichberechtigt waren, wie z. B. „Les Amis de la loi“ (vgl. Bourdin 1937). Zu den Gründerinnen der ersten Frauenklubs in den Jahren 1790 und 91 gehört Etta Palm d'Aelders, nicht jedoch Olympe de Gouges, wie Michelet (1913, 69) behauptet.

Mit der konsequenten Vermeidung der Frauenfrage hat Michelet auch das Problem umgangen, sich den Emanzipationsforderungen der revolutionären Frauen stellen zu müssen. Er äußert sich weder zum Frauenwahlrecht, das damals viele Frauen forderten (u. a. Olympe de Gouges), noch zum Problem der öffentlichen Mädchenerziehung, das damals Gegenstand vieler Petitionen von Frauen war, noch zur Frage der Frauenbewaffnung, die u. a. Théroigne de Méricourt beschäftigte, noch zu den Aktionen, die z. B. die „Femmes républicaines révolutionnaires“ zur Kontrolle der Preise und gegen Wucher unternahmen (vgl. Cerati 1966).

Michelet hat die Frauen der Revolution nach seinem Muster von Weiblichkeit geschaffen, seiner prometheischen Rolle als Mann gerecht werdend.[2] Mit den wirklichen Frauen haben diese Bilder nur wenig gemein. Es ist nicht nur der interpretative Rahmen, der ihnen nicht gerecht wird. Soweit wir ihr

Leben und ihre Lebensbedingungen heute noch nach den Quellen rekonstruieren können, ergeben sich auch zahlreiche Ungenauigkeiten, Nachlässigkeiten und Fehler in Michelets Darstellung. Dies möchte ich im folgenden an seinem Portrait von Théroigne de Méricourt verdeutlichen.

3. Théroigne de Méricourt

Im Unterschied zu dem Bild, das Michelet von Olympe de Gouges zeichnet und das seine persönliche Abneigung nur zu deutlich wiedergibt, begegnet er Théroigne durchaus mit Sympathie. Er schützt sie vor manchen zeitgenössischen (vor allem royalistischen) Diffamierungen, die sie zur Hure stempeln wollten. In seiner „Geschichte der französischen Revolution" betont er ausdrücklich:

> „Es war eine kühne, galante Frau, aber nicht ‚eine Dirne', wie die Royalisten gesagt haben: sie hatte sich nicht erniedrigt" (Michelet 1929–30, 464).

Er kritisiert die Flut von Schmähschriften, mit der sie schon zu Lebzeiten und nach ihrem Tode bedacht wurde:

> „Royalisten und Anhänger Robespierres verstehen sich sogar heute noch wunderbar, wenn es darum geht, ihr Andenken zu beschmutzen, nachdem man sie schon zu Lebzeiten beschmutzt hatte" (Michelet 1982, 994, Übersetzung von mir).[3]

Die „Ehrenrettung" Théroignes gelingt ihm aber nur, indem er eine neue Legende konstruiert: Théroigne habe sich nur zu Männern hingezogen gefühlt, „die der Liebe abgeneigt waren" (Michelet 1913, 74). Über diesen Umweg gelingt es Michelet, sie dann doch zu einer „virago" (Michelet 1952, 995) hochzustilisieren, die sich seit Ausbruch der Revolution nur noch ihrer glühenden Vaterlands- und Freiheitsliebe hingegeben habe. Es paßt in dieses Bild, daß Michelet auch von Lamothe-Lagon (1836) die Legende übernimmt, Théroigne sei als junges Mädchen „von einem vornehmen Deutschen verführt und verlassen worden" (Michelet 1913, 74). In England läßt er sie dann zwar „von Liebhabern umgeben sein", fügt aber gleich hinzu, daß sie ihnen „allen einen häßlichen Kastraten" (Tenducci) vorzog.
Tatsächlich spricht Théroigne in ihrer Autobiographie, die sie anläßlich ihrer Verhaftung unter dem Verdacht des Hochverrats 1792 in Kufstein schrieb, von einem Engländer, der ihr Liebhaber gewesen sei (vgl. Ernst 1935, Bockholt 1984). Dies ist auch aus mehreren Quellen, die Lacour (1900) zusammengetragen hat, belegt. Als 16jährige siedelte Théroigne, die 1762 in Marcourt, einem kleinen Dorf bei Lüttich, geboren wurde, mit der Familie Colbert, für die sie als Kindermädchen arbeitete, nach England über. Dort lernte sie den jungen Mann kennen, der ihr ein Heiratsversprechen gab, das er später nicht einlöste. Dafür vermachte er ihr in Paris, wo Théroigne dann

bis zu ihrer Trennung mit ihm (um 1778) lebte, eine Summe von 200000 Livres, die sie finanziell unabhängig machte. Théroigne kehrte nach London zurück, wo sie eine Laufbahn als Sängerin anstrebte. Ihr Lehrer war der Tenor Tenducci (tatsächlich ein Kastrat!), mit dem sie später eine Italientournee unternahm. Daß sie mit ihm eine Liebesbeziehung hatte, ist mehr als zweifelhaft.

Mehrere Quellen geben ihr für die Zeit kurz vor der Revolution (1785–88) noch einen weiteren Geliebten, den Marquis de Persan, bei dem Théroigne ihr Geld angelegt hatte (vgl. Lacour 1900, 130f.). Théroigne selbst bestreitet ein Verhältnis zu ihm und bezeichnet ihn lediglich als ihren „Schuldner". Der Schuldschein, den die Brüder Goncourt (1924) veröffentlichten, bestätigt ihre Version, wenn auch die Liebesbriefe des M. de Persan (Strobl-Ravelsberg 1892) dagegen sprechen mögen. Über Liebhaber, die Théroigne noch während der Revolutionszeit gehabt haben soll, wurde in den royalistischen Zeitschriften und Pamphleten viel spekuliert. Glaubwürdige Zeugnisse gibt es jedoch nicht. Die meisten Beziehungen, die ihr angedichtet wurden, hatten nur den einen Zweck, Théroigne und die Patrioten zu diffamieren (vgl. Lacour 1900, 206ff.). Ob sie mit Romme oder Siéyès mehr als Freundschaft verband, wissen wir nicht. Nach den vorhandenen Lebenszeugnissen gibt es weder einen Anlaß, Théroigne als Kurtisane oder gar Hure darzustellen, noch Belege für ihre angebliche spätere Enthaltsamkeit.

Für die Frau des 19. Jahrhunderts, die nicht Ehefrau und Mutter ist, bleibt nur die Rolle als Jungfrau oder Hure. Michelets Bemühungen, Théroigne trotz gegenteiliger Evidenz mit dem Glorienschein der Jungfrau auszustatten, zeugt von seinem Wunsch, sie zu einer Gestalt zu stilisieren, der er seine Anerkennung nicht zu verweigern braucht.

Über Théroignes politische Aktivitäten berichtet Michelet hauptsächlich drei Ereignisse. Er überliefert die zeitgenössische Legende, daß Théroigne am 5. Oktober 1789, bei dem Marsch der Frauen auf Versailles, das flandrische Regiment, das das Schloß in Versailles zu schützen hatte, entwaffnet habe. Allerdings enthält er sich jeglicher Hinweise darauf, daß Théroigne die Soldaten durch Geld oder – wie Lamartine (1847) und Esquirol (1838) u. a. berichten – zusammen mit Freudenmädchen durch ihre erotischen Reize korrumpiert hätte. Seine Théroigne ist einfach bezaubernd:

> „Pikant, originell, fremdartig mit ihrem Amazonenhut und ihrem roten Überrock, den Säbel an der Seite, sprach sie, aber dennoch mit großer Beredsamkeit, einen Mischmasch, französisch und den Jargon von Lüttich durcheinander. Man lachte, aber man gab ihr nach. Stürmisch, bezaubernd, überwältigend, kannte sie kein Hindernis" (Michelet 1913, 27).

Lacour (1900) hat nachgewiesen, daß die zeitgenössischen Berichte, die Théroigne zur Heldin des 5./6. Oktober machten, erst mehrere Monate nach dem Ereignis in royalistischen Zeitschriften auftauchten. Das Bild der säbelschwingenden Amazone übte eine solche Faszination aus, daß Théroigne bald als Anführerin der Frauen galt. Da die Royalisten den Marsch der Frauen als Intrige von Mirabeau und des Herzogs von Orleans zum Sturz des Königs und zur Ermordung der Königin interpretierten, wurde Théroigne verfolgt und von den Österreichern bei einem Aufenthalt in ihrem Heimatland 1790 verhaftet und nach Kufstein entführt. Théroigne zeigte sich erstaunt über die Anklage und sagte aus, daß sie an dem Marsch nicht teilgenommen habe – was auch Michelet bestätigt – und sich am 5.10. lediglich in der Nationalversammlung und später auf der Straße aufgehalten habe. Angesichts der bedrohlichen Situation, in der sich das Flandernregiment, die Leibgarde und das bewaffnete Volk gegenübergestanden habe, sei sie bald nach Hause gegangen (Théroigne wohnte damals in Versailles). Diese Darstellung wird implizit bestätigt durch die widersprüchlichen Zeugenaussagen, die vor dem aristokratischen Untersuchungsausschuß des Châtelet gemacht wurden. Von etwa 400 Augenzeugenberichten erwähnen nur drei den Namen von Théroigne. Einer sagt aus, Théroigne habe im Flandernregiment Geld verteilt, einer will sie zu Pferde (!) am Gitter der Orangerie gesehen haben, einer glaubte sie am 6. Oktober morgens als Mann verkleidet neben einem als Frau verkleideten Mann gesehen zu haben! (vgl. Lacour 1900, 163f.).

Abbildung 8: Théroigne de Méricourt (Raffet)

Offensichtlich hat Michelet in diesem Fall recherchiert, sonst hätte er nicht gewußt, daß Théroigne an dem Marsch selber gar nicht teilgenommen hatte. Andererseits überliefert er ohne zu zögern eine Legende, an deren Richtigkeit er nach den vorhandenen Dokumenten hätte zweifeln müssen.

Das zweite Ereignis, das Michelet berichtet, ist ihr Auftritt im Klub der Cordeliers mit dem Vorschlag, der Nationalversammlung auf den Ruinen der Bastille einen Palast zu errichten (Februar 1791). Michelet zitiert die Rede ausführlich nach dem Bericht Camille Desmoulins. Er unterschlägt allerdings den darauf folgenden Antrag Théroignes, mit beratender Stimme zum Klub zugelassen zu werden, der mit fadenscheinigen Argumenten abgewiesen wurde:

„Die Versammlung folgt den Schlußfolgerungen des Präsidenten. Danach sollte dieser vortrefflichen Bürgerin für ihren Antrag von der Versammlung Dank ausgesprochen werden. Da ein Beschluß des Konzils von Mâcon formell anerkannt habe, daß die Frauen eine Seele und Vernunft wie die Männer haben, könne man ihnen nicht verbieten, davon einen so guten Gebrauch zu machen wie die Vorrednerin. Es stünde Fräulein Théroigne und ihren Geschlechtsgenossinnen immer frei, Anträge zum Nutzen des Vaterlandes einzubringen. Aber die Versammlung sei nicht zuständig dafür, die wichtige Frage zu entscheiden, ob Fräulein Théroigne im Distrikt (der Cordeliers) auch nur mit beratender Stimme zugelassen werden könne; und dies sei auch nicht der geeignete Ort, um darüber zu beraten" (Desmoulins 1980, 24f., Übersetzung von mir).

Selbst Lacour (1900) kommt nicht umhin, dieses Dokument als symptomatisch für den Antifeminismus der Revolution zu deuten (S. 203). Michelet ist diesem Problem eindeutig ausgewichen.

Am 10. August 1792, während des Volksaufstandes, der die Absetzung des Königs und die Einführung des angeblich allgemeinen, in Wirklichkeit nur auf die Männer beschränkten Wahlrechts zur Folge hatte, zeichnete sich Théroigne durch besondere Tapferkeit aus. Sie erhielt deshalb neben Claire Lacombe (der späteren Präsidentin des Frauenklubs der „Citoyennes républicaines révolutionnaires") und Reine Audu (die schon für ihre Verdienste am 5./6. Oktober eine Auszeichnung erhielt) die „Bürgerkrone" (Moniteur vom 3. 9. 1792). Welche Taten sie vollbrachte, wird in dem Artikel des Moniteur, der darüber berichtete, nicht erwähnt. Dafür wurden um so phantasiereichere Geschichten über sie verbreitet. U. a. soll Théroigne den royalistischen Journalisten Suleau ermordet haben, der Autor mehrerer Hetzartikel gegen sie war (vgl. u. a. Goncourt 1924).

Michelet erzählt diese Geschichte nach dem Bericht des Royalisten Peltier (1792). Er dichtet Théroigne eine persönliche Abneigung gegen den Journalisten an. Sie soll Suleau auf der Terrasse der Feuillantiner getroffen haben, als man ihn gerade als royalistischen Spion gefangen nahm, und die Menge gegen ihn aufgewiegelt haben. Michelet legt sich allerdings nicht fest, ob sie ihn nun selbst ermordete oder nicht. Aber seine Erzählweise zeigt, daß er nicht daran glauben mochte:

„Um die Erzählung auszuschmücken, fügt man als wahr hinzu, daß das Mannweib[4] (die klein und sehr zart war, trotz ihrer glühenden Energie) mit eigener Hand den großen, starken Mann, dessen Kraft die Verzweiflung verzehnfacht hatte, niedergemacht habe" (Michelet 1913, 77).

Michelet distanzierte sich auch von den blutrünstigen Geschichten über ihre angebliche Beteiligung an den Septembermorden[5] (die ihr z. B. von Duval angedichtet wurde, vgl. Lacour 1900, 288). Mit ihrem „Abscheu vor den Septembermorden" (Michelet 1913, 77) begründet er ihre Annäherung an die Gironde. Es erscheint Michelet nur logisch, daß sie als Girondistin, die auch keinen Hehl aus ihrer Abneigung gegen Robespierre machte, nun von

Abbildung 9: Revolutionäre Frauen verprügeln Nonnen

den Jakobinern angefeindet wurde. Nur in diesem Zusammenhang ist der sonst unbegreifliche Irrtum Michelets zu erklären, der Männer für die Prügel verantwortlich macht, die Théroigne 1793 bei den Tuilerien erhielt. Angeblich war diese Tat dazu gedacht, sie vor der Menge, von der sie „geliebt und bewundert" wurde, herabzusetzen.

„Man ersann ein Mittel, ihr dieses Ansehen zu nehmen und sie durch eine der feigsten Gewalttätigkeiten zu erniedrigen, die ein Mann einer Frau zufügen kann. Sie ging fast allein auf der Terrasse der Tuilerien spazieren; da bildete man eine Gruppe um sie und schloß diese plötzlich, ergriff sie, hob ihr die Röcke auf und prügelte sie auf den entblößten Körper wie ein Kind, unter dem Hohngelächter der Menge" (S. 78).

Sämtliche Quellen berichten übereinstimmend, daß es Frauen waren, die Théroigne verprügelten, vermutlich die „Citoyennes républicaines révolutionnaires" (vgl. Lacour 1900, 295ff.). Sie standen vor dem Konvent und behinderten den Eintritt der Abgeordneten, die von den Girondisten Eintrittskarten erhalten hatten. Sie hielten dies für eine politische Begünstigung und bestanden darauf – unter Hinweis auf den Grundsatz der Gleichheit – auch zum Konvent zugelassen zu werden. In diesem Zusammenhang gerieten sie mit Théroigne aneinander, die sie als „Brissotine" (Anhängerin Brissots) beschimpften. Die Auseinandersetzung wurde handgreiflich, und Théroigne erhielt Prügel. Der Polizeibericht vom 16. 5. 1793 vermerkt:

„Die Bürgerin Théroigne, die von dieser Art Megären verprügelt wurde, sagte ihnen, daß sie sie früher oder später ins Gras beißen lassen würde" (frz. zit. in Lacour 1900, 295, Übersetzung von mir).

Körperliche Aggressivität unter Frauen war zur Zeit der großen Revolution weniger ungewöhnlich, als Michelet mit seinem durch und durch bürgerlichen Frauenbild Mitte des 19. Jahrhunderts es wahrhaben wollte. Auch die Marktfrauen prügelten sich mit den „republikanisch-revolutionären Bürgerinnen" (vgl. Cerati 1966). Michelet hat den ganzen Vorfall erotisiert. Vom Röckeaufheben wird in den Quellen an keiner Stelle berichtet (vgl. Lacour S. 295f.). Da ist offensichtlich seine männliche Phantasie mit ihm durchgegangen!

Von Lamartine (1847) übernimmt Michelet die Legende, daß Théroigne durch diesen Vorfall verrückt wurde.

> „Als man die Unglückliche schließlich frei ließ, setzte sie ihr Heulen fort; durch diesen barbarischen Schimpf in ihrer Würde und ihrem Mute tötlich getroffen, hatte sie den Verstand verloren" (Michelet 1913, 78).

Auch hier finden wir keine Entsprechung in den Quellen. Beaulieu (1801), den Michelet kannte und in einer Anmerkung erwähnt (1952, 266), berichtet lediglich, Théroigne sei bald danach („bientôt après") ins Irrenhaus gekommen.

Tatsächlich wurde Théroigne ein Jahr später, am 20. 9. 94, nach ihrer Verhaftung aus politischen Gründen, auf Antrag ihres Bruders für unzurechnungsfähig erklärt. Daraufhin wurde sie zunächst aus dem Gefängnis in die Obhut ihres Bruders entlassen, der sie dann im Laufe des Jahres 1795 in eine Nervenheilanstalt einweisen ließ. 1799 wurde sie in die Salpétrière verlegt, wo sie auch 1817 starb. Die letzten Jahre wurde sie von dem berühmten Irrenarzt Esquirol betreut, der ein Gutachten über sie hinterlassen hat (vgl. Esquirol 1838). Darin erscheint Théroigne zwar eindeutig als geistesgestört (auf eine genauere Analyse möchte ich mich an dieser Stelle nicht einlassen[6]), aber an keiner Stelle wird erwähnt, daß sie „sich selbst zerkratzte und ihren Kot aß" (Michelet 1913, 78). Das sind offensichtlich Michelets Phantasien von einer Geisteskranken, die seiner Ansicht nach „noch unter das Tier gesunken" ist (S. 78).

Im Widerspruch zu dieser Schilderung steht seine Beschreibung eines Bildes von Théroigne, in dem Michelet sie „als schon geistesgestört"

Abbildung 10: „Melle Terouene" (Théroigne de Méricourt, anonym)

zu sehen glaubt (1913, 72). In dieses Bild projiziert Michelet seine Vorstellungen, die er sich von der „gesunden" Théroigne gemacht hatte: er bemerkt ihren „runden, starken Kopf, echter Lütticher Schlag"; das Feuer, die Leidenschaft und „die Spur glühender Liebe" für die Revolution in ihren Augen.

Abbildung 11: Théroigne de Mericourt 1816 in der Salpétrière (Gabriel)

„Das Auge des armen Mädchens ist dennoch keineswegs irr; es ist voll bittern Kummers, voll Vorwurf und Schmerz, voll von wehen Gefühls für eine so große Undankbarkeit" (Michelet 1913, 72).

In ihrem nackten Busen sieht er einen „Überrest ihrer Schönheit",

„ein Busen in reinen, festen, *jungfräulichen* Formen, der gleichsam Zeugnis dafür ablegt, daß die Unglückliche, die sich für die Leidenschaften anderer verschwendete, selbst wenig vom Leben hatte" (S. 73, Herv. v. mir).

Michelet verwechselt dieses Bild, eine anonyme Gravur, die die Unterschrift „Melle Terouene" trägt und in der Bibliothèque Nationale erhalten ist, mit der Zeichnung, die später von Gabriel in der Salpétrière angefertigt und von Esquirol veröffentlicht wurde.
Auf Lacour wirken seine Ausführungen deshalb eher komisch („une amusante erreur", Lacour 1900, 109). Michelets Irrtum beweist jedoch mehr als eine gewisse Nachlässigkeit, die wir amüsiert übergehen könnten. An diesem Beispiel zeigt sich noch einmal deutlich, wie Michelet das historische Material zur Folie für seine Projektionen benutzt, die dann mehr über ihn und sein Frauenbild aussagen als über die lebendigen Frauen.

4. Gesellschaftliche Bedingungen für Michelets Frauenbild

Michelets Vorstellungen von der Frau sind im Zusammenhang mit einer historischen Entwicklung zu sehen, die schon im 18. Jahrhundert zu der uns bekannten Polarisierung und Ausdifferenzierung der Geschlechtscharaktere führte (vgl. Hausen 1977, Duden 1977, Grubitzsch 1980). Diese beruhte im wesentlichen auf der durch die kapitalistischen Produktionsverhältnisse hervorgerufenen Spaltung zwischen außerhäuslicher Erwerbstätigkeit und Hausarbeit im Hause. Mit der Industrialisierung im 19. Jahrhundert wird

diese Trennung zwischen dem vorwiegend männlichen und dem weiblichen Arbeitsbereich zur gesellschaftlichen Norm. Dem Mann wird die Aufgabe zugeschrieben, den „Fortschritt" der Gesellschaft durch seine unermüdliche Tätigkeit im Produktionsprozeß, in Wissenschaft und Technik zu realisieren. Er ist der Vorwärtsstrebende, der Gipfelstürmer, der alle Mühsal auf sich nimmt, um im Kampf des Lebens zu bestehen.
Die Gesellschaftstheoretiker jener Zeit, wie Michelet, Comte und Proudhon, suchen das Glück der Menschen nicht mehr in der allseitigen Entfaltung ihrer Fähigkeiten auf der Basis einer neuen Organisation der Arbeit. Fourier, der solche Ideen vortrug (vgl. Grubitzsch 1980, 78ff.), galt Michelet als Schwärmer. An die Stelle der Glückshoffnung ist Fortschrittsgläubigkeit getreten. Das Anwachsen des materiellen Reichtums und die Entwicklung der Produktivkräfte erscheinen – ganz im Einklang mit der Ausdehnung der großen Industrie – als die notwendigen Voraussetzungen des Fortschritts, der die Menschen automatisch zu besseren Lebensverhältnissen führen wird (vgl. Mey 1984).
Dem Fortschritt müssen Opfer gebracht werden. Die Welt der Arbeit erfordert Disziplin, Härte, Leistungsdenken, Berechnung und Berechenbarkeit sowie die Bereitschaft zur gnadenlosen Konkurrenz. Die neuen Arbeitstugenden, die im Laufe des 19. Jahrhunderts der arbeitenden Bevölkerung aufgezwungen werden, verlangen eine Verleugnung und Kontrolle vieler menschlicher Bedürfnisse, die vor allem im affektiven Bereich angesiedelt sind. Aufgrund der Individualisierung, die sich gesellschaftlich mit der Ausbreitung der Lohnarbeit und des Warentauschs verallgemeinert – jeder Warenverkäufer steht dem Warenkäufer als Individuum gegenüber –, verlieren sich im Laufe des 19. Jahrhunderts zunehmend die sozialen Bezüge, die den Menschen der Standesgesellschaft in ein festes Netz von Verhaltensanforderungen einbanden. Individuelles Verhalten muß psychisch von jedem Einzelnen gesteuert werden. Dazu gehört die Bereitschaft der Menschen, die Verantwortung für ihr Leben in sich hineinzunehmen, ein hohes Maß an Selbstkontrolle und die Entwicklung einer moralischen inneren Instanz, die über Schuldgefühle das Verhalten reguliert (vgl. Elias 1981). Michelet beschreibt diese Anforderungen im Zusammenhang mit den von ihm erwünschten und bei den Revolutionären gepriesenen republikanischen Tugenden:

„In sich mußte man die innere Republik tragen, die moralische Republik, die einzige, welche die politische Republik rechtfertigt und sie auf festen Grund stellt; ich meine, man muß Selbstbeherrschung besitzen, seine eigene Demokratie, man muß seine Freiheit im Gehorsam gegen die Pflicht finden" (Michelet 1913, 95).

„Selbstbeherrschung" bedeutet in diesem Zusammenhang vor allem Kontrolle der Gefühle. Deshalb erscheint es Michelet auch als Widerspruch,

wenn er zu diesen Tugenden noch die Notwendigkeit eines „Augenblicks der Leidenschaft“ konstatiert, die zur revolutionären Tat treibt (S. 95).
Die gesellschaftliche Entwicklung zum Fortschritt erfordert von den Männern die Ausbildung eines psychischen Panzers, der sie vor ihren eigenen Gefühlen schützt (vgl. Theweleit 1977). Als Maßstab für das individuelle männliche Verhalten gilt die kapitalistische Rationalität, die keineswegs mit Vernunft gleichzusetzen ist, sondern oft nur eine Unterwerfung unter das Gesetz der Effektivität (möglichst viel Leistung in möglichst kurzer Zeit zu erbringen) bedeutet. Michelet nimmt die Veränderung wahr, die mit den Männern seit der Französischen Revolution vor sich gegangen ist.

„In dem Maße, wie man ernsthafter in die Erforschung der Geschichte dieser Zeiten eintritt, wird man den oft geheimen, immer aber ungeheuern Anteil entdecken, den das Herz in den Entscheidungen der Leute von damals gehabt hat, wie auch im übrigen ihr Charakter sein mochte. Keiner von ihnen macht eine Ausnahme, von Necker bis Robespierre. Diese „vernünftige“ Generation beruft sich immer auf die Ideen, aber die Affekte beherrschen sie mit eben so großer Macht“ (Michelet 1913, 12, Anm.).

Im Widerspruch zu dieser Anmerkung, die auch den Männern Gefühle als Motor ihres Handelns zuschreibt, projiziert Michelet im Text die geschlechtsspezifische Polarisierung von Gefühl und Rationalität auf die Frauen der Revolution: „Im Jahre 1791 herrschte das Gefühl und folglich die Frau“ (S. 12).
Die Zuschreibung der weiblichen Geschlechtsqualitäten dient dem Aufbau einer häuslichen Scheinwelt, die der Arbeitswelt und dem öffentlichen Leben entgegengesetzt ist. Die Liebe ist der Zaubermantel, der diese Welt einhüllt. Die Frau arbeitet im Hause aus Liebe; d. h. im Unterschied zur Welt der Erwerbstätigen, nicht gegen Geld. Das Geld, das der Mann nach Hause bringt, verwandelt sich durch ihre Arbeit in liebevolle Aufmerksamkeit für ihn und die Kinder.

„‚Aus Liebe‘ hat gerade die Qualitäten, die ‚für Geld‘ entgegengesetzt sind. Die Konstituierung der häuslichen Idylle, in der die ‚Liebe‘ regiert, als Komplement zur harten Arbeitswelt, in der das Geld herrscht, ist Ausdruck der Neuordnung der Lebensbereiche in der bürgerlichen Gesellschaft“ (Mey 1984, 189).

In die Welt des „trauten Heims“ projiziert der Mann die Teile seiner menschlichen Natur, die er in sich selbst zu unterdrücken lernt. So weist er der Frau alle die Qualitäten als naturhaft zu, die aus dem „Prozeß der Zivilisation“ (Elias 1981) zunehmend ausgeblendet werden: Gefühl, Wärme, Spontaneität, Weichheit, Duldsamkeit, Schwäche und Hingabe. Die Frau wird – im Gegensatz zum zivilisationsschaffenden männlichen Prometheus – zur Natur schlechthin. Ihr Leben, Fühlen und Denken bestimmt sich nach dem Rhythmus ihres Uterus.[7] Sie verkörpert die zyklische Lebensweise, die mit linearer Rationalität nicht zu fassende ganzheitliche Lebendigkeit. In der Frau erschafft sich der Mann sein verlorengegangenes Paradies, in der Harmonie des von ihr verwalteten Hauses erhofft er sich die Regeneration seiner Menschlichkeit.

Aber die Natur ist unberechenbar, sie hat die Nacht und das Dunkel auf ihrer Seite und die Sehnsucht nach einem anderen Leben. Prometheus erschrickt vor seinem Werk. Bei der Frau darf er schwach sein – aber wer garantiert ihm, daß er dabei nicht seine Stärke verliert? So erscheint ihm die Frau auch als das verführerische, bedrohliche Wesen, das ihn seiner Männlichkeit zu berauben droht.[8] Sexualität hebt für einen Moment die individuellen Körpergrenzen auf. Im Akt der Liebe droht der Panzer dahinzuschmelzen, in der Sinnlichkeit erlebt der Mann die Gewalt seiner eigenen, durch den verinnerlichten „Prozeß der Zivilisation" zurückgedrängten Natur (vgl. Theweleit 1977). Die Angst vor dieser Macht läßt sich nur bändigen, indem die Frau gebändigt wird.

„Beeile dich", mahnt Michelet den jungen Mann, „ihr Herr zu werden; denn in kurzem, ich sage es dir voraus, wird sie deine Herrin sein, zum mindesten durch die Gewohnheit, und wird dich so auf alle Weise fesseln. Ja, je sanfter, lenkbarer, demütiger die Frau ist, desto mehr umstrickt sie, fesselt sie, durch leichte, unsichtbare, schwache Bande, die aber von unglaublicher Macht sind . . .

Ich bitte dich, laß ihr nicht den Zügel, bleibe fest. Um euer beider geistiges und physisches Wohl, sei Herr (sie verlangt es, will es), unterwerfe sie!" (Michelet o. J., 124–126).

So offen wird der Geschlechterkampf nur selten von Michelet beschrieben. Die Frau der bürgerlichen Gesellschaft wird nicht „gezähmt" wie in früheren Zeiten, dies würde ja ihre Stärke unterstellen. Die Domestikationsleistung des bürgerlichen Mannes besteht vielmehr darin, die Frau dazu zu bewegen, sich selbst zu unterwerfen. Ihr werden Opfer abverlangt – dabei ist sie selbst das Opfer, das dem Fortschritt gebracht wird.

Michelets Frauen der französischen Revolution spiegeln die männlichen Erwartungen an die „guten" Frauen ebenso wider, wie die Ängste vor den „bösen", „verführerischen" Frauen. Hier ist die Geschichte kein „mâle sauvage", sondern einer weiblichen Natur nachempfunden, die es so vermutlich nur in den Köpfen der Männer gegeben hat.

Anmerkungen

1 „Überall, wo die Frau nicht durch übermäßige Arbeit ihr Geschlecht zu verleugnen gezwungen wird (wie unsere abgehärteten Bäuerinnen, die sich sehr bald zu Männern machen), überall, wo sie Frau bleibt, ist sie gewöhnlich in vier Wochen eine Woche lang krank. Aber die Woche, welche der kritischen Woche vorhergeht, ist schon voller Aufregung, und in den acht oder zehn Tagen, die der Woche folgen, bleibt eine Mattigkeit, eine Schwäche, die man sich nicht zu erklären wußte. (. . .) So ist, streng genommen, die Frau von achtundzwanzig Tagen fünfzehn oder zwanzig Tage lang (man kann beinahe sagen, immer) nicht bloß eine Kranke, sondern eine Verwundete" (Michelet o. J., 61f.).

2 „Wir sind Arbeiter, Schöpfer und Baumeister – die wahren Söhne des Prometheus. Wir wollen nicht eine fertige Pandora, sondern eine, die wir selber machen." (Michelet o. J., 79).

3 Dieser Satz fehlt in der deutschen Übersetzung von Richard Kühn. Dafür hat der Herausgeber, F. Kircheisen, an dieser Stelle eine Anmerkung plaziert, die Auszüge aus Lamartines grauenhaft entsteller und phantastisch aufgebauschter Lebensgeschichte der Théroigne enthält und mit den Worten eingeleitet wird: „Die sexualpathologische Veranlagung der Théroigne de Méricourt – sie war Masochistin – geht aus der ganzen Lebensweise dieser ‚Amazone der Revolution' hervor." (Michelet 1929–30, 466).
Tatsächlich hat Michelet mit seiner Kritik nicht Unrecht: Lacour (1900) bringt zahlreiche Beispiele von royalistischer, aber auch von patriotischer Seite. Das Interesse von seiten der Männer, den Mythos der Hure zu erhalten, erwies sich jedoch bis heute stärker als die Kritik. Noch Gérard Walter, der Herausgeber der „Historie de la Révolution" von 1952, fühlt sich an dieser Stelle zu der Anmerkung bemüßigt: „La réhabilitation de la ‚fameuse amazone' tentée par Michelet fait honneur à ses sentiments de galant homme mais ne saurait guère être prise au sérieux" (S. 1483).

4 Schlechte deutsche Übersetzung für „virago" (Heldenjungfrau).

5 In den ersten Septembertagen des Jahres 1792 wurden zahlreiche Gefangene in Pariser Gefängnissen wegen des Verdachts der Teilnahme an royalistischen Verschwörungen niedergemetzelt.

6 Zusammen mit Roswitha Bockholt arbeite ich z. Z. an einer ausführlichen Biographie von Théroigne de Méricourt, die 1986 erscheinen soll.

7 Zu Beginn des 19. Jahrhunderts häuften sich auch die medizinischen und biologischen Untersuchungen zur Erforschung der „Natur" der Frau und insbesondere ihrer Geschlechtsorgane. Wie Moreau (1982) gezeigt hat, war Michelet über die Entwicklung der Wissenschaft auf dem laufenden und nutzte z. T. deren Ergebnisse für seine eigene Argumentation.

8 Moreau (1982) hat nachgewiesen, daß Michelet permanent in Kastrationsmetaphern spricht.

Literatur

Barthes, Roland: Michelet, Frankfurt: EVA 1980

Beaulieu, Claude-François: Essais historiques sur la Révolution de France, Bd. II, Paris: Maradon 1801, pp. 50–55

Blanc, Olivier: Olympe de Gouges, Paris. Syros 1981

Blüm, Norbert: Familie, Freiheit, Zukunft. Leitsätze und Entschließungen der 19. CDA-Bundestagung, Mannheim 1981

Bock, Gisela; Duden, Barbara: Arbeit aus Liebe – Liebe als Arbeit, in: Frauen und Wissenschaft, Beiträge zur Berliner Sommeruniversität für Frauen, Berlin 1977

Bockholt, Roswitha: Théroigne de Méricourt – Leben einer französischen Revolutionärin zwischen Phantasie und Wirklichkeit, Staatsexamensarbeit (maschinenschriftlich), Universität Bremen 1984

Bourdin, Isabelle: Les sociétés populaires à Paris pendant la révolution française jusqu'à la chute de la royauté, Diss. Paris: Sirey 1937

Cahiers de doléances des femmes 1789, Paris: des femmes 1981

Cérati, Marie: Le club des citoyennes républicaines révolutionnaires, Paris: Ed. Sociales 1966

Condorcet, Marie Jean Antoine de: Sur l'admission des femmes au droit de cité, in:

Œuvres, Bd. X, Stuttgart-Bad Cannstatt: Frommann 1968 (Reprint von 1847–49), 119–130
Desmoulins, Camille: Révolutions de France et de Brabant 14 (1791), in: Œuvres, Bd. III, München: Kraus 1980 (Reprint), S. 21–25
Dessens, Alfred: Les revendications des droits de la femme au point de vue politique, civil, économique pendant la Révolution, Diss. Toulouse 1905
Devance, Louis: Le féminisme pendant la Révolution française, in: Annales historiques de la Révolution française 29 (1977), 341–376
Duden, Barbara: Das schöne Eigentum – zur Herausbildung des bürgerlichen Frauenbildes an der Wende vom 18. zum 19. Jahrhundert, in: Kursbuch 47 (1977), 125–139
Duhet, Paule-Marie: Les femmes et la Révolution 1789–1794, Paris: Juillard 1971
Elias, Norbert: Über den Prozeß der Zivilisation, Frankfurt: Suhrkamp 1981
Ernst, Otto: Théroigne de Méricourt, d'après des documents inédits tirés des Archives sécrètes de la Maison d'Autriche, Paris: Payot 1935
Esquirol, J. Etienne: Des maladies mentales considérées sous les rapports médical, hygiénique et médico-légal, Bd. 1, Paris: Baillière 1838
Farge, Arlette: Vivre dans la rue à Paris au XVIIIe siècle, Paris: Gallimard 1979
Femmes dans la Révolution française 1789–1794, les, 2 Bde, Paris: Edhis 1982
Fontenay, Elisabeth de: Pour Emile et par Emile, Sophie, in: Temps modernes, Mai 1976
Garbe, Christine: Sophie oder die heimliche Macht der Frauen. Zur Konzeption des Weiblichen bei Jean-Jacques Rousseau, in: Brehmer et al. (Hrsg.): Frauen in der Geschichte IV; Düsseldorf 1983, 65–87
Goncourt, Edmond et Jules: Portraits intimes du XVIIIe siècle, Bd. 2, Paris 1924
Gouges, Olympe de: Schriften, Frankfurt: Stoemfeld/Roter Stern 1980
Groppi, Angela: Sur les structures du travail féminin à Paris à l'époque de la Révolution française (maschinenschriftlich), Vortrag an der Universität Bremen 1979
Grubitzsch, Helga: Materialien zur Kritik des Feuilleton-Romans, Wiesbaden: Athenaion 1977
Grubitzsch, Helga: „Wissen heißt leben ..." Der Kampf der Frauen um die Bildung zu Beginn des 19. Jahrhunderts (Frankreich), in: Brehmer et al (Hrsg.): Frauen in der Geschichte IV, Düsseldorf 1983, 171–204
Grubitzsch, Helga; Lagpacan, Loretta: „Freiheit für die Frauen, Freiheit für das Volk!" Sozialistische Frauen in Frankreich, 1830–1848, Frankfurt: Syndikat 1980
Hausen, Karin: Die Polarisierung der Geschlechtscharaktere – eine Spiegelung der Dissoziation von Erwerbs- und Familienleben, in: W. Conze (Hrsg.): Sozialgeschichte der Familie in der Neuzeit Europas, Stuttgart 1977, 367–393
Kippur, Stephen A.: Jules Michelet. A Study of Mind and Sensibility, New York 1981
Lacour, Léopold: Les origines du féminisme contemporain. Trois femmes de la Révolution: Olympe de Gouges, Théroigne de Méricourt, Rose Lacombe, Paris: Plon 1900
Lairtullier, E.: Les femmes célèbres de 1789 à 1795 et leur influence dans la Révolution. Paris: France 1840
Lamartine, Alphonse de: Geschichte der Girondisten, Leipzig: Brockhaus 1847, Bd. I, 16. Buch, Kap. XI, S. 273 ff
[Lamothe-Langon], V. . . Y: Théroigne de Méricourt. Correspondance de la jolie Liégeoise, Paris: Allardin 1836
Mey, Dorothea: Courtisane oder ménagère? Zwei Pole des bürgerlichen Frauenbildes. Männliche Liebesideologie in der Mitte des 19. Jahrhunderts in Frankreich, in: Wiener Historikerinnen (Hrsg.): Die ungeschriebene Geschichte. Historische Frauenforschung, Wien 1984, 187–198

Michelet, Jules: L'Amour, Paris: Hachette 1875
Michelet, Jules: Die Liebe, übers. v. F. Spielhagen, Leipzig o. J.
Michelet, Jules: La Femme, Paris: Flammarion 1982
Michelet, Jules: Die Frau, übers. v. F. Spielhagen, Leipzig 1860.
Michelet, Jules: Les femmes de la Révolution, Brüssel-Leipzig: Kiessling et al. 1854
Michelet, Jules: Die Frauen der Revolution, München: A. Langen 1913
Michelet, Jules: Histoire de la Révolution française, Bd. I, Paris: Gallimard 1952
Michelet, Jules: Geschichte der französischen Revolution, Bd. 4, Wien-Hamburg-Zürich 1929–30
Michelet, Jules: Journal, Paris: Gallimard 1969–1976
Michelet, Jules: Le peuple, Paris: Flammarion 1979
Michelet, Jules: Du prêtre, de la femme et de la famille, Paris: Gallimard 1978
Moreau, Thérèse: Le Sang de l'Histoire. Michelet: L'histoire et l'idée de la femme au XIXe siècle, Paris: Flammarion 1982
Peltier, Jean Gabriel: Dernier tableau de Paris ou Récit historique de la Révolution du 10 août 1792..., London: l'auteur 1792
Pugh, Anne R.: Michelet and his ideas on social reform, New York 1966 (Reprint von 1923)
Schröder, Hannelore (Hrsg).: Die Frau ist frei geboren. Texte zur Frauenemanzipation, Bd. I: 1789–1870, München: Beck 1979
Schröder, Hannelore; Sauter, Theresia: Zur politischen Theorie des Feminismus. Die Deklaration der Rechte der Frau und Bürgerin von 1791, in: Aus Politik und Zeitgeschichte B 48/77, 3. 12. 1977, S. 29ff.
Seebacher, Jacques: Michelet, l'histoire naturelle et la nature de l'histoire, in: P. Abraham; R. Desńe: Manuel d'histoire de la France, Bd. V, Paris: Ed. sociales 1977, 103–110
Strobl-Ravelsberg, Ferdinand de: Les confessions de Théroigne de Méricourt, la belle Liégeoise, Paris 1892
Theweleit, Klaus: Männerphantasien, Bd. 1: Frauen, Fluten, Körper, Geschichte, Frankfurt: Roter Stern 1977
Viallaneix, Paul: La voie royale. Essai sur l'idée de peuple dans l'œuvre de Michelet, Paris: Flammarion 1971

Bildnachweise

Abb. 1: Furet, François; Richet, Denis: La Révolution du 9 Thermidor au 18 Brumaire, Paris: Hachette 1966, 270
Abb. 2: Furet, François; Richet, Denis: La Révolution des Etats Généraux au 9 Thermidor, Paris: Hachette 1965, 305
Abb. 3: Ebda, 83
Abb. 4 + 5: Ebda, 304
Abb. 6: Duhet, Paule-Marie: Les Femmes et la Révolution 1789–1794, Paris: Julliard 1971, Bildteil (ohne Seitenzahlen)
Abb. 7: Furet; Richet 1965, 237
Abb. 8: Bibliothèque Nationale, Paris
Abb. 9: Duhet 1971, Bildteil
Abb. 10: Bibliothèque Nationale, Paris
Abb. 11: Duhet 1971, Bildteil

„Die eigentlichen Enragées ihres Geschlechts". Aufklärung, Französische Revolution und Weiblichkeit

Ursula Geitner

> „Maskeraden sind itzt in Frankreich verboten. Mein Democrat sagt: man bedarf itzt des Hofmittels nicht mehr, einmal zum Spaß allgemeine Gleichheit einzuführen" (J. F. Reichardt, Vertraute Briefe aus Paris, 1792)

Im Jahre 1793 erscheint in Mainz eine Schrift, welche die „Rechte des Menschen und des Bürgers, wie sie die französische konstituierende Nationalversammlung 1791 proklamierte", dem deutschen Publikum, insbesondere aber den Mainzer Republikanern, darlegt und erläutert. Die den einzelnen Artikeln der Deklaration beigegebenen Kommentare, verfaßt von Georg Christian Wedekind, dem Mainzer Arzt, Professor, Jakobiner und Abgeordneten des im März 1793 zusammengetretenen Rheinisch-deutschen Nationalkonvents, stützen sich argumentativ auf jene philosophische Diskussion, welche die Notwendigkeit einer revolutionären Veränderung zu begründen vermag: die Naturrechtslehre. Sind die Forderungen nach ‚Wiederherstellung natürlicher Freiheit und Gleichheit' einer kritischen deutschen Intelligenz bereits schlagwortmäßig geläufig und ihr zu Selbstverständigungszwekken dienlich, so bemüht sich Wedekind, den Grund dieser Forderungen theoretisch zu plausibilisieren. Der erste Artikel schon, der bekanntlich die – im Naturzustand verbürgte – Freiheit und Gleichheit aller Menschen deklariert, gibt dem Kommentator Wedekind zu einer längeren räsonnierenden Ausführung Anlaß, in welcher er den „Unterschied der Stände" thematisiert: Dieser stellt sich dar als *gesellschaftliche* Einrichtung, für welche keinesfalls die *Natur* verantwortlich zeichnet. Sie nämlich, so fährt Wedekind fort, schuf „uns alle frei und an Rechten einander gleich", indem sie allen menschlichen Kreaturen ausnahmslos den „Willen" oder „Trieb" einpflanzte, von ihren „Anlagen und Kräften" ohne Einschränkung Gebrauch machen zu wollen (WEDEKIND 1793, 15).

Der hier herausgestellte „Trieb", die potentielle Fähigkeit zur Ausbildung und Entfaltung aller Kräfte, dem 18. Jahrhundert ansonsten als *Perfektibilität* geläufig, darf nicht eingeschränkt werden, und deshalb muß die ‚unnatürliche' und doch so gewöhnlich gewordene Lage, in welcher „der Dumme den

Klugen beherrscht", – fortan – vermieden werden. Die „Einrichtung der Gesellschaft" soll daher so getroffen werden, daß solche der Natur widerstreitenden und ihre Rechte untergrabenden Übel nicht entstehen können. Eine Einsicht, deren Konsequenzen auf der Hand liegen: Geburtsrechte, welche Personen ohne Ansehung ihrer eigenen Fähigkeiten privilegieren, sind abzuschaffen; der Zugang zu allen Würden, Ämtern und Stellen muß vielmehr all denen ermöglicht werden, welche sich durch Talente und Tugenden selbst dazu qualifiziert haben. Das „Verdienst" also, worüber das Bürgertum sich schon seit geraumer Zeit definiert, muß sich, so Wedekind, ungehindert Geltung verschaffen können. Der „Hauptvorzug der Demokratie" besteht nämlich darin, „daß hier die Verfaßung, dem Fleiße, dem Genie und den besonderen Fähigkeiten des Menschen keinen Zwang anlegt, daß jeder diejenigen Stellen im Staate erhalten kann, wozu er taugt, er mag nun dieses, oder jenes Mannes Kind sein" (ebd. 44). Daß des Mannes Kind sich als junger Mann entpuppt, bräuchte eigentlich nicht erst einem anderen Beitrag Wedekinds, welcher in diesem Punkt – zufällig nur – genauer ist, entnommen zu werden:

„Auch kommt es denn nicht weiter darauf an, ob der Vater Schuster oder geheimer Rat von Adel war; genug, wenn der junge Mann geschickt und redlich ist" (WEDEKIND 1792, 169).

Wird das Standesprivileg zum Kristallisationspunkt der Kritik Wedekinds, so findet das Geschlechtsprivileg nicht einmal am Rande Erwähnung, obgleich alle Voraussetzungen und Anschlüsse für eine kritische Auseinandersetzung, sei sie das Prinzip rettend oder infragestellend, geschaffen sind. Denn als ausgemacht gilt ja, daß die Natur alle Menschen gleich schuf, indem sie, die unparteiische Instanz schlechthin, alle der Perfektibilität teilhaftig werden ließ, eines menschlichen Vermögens sui generis, welches, wie gesehen, keiner Einschränkung gesellschaftlicher Art unterworfen werden darf bzw. eine solche keinesfalls dulden muß. „Keinem von uns", betont Wedekind, machte die Natur es zur Pflicht, in der „Entwicklung und in der Ausbildung seiner Kräfte von einem andern sich gängeln zu lassen" (WEDEKIND 1793, 15). Der „Gängelwagen", in welchen Kant schon 1783 das weibliche Geschlecht eingesperrt sah (Kant 1783, 54), gerät Wedekind erst gar nicht in den Blick. Ob das ‚starke' das ‚schwache' Geschlecht bevormunden darf und ob diese Bevormundung mit den im Gesellschaftszustand zu bewahrenden Absichten der Natur verträglich ist, wird nicht gefragt. Erwähnung findet demgegenüber immerhin die Legitimität der Bevormundung und des Zwangs im Falle des Vater-Kind-Verhältnisses:

„Wenn der stärkere und einsichtsvollere Vater sein schwaches noch nicht zur Vernunft gekommenes Kind zu zwingen weis, so liegt das (...) in der Natur der Sache; der Stärkere, der klügere ist immer derjenige, dem die Ueberlegenheit eigen ist (...)" (WEDEKIND 1793, 15).

Etwa im Anschluß an diese Überlegung hätte sich, unter Verwendung des zeitgenössischen Diktums von der körperlichen *und* der – aus dieser abgeleiteten – verstandes- und vernunftmäßigen Schwäche des weiblichen Geschlechts, die Privilegisierung des männlichen Bürgers in Haus und Öffentlichkeit ohne bedeutenden argumentativen Aufwand begründen lassen. Des Demokraten Wedekind politische Reflexionen, die sich an der Darlegung der „Rechte der Menschen" entzünden und sich bemühen, die Notwendigkeit einer diese Rechte sichernden Verfassung in aufklärerischer Manier einsichtig zu machen, berühren jedoch an keinem Punkt die Frage nach dem Verhältnis von Naturrecht und weiblichem „Geschlechtscharakter" (vgl. HAUSEN 1978).

Darin unterscheidet Wedekind sich nicht von Ernst Brandes, dem reformkonservativen Hannoveraner Beamten, welcher in seinen zahlreichen Kommentaren zur Französischen Revolution sich anstrengt, Englands konstitutionelle Monarchie als vorbildliches Modell für Staatsveränderungen herauszustellen. Auch Brandes kommentiert, im Jahre 1790, den ersten Artikel der „Déclaration des Droits", welche 1791 dann Bestandteil der französischen Verfassung werden wird, mit einer Bemerkung, welche die universalisierbare und uneingeschränkte Gültigkeit des Naturrechts fast lakonisch in Zweifel zieht: „Der Anfang des 1ten Artikels dieser Deklaration heißt: Les hommes naissent et demeurent libres et egaux en droits. Wahrscheinlich soll dieses nach dem Natur-Rechte zu verstehen seyn". Aber, so wendet der kritische Kommentator sofort ein: was „weiß der Pöbel in allen Staaten vom Rechte der Natur?" (BRANDES 1790, 64f.).

Verfolgt Wedekind jene von aufklärerischem Optimismus angetriebene Vorstellung, welche auch den sogenannten Pöbel als Teil der Volkssouveränität denken kann, so erteilt Brandes einer solchen Idee von „Perfectibilität" (ebd. 134), die selbst die „Volksklasse ohne Eigentum" (ebd. 10) nicht von politischen Rechten auszunehmen gewillt ist, eine deutliche Absage. Die Frage nach *weiblicher* Perfektibilität bleibt nicht nur an dieser Stelle ausgespart, sondern auch in einer Schrift Brandes' aus dem Jahr 1792, welche sich ausführlich der Kritik einer „übertriebenen oder unrichtigen Anwendung der Idee der Perfectibilität der Menschen" (BRANDES 1792, 28) widmet; die unkontrollierte, emphatische Anwendung dieser Idee, eine der „bisherigen Folgen der Französischen Revolution, in Rücksicht auf Deutschland", hat zum Beispiel, folgt man Brandes, die Diskussion der Judenfrage neu entfacht und zu falschen Antworten geführt. Als solche mußte ihm schon jene bahnbrechende Schrift Christian Wilhelm Dohms, „Ueber die bürgerliche Verbesserung der Juden", erscheinen, welche gut zehn Jahre später den einzigartigen Text des Königsberger Polizeipräsidenten Theodor Gottlieb von Hippel, „Ueber die bürgerliche Verbesserung der Weiber" (vgl. DAWSON 1980), inspirieren konnte. Dohm unternahm bereits 1781 den Versuch,

jene typischen, allseits beklagten Charakterzüge und Gewohnheiten der jüdischen Bevölkerungsgruppe als Reflexe auf erlittene Unterdrückung und Einschränkung zu verstehen (vgl. EPSTEIN 1973, 258) und eben nicht als natürliche Disposition, deren Veränderung ausgeschlossen ist. Im Gegenteil würden eingeräumte Bildungs- und Karrierechancen – sowie die Gewährung rechtlicher Gleichstellung überhaupt – eine „Verbesserung" erlauben, welche, zumindest auf lange Sicht, die Rede von der mißlichen, unhintergehbaren Natur des jüdischen Charakters Lügen strafen wird.
Brandes demgegenüber, die Perfektibilität der Juden zurückweisend, hält prinzipiell an der Idee einer unveränderlichen Menschennatur fest: Im Rahmen einer Charaktertypologie beschreibt er solche menschliche Kreaturen, deren Natur auch durch verbesserte ‚Umstände' und ‚Erziehung' nicht zu verändern ist. Der Selbstbestimmung sind diese nicht fähig: Bei dem so „zahlreichen Haufen von schwachen Geschöpfen" (BRANDES 1792, 39) bewirkt der Schwund von „Autoritäten" kaum besseres als ein haltloses unmoralisches Verhalten, welches jweils nur den „augenblicklichen Eingebungen egoistischer Neigungen" folgt. Brandes wählt das Bild vom „schwankende(n) Rohr", um die Schwäche jener auf Autorität, ja Bevormundung geradezu angewiesenen Personen zu illustrieren. Geläufig ist dieses Bild in einer Vielzahl von Texten der Anthropologie und Popularphilosophie, in welchen es vornehmlich für die weibliche Charakter-Eigenart steht: Zur willensgesteuerten Selbstbestimmung kaum fähig, ist die Frau der Stütze einer Autorität, welche ihr in der Regel durch Ehe und Ehemann gegeben ist, dringend bedürftig.
Doch weder das Zitat des Bildes sprichwörtlicher Schwäche noch die Rede von den schwachen Geschöpfen überhaupt oder die hochgradig anschlußfähige Diskussion der Perfektibilität der Juden verleiten Brandes dazu, zur Frage der Perfektibilität des weiblichen Geschlechts Stellung zu nehmen und die (Un-)Möglichkeit seiner politischen Rechte und Pflichten zu erwägen. Die im Falle der Juden und des nicht perfektiblen Pöbels von Brandes wahrgenommene Chance, politische Ansprüche über eine Diskussion bzw. Proklamation natürlicher Verfaßtheiten abzuweisen, bleibt, bezogen auf das weibliche Geschlecht, ungenutzt. Dieses kommt, von beiläufigen polemischen Ausfällen gegen die aristokratische ‚Mätresse' abgesehen, im Kontext politischer Reflexion erst gar nicht vor. Dieser Befund, welcher an den ansonsten so gegensätzlichen Positionen des Reformkonservativen Brandes und des Mainzer Republikaners Wedekind abzulesen ist, läßt sich leicht an zahlreichen die ‚Rechte des Menschen' diskutierenden Texten unterschiedlichster politischer Couleur erhärten. Bei näherer Betrachtung der gegebenen Konstellationen liegen die Gründe dafür auf der Hand.
Jener Teil der Gelehrtenrepublik und des aufgeklärten, besitzenden Bürgertums, welcher die 1789er Ereignisse als Katalysator für eigenes, in der Regel

eher moralisch-anthropologisches als politisches Räsonnement begierig nutzt, widmet sich dabei vornehmlich den spezifischen Problemen seiner Existenz im Absolutismus. Die dem Bereich ‚bürgerlicher Freiheiten' entstammenden wesentlichen, immer wieder gestellten und begründeten Forderungen wie ‚Denk-, Rede- und Preßfreiheit', Sicherheit der Person und des Eigentums, Möglichkeiten ungehinderten Aufstiegs, des Zugangs auch zu höheren Staatsämtern etc. (SCHLUMBOHM 1971, 166; STEPHAN 1976, 30–38) vereinheitlichen zwar die in Fragen der Staatsverfassung(en) divergierenden Positionen der Intelligenz. Sie betreffen jedoch nicht die bürgerliche Frau, die in der Regel auf Bildung, Besitz und Beruf keinen Anspruch erheben kann, und deren häusliche Existenz.

Die Französische Revolution, und dies ist ein weiterer Grund für die charakteristischen blinden Flecken des politischen Raisonnements in Deutschland, ist ihrerseits – in allen ihren Phasen – in der Emanzipation des weiblichen Geschlechts kaum vorbildlich gewesen. Die „Erklärung der Menschen- und Bürgerrechte" von 1789 proklamiert die Rechte des (Menschen-)Mannes. Die Konstitution von 1791, welche im Rahmen eines kompliziert abgestuften Zensuswahlrechts die Unterscheidung von Aktivbürgern (Stimmberechtigte) und Passivbürgern (nicht stimmberechtigte Personen) etabliert, subsumiert die Frauen den letzteren. Selbst die das ‚allgemeine Wahlrecht' einführende Jakobiner-Verfassung des Jahres 1793 schließt die Bürgerinnen – neben den Kindern, den Minderjährigen, den Geisteskranken – von politischen Rechten aus (vgl. DUHET 1971, 165).

Stimmen des Widerstands erheben sich zwar, bleiben jedoch ohne Resonanz: Olympe de Gouges, eine Pariser Schriftstellerin, verfaßt 1791 eine Broschüre, „Erklärung der Rechte der Frau und Bürgerin" betitelt, die sie, als Gesetzesvorlage gedacht, der Nationalversammlung, in welcher sie künftig auch das weibliche Geschlecht vertreten sehen will, zur Verabschiedung vorlegt (SCHRÖDER/SAUTER 1977, 38f.). Ist Olympe de Gouges politisch zwar kein Erfolg beschieden, so gelingt es ihrer spektakulären Deklaration doch, das Naturrecht beim Wort zu nehmen, die Rede vom Menschen (l'homme) zu entideologisieren und den Gleichheitsgrundsatz einmal konsequent zu universalisieren.

Artikel VI deklariert die Teilhabe aller Bürger und Bürgerinnen, sei diese direkt oder repräsentativ organisiert, an der Gesetzgebung und fordert gleichzeitig die Möglichkeit des Zugangs aller zu allen öffentlichen Ämtern (vgl. OLYMPE DE GOUGES 1791, in: SCHRÖDER 1979, 37). 1789 schon hatte Jean Antoine Condorcet in einem dann 1790 erschienenen Aufsatz für die Zulassung der Frauen zum Bürgerrecht plädiert. Die Argumentation dieses Textes, welche sich eindeutig in die Tradition des 1672 erschienenen Traktats „Über die Gleichheit beider Geschlechter" von Poullain de la Barres stellt, zielt ab auf die prinzipielle Destruktion jener kulturell dominanten

Vorstellung, welche die soziale Minderwertigkeit des weiblichen Geschlechts als Folge seiner defizitären Anlage ausweist. Der naturrechtliche Radikalismus Condorcets stellt zwar in der Begründung der Bürgerrechte für die Frau den entscheidenden Schritt dar, jedoch gelingt es Condorcet in seiner Eigenschaft als Mitglied der Gesetzgebenden Versammlung und deren zeitweiliger Präsident nicht, die theoretischen Einsichten politisch zu nutzen (vgl. ALBISTUR/ARMOGATHE 1977, 221ff.; SCHRÖDER 1979, 63).

Die theoretischen und praktischen Projekte Condorcets und Olympe de Gouges' haben das hegemoniale Wissen über die defizitäre Natur der Weiblichkeit allenfalls irritieren, aber in keiner Weise korrigieren können: Als der Konvent am 30. Oktober 1793 *alle* Frauenklubs, und nicht etwa nur den angeblich durch einen Streit mit den Markthallen-Frauen auffällig und Robespierre politisch ohnehin suspekt gewordenen Club des Citoyennes Républicaines Révolutionnaires per Dekret verbietet (vgl. VILLIERS 1910, 223–274; CERATI 1966, 160–178; DUHET 1971, 150ff.; LYTLE 1955, 25), werden zur Begründung genau jene Argumente vorgetragen und akzeptiert, welche das radikale Naturrecht zu attackieren sich bemüht hatte. Amar, Abgeordneter des Comité de Sûreté générale (allgemeiner Sicherheitsausschuß) und Konventsmitglied, räsonniert in traditioneller Weise: „Die Sitten und die Natur selbst haben der Frau ihre Aufgaben zugewiesen" (Amar nach VILLIERS 1910, 226, Übersetzung U. G.).

Hier, in der Verteidigung des Verbots aller Frauenclubs, wird deutlich herausgestellt, daß die Frau sich zum politischen Wesen nicht eignet. „Die Natur will das nicht; und darum kann und wird es auch weder ein Philosoph noch ein Gesetzgeber durchsetzen", entscheidet vierzig Jahre später in Deutschland Krugs „Allgemeines Handwörterbuch der philosophischen Wissenschaften" ganz analog, die Vereinbarkeit von Bürgerrechten und weiblichem Geschlechtscharakter bestreitend. Nur vergeblich kann daher Mary Wollstonecraft, die „berühmte Engländerin" sich bemühen, die „Naturordnung" zu bestreiten, welche allein den Mann dem „beweglichen, geräuschvollen, öffentlichen Leben" mit allen Rechten und Pflichten aussetzt (Art. ‚Frau und Weib', in: KRUG 1833, 71). Die hier zitierte *Naturordnung,* ein bedeutender diskursiver Kunstgriff, welcher dem Bürgertum von der Mitte des 18. Jahrhunderts an dabei behilflich ist, die Welt der Geschlechterpolaritäten festzuschreiben und ihr Funktionieren zu gewährleisten, zeigt sich in der Tat durch die (diskursiven) Ereignisse der Französischen Revolution nicht bedroht. Die „moralische Internationale" (Koselleck), die aufgeklärte Intelligenz Frankreichs, Englands und Deutschlands, hält am von ihr selbst entscheidend modellierten Geschlechterdualismus fest: In Deutschland wird Hippels an Christian Wilhelm Dohm und Jean Antoine Condorcet orientierter Traktat „Über die bürgerliche Verbesserung der Weiber" von 1793 eher denunziert als diskutiert; der Text der „berühmten Engländerin“ Wollstonecraft, „Die Rettung der Rechte des Weibes“, wird durch die 1793er Übersetzung und Kommentierung des Schnepfenthaler Philanthropen Christian Gotthilf Salzmann seiner Brisanz systematisch beraubt, wie noch darzulegen sein wird.

Die Frage nach der weiblichen Perfektibilität, deren Beantwortung das Fundament abgäbe für die Begründung oder Verweigerung der Bürgerrechte für die Frau, bleibt, wie eingangs dokumentiert, in der Regel aus dem anthropologisch-politischen Räsonnement ausgespart. Ist das Fehlen einer theoretisch-diskursiven Auseinandersetzung auch offenkundig, so ist eine Berührung des deutschen Publikums mit dem Ereignis ‚Frau und Revolution‘ doch unvermeidlich. Diese findet statt auf dem Terrain der ‚eigentlichen‘ Revolutionsereignisse, derer man durch unmittelbare Beobachtung teilhaftig zu werden wünscht. Die ‚Reise in die Revolution‘, von zahlreichen deutschen Intellektuellen vornehmlich in den ersten Revolutionsjahren unternommen, ermöglicht Erfahrungen, welche eine andere Sicht auf die Weiblichkeit erzwingen.

I. Aufklärung und Französische Revolution

1. Joachim Heinrich Campe in Paris

Am 4. August 1789 richtet Joachim Heinrich Campe, der Braunschweigische Educationsrath und philanthropische Publizist, den ersten Brief aus Paris an die Pädagogen Trapp und Stuve, seine daheimgebliebenen Freunde, welche er mit insgesamt acht Briefen über die Revolutionsvorgänge in der Hauptstadt zu unterrichten sucht:

> „Ob es wirklich wahr ist, mein lieber T, daß ich in Paris bin? [...] Daß die großen, wunderbaren Schauspiele, die in diesen Tagen hier aufgeführt worden sind und noch täglich aufgeführt werden, keine Geschöpfe meiner Phantasie, kein Traum, sondern Tatsachen sind? Fast könnte ich diese Frage alles (!) Ernstes an Sie thun; so wenig stimmt, was ich hier stündlich sehe, höre und empfinde, mit den Begriffen überein, die wir in Deutschland von dieser Stadt und von diesem Volke uns zu machen bisher berechtigt zu seyn schienen“ (CAMPE 1790, 1).

Campe, einer der ersten jener deutschen Gelehrten, welche sich als Publikum vor der französischen ‚Bühne‘ einfinden, um die neuesten ‚Schauspiele‘, ‚Aufführungen‘ und ‚Auftritte‘ aus nächster Nähe verfolgen zu können, präsentiert sich nicht nur als interessiert und aufmerksam, er gibt sich darüber hinaus als identifizierter Zuschauer zu erkennen. Seiner schon im ersten Brief anklingenden Emphase, welche sich an der Beobachtung der Pariser Vorgänge augenblicklich entzündet, gibt er im weiteren Verlauf seiner unmittelbaren brieflichen Berichterstattung rückhaltlos Ausdruck. Pro-

grammatisch ist er dabei um Objektivität bemüht: Die Vorurteile und falschen Begriffe, welche seiner Meinung nach bislang den Blick auf Frankreich verstellt haben, gilt es ebenso zu vermeiden wie verzerrende Berichterstattungen, deren Fehler sich vornehmlich aus einer parteilichen Beobachtung ergeben (ebd. 104f. u. 203).
Was Campe genau und vorurteilsfrei zu beobachten beabsichtigt, ist die „menschliche Natur". Der Pädagoge, nun zum Zuschauer einer Revolution geworden, betätigt sich auch hier als „Menschenbeobachter" (ebd. 74), ja als „Wächter und Rathgeber der Menschheit" (ebd. Vorrede, X), dessen Kriterien der zeitgenössischen Anthropologie, Pädagogik und Sittenlehre abgelesen sind, sich zu *politischen* Beurteilungen und Stellungnahmen also kaum eignen. Letztere erscheinen Campe auch nicht wünschenswert, da sie das Wesentliche, die ‚Conditio humana', zugunsten des bloß Zufälligen, der Berücksichtigung der besonderen französischen Lage, vernachlässigen. Zwar geht von Frankreich ein Beispiel aus, doch ist dieses ein moralisches. Schon im ersten Brief beteuert Campe, ‚Mensch' und Staatsbürger differenzierend: Es sind „nicht die Franzosen, es ist die hohe menschliche Natur, die ich lobe". Das Lob gebührt gleichermaßen jedem Volk, dem es gelingt, sich „auf den Flügeln der freigewordenen Vernunft zu einer bewundernswürdigen Höhe von Vollkommenheit und Sittlichkeit" zu erheben (ebd. 34). Campe, der nicht in den Geruch eines politisch ambitionierten „Lobredners der französischen Nation" geraten möchte, ist zum „Lobredner des individui" schlechthin geworden, wie eine Rezension seines Reiseberichts treffend bemerkt (ALLGEMEINE DEUTSCHE BIBLIOTHEK 1790, 520).
Die Eigenschaften nämlich, die Campe als Merkmale einer ganzen ‚wiedergeborenen' Nation ausweist, welche die Möglichkeiten einer ‚tabula rasa', die Chance eines selbstbestimmten Neuanfangs nutzt, sind identisch mit den typisierten Charakteristika jenes intellektuell und moralisch perfektiblen Menschen, den die Aufklärung zu preisen nicht aufhört. Für dessen ‚vernünftige' Entfaltung sollen jetzt in Frankreich die Bedingungen geschaffen worden sein, denn „jetzt fühlte man, was man war und was man konnte" (CAMPE 1790, 15). Mit einem Entschluß, dem „so natürlichen Gedanken: ich will frey sein!", eröffnet sich ein Zustand von „Freiheit und Selbständigkeit" (ebd. 7), in welchem „Talente" und „Tugenden" (ebd. 328), „Thätigkeit" (ebd. 330) und „Cultur" (ebd. 102) sich entwickeln, sich Geltung und Anerkennung verschaffen.
Gegen bloße Spekulation, an anderen Berichterstattern kritisiert, will Campe die Gewißheit genauer *Beobachtung* setzen. Seine Beobachtungsdaten erweisen sich jedoch als Projektionen, die kaum kontrollierbar scheinen: Überall in Frankreich ist für den „Menschenfreund" die Vernunft praktisch geworden. Auf dem Weg von Quevrain nach Paris trifft der Reisende „nicht einen einzigen Menschen", an dem „Ungeziemendes oder Ungesittetes in

Worten oder Handlungen" zu registrieren wäre (ebd. 20). Auch am „sogenannten Pöbel" findet Campe aufgeklärte Eigenschaften. Dieser ist zum planmäßig und vernünftig operierenden Akteur geworden und hat, wider alle Vorurteile, somit den Perfektibilitätsbeweis erbracht; er handelt „uneigennützig", „großmüthig", „ordentlich", „einsichtsvoll", ja „heldenmäßig" (ebd. 102).

Die Harmonie scheint perfekt: Nicht nur ist der Einzelne ein sich den jeweiligen Anlagen gemäß vernünftig regulierendes Wesen, darüberhinaus ist auch eine stets vernünftige, die Meinungen, Zwecke und Absichten der jeweiligen anderen berücksichtigende Interaktion zu beobachten. Nie ist die Menge, sind die in den Straßen und auf den Plätzen oft plötzlich entstehenden, Neuigkeiten verhandelnden Menschenversammlungen aggressiv, unkalkulierbar, bedrohlich. In Bilder friedlicher oder befriedeter Natur gezwungen, erscheint soziales Leben renaturalisiert; innere und äußere Natur sind einander gleich geworden, verhalten sich zueinander harmonisch. So fließt das Rauschen eines „fallenden Wassers mit dem Geräusch der vorüberwallenden Menschenmasse so genau zusammen, daß man das eine von dem andern nicht unterscheiden kann" (ebd. 56). Die soziale Harmonie ist durch das Gespräch, die freie Äußerung von Gedanken und Meinungen gesichert. Das in Deutschland begehrte, hier in Frankreich realisierte Prinzip der ‚Denk- und Preßfreiheit' ermöglicht die unverstellte und öffentliche Diskussion, welche, als ‚Publicität' beschrieben, das Modell abgibt für eine aufgeklärte Öffentlichkeit und gleichzeitig den Beweis ihrer Möglichkeit erbringt. Nicht nur in der Nationalversammlung, auch auf der Straße eröffnet sich dem vernünftigen Konsens der Horizont: „Hier wird alles öffentlich – welch eine Schutzmauer wider Uebereilungen und eigennützige Absichten! – verhandlet, bestritten, festgesetzt" (ebd. 327). So wie hier läßt Campe sich im Regelfall seiner Beobachtungen die von ihm importierten Konzepte aufgeklärter Menschheit an den französischen Ereignissen und Menschen bestätigen. Doch zeigt er sich andererseits auch gelehrig, zur Revision eingefahrener *Vorurteile* bereit. Die mit Schrecken wahrgenommene Unordnung etwa, in welcher er die Nationalversammlung antrifft, läßt Campe nur anfänglich an deren mangelnde „Würde" (ebd. 175) glauben. Trotz des „lauten und unordentlichen Geschrei(s)" (ebd. 177), welches Campe zunächst nur als Zeichen für Ordnungsverlust lesen kann, wissen sich die Anwesenden doch einander verständlich zu machen, wie er bald bemerkt, sich der neuen Situation umstandslos assimilierend:

> „Nach und nach fingen auch meine Ohren an, die Hauptstimmen von den Nebentönen zu unterscheiden, und meinem Verstande etwas Zusammenhängendes zuzuführen" (ebd. 178).

Im ganzen ist das Pariser Terrain von Ordnung und Harmonie gleichermaßen bestimmt: Die Prädikate, derer Campe sich bedient, um das öffentliche

Leben der Hauptstadt zu charakterisieren, entstammen nicht selten dem Fundus jener von der Jahrhundertmitte an geradezu inflationär gebrauchten Bilder, welche das häusliche Leben als ‚Familien'-Leben auszeichnen (vgl. dazu FRESE 1983). So ist der öffentliche Umgang nicht an Standeskriterien orientiert, nicht zeremoniell, nicht strategisch oder verstellt, sondern „von einerlei freundschaftlichen, brüderlichen und schwesterlichen Gesinnungen beseelt" (CAMPE 1790, 307). Hier findet dann auch das weibliche Geschlecht seinen Platz. Beschreibt Campe mit den aufeinander abbildbaren ‚wiedergeborenen' Charakteren der französischen Nation und des französischen Individuums jenen Typus des aufgeklärten Menschen, welcher sich unschwer als *männlicher Bürger* zu erkennen gibt, so erscheint das weibliche Geschlecht vornehmlich in einer familienähnlich konstellierten Öffentlichkeit. Auf den Straßen und Plätzen zweier Ortschaften, welche der Reisende auf seinem Weg nach Paris passiert, sieht er in den zu einer Art revolutionärem Fest (vgl. GUMBRECHT 1980; BAXMANN 1983) versammelten Personen nicht etwa „Mitbürger" einer Stadt, sondern stattdessen eine „einzige große Familie" (ebd. 26). Das Geschehen wird als „friedlich, freundlich und heiter" beschrieben, männliches und weibliches Geschlecht, letzteres „ohne Ausnahme" in der Farbe der Unschuld gekleidet, werden in einer durch „Ruhe, Vergnügen und Wohlwollen" gekennzeichneten Situation vorgefunden.

In redundanter Weise drängen sich dem Betrachter die familialistischen Attribute in diesem Zusammenhang wieder und wieder auf. Das so entstehende, Campe augenblicklich gefangennehmende Stimmungsbild ist eindeutig der Beschreibung jener Genfer Bälle, welche Rousseau in seinem „Brief an d'Alembert" als hervorragende Institutionen des Anstands und der Sittlichkeit gepriesen hatte, nachempfunden. Diese Bälle, so versicherte Rousseau, gleichen nämlich weniger einem „öffentlichen Schauspiel" als vielmehr der „Versammlung einer großen Familie" (ROUSSEAU 1758, 468). Der für Campes Stilisierungen verbindliche Prätext stellt die besondere Bedeutung, welche ein solcher öffentlich organisierter Ball für die Weiblichkeit mit sich bringt, nachdrücklich heraus: Daß öffentliches Auftreten den Frauen in der Regel eher nachteilig ist, demonstriert Rousseau an der „Liederlichkeit" der sich öffentlich exponierenden Schauspielerinnen, welche ihre häusliche – und damit die weibliche – Bestimmung negieren. „Eine Frau außerhalb des Hauses verliert ihren schönsten Schmelz, und ihres wahren Schmucks beraubt, ist ihr Auftreten unschicklich" (ebd. 423). Wenn auch jeder fühlt, daß sie üblicherweise „in der Öffentlichkeit nicht an ihrem Platz ist", so gilt dies für die Öffentlichkeit des Balls nicht. Diese nämlich ist familienähnlich organisiert und wird durch familiäre Leitbilder kontrolliert; die dem Ball beiwohnenden Eltern sollten imstande sein, die Präsenz von „Ordnung" und „guter Sitte" zu gewährleisten. Das „junge Mädchen", das sich, so durch familialen Kontext abgesichert, in der prekären Sphäre der Öffentlichkeit „am ehrbarsten und sittsamsten“ (ebd. 466) verhält, wird durch eine Krone, sichtbares äußeres Zeichen ihrer Sittlichkeit, vor allen anderen ausgezeichnet und gilt diesen als vorbildlich.

2. Frauen in der Öffentlichkeit

Die Beziehung des weiblichen Geschlechts zur öffentlichen Sphäre bleibt, insbesondere im Fall der bürgerlichen Frau, dem 18. Jahrhundert und seinem Diskurs über die Weiblichkeit ein so heikles wie wichtiges Thema. Rousseaus Ball-Konfiguration gibt dabei das Modell ab für ein der Weiblichkeit angemessenes öffentliches Verhalten, welches Umgangs- und Sittenlehren für Frauenzimmer zu normieren versuchen. Zu öffentlichen Ämtern und Aufgaben gar nicht erst zugelassen, hat die bürgerliche Frau in der ihr zugänglichen Öffentlichkeit (des Theaters etwa) und auch in der (Halb-)Öffentlichkeit der Geselligkeiten, Assemblées und Feste eine Reihe von Auflagen zu berücksichtigen: Der weibliche *Verhaltensgestus* muß sich im wesentlichen durch Zurückhaltung, Bescheidenheit und Schamhaftigkeit bestimmen lassen. Die Kontrolle, welche in Rousseaus „Mädchen“-Erziehung noch die das Parkett beobachtenden Agenten der Sittlichkeit ausüben, wird ersetzt durch jene Selbstkontrolle der Frau, welche, in besagten Umgangslehren als unumgänglich vorgetragen, sich im Fall öffentlicher Auftritte beweisen muß. Letztere sind im revolutionären Paris an der Tagesordnung, von welcher auch die Frauen sich nicht ausschließen. Wohlwollend wiederum betrachtet Campe etwa eine „feierliche Procession“, die den bereits beschriebenen festlichen Veranstaltungen ähnelt: „Damen, weiß gekleidet, mit Blumen geschmückt“ sind bei diesem öffentlichen Anlaß zu bewundern (CAMPE 1790, 52). Die Pariserinnen machen ihrerseits einen Teil des Publikums aus, welches sich der errungenen ‚Publicität‘ erfreut, die „Theilnahme Aller an allem“ (ebd. 47) praktiziert, „urtheilend und debattirend“ (ebd. 48) hier und da zusammentritt. Ein Blick auf die Versammlungen zeigt ein „vermischtes Publicum von Fischweibern und artigen Damen, von Soldaten und Priestern“, welche sich zu einem „friedlichen und fast vertraulichen Haufen“ zusammenfinden (ebd. 49). Richtet sich Campes Aufmerksamkeit hier auch vorrangig auf die so auffällige Nivellierung der Standesunterschiede, so wird das Faktum der Teilnahme ‚aller (Frauen) an allem‘, einem Rousseauschen Weiblichkeitsdiskurs kaum wünschenswert, nicht übersehen. Freilich agieren die beobachteten Pariserinnen hier in einer Gruppe, welche, ‚friedlich und vertraulich‘ genannt, familialistisch konnotiert ist.

Erweist sich Campe bislang als derart distanzierter bis wohlwollender Beobachter des friedliebenden weiblichen Geschlechts, dessen Teilnahme am öffentlichen Leben ihn überdies nur am Rande zu interessieren scheint, so muß sich dieser Eindruck durch die Wiedergabe einer Beobachtung, welche den streitbaren Eigenschaften des weiblichen Pöbels gilt, korrigieren lassen:

„Auffallend ist die Beobachtung, daß der Pöbel zu Versailles zu dem in Paris, wie an dem letztern Orte der weibliche Pöbel zum männlichen, sich zu verhalten scheint" (ebd. 186).

Die von Campe nun geschilderten gewalttätigen Aktionen, zu denen sich der Versailler Pöbel hat hinreißen lassen, werden mit dem Hinweis auf dessen gefährliche Nähe zum Hof, dem Ort der Unsittlichkeit, der „Ausschweifungen", der „Laster" und „Ungerechtigkeiten" schlechthin, erklärt und so als Reflexe verständlich:

„Was Wunder, daß eine so pestilenzialische Hofluft ihn endlich selbst ansteckte, und ihn unsittlich, ausschweifend, wild und zügellos machte?" (ebd. 188)

Die „gesetzwidrigen Unordnungen" und die „Barbarei" jedoch, die von den Weibern in den „ersten stürmischen Tagen der Revolution" begangen werden, bleiben demgegenüber unerklärt. Campe, welchen „Augenzeugen" von diesen Ereignissen unterrichtet haben, baut das ihm zugetragene Bild des weiblichen Pöbels zu einer Schreckensvision aus, den Vorwurf der unzivilisierten Grausamkeit auf die Spitze treibend:

„So waren es z. B. mehr diese Weiber, als ihre Männer, welche an den Leichnamen der hingerichteten Volksverbrecher ihre Rachlust sättigten, indem sie dieselben zerstükkelten, und mit einzelnen Theilen noch eine Zeitlang ihren pöbelhaften und barbarischen Spaß trieben" (ebd. 186).

Nichts erinnert hier an jenen Eindruck, den Campe vom perfektiblen, besonnen und überlegt agierenden Pariser Pöbel wiederholt vermittelt. Die unbeherrschte und zerstörerische, an Kannibalismus erinnernde Aggressivität der Pariserinnen zeigt die Kehrseite jener – nicht bloß zivilisierten, sondern genuin moralischen – Natur des Menschen, die Campe an so vielen Franzosen, gleich welchen Standes, beobachten zu können glaubt. Die einzigen Schatten, welche auf den ‚wiedergeborenen" sittlichen Nationalcharakter der Franzosen geworfen werden, sind also, wie sich hier erstmals signifikant zeigt, vorrangig dem weiblichen Pöbel zuzurechnen, jedoch nicht nur ihm: Campe nämlich animiert der in düsteren Farben ausgemalte Schrecken der Barbarei zu einer weiterreichenden Reflexion, welche den Versuch unternimmt, die Charakteristika des weiblichen Geschlechts, nun *alle* Französinnen fixierend, auf den Begriff zu bringen. „Daß die Weiber in Paris und, wie es nach verschiedenen Vorfällen in den Provinzen das Ansehn hat, das ganze weibliche Geschlecht in Frankreich dem männlichen an Cultur, an Mäßigung und Sittlichkeit nachsteht, und, so oft es zu Gewaltthätigkeiten kommt, sich fast immer durch Blutdurst und Grausamkeiten auszeichnet" (ebd. 188), liegt für den Beobachter auf der Hand. Das weibliche Geschlecht allgemein ist dem männlichen nicht nur intellektuell unterlegen (das ließe sich mit dem

Hinweis auf mangelnde Bildung leicht rechtfertigen), es fällt insbesondere durch das Fehlen jener Regulative auf, welche sowohl Motor als auch Produkt der „politischen und moralischen Wiedergeburt“ (ebd. 36) sind: Mäßigung und Sittlichkeit. Die statt dessen zu registrierende Grausamkeit der Frauen kontrastiert nicht nur mit dem universell gewordenen moralischen Klima, sondern gleichzeitig mit jenen eindeutigen Vorstellungen, welche das Bürgertum über die Weiblichkeit herrschend werden läßt. Die weibliche Natur zeichnet sich nämlich demzufolge durch eine unumstößliche Disposition zu sanften, wohlwollenden und karitativen Neigungen aus, welche von einem ‚moral sense‘ gespeist werden und den Habitus der zärtlichen und empfindsamen Frau bestimmen.
Campe selbst hat sich in anderem Zusammenhang über die Weiblichkeit und ihr Dekorum geäußert. Mit seinem Text „Väterlicher Rath für meine Tochter“ reiht er sich ein in die unermeßliche Schar der Verfasser jener anthropologischen Traktate, welche, in den Dienst bloßer Naturbeschreibung gestellt, gleichwohl Vorschriften ausgeben. Der „Väterliche Rath“, mit dessen Niederschrift Campe im Jahr 1788, also etwa ein Jahr vor der hier in Frage stehenden Reise, beginnt, proklamiert „Sanftmuth“, „Geduld“, „Biegsamkeit“ und „Selbstverleugnung“ (CAMPE Mai 1788, 54) als natürliche Kardinaltugenden der Weiblichkeit.
Dieser Kontext ermöglicht Kontrastschärfe: Für das Gebaren der Pariserinnen, welches von dieser „milde Freundlichkeit“ verbreitenden, weiblichen Eigenschaft der „Sanftmuth“ kraß abweicht, sucht Campe Ursachen anzugeben. Er entdeckt sie vornehmlich in der „Galanterie“ und „Courtoisie“, den Codes libertärer Umgangsformen, welche die „französischen Weiber aller (!) Stände“ zum „Uebermuthe“ und „Dünkel“ verleitet haben (CAMPE 1790, 188). Das galante Geschlechterverhältnis wird von der deutschen bürgerlichen Umgangslehre insbesondere anhand der stilisierten (Kritik-)Figur der Aristokratin bekämpft, deren Libertinage die Hof- und Salonkultur als vollends unsittlich erscheinen läßt.
Der Gegensatz von lasterhaftem öffentlichen und sittlichem häuslichen Leben, den die bürgerliche Kritik der Galanterie, wenigstens sofern sie auf das weibliche Geschlecht bezogen ist, stets impliziert, mag Campe zu einer weiteren Assoziation verholfen haben, welche nun eine zweite Ursache für das unweiblich-unmenschliche Verhalten der Pariserinnen herausstellt. Es ist die dem weiblichen Geschlecht insgesamt eigene, in Frankreich jedoch zur Blüte gebrachte „Begierde“, jede „dargebotene Gelegenheit, sich in öffentliche Angelegenheiten zu mischen“, ausnutzen zu wollen. Wieder sind es, wie im obigen Fall, alle Frauen, die von dem Drang, „sich geltend zu machen“ (ebd. 189), beseelt sind. Der am *Franzosen* lobend hervorgehobene Drang, in der Öffentlichkeit tätig zu sein und sich in ihr Geltung zu verschaffen, kann als Begehren der *Französinnen* nur unangenehm berühren. Ein unpassendes

„männliches Kraftgefühl" beobachtet Campe an diesen Frauen, welche die von Rousseau im „Brief an d'Alembert" erstmals akzentuierte Warnung zu akzeptieren nicht bereit sind. In seiner Funktion als pädagogischer Ratgeber verweist auch Campe die Frau in die Schranken der ,Conditio feminina'. Der Begierde, einen „größern Kreis auszufüllen" oder gar an den „öffentlichen Geschäften des Staates" sich beteiligen zu wollen, darf nicht nachgegeben werden (CAMPE Mai 1788, 63). Einen „Mißgriff der Natur" stellt diejenige Frau dar, welche für sich auf den „Kopf und das Herz eines Mannes" Ansprüche macht (ebd. 55). Unvermögend, ihr maßloses vermännlichtes Begehren zu regulieren, betreiben die Pariserinnen ihren öffentlichen Geltungsdrang bis zur „Ausschweifung" (CAMPE 1790, 189).

Die hier gewählte Vokabel der Ausschweifung ist im 18. Jahrhundert eindeutig sexuell konnotiert. Eine Anthropologie, welche in Vernunft/Leidenschaft dichotomisiert (vgl. FOHRMANN 1981, 189ff.), kritisiert mit den Vokabeln ,Leidenschaftlichkeit', ,Hitze', ,Ausschweifung' etc. die nicht geglückte ,moderatio affectus' – die Dämpfung der Affekte, welche, als Konzept der Schamhaftigkeit ausbuchstabiert, insbesondere den Frauen aufgetragen ist. Deren sanfte Neigungen, die sie in der Familie erwerben, um sie dort – dann wieder – zum Einsatz zu bringen, sind in jener öffentlich präsenten Leidenschaftlichkeit der Pariserinnen, welche Campe im Falle des weiblichen Pöbels zur Barbarei pervertiert sieht, nicht wiederzuerkennen.

Ist die sexuelle Konnotation des Galanterie-Vorwurfs, der im Diskurs über die Weiblichkeit insbesondere an die Aristokratin ergeht, unvermeidbar, ja wird auf diese Konnotation in der kritischen Rede über Galanterie gerade Wert gelegt, so erstaunt sie doch zunächst in Campes Diagnose der Öffentlichkeitsbegierde. Ein Blick auf den Kontext ermöglicht wiederum Aufschlüsse: Campes „Väterlichem Rath" ist zu entnehmen, daß die den Mann des öfteren überfallende „Hitze der Leidenschaften", ihm vor allem in sexueller Hinsicht zugestanden (vgl. POCKELS 1805, 99), von seiner legitimen Herrschaft über die Frau nicht zu lösen ist (vgl. CAMPE Mai 1788, 52) und daß, dazu komplementär, die Sanftheit der Frau diese vor dem Versuch bewahrt, „dem Manne das Recht der Herrschaft streitig" zu machen (CAMPE Juni 1788, 191). Das karikaturfähige Bild des Streits um die Hosen hat auch in der Ära empfindsamer Rede über Ehe und Familie nicht an Bedeutung verloren. In Heinzmanns „Feyerstunden der Grazien", einem jener Frauenzimmerjournale des späteren 18. Jahrhunderts, werden Temperamente und Herrschaft bzw. Beherrschung in vergleichbarer Weise in Beziehung gesetzt. An die Frau ergeht der Rat:

„Sey auch friedsam! Nichts ist häßlicher als ein zänkisches Weib. Ist der Mann etwas hitzig und auffahrend, so warte mit deinen Vorstellungen bis sich seine Hitze wieder gelegt hat, und dann thue es nicht bitter sondern wohlmeinend, herzlich liebreich. Gott behüte den Mann vor einer Frau, die immer recht haben will, die das letzte Wort führt" (HEINZMANN 3.Tl. 1788, 355).

Folgt man Campes eigenen – zeitgemäßen – Voraussetzungen, so heischen besagte Pariserinnen nach einer Herrschaft, die ihnen nicht zukommt. Im Kannibalismus des weiblichen Pöbels, von dem die skizzierten Überlegungen Campes ihren Ausgang nahmen, scheint diese Tendenz nur eine katastrophale Zuspitzung zu erfahren.
Wie dem auch sei: Die Beobachtung des Menschenbeobachters Campe läßt diesen in einer schwierigen Lage erscheinen. Die selbst die „rohesten Subjecte" (CAMPE 1790, 22) auszeichnende Perfektibilität der Franzosen, welche beweisen, daß der Mensch ein „freihandelndes Wesen" ist, das etwas „aus sich selber macht, oder machen kann und soll" (KANT 1798, 399), goutiert Campe an den Französinnen nicht. Wohlwollend betrachtet der Reisende allein die sanftmütigen Frauen der familial gerahmten Feste und Prozessionen und jene „neuen Spartanerinnen", welche in für das weibliche Geschlecht allerdings eher unüblicher Weise, ihre Familie verteidigen, dies jedoch *nicht* auf „öffentlichen Plätzen" (CAMPE 1790, 94f.). Sonst aufgeschlossen für alle Erscheinungen, welche „außerhalb der bisher bekannten Natur und Ordnung der Dinge" (ebd. 92) liegen, ist ihm die öffentliche Rolle, welche die Weiblichkeit sich in der neuen Ordnung der Dinge augenscheinlich anzueignen anschickt, mehr als suspekt. Da, „wo die Männer für ihre Freiheit kämpfen, und für das Recht in Sachen ihrer Glückseligkeit selbst zu entscheiden", soll die Lage der Frauen weiterhin durch „altes Herkommen" bestimmt sein, diagnostiziert Mary Wollstonecraft mit Blick auf die französischen Verhältnisse (WOLLSTONECRAFT 1795, 58). Campe, dem seine ‚Reise in die Revolution' den ständigen Vergleich zweier Zustände ermöglichen soll, plädiert dafür, freilich unreflektiert und gleichsam spontan, daß die alten Zustände für Frauen erhalten bleiben: Wird das ‚wiedergeborene' Frankreich zwar zum allgemeinen Maßstab einer – indirekt verfahrenden – Kritik deutscher Verhältnisse erhoben, so ist die deutsche Weiblichkeit hingegen vor der französischen Ansteckungsgefahr zu bewahren. Ist der perfektible Franzose zum vorbildlichen Menschen schlechthin avanciert, so wird die perfektible Französin zum Schreckensbild, bei dessen Betrachtung Campes euphorische Identifikationen aussetzen müssen.

II. Französische Revolution und Weiblichkeit

Die von der zeitgenössischen Medizin und Pathologie stark profitierenden Umgangs- und Sittenlehren des 18. Jahrhunderts legen den Frauenzimmern als Empfehlung nahe: daß Öffentlichkeit auch aus Gründen der Sorge um die eigene Gesundheit gemieden werden sollte. Bei „öffentlichen Anlässen" nämlich wirken solche „Leidenschaften" auf den weiblichen Körper, welche die (nerven-)schwache, überaus empfindliche Konstitution der Frau, ihren Körper und ihre Seele, welche nach dem sogenannten ‚influxus physicus' aufs engste verbunden sind, irritieren können. Frauen mit „Amazonengesinnung", die ihren Körper den stärksten, den Reizen der Öffentlichkeit auszusetzen sich nicht scheuen, ruinieren ihre „Gesundheit und Zufriedenheit" (HEINZMANN 4.Tl. 1788, 309). Darüber hinaus geben die Leidenschaftlichen ein unschönes Bild ab: Heinzmanns „Grazien"-Journal nennt sie in einem „Wirkungen der Leidenschaften auf den weiblichen Karakter" betitelten Traktat beim Namen: „Zornige", „Wilde", „Unverschämte", „Zänkerinnen", „Herrschsüchtige" und „Liederliche" haben sich durch unkontrollierte Leidenschaften von den „häuslichen, mütterlichen und zärtlichen Empfindungen" zu ihrem eigenen, und zwar eben auch: gesundheitlichen, Nachteil entfernt. Abziehbilder dieser Gestalten (ebd. 302) scheint Campe in Paris in Augenschein genommen zu haben. Soll das Reisen, im späten 18. Jahrhundert vorrangig als experimentelles Unternehmen in Sachen Menschenkenntnis verstanden (vgl. JAPP 1976), zu den „Mitteln der Erweiterung der Anthropologie" gehören, so gilt es doch, auf die „zu Hause" erworbene „Menschenkenntnis" zurückzugreifen, um über Kriterien zu verfügen, „wornach man auswärts suchen solle" (KANT 1798, 400). In Fragen der Weiblichkeit ist Campe in der Tat von seiner daheim erworbenen Menschenkenntnis nicht abgerückt: das Eigene ließ sich am Fremden nicht relativieren.

1. Das Konterfei der Revolutionärin im Rahmen der deutschen Diskussion

Mit einer gänzlich fremden Situation konfrontiert das „Braunschweigische Journal philosophischen, philologischen und pädagogischen Inhalts", welches neben Trapp, Stuve und Heusinger auch von Campe (bis 1790) mitherausgegeben wird, das deutsche Publikum. Im Oktober 1790 rezensiert das aufgeklärte, die Französische Revolution begrüßende Organ zwei Texte, Revolutionsberichte beide: neben Campes „Reise von Braunschweig nach Paris im Heumonat 1789" (eine Sammlung von Briefen, diesmal an Ehefrau und Tochter gerichtet) den „Historisch-genealogischen Almanach fürs zweite Jahr der Freiheit" des Historikers und Publizisten Friedrich Schulz. Bevor das Journal Proben der Beobachtungskunst beider Berichterstatter liefert, stellt es deren Methodik heraus: Schulz qualifiziert sich durch „unparteiische, lichtvolle, interessante und zweckmäßig vollständige Darstellung der Personen und Begebenheiten" (BRAUNSCHWEIGISCHES JOURNAL Oktober 1790, 446); „Vermuthungen" und „Sagen" werden hier, dem Postulat gemäß, nur Beobachtetes und Beobachtbares wiederzugeben, nicht für „Thatsachen" ausgegeben. Daß es sich bei Schulz um einen unparteiischen Zuschauer handle, hebt das Journal hervor: Er zeichne mit „vorsichtigtreuer" Hand. Als Beweis dieser ereignistreuen Darstellung wird ausdrücklich seine Beschreibung jener „Auftritte" vom 5. und 6. Oktober zitiert, für welche gemeinhin die Frauen verantwortlich zeichnen (vgl. DUHET 1971, 49). Auch für das Journal sind sie die „Urheberinnen" sämtlicher Vorfälle der beiden spektakulären Journées, welche mit der Rückkehr des Königspaares in das Pariser Tuilerienschloß enden. Auf die Angabe politischer Umstände jedoch wird im Braunschweigischen Journal verzichtet; Schulzens „Zeichnung der Weiber" präsentiert folgendes Konterfei:

„Die Weiber selbst gaben einen (...) lächerlichen, ekelhaften und fürchterlichen Anblick. Breite Gesichter, deren grobe Züge von der Wuth verzerrt waren; hervortretende funkelnde Augen; eine heisre Kehl, aus welcher die Worte, mehr geröchelt als artikulirt, wie herausgedrückt und herausgerissen wurden; ein Gebärdenspiel, das zwei gewaltige, rothe und in große breite Tatzen auslaufende Arme, ein viereckigter Körper und baumstarke Beine, die unter den kurzen Röcken, überall gleich dick heraustraten und in eben so plumpe Holzschuhe ausliefen, konvulsivisch exekutirten; ein Anzug, dessen grober Stoff und gothischer Schnitt von dem starken Winde erschüttert und segelfertig ausgespannt wurde; und endlich Nuditäten, welche Wuth, Wahnsinn und Sturm mit gleicher Schamlosigkeit aufgedeckt hatten, und deren lederfarbene bald in tiefe Falten zusammenfallende, bald schlauchartig schweppernde, scheußliche Kontoure dem Auge wie dem Gefühle die Tortur gaben" (BRAUNSCHWEIGISCHES JOURNAL 1790, 453f.).

Nichts kann darüber hinwegtäuschen, daß hier die aufständischen Frauen als Hysterikerinnen bzw. *die* aufständische Frau als *Hysterica* gezeigt wird. Nicht erst die „konvulsivisch(en)" Gesten lassen auf die hier vollzogene Identifikation beider Figuren aufmerksam werden. Schon die funkelnden Augen, die wutverzerrten Gesichter, die unartikulierten Geräusche und das bewegt-unkontrollierte Insgesamt der Erscheinung zeigen jene Exaltiertheit, welche die zeitgenössische Pathographie an der von der ‚passio hysterica' heimgesuchten Frau beobachtet (vgl. GEITNER 1985; MEISE 1983). Deren übersteigerte Leidenschaftlichkeit, welche schon Heinzmanns Journal an den Zerrbildern der Weiblichkeit festhält, führt zu einer Erregung, Überspannung und Zerrüttung des schwachen Nervensystems, zu einer Unordnung, die sich in der Physiognomie der Kranken deutlich zu erkennen gibt. Vernunft/Verstand und Leidenschaft, jene von der Anthropologie des 18. Jahrhunderts stets polar gefaßten Kräfte, lassen sich im Falle der Hysterica nicht mehr balancieren. Beauchêne, ein einflußreicher französischer Arzt, beschreibt in seiner 1784 ins Deutsche übertragenen „Abhandlung über den Einfluß der Leidenschaften in die Nerven-Krankheiten der Frauenzimmer" dieses hysterogene bzw. hysterische Ungleichgewicht wie folgt: „Der Verstand verwirrt sich, die Beurtheilungskraft geht verloren, die Sinne befinden sich in der schrecklichsten Unordnung, auf welche Krämpfe und Zuckungen erfolgen (BEAUCHENE 1784, 158).

Die so akzentuierte Unordnung, in die der hysterische Körper gerät, basiert vornehmlich auf der Irritation der sozialen Ordnung; Frauen also, die an den falschen sozialen Orten sich bewegen oder sich unangebrachten Beschäftigungen hingeben, rücken in den Brennpunkt einer Pathographie der Hysterie: die Gelehrte, die Schriftstellerin oder die lesende Frau allgemein, diejenige Frau, die öffentliche Schauplätze (wie Theater, Geselligkeiten und Bälle) sucht, die, deren Phantasie und Einbildungskraft sich nicht in den häuslichen Horizonten bewegen, die Eigensinnige, ‚Dünkelhafte' und ‚Selbstverliebte' – sie sind als Grenzgängerinnen der Weiblichkeit der Gefahr hysterischer Anfälle besonders ausgeliefert. Die Hysterica wird zu derjenigen kranken Vertreterin ihres Geschlechts, an welcher sich demonstrieren läßt, daß die Überschreitungen der der Weiblichkeit von Natur gezogenen Grenzen sich rächen, und zwar an den Körpern selbst. Die *Irritatio feminalis* sorgt für die „schrecklichsten Zusammenziehungen des ganzen Nervengeschlechts" (ebd. 36), welche sich in vielgestaltigen Zustandsbildern entgleister Kontrolle sichtbar machen: Die „rasenden Zustände" der Kranken, zu deren Erscheinungsbild „entsetzliches Geschrey" oder Raufen der Haare gehören, ermöglichen eine wenig angenehme Sicht auf jene potentiellen Lagen des weiblichen Geschlechts, welche es zur Kenntnis zu nehmen gilt, wenn sie vermieden werden sollen. Die Krankheit rückt in den Horizont der Nicht-Kranken und animiert diese zu vernünftiger Selbstkontrolle. Beauchêne empfiehlt daher den Anblick der Raserei:

„Kommt her, ihr liebenswürdigen und empfindsamen Weiber, und betrachtet dieses Schauspiel, wenn es noch Zeit dazu ist (...); vermeidet inskünftige die Gefahr falscher Vergnügen, erhitzter Leidenschaften (...), und gebt eures gleichen ein Beyspiel der Uebungen und Arbeiten, welche eurem Geschlecht angemessen sind (...), langsam werdet ihr altern, weil eure Lebensart unschuldig und regelmäßig ist" (ebd. 36f.).

Nicht nur die Vernunft, als Instanz der moralischen Selbstkontrolle, ist im Fall der Hysterica irritiert, die Konvulsionen des Nervengebäudes betreffen darüber hinaus auch das Gehirn: Der Verstand versagt, die Tollheit bemächtigt sich seiner; die Hysterica wird im extremen, aber dennoch nicht unwahrscheinlichen Fall zur Wahnsinnigen.

„Wuth", zum „Wahnsinn" sich steigernd, beobachtet Friedrich Schulz in den Straßen von Paris. Daß die wahnsinnige Exaltiertheit, mit dem Bild des Sturms signifikant illustriert, sich zudem an weiblichen *Nuditäten* und deren *Schamlosigkeit* sehen läßt, verweist auf jene typische Form der Hysterie, mit welcher die ‚passio hysterica' des öfteren identifiziert wird: die ‚Nymphomanie'. Führt die Rede über die unmäßigen Leidenschaften schon in der Ätiologie der Hysterie zu einer Sexualisierung des weiblichen Körpers, so gelingt diese der Ätiologie der Nymphomanie vollends. In dieser steht das schwache Nervengebäude für die moralische Instabilität, welche im Normalfall durch die Schamhaftigkeit in den schicklichen Grenzen der bürgerlichen Weiblichkeit gehalten wird. Im Fall der Nymphomanie, die in Deutschland auch unter den Namen ‚Mutterwut' oder ‚Muttertollheit' bekannt war, läßt die Begierde

sich jedoch keine Einschränkungen auferlegen. An den schamlosen Physiognomien ist dies abzulesen. Beauchêne, hier die Hysterica allgemein charakterisierend, entdeckt Züge an ihr, die den Nymphomanie-Verdacht auf sich zu ziehen geeignet wären:
„Gemeiniglich ist der Puls voll, das Gesicht roth und lebhaft; in den Gesichtszügen sieht man nicht mehr wie vormals den Ausdruck von Schamhaftigkeit, die Augen sind erweitert und feurig, und haben einen wilden und verwognen (!) Blick" (ebd. 88). Diese Physiognomie, dieser Blick – Schulz, der Reisebeobachter, bemerkte „rothe" Haut und „funkelnde Augen" (BRAUNSCHWEIGISCHES JOURNAL 1790, 453) – das sind Zeichen unter anderen, welche für die nymphomane Verfassung als typisch gelten. Bienville, ein weiterer Vertreter der Arzneikunst, stellt in seinem 1782 ins Deutsche übersetzten Traktat „Die Nymphomanie oder Abhandlung von der Mutterwuth" die schon zur „offenbaren Raserey" gesteigerte Nymphomanie so vor: Die Mutterwütigen „schreyen" und „erzörnen sich stäts wie tolle", sie machen „lächerliche Zeichen und Geberden" und lieben, nachdem sie die kontrollierende Scham gänzlich beiseite gesetzt haben, „Entblößungen" (BIENVILLE 1782, 52f.).
Die tollen Nuditäten der Revolutionärinnen und die Entblößungen der Nymphomaninnen bleiben auf das herrschende Modell der Weiblichkeit genau bezogen: als dessen komplette Negation. „Gut also ist es, junge Mädchen frühzeitig an sittsames Betragen und an schamhafte Gebehrden zu gewöhnen", resümiert ein Traktat „Ueber die Schamhaftigkeit" (MEISTER 1783, 117).
Und Heinzmanns Journal, wiederum prototypisch, rät: „Sey keusch in Geberden; freche Stellungen, geile Blicke und ähnliche Handlungen entehren dich" und rauben „deine menschliche Würde" (HEINZMANN 3.Tl. 1788, 305).
Auf diese kann die Revolutionärin keinen Anspruch erheben. Nicht etwa als politisches Wesen wird sie gesehen, sondern als Geschlechtswesen, als sexualisierter, hysterischer Körper, der überdies einem weiblichen *Gesamtsubjekt* eignet: An „vielen hunderten" nämlich lassen sich die gleichen schamlos-exaltierten Gesten beobachten. Dem „Auge wie dem Gefühle" ist angesichts dessen die „Tortur" gegeben, versichert Schulz, der sich so als Beobachter in die Situation einführt und deren unmittelbare Wirkung beschreibt. Für ihn ergibt sich ein „Ganzes", dessen „abentheuerliche Abscheulichkeit" auch die „fruchtbarste Künstlerphantasie" nicht zu imaginieren vermag. Schulz sucht also zu verstehen zu geben, daß die Hysterie nicht in der Beobachtung, sondern in der Sache liegt. Die Tortur, welcher der Beobachter sich unterzogen fühlt, muß sich steigern angesichts der Bewaffnung des hysterischen ‚Gesamtsubjekts', welches „gespannt, fluchend und schnarchend" sogar die Kanonen betätigt (BRAUNSCHWEIGISCHES JOURNAL 1790, 454).

Doch zurück zum Braunschweigischen Journal: Dieses stellt ja der Beobachtung Schulzens ein Erlebnis Campes zur Seite, welches den veröffentlichten Briefen an Tochter und Ehefrau entnommen ist. Wie im Fall Schulz bemüht sich das Journal auch hier, die „Darstellungsart" zu skizzieren. Es greift dabei zurück auf die den Briefen vorangestellte Selbstbeschreibung Campes, welche ausführt: Die Dinge werden gesehen, „wie sie sind", sie werden beschrieben, wie sie erfahren wurden (ebd. 442). Zum unparteiischen Menschenbeobachter gesellt sich wiederum der belehrende Menschenfreund: Neben „Wahrem" muß das Publikum „Nützliches" erfahren. Mit diesen methodischen Vorbemerkungen leitet das Braunschweigische Journal eine Zitat-Probe aus Campes Briefen ein. Dieses Zitat beginnt mit einer Quasi-Naturidylle, von welcher Campe sich, inmitten von Paris, umgeben sieht. Weder Häuser noch Menschen stören dieses natürliche Ambiente, ein „Getümmel freundlicher und fröhlicher Menschen" umgibt Campe, welcher seinerseits der Betrachtung eines Sonnenuntergangs hingegeben ist. Ein „idealisch schönes Hinsterben des schönsten Sommertages" bietet sich ihm dar. Von diesem Schauspiel noch aufs angenehmste unterhalten, muß Campe sich plötzlich stören lassen; „auf einmal" überrollen ihn „Befremdung, Ekel und Unwillen" und versetzen ihn, der gerade noch den „süßesten Hochgefühlen" nachhing, in den „allerwiderlichsten Empfindungszustand" (ebd. 443f.). Dies, weil er sich von sechs häßlichen Weiberarmen umschlungen sieht; drei „scheußliche Gestalten" mit „häßlichen Gesichtern", „dicken aufgeworfenen Lippen" drängen sich an seine Wangen und geben aus „kreischenden Kehlen" zu verstehen, daß sie Campe zu „umarmen" wünschen und er ihnen dann geben könne, was er für richtig halte:

„Ich fühlte mich nämlich plötzlich von sechs häßlichen, gelbbraunen und dickknochigen Weiberarmen umschlungen; sahe zu gleicher Zeit drei, diesen Armen an Farbe und Plumpheit vollkommen entsprechende scheußliche Gestalten mit großen Mäulern, dicken aufgeworfenen Lippen, hervorragenden Backenknochen und borstigen Augenbrauen, sich zu meinen Wangen drängen, und fing aus dem Strome plattfranzösischer Worte, den diese häßlichen Gesichter aus ihren rauhen und kreischenden Kehlen mir entgegen sprudelten, folgenden Sinn auf: erlauben sie, Herr Abbé, daß wir sie umarmen; dann mögen sie uns geben, was ihnen beliebt" (ebd. 444).

Der Angegriffene gibt seiner Bedrohung bei diesem „Ueberfalle" in einem mythologischen Bild Ausdruck: Er glaubt, nun das Schicksal des Orpheus erleiden zu müssen, und spielt damit auf jene Todesvariante an, der zufolge der friedliche Sänger von den thrakischen Mänaden, welche sich am Dionysos-/Bacchus-Kult ekstatisch berauscht haben, angefallen wird.

„Mein erster Gedanke bei diesem seltsamen Ueberfalle war: daß ich Orpheus Schicksal haben würde; der zweite: daß ich mich doch erst meiner Haut wehren wollte, so gut und so lange ich könnte; und so stieß ich, noch ehe ich jenen Sinn völlig gefaßt hatte, mit aller Kraft, der ich fähig war, mir die Unholdinnen vom Leibe" (ebd. 444).

Hederichs „Gründliches Mythologisches Lexikon“, im 18. Jahrhundert maßgebliches Standardwerk, bezeichnet die Mörderinnen des Orpheus, unter dem Stichwort „Maenades“, als „rasende(n) Frauen, welche in bacchantischer Tollheit“, den „armen Orpheus in kleine Stücke“ zerrissen (HEDERICH 1770, 1512). Campe, dessen Beschreibung unmittelbarer Erfahrung auf stilisierte Bilder zurückgreift, gelingt es, unter Aufbietung aller seiner Kräfte, sich aus der Gewalt der Bacchantinnen zu befreien. Er erkennt drei Poissarden in ihnen, Angehörige des „sogenannten Pöbels“ also:

„Es waren nämlich drei Poissarden – Fischweiber – eine eben so originelle und scheußliche als furchtbare Classe von Pariser Weibern, die im Besitz des Rechts sind, das tollste und unverschämteste Zeug anzugeben, und gleichwohl von Jedermann mit der größten Höflichkeit behandelt zu werden, weil es mislich und gefährlich ist, ihren Zorn zu reizen“ (ebd. 444f.)

Das Braunschweigische Journal, in welchem Campe 1788 zunächst seinen „Väterlichen Rath“ dem pädagogisch interessierten Publikum vorstellt, präsentiert diesem nun mit den beiden Skizzen von Schulz und Campe ein gleichsam empirisches Gegenstück: das französische Weib, nicht *„wie es seyn sollte“* (WOBESER 1795), sondern wie es *ist.* Gibt das von Schulz auf die Pariserin geworfene Schlaglicht die Revolutionärin als Hysterica zu erkennen, so nimmt Campes stilisiertes Erlebnis, was immer auch die ‚reale‘ Erfahrung mit den – sich möglicherweise prostituierenden – Poissarden gewesen sein mag, in eindeutiger Weise Bezug auf die spätestens seit Rousseau bekannte ‚Ordnung von Angriff und Verteidigung‘, welche den Geschlechtern die jeweils zu agierenden Parts im (sexuellen) Geschlechterverhältnis vorschreibt. Campe hatte, wie gesehen, das französische weibliche Geschlecht insgesamt sowohl eines ausgeprägten Hangs zu Grausamkeiten überführt als auch der Galanterie und Courtoisie, jenes Codes libertären, von der besagten bürgerlichen Angriffs- und Verteidigungsordnung abweichenden Umgangs beschuldigt und fernerhin allen Französinnen eine suchtartige Begierde nach öffentlicher Präsentation nachgesagt. Jetzt angegriffen, synthetisiert er in dem Poissarden-Erlebnis die ihm so auffällig gewordenen Züge der französischen ‚Unweiblichkeit‘: In der *Öffentlichkeit,* auf einem großen Platz, wird das bürgerliche Geschlechterverhältnis von den Frauen, welche sich schamhaft zu verteidigen angehalten sein sollten, plötzlich und gewaltsam außer Kraft gesetzt. Campe fühlt sich nicht nur ‚angegriffen‘, er fühlt sich auch bedroht, wie das wenig ironische Zitat des Orpheus-Mythologems anzeigt. Daß der Pädagoge auf fremdem Terrain überhaupt auf das *Geschlechterverhältnis* aufmerksam wird, ist allerdings nicht ungewöhnlich; dessen Beschaffenheit nämlich gilt dem reisenden Menschenbeobachter des späteren 18. Jahrhunderts als ein wichtiges Beurteilungskriterium für die fremden Zustände überhaupt. Die Schamlosigkeit der ‚Otaheitinnen‘, aufgenommen beispielsweise auch in Forsters „Reise um die Welt“ (FORSTER 1778–1780, 250f.), bildet einen Gemeinplatz jeder ethnologisierenden Anthropologie. „Wer hat nicht von der zügellosen Lüsternheit der Otaheitinnen gehört?“ (MEISTER 1783, 133). Doch nicht nur bei den Südseeinsulanerinnen lassen sich diese Attitüden finden; die Pathologie beschreibt solche angriffslustigen Verführerinnen als Nymphomaninnen, welche sich wiederum mit signifikanten Gesten zu erkennen geben: Das „Joch der Scham“ von sich werfend, fordern sie durch „Kunstgriffe“ in „Reden und Geberden“ den „Nächsten beßten zur Einwilligung in ihre unersättliche Begierde“ heraus, beobachtet der Nymphomanie-Theoretiker (BIENVILLE 1782, 52). Erfahren sie dann Widerstand, „so fallen sie einen ganz rasend an, und das Uebermaaß ihrer Unsinnigkeit läßt kaum Zeit, ihren Händen zu entrinnen“ (ebd. 53).

Auch Campes Ratgeber macht seine Tochter auf den Habitus der Nymphomanin aufmerksam: Mit „entblößter Brust“ gibt diese sich den Blicken, welche sie darüberhinaus durch ein „wildes wollüstiges Feuer“ in ihren Augen herauszufordern sucht, schamlos preis (BRAUNSCHWEIGISCHES JOURNAL Sept. 1788, 64). Ein Verhalten, das in der Regel nicht ohne drastische Strafe bleibt – die Nymphomaninnen werden verrückt. Beschreibt Campe die augenfällig nymphoman agierenden Fischweiber in einem wahrscheinlich eher umgangssprachlich-schwachen Sinn als Personen, die das „tollste“ Zeug anrichten, so besichtigte er zusammen mit seiner Tochter im ‚Berlinischen Siechenhause‘ ein in der Tat „nervenkrankes Mädchen“, welches der „Geschlechtsliebe“, wenn es diese auch nicht herausgefordert, ihr jedenfalls nicht widerstanden hatte (ebd. 48). Der beobachtete Zusammenhang von nervenkranker Tollheit und übersteigerter weiblicher Sexualität ist Campe vertraut – wie allen Menschenbeobachtern des 18. Jahrhunderts. Pinel, berühmter Arzt der Salpétrière zu Paris, beobachtet die gefährlichen Auswüchse einer zunächst gänzlich unauffällig sich anbahnenden Neigung zur Mutterwut, welche sich in drei Stufen bis zur Tollheit entwickelt: Wird der Kampf zwischen „Schaam“ und „Begierden“, Merkmal der ersten Stufe, nicht zugunsten der Schamhaftigkeit entschieden, so werden die „Blicke“, „Reden“ und „Gebährden“ daraufhin augenfällig „unanständig“; die zweite Stufe endet mit der oben bereits vorgestellten Attacke, dem ‚Angriff‘, der sich den Nächstbesten zum Opfer wählt. Die Frauen „drohen und zürnen, wenn der Mann widersteht, oder sich vertheidigen will.“ Ist auch diese zweite Stufe zurückgelassen, folgt der Wahnsinn der Attacke auf dem Fuße: eine „Art blinder Raserei, eine Begierde zu schlagen und zu zerreissen“ bemächtigt sich der Kranken, die nun der „Tollheit“ sich nicht mehr erwehren können (PINEL 1799, 116f.).

Was scheinbar harmlos beginnen mag, endet fürchterlich, lautet die für *alle* Frauen relevante Lehre, welche die Pathologien, Sittenlehren und Ratgeber transportieren. Die wollüstige weibliche Person, die der Tochter Campes so eindringlich beschrieben wird, läßt sich, ins Extrem gesteigert, auf den Pariser

Straßen antreffen. Von Campe und Schulz jedenfalls, den ersten beiden Revolutionsberichterstattern in Deutschland, wird die revolutionäre Pariserin nicht anders denn als außer Rand und Band geratenes *Geschlechtswesen* wahrgenommen, welches, auf politische Motive nicht befragt, die neue Ordnung der Dinge, in der Vernunft und Leidenschaft zu einer so trefflichen Balance gefunden haben, empfindlich stört.

2. Weitere Blicke auf die Pariserinnen

In dieser Sicht auf die Revolutionärin sind die Beobachtungen der reisenden deutschen Menschenkenner kaum originell, wie schon ein kurzer Blick auf die übrige Revolutionsreiseliteratur zu erhellen vermag: Gerhard Anton von Halem, Oldenburgischer Jurist und Kanzleirat, reist im Jahre 1790 in die Revolutionshauptstadt, in der er sieben Wochen verbringt. Seine „Blicke auf einen Theil Deutschlands, der Schweiz und Frankreichs bey einer Reise vom Jahre 1790", ebenfalls als Authentizität und Unmittelbarkeit versprechende Briefsammlung veröffentlicht, zeigen Halem als Verehrer Mirabeaus und als Freund der „Constitution", welche sich zum Vehikel allgemeiner Aufklärung, zur „Erziehung" und Belehrung des Volkes eignet (HALEM 1. Bd. 1791, 123). Halem, als „Freund der Menschheit" dem Pädagogen Campe vergleichbar, konzentriert gleich diesem seine Aufmerksamkeit eher auf den ‚Menschen' und den ‚Charakter der Nation' als auf die politischen Verhältnisse.

Die „Göttin der Freyheit", einmal zu ihrem Recht gekommen, vermag fortan in ‚fürstenaufklärerischer' Weise zu wirken: „Der Hof hat sich jezt, glaub' ich, überzeugt, dass der Geist der Revolution ewig ist, wie der Boden, dem der Saame der Freyheit unter den milden Einflüssen der Sonne Philosophie entkeimte" (ebd. 323).

Der literarisch ambitionierte Jurist (vgl. WITTE 1971, 11–16) sieht in Frankreich die Bedingungen der Möglichkeit für die Vervollkommnung der „Künste" und „Wissenschaften", für die Entfaltung des „Schöne(n) und Gute(n)" geschaffen (ebd. 265); mit dem Anbeginn der so geschichtsphilosophisch ausgezeichneten Epoche eröffnet sich *dem* Franzosen die Chance ästhetischer, intellektueller und ethischer Bildung.
Die Wertschätzung der insgesamt veredelten und verbesserten „Pariser Sitten" relativiert sich jedoch erheblich durch den wenig vorteilhaften Eindruck, den Halem von den weiblichen Bewohnern eines Pariser Hauses gewinnen muß. Jenes Haus nämlich, in welchem der Reisende Quartier gefunden hat, erweist sich als Herberge, ja als Treibhaus der Unsittlichkeit: Die Eigentümerin hat einen „Mann, der aber gar nicht in Betracht kommt. Madame kann nicht begreifen, warum die National V. nicht schon längst die Erleichterung der Ehescheidungen dekretiert hat, womit sie billig hätte den Anfang machen sollen" (HALEM 1791, 26).
Diese Person ist der Ehe ebenso wenig zugeneigt wie ihre beiden Töchter und

eine „junge Wittwe, der ein reicher Americaner die Cour macht“; eine „Chanteuse“, ebenfalls Bewohnerin des Hauses, hat sich einen „Galan“, und nicht etwa einen Ehemann, „ersungen“. In einer Art „modischer Ehe“ lebt auch ein „Dämchen“, das Besuch zum „Soupé und Nachtlager“ empfängt und diesen „alle Morgen“ erst verabschiedet mit den „sanften Worten“: „adieu mon ami!“ (ebd. 26f.) – Wie bei Campe, so lassen sich auch bei Halem Kontrastfiguren finden. Die Schweiz etwa, das für Halem politisch vorbildliche Land „fünfhundert jähriger Freyheit“, welches es auf seinem Weg nach Paris durchreist, hat die Einfalt natürlicher Sitten insbesondere an den Frauen zu bewahren gewußt. Des Reisenden Blick auf Zürichs Promenade zeigt die spazierenden Schweizerinnen als harmonisch sich einfügenden Teil der Natur bzw. der ‚ungekünstelten‘ Landschaft:
„Der schattige Spaziergang von Linden, Pappeln, und Platanus an der reissenden Limmat, um die amphitheatralisch die reinen Hügel sich neigen, kann nicht schöner seyn. Schöner war er noch am Sonntage durch die vielen wohl geputzten Frauenzimmer, die sich dem Auge des Wandelnden zeigten“ (ebd. 1. Tl., 74). Der Beobachter, an Rousseaus Blick auf die Schweizerinnen und die Pariserinnen geschult, läßt den Kontrast zu den Pariser Sitten ins Auge springen: „Aber die Sitte des Ortes verbeut ihnen auf der Promenade alle Gemeinschaft mit Mannspersonen. Sie würden sich dem Gerede des Publicums aussetzen, wenn sie es wagten, einem Manne ihre Begleitung zu erlauben oder sich mit ihm in (!) Gespräch einzulassen“ (ebd. 74).
Ganz anders als diese Sittsamen erscheinen auch die Frauen, welche Johann Friedrich Reichardt, vornehmlich bekannt als Preußischer Hofkapellmeister und Vertoner der Singspiele Goethes, in Paris beobachten kann. Reichardt, Feind der Monarchie, Freund der Konstitution und – zeitweiliger – Sympathisant der Jakobinerpartei, fürchtet im April 1792, daß die Forderung nach einer „republikanischen Verfassung“ allgemein werden könnte. Ein „Chaos“ (REICHARDT 1793, 420) wäre die Folge einer solchen Veränderung, denn das Volk, so muß er feststellen, läßt an aufgeklärter Haltung noch zu wünschen übrig. Reichardt, der ebenfalls dazu neigt, politische Themen anthropologisch zu behandeln, bemerkt am französischen Nationalcharakter eine „Lebhaftigkeit des Temperaments“, eine „herrschende Sinnlichkeit“, welche die Nation „zu weit“ gehen lassen könnte (ebd. 427f.). Bereits in der Nationalversammlung findet sich ein Nebeneinander von Beredsamkeit und Würde auf der einen, von Unart, ja Ungezogenheit auf der anderen Seite (vgl. ebd. 23 u. 30). Insbesondere die fragwürdigen Ambitionen des ‚enragierten‘ Volkes oder der „sans-culottes“ (ebd. 182) werden auf Basis anthropologisch-moralischer Argumente kritisiert. Die Lebhaftigkeit des Temperaments wächst sich in diesem Fall zur „Wuth“ aus (ebd. 29); „tolle“ Manieren (ebd. 182) stören das wünschenswerte beherrscht-würdevolle Klima der Auseinandersetzung. Dabei werden wiederum die Frauen „vorzüglich“ auf-

fällig; diese, gleich welchen Standes, sind nicht nur „wütend", sondern machen sich auch durch „schreckliches Geschrei" bemerkbar (ebd. 97). Die inzwischen mit Adressen, Manifesten, Schriften und Clubgründungen ans Licht der politischen Öffentlichkeit getretenen Frauen wie Olympe de Gouges, Etta Palm d'Aelders oder Théroigne de Méricourt (vgl. dazu ALBISTUR/ARMOGATHE 1977; CERATI 1966; DUHET 1971; SCHRÖDER/SAUTER 1977; VILLIERS 1910; GRUBITZSCH in diesem Bd.) erwähnt Reichardt nicht. Die Tatsache jedoch, daß im Frühjahr des Jahres 1792 Frauen, die sogenannten „Amazonen", ihre Bewaffnung fordern, um Vaterland und Revolution zu verteidigen, bleibt demgegenüber nicht unkommentiert. Ein Brief Reichardts vom 9. März 1792 verzeichnet:

„Auch ist eine Gesandtschaft von tollen Weibern vor die Schranken gelassen worden, um zu ihren Männern nach den Gränzen zu ziehen und für das Vaterland zu fechten. Vermuthlich sind sie der Meinung, dass es nichts für das Vaterland zu fechten, sondern nur zu h. . . und buben geben wird." (REICHARDT 1793, 75f.).

Das Ereignis, auf das hier referiert wird: An jenem Tag verliest Pauline Léon, später eine der Präsidentinnen des Club des Citoyennes Républicaines Révolutionnaires, vor der Nationalversammlung eine ‚Adresse'. Diese fordert die Bewaffnung der Frauen, die bereit sind, gegen den Despotismus zu kämpfen:

„Ja, Waffen sind es, die uns fehlen, und wir möchten Euch um Erlaubnis bitten, uns damit auszustatten [. . .], wir wollen uns [. . .] selbst verteidigen können. Ihr dürft uns nicht zurückweisen, und die Gesellschaft darf uns dieses von der Natur gegebene Recht nicht streitig machen, es sei denn, man behauptet, die Deklaration der Rechte habe auf die Frauen keinerlei Anwendung [. . .]" (zit. nach CERATI 1966, 41, Übersetzung U. G.).

Noch einmal kommt so, militär-politisch gewendet, der Gleichheitsgrundsatz ins Spiel. In der Nationalversammlung applaudiert man den patriotischen Frauen zwar, weist deren Forderungen jedoch mit einschlägigen Argumenten zurück. Der Abgeordnete Dehaussy-Robecourt: „Hüten wir uns davor, die Ordnung der Natur umzukehren" (zit. nach DUHET 1971, 117, Übersetzung U. G.). Auch für Reichardt scheint die Ordnung der Natur auf dem Spiel zu stehen, jedoch in anderer Weise. Die Absichten der Frauen zu entpolitisieren, genügt ihm eine Redewendung; das „h. . . und buben" ist als „huren und buben" noch dem 19. Jahrhundert bekannt und wird etwa in Heinsius' „Wörterbuch der deutschen Sprache" von 1835 mit „die schändlichsten Ausschweifungen begehen" übersetzt. Die weiblichen Geschlechtswesen, welche in extremer Weise am ‚sinnlichen' französischen Nationalcharakter teilhaben, scheinen als Amazonen (vgl. dazu STEPHAN 1984, 34f.) auf einem anderen als dem angesprochenen Terrain kämpfen zu wollen: auf dem von ‚Angriff und Verteidigung' im Geschlechterverhältnis.

Reichardts Kommentar bleibt nicht der einzige: Auch Conrad Engelbert

Oelsners „Bruchstücke aus den Papieren eines Augenzeugen und unpartheiischen Beobachters der Französischen Revolution" von 1794 berichten über besagten Vorfall. Oelsner nimmt diesen jedoch, anders als Reichardt, zum Anlaß, den weiblichen Patriotismus als Verlängerung weiblicher Tugend, als lobenswerte Eigenschaft jener bürgerlichen, pflichtbewußten Hausfrauen und Mütter zu preisen, welchen Aufopferung alles ist.

Wenn auch in erster Linie festzuhalten bleibt, daß der bewaffnete Kampf der „Bestimmung des weichern Geschlechts" nicht entspricht, so verdient es doch „nicht unbemerkt zu bleiben, daß der lebhafteste Patriotismus sich nicht in der politern Klasse der Gesellschaft, sondern bei derjenigen zeigt, wo die Weiber ihre Kinder selbst säugen, wo die Tochter den bejahrten Vater selbst pflegt, wo die Gattin die Hauswirtschaft treibt, und der Sohn zur Arbeit angehalten wird. Hier kennt man die Liebe, die Treue, die Freundschaft, die Dankbarkeit und kennt also auch die Vaterlandsliebe, die nichts als das erweiterte Resultat aller jener Tugenden ist" (OELSNER 1794, 266).

Ein Ereignis, zwei Projektionen: Hört Oelsner aus der Forderung der Frauen die weibliche Eigenschaft der Selbstlosigkeit und Aufopferung sprechen, so unterstellt Reichardt jenes bekannte Begehren, welches den Nächstbesten zum Opfer wählt. Setzt Oelsner auf die Stabilität der weiblichen Tugenden, so rückt Reichardt deren Gegenteil in den Blick. Beide Projektionen sind einander Komplement und ergeben zusammen jenes janusköpfige Wesen, welches das 18. Jahrhundert auf den Namen Weiblichkeit taufte (vgl. BOVENSCHEN 1979). Daß dieses Wesen Beklemmungen, ja Angst erzeugen kann, ließ sich an Campes Befürchtung, dem Schicksal des Orpheus ausgeliefert zu sein, besonders plastisch ablesen. Zur Furcht des männlichen Geschlechts, die ihm gemäß seinem Geschlechtscharakter eigentlich fremd sein sollte, wagt Hippel eine These:

„Furcht! Fiel dies Wort auf? Es sollte auffallen. – Seht, ich will mein Herz ausschütten und zur Ehre des männlichen Geschlechts bekennen, daß keine bösere Absicht als die Furcht, das andere Geschlecht würde uns beherrschen, den Grund zu unserer Herrschaft über dasselbe gelegt hat" (HIPPEL 1793, 103).

Die der Weiblichkeit sich mit der revolutionären Situation eröffnenden Chancen der Perfektibilisierung, seien diese nun real, imaginär oder antizipiert, erzeugen bei den reisenden Menschenbeobachtern eine starke Irritation, welche, so wenigstens Hippels Andeutungen, von der Besorgnis um Herrschaftsverlust kaum zu trennen ist. Auch Oelsner, der die Ambitionen der ‚Amazonen' als weibliche Tugend, bar jeder Usurpationsgelüste, zu deuten und zu schätzen versteht, muß sich seinerseits mit der furchteinflößenden Kehrseite jener tugendhaften Weiblichkeit konfrontieren lassen: In einer Sitzung des Jacobinerclubs vom 16. Juli 1791 beobachtet der seit 1790 in Paris lebende Intellektuelle (vgl. RICHTER 1911) folgende Situation:

„Jezt erfolgete eine von denjenigen Zenen, die sich nicht aus dem Gedächtnisse bringen, aber schwerlich beschreiben lassen. Die ganze Versammlung, alt und jung, Männer und Weiber, erhob sich und schwor Leben und alles liber daran zu sezzen, als

Ludwig den sechzehnten jemals noch als König zu erkennen. Ein Redner folgte dem andern, alles fühlte sich vom Geiste getrieben, und mehr als einem gab der Fanatism wirkliche Beredsamkeit ein. Ich werde eine Mulattin nicht vergessen, die mit zerstreuten Haaren, wie eine Eumenide, und durch Wuth verstärkter Häßlichkeit, in die Rednerbühne sprang. Ihr schwarzgelbes Gesicht, ihre knirschende Alabasterzähne, nebst dem schwammigten, bachantischem Wurfe ihrer Figur – ich wandte mich weg von diesem Risse eines höllischen Geistes – stehe auf und will den Saal verlassen. Was hält mich? der Ton eines Organs so rein, so melodisch daß er gegen die Sprachfehler unempfindlich macht. Sie stieß Verwünschungen und Flüche wider die Verfolger ihrer Rasse aus, und auf die Entschlossenheit ihres Geschlechts pochend, verschwor sie sich ein von ihrem Vater geerbtes, ihr heiliges Schwerdt dem Lameth ins Herz zu stoßen. Die ihre Worte beseelende Leidenschaft stekte an, alles um sie her knirschte und schäumte wie sie, man ließ sie nicht endigen, sie wurde von den Umarmungen der ihr um den Hals stürzenden Männer und Weiber verschlungen" (OELSNER 1794, 132).

Die Mulattin, aufgebrachte Vertreterin des schwachen Geschlechts und Repräsentantin einer seit 1790 um staatsbürgerliche Rechte kämpfenden Rasse, zeigt nicht allein die beschriebene Physiognomie einer ‚Furor'-besessenen Hysterica, sie ist darüber hinaus in der Lage, ihre Umgebung in hysterische und unkontrollierte Erregung zu versetzen. Ihr Auftritt markiert eine politisch höchst brisante Situation: Am 16. Juli 1791 nämlich spaltet sich der Jakobinerclub, sein konservativer Teil organisiert sich im Club der Feuillants. Die Flucht des Königs hatte die Monarchie vollends unglaubwürdig und die Forderung nach der Republik laut werden lassen.

Seit dem 25. Juni hört das „Geschrey Republik! Republik!" nicht auf, berichtet Oelsner. Die Cordeliers fordern die „Abschaffung der monarchischen Regierungsform", die Sitzungen des Jakobinerclubs werden „wilder", eine „Art Fieberhizze" ergreift alle (OELSNER 1794, 123f.). Der König wird allerorten schon beschimpft, ‚Adressen' fordern seine Absetzung; die „Freunde der Republik" wie Condorcet und andere können sich ihrer Sache zunehmend sicherer werden. Im Jakobinerclub erscheint eine Deputation der Petitionskampagne, welche die Absetzung des Königs zum Ziel hat. Berauscht vom „Königshasse", scheinen diese Leute nicht zu wissen, „was sie wollten und wohin man sie führe. Sie hatten sich in der Straße zusammen raffen lassen, oder, waren dem Strome gefolgt" (ebd. 131).

Oelsner, welcher die Revolution bislang als Anhänger der Konstitution und als Aufklärer Campescher Prägung beobachtet hatte, sieht sich nun vor eine Entscheidung gestellt: Auf der einen Seite ist ihm die Haltung des Königs und seiner Fürsprecher suspekt, auf der anderen Seite erscheint jenes Volk, welches die Forderung nach der Republik auf seine Fahnen geschrieben hat, als haltlos, unberechenbar, prinzipienschwach und eigennützig. Die Situation und der Entscheidungsdruck spitzen sich zu, als die Nachricht von der endgültigen Entscheidung der Nationalversammlung, nicht dem König, sondern nur seinen ‚Entführern' den Prozeß machen zu wollen, den Jakobinerclub erreicht.

‚Jezt', in genau dieser subjektiv und objektiv prekären Lage erscheint jene Mulattin, eine Figur, welche Oelsners Unsicherheit symbolisiert: Die Eumenide, nach Hederichs Lexikon Furie „insonderheit in der Hölle" (HEDERICH 1770, Art. Eumenides, 1067f.), ist eher eine Erinnye, deren schlangenbedecktes Haupt in der neuzeitlichen Verkleinerungsform der ‚zerstreuten Haare' noch zu erkennen ist. Mit ihren bacchantischen Zügen ist sie auch Maenade, die sich in jenes bedrohliche Verhältnis zu Orpheus – und seinen Nachfahren Schulz und Campe – setzt. Doch hat die Szene des Grauens und Entsetzens eine Nahtstelle, an welche, wider Erwarten, anderes sich anschließt: Die Stimme der Rednerin ist „rein" und „melodisch"; einer Sirene gleich vermag sie Oelsner, welcher gerade noch sich abzuwenden beabsichtigte, im Saal zu halten. Und doch weicht die fesselnde Sanftheit wiederum der ‚wilden Leidenschaft', die alles ‚knirschen und schäumen' macht und den Beobachter unruhig zurückläßt:

„Das Ende dieser Zenen ließ sich nicht erwarten, es mochte halb ein Uhr nach Mitternacht seyn, als ich nach Hause gieng. Lange wälzte mich des drohenden Unglücks Ahndung auf meiner Bettdekke, schlaflos auf und nieder. Der Tag grauete ehe es mir gelang einzuschlaffen" (OELSNER 1794, 132).

Nicht nur lösen, wie es die Beobachtung der Beobachter zeigt, die revolutionären Frauen Irritation, Unsicherheit und Angst aus; diese lassen sich darüber hinaus ihrerseits mittels weiblicher Gestalten beschreiben und wiedererkennen. Die Unsicherheit gegenüber den sich abzeichnenden politischen Alternativen und die Angst vor einem Bürgerkrieg läßt Oelsner, der sich im Juni 1792 dann, unter dem Eindruck der drohenden militärischen Invasion, schweren Herzens als „Republikaner" definiert, im Bild jener ‚zweideutigen' Rednerin figurieren: Als Hysterica steht diese für die Gefahr des Ordnungsverlustes, den ein sich der „Anarchie näherndes Sistem" (ebd. 299) für Oelsner stets mit sich bringt. Ihre angenehme Stimme jedoch, welche das düstere Szenar für einen kurzen Augenblick aufzuhellen vermag, fungiert als Zeichen für ein Versprechen: die Republik als Lösung aller politischen Probleme. Sanfte, befriedete Weiblichkeit steht für die Utopie der Harmonie. – Und doch bleibt der Ausdruck der Ambivalenz, welcher sich in den sirenenhaften Zügen jener „Mischfigur" zu erkennen gibt, für die Situation insgesamt bestimmend. Der Sirenen melodischer und fesselnder Gesang dient, wenn nicht gar der Tötung, dann doch der Gefangennahme und Verführung.

III. Die ‚enragierte' Weiblichkeit

Die revolutionäre Frau, so wie sie den Revolutionsbeobachtern in der Pariser Öffentlichkeit begegnete, wird zum gängigen Topos des Diskurses über die Weiblichkeit daheim, in Deutschland. Ernst Brandes, der die Frauen in seine

politisch kolorierten Perfektibilitätsdebatten nicht einbezog, zitiert jedoch noch 1802 in seinen „Betrachtungen über das weibliche Geschlecht und dessen Ausbildung in dem geselligen Leben" die einschlägigen, inzwischen standardisierten ‚Erfahrungswerte': Die „artigsten Pariser Damen" zeigten „Proben der größten Gefühllosigkeit", dies vornehmlich bei öffentlichen Anlässen (BRANDES 1802, 119f.). Und Christoph Meiners, Göttinger Professor, stellt im Jahr 1800 jene Öffentlichkeitsbegierde der Französinnen, welche sich insbesondere darauf versteht, „Unruhen" zu stiften, als historisch verbürgtes Faktum heraus. Dieses hat ein anderes als notwendige Folgelast nach sich gezogen: Das öffentliche Engagement der Frauen, welche täglich etwa die „Gemeinde-Versammlungen" besuchten, hat zu einer in Frankreich jetzt noch spürbaren „Zerrüttung des Hauswesens" geführt (Meiners 1800, 314f.). In Deutschland erscheint die Revolutionärin als diejenige weibliche Figur, welche mit der Überschreitung der ihr von Natur aus gezogenen Grenzen die ‚Ordnung der Familie' gefährdet. In dieser Eigenschaft tritt die revolutionäre Frau in die *aura hysterica* ein: Die Hysterica nämlich gilt schon der vorrevolutionären Anthropologie, Diätetik und Sittenlehre vornehmlich als Person, welche, einer auffälligen ‚irritatio feminalis' unterworfen, an der Zerrüttung ihrer häuslichen und familialen Verhältnisse arbeitet. Der irritierte, hysterische Körper wird dabei in Termini von ‚Unruhe', ‚Zerrüttung', ‚Überspannung', ‚Aufruhr' und ‚Unordnung' charakterisiert. Die insbesondere im 16. und 17. Jahrhundert aus dem Bereich der Anatomie und Medizin auf das Feld der Haus- und Staats-Politik übertragenen Begriffe erhalten, erscheinen sie nach diesem Prozeß der Metaphorisierung wiederum an ihrem ursprünglichen (‚proprie') Ort, starke politische Konnotationen.
Der kranke, hysterische Körper steht als ‚politischer Körper' (vgl. dazu FRÜHSORGE 1974, 65) in Analogie zum desintegrierten Gemeinwesen, welches hier das ‚Haus' respektive die *Familie* meint. Die Revolutionärin, die sich anmaßt, als öffentliches, ja politisches Wesen ‚tätig' sein und ‚wirken' zu wollen, ignoriert die der bürgerlichen Frau zugedachten familialen Aufgaben. Wird die Hysterica, wie etwa der französische Mediziner Beauchêne sie vorstellt, einer quasi willensgesteuerten und eruptiv sich äußernden Neigung zur Zersetzung sozialer, sprich: familärer Ordnung und der diese verbürgenden Vorstellungen verdächtigt, so wird die öffentlich oder politisch agierende Revolutionärin mit dem Verdikt der prominentesten und spektakulärsten Krankheit ihres Geschlechts, der Hysterie, belegt. Wird der Körper der Hysterica zum politischen Körper, so wird die Revolutionärin als politisch Handelnde auf das weibliche Geschlechtswesen und dessen spezifisch hysterogene Physiologie zurückgeführt.
Die hysterische ‚Krisis' des weiblichen Körpers ist auch die Krise der Familie, welche sich insbesondere mit dem Untergang des *Ancien Régime* als Institution gefährdet sieht. Anhand der Französischen Revolution und der Kritik

am Ancien Régime diskutiert die bürgerliche Gesellschaft zentral auch ihre Familienstruktur: Mit der Kritik am Gottesgnadentum des ‚Landesvaters' wird auch die absolutistische Regentschaft des ‚Hausvaters' angreifbar. Die Vorstellung einer naturrechtlichen Freiheit der Familienmitglieder läßt deren – christlich und/oder ökonomisch begründete – Unterwerfung als legitimationsbedürftig erscheinen (vgl. SCHWAB 1975, 280). Wollstonecraft plädiert, Hippel vergleichbar, nicht nur dafür, den Frauen einen „grössern Wirkungskreis" zu eröffnen; gleichzeitig muß die uneingeschränkte Herrschaft der Hausväter, welche die Regentschaft eines „Tyrannen" zu führen immer noch berechtigt sind, abgeschafft werden (WOLLSTONECRAFT 1793, 74). In einem seiner Übersetzung ins Deutsche vorangeschickten Kommentar versucht Salzmann, der Schnepfenthaler Philanthrop, das Prinzip aufgeklärter monarchischer Herrschaft als adäquate Regierungsform der Familie auszuweisen und diese so vor naturrechtlich argumentierenden Anfeindungen zu schützen, welche insbesondere natürlich den ihm zur Übersetzung und Kommentierung vorliegenden Text Wollstonecrafts auszeichnen. Aufgeklärter Monarch und aufgeklärter Hausvater seien gehalten, für das Wohl ihrer Untertanen zu sorgen, deren Stimme zu berücksichtigen, ohne der absolutistischen Herrschaft damit Abbruch zu tun. Gegen den naturrechtlich begründbaren Anspruch der (Haus-)Frau auf Freiheit setzt Salzmann die Evidenz des ‚Aufruhrs': Nach Abschaffung der königlichen „Autoritaet" Frankreichs bot sich dort die Gelegenheit, „schauder-Auftritte" zu beobachten (ebd. XV). Diese zerstören, folgt man der Analogie von Staat und Familie, als Auftritte der Revolutionärin-Hysterica die Stabilität der Familie und deren Herrschafts-Beziehungen.

Ehe und Familie sind gegen Ende des Jahrhunderts rechtlichen und ökonomischen Veränderungen unterworfen: Das „Allgemeine Landrecht für die Preußischen Staaten" (ALR) von 1794 formuliert nicht nur das auf der vertragsrechtlichen Konzeption der Ehe beruhende Scheidungsrecht relativ „generös", sondern löst darüber hinaus das Haus als „ständische Herrschaftseinheit" auf. Die Rechtsansprüche der Mitglieder jener Einheit, welche nun ‚Familie' genannt wird, werden insgesamt individualisiert (vgl. KOSELLECK 1981, 114; SCHWAB 1975, 284). Für die Frau bedeutet diese Individualisierung beispielsweise, daß sie als Ehefrau, entgegen der ‚alteuropäischen Ökonomie' (Brunner), nach dem ALR nur noch gehalten ist, dem Hauswesen des Mannes vorzustehen (ALR, Zweyter Theil, Erster Titel, 4. Abschnitt, § 194), nicht jedoch zur Teilnahme an dessen Geschäft und Erwerb zu verpflichten ist. Mit der ökonomisch-rechtlichen „Entpflichtung" der Familie wird diese zu einer „tendenziell auflöslichen Größe" (SCHWAB 1975, 284).

Eine Möglichkeit, an der de facto niemand interessiert gewesen zu sein scheint. Solange der Frau etwa die Mittel und Möglichkeiten des selbständi-

gen Erwerbs und der Erwerbssicherung in der Regel fehlen, ist sie auf Ehe oder Familie als Instanzen ihrer ökonomischen Versorgung angewiesen. Mit der Revolution eröffnen sich jedoch (Denk-)Möglichkeiten (wie Condorcet, Olympe de Gouges, Wollstonecraft und Hippel beweisen), welche der Frau als Mitglied der bürgerlichen Gesellschaft Bildungs- und Berufschancen einräumen und sie aus der verordneten ‚Unmündigkeit' befreien. Ein neuer „Erwartungshorizont" läßt im Gefolge der Revolution auch in Deutschland „soziale Revolutionen", eine „Umwandlung der Gesellschaftsstruktur" als (denk-)möglich erscheinen. „Seit die deklarierten Menschenrechte den sozialen Erwartungsraum einmal geöffnet haben, drängt jedes Programm im Namen von Freiheit und Gleichheit auf eine weitere Verwirklichung." (KOSELLECK 1981, 79).
In diese Richtung weist das Zeichen, welches Hippels These von der „bürgerlichen Verbesserung" in Deutschland setzte. Sein Argument findet vorläufig keine politisch ernstzunehmende Nachfolge.

„‚Es ist doch sonderbar, wenn ich mich glimpflich ausdrücken soll', sagte mir jüngsthin eine liebenswürdige Person des weiblichen Geschlechts, ‚daß bey den großen Erschütterungen, die das System aller Verfassungen und Einrichtungen der politischen Welt erlitten, diejenigen die unser Geschlecht betreffen, so ganz feste, unverrückt stehen blieben'", räsonniert 1799 eine weibliche Figur in einem Aufsatz, welcher, „Ueber die politische Würde der Weiber. Gegenstück zu Hippels Versuch über die bürgerliche Verbesserung" betitelt, im „Berlinischen Archiv", einer bedeutenden Zeitschrift der Berliner Spätaufklärung, erscheint. Diese „liebenswürdige Person" muß sich im Verlaufe eines Dialogs, welchen sie mit dem männlichen Verfasser führt, davon überzeugen lassen, daß die „Gleichheit der Rechte zwischen Mann und Weib" nicht realisiert werden kann, „weil die Natur selbst in dem Erzeugniß derselben heterogen ist" (ANONYM, BERLINISCHES ARCHIV 1799, 2. Halbbd., 65).

Die Sprecherin, anfangs konsistent argumentierend, verstummt gegen Ende des Gesprächs; der traditionelle Diskurs über die Weiblichkeit setzt sich in Gestalt der Rede des männlichen Gegenübers durch und fort. Die natürliche „Heterogenität" fortzuschreiben, ist Ziel all jener diskursiven Bemühungen, welche auf die Gefährdung von Geschlechtscharakter und Familienordnung reagieren, die in der Figur der ‚hysterischen' Revolutionärin besonders prägnant geworden ist:

„Was würde aus der menschlichen Gesellschaft, was aus dem Glücke von Familien werden, wenn die Weiber, welche Kinder gebären, säugen, und erziehen, so wie das innere Hauswesen leiten sollen, wenn diese Häuser, Kinder und Gesinde verlassen, und mit den Männern entweder Volksversammlungen besuchen, oder in Gerichten und andern Collegien sitzen, oder gar in den Krieg ziehen wollten? Die Natur selbst, und nicht die Härte der Männer, hat ihnen die Rechte, Würden und Arbeiten versagt, von welchen sie unter den Europäischen Völkern von jeher der Regel nach ausgeschlossen waren" (MEINERS 1800, 315).

Mit dem einfachen, aber bewährten Rückgriff auf die ‚Natur' werden die im Erfahrungsraum der Revolution sich eröffnenden Erwartungshorizonte wie-

der verschlossen. Das wollen jedoch jene Frauen nicht einsehen, welche „einen so leidenschaftlichen Antheil an dem Anfange und Fortgange der Revolution genommen haben". Carl Friedrich Pockels, der bekannte Erfahrungsseelenkundler und Verfasser zweier voluminöser ‚geschlechtscharakterisierender' Studien („Versuch einer Charakteristik des weiblichen Geschlechts" und „Der Mann"), nennt diese Frauen die *„eigentlichen Enragées* ihres Geschlechts". Ihr Wesen sucht er – halb rückblickend, halb verallgemeinernd – aufzuklären:
Ihr „Freyheitsgeist" entsprang und entspringt „unlautern Absichten" und verfolgt das Ziel, die „geschmälerten Rechte ihres Geschlechts wieder zu erobern". Die Revolution scheint ihnen das rechte Klima zu sein, um in ihrem eigennützigen und einzigsten Interesse tätig zu werden. Wenn „Alles bunt durch einander läuft" (POCKELS 1801, 277), die Ordnung der Dinge sich schnell und radikal verkehrt, hoffen sie, die Grenzen des weiblichen Dekorum ungestraft überschreiten zu können:
„Das fast in allen seinen Theilen so unhaltbare und luftige System von Freyheit und Gleichheit zeigt ihrer Phantasie ein sehr anlockendes Gemälde für ihre Sinnlichkeit, ihre Habsucht, ihren Ehrgeitz und ihre Coquetterie. Die Ungebundenheit der Sitten entbindet sie von allen Zwangsgesetzen und von jeder ihnen lästigen Pflicht" (ebd. 278).
Die ungeniert lebenden Bewohnerinnen jenes Pariser Hauses, das dem reisenden Halem einen Eindruck von der Schattenseite der Revolution vermittelte, sind in den Enragées ebenso wiederzuerkennen wie die Campesche ‚Französin', welcher die Revolution eine Bühne für unsittliche Auftritte bot. Die Enragées, angesteckt von den französischen Revolutionärinnen, bilden ein fundamentales Ärgernis für den bürgerlichen Diskurs über die Weiblichkeit in Deutschland. Denn weder werden sie im Rousseauschen Sinne in und von der Öffentlichkeit kontrolliert, noch sind sie um jene Form der Selbstkontrolle bemüht, welche das verbindlich gewordene Konzept der Schamhaftigkeit den bürgerlichen Frauen abverlangt. Pockels über die enragierten Revolutionssympathisantinnen:

„Sie sind nun nicht mehr die Sclavinnen eines moralischen Publicums, – Sie können mit den Männern, selbst im Ehestande, wechseln – so viel Intriguen in der Liebe beginnen, sich so viel Abänderungen in ihren Grundsätzen, ihrer Religion erlauben, so viel sie wollen" (ebd.).

Würde die zeitgenössische Pathologie an diesen Frauen die ersten untrüglichen Anzeichen einer Nymphomanie entdecken, so ließe eine bürgerliche Umgangs- und Sittenlehre (für ‚Frauenzimmer') es sich nicht nehmen, die Schamlosen als Aristokratinnen zu brandmarken. Ob nymphoman oder aristokratisch: Die Enragierten stellen nicht nur die Ehe als Institution der Sittlichkeit in Frage, sondern verrücken die Ordnung der ‚sexual politics' des Bürgertums insgesamt. Überhaupt scheinen diese *eigentlichen Enragées ihres*

Geschlechts ein Arrangement mit der bürgerlich dekretierten ,Conditio feminina' für unangebracht zu halten; sie streben vielmehr danach, sich, zunächst imaginär, neue Horizonte zu erschließen, „ganz nach ihrer Phantasie" zu leben. Was man von dieser sprichwörtlich gewordenen ,reizbaren Einbildungskraft' der Weiblichkeit zu erwarten hat, läßt sich, so Pockels, noch nicht sagen. Immerhin: Die Enragierten „theilen sich schon im Voraus die Rollen zu, welche sie in der neuen Ordnung der Dinge zu spielen denken" (ebd.).

Überlassen wir es Hippel, seine Frage noch einmal zu stellen: Furcht! Fiel dies Wort auf? . . .

Literatur

Albistur, M./Armogathe, D.: Histoire du Féminisme français, Paris: Edition des Femmes 1977

Allgemeine Deutsche Bibliothek, 91. Bd., 2. Stück, Berlin-Stettin 1790

Anonym: Über die politische Würde der Weiber. Gegenstück zu Hippels Versuch über die bürgerliche Verbesserung der Weiber, in: Berlinisches Archiv der Zeit und ihres Geschmacks 5 (1799), 1. Halbbd., 403–412. 2. Halbbd., 56–66

Baxmann, I.: Weibliche Identitätsbildung und Revolutionsfeste, in: Das Argument 138 (1983), 216–224

Beauchêne, E.-P. C. von: Abhandlung über den Einfluß der Leidenschaften in die Nerven-Krankheiten der Frauenzimmer und über die beste Art diese Krankheiten gehörig zu behandeln, aus d. Franz., Leipzig 1784

Bergeron, L. / Furet, F. / Koselleck, R.: Das Zeitalter der europäischen Revolutionen 1780–1848, Frankfurt/M. 1969

Bienville, J. T. D. von: Die Nymphomanie oder Abhandlung von der Mutterwuth, aus d. Franz. von A. Hiltenbrand, Wien 1782

Bovenschen, S.: Die imaginierte Weiblichkeit. Exemplarische Untersuchungen zu kulturgeschichtlichen und literarischen Präsentationsformen des Weiblichen, Frankfurt/M. 1979

Brandes, E.: Politische Betrachtungen über die französische Revolution, Jena 1790

ders.: Ueber einige bisherige Folgen der französischen Revolution in Rücksicht auf Deutschland, Hannover 1792

ders.: Betrachtungen über das weibliche Geschlecht und dessen Ausbildung in dem geselligen Leben, Hannover 1802

Braunschweigisches Journal philosophischen, philologischen und pädagogischen Inhalts, hg. von Trapp, Stuve, Heusinger, Campe. Braunschweig 1788–1791

Campe, J. H.: Väterlicher Rath für meine Tochter, in: Braunschweigisches Journal, Mai 1788–September 1788

ders.: Reise des Herausgebers, von Braunschweig nach Paris, im Heumonat 1789, in: ders. (Hrsg.): Erste Sammlung merkwürdiger Reisebeschreibungen für die Jugend, 8. Theil, Siebente verbesserte Ausgabe, Braunschweig 1831 *ders.:* Briefe aus Paris zur Zeit der Revolution geschrieben. Reprograf. Nachdruck der Ausg. Braunschweig 1790. Mit Erläuterungen, Dokumenten und einem Nachwort von Hans-Wolf Jäger. Hildesheim 1977

Cerati, M.: Le Club des Citoyennes Républicaines Révolutionnaires, Paris 1966

Cocalis, S. L.: Der Vormund will Vormund sein: Zur Problematik der weiblichen Unmündigkeit im 18. Jahrhundert, in: Burkhard, M. (Hrsg.): Gestaltet und Gestaltend, Frauen in der deutschen Literatur, Amsterdam 1980, 33–57

Coicy, Mme. de: Les femmes comme il convient de les voir, Paris 1785

Condorcet, J. A. de: Über die Zulassung der Frauen zum Bürgerrecht, in: Schröder, H. (Hrsg.): Die Frau ist frei geboren. Texte zur Frauenemanzipation. Bd. 1: 1789–1870. München 1979.

Dawson, R. P.: The Feminist Manifest of Theodor Gottlieb von Hippel (1741–96), in: Burkhard, M. (Hrsg.): Gestaltet und Gestaltend, Frauen in der deutschen Literatur, Amsterdam 1980, 13–33

Duhet, P. M.: Les femmes et la Révolution, 1789–1794, Paris 1971

Epstein, K.: Die Ursprünge des Konservatismus in Deutschland. Der Ausgangspunkt: Die Herausforderung durch die Französische Revolution 1770–1806, aus dem Engl. von J. Zischler, Berlin 1973

Fohrmann, J.: Abenteuer und Bürgertum. Zur Geschichte der deutschen Robinsonaden im 18. Jahrhundert, Stuttgart 1981

Forster, G.: Reise um die Welt (1778–1780), hg. von G. Steiner, Frankfurt/M., 1983

ders.: Werke in vier Bänden, hg. von G. Steiner, 3. Band: Kleine Schriften zu Kunst, Literatur, Philosophie, Geschichte und Politik, Frankfurt/M. 1970

Frese, J.: Dialektik der Gruppe, in: Gruppendynamik im Bildungsbereich, Jg. 9, 3/4 (1983), 5–33

Frühsorge, G.: Der politische Körper. Zum Begriff des Politischen im 17. Jahrhundert und in den Romanen Christian Weises, Stuttgart 1974

Furet, F. / Richet, D.: Die Französische Revolution, Frankfurt/M. 1975

Garber, J. (Hrsg.): Revolutionäre Vernunft. Texte zur jakobinischen und liberalen Revolutionsrezeption in Deutschland 1789–1810, Kronberg 1974

Gebhardt, J.: Die Revolution des Geistes. Politisches Denken in Deutschland 1770–1830, München 1968

Geitner, U.: Passio Hysterica. Die alltägliche Sorge um das Selbst. Zum Zusammenhang von Literatur, Pathologie und Weiblichkeit im 18. Jahrhundert, in: R. Berger et al. (Hrsg.): Frauen–Weiblichkeit–Schrift, Berlin 1985, 130–144

Gouges, Olympe de: Schriften, hg. v. Dillier u. a., Frankfurt/M. 1980

Griewank, K.: Der neuzeitliche Revolutionsbegriff. Entstehung und Geschichte, hg. von I. Horn-Staiger, Frankfurt/M. 1973

Guérin, D.: Klassenkampf in Frankreich. Bourgeois et „bras nus“ 1793–1795, übersetzt von J. Hoch, Frankfurt/M. 1979

Gumbrecht, H.-U.: Skizze einer Literaturgeschichte der Französischen Revolution, in: Stackelberg, J. von: Die Europäische Aufklärung. Bd. III. Handbuch der Literaturwissenschaft, Bd. XIII,
Frankfurt/M. 1980

Habermas, J.: Strukturwandel der Öffentlichkeit, Neuwied ^{3}1968

Halem, G. A. von: Blicke auf einen Theil Deutschlands, der Schweiz und Frankreichs bey einer Reise vom Jahre 1790, 2 Bde., Hamburg 1791

ders.: Selbstbiographie nebst einer Sammlung von Briefen an ihn (...) zum Druck bearbeitet von seinem Bruder L. W. Christian v. Halem, hg. von C. F. Strackerjan, Nachdruck der Ausg. Oldenburg 1840, Bern 1970

Hausen, K.: Die Polarisierung der Geschlechtscharaktere. Eine Spiegelung der Dissoziation von Erwerbs- und Familienleben, in: Seminar: Familie und Gesellschaftsstruktur. Materialien zu den sozioökonomischen Bedingungen von Familienformen, hg. von H. Rosenbaum, Frankfurt/M. 1978

Hederich, B.: Gründliches Mythologisches Lexikon (...), Reprograf. Nachdruck der Ausgabe Leipzig 1770, Darmstadt 1967

Heinzmann, J. G.: Die Feyerstunden der Grazien. Bern 1788–1794

Hennings, A.: Vorurtheilsfreie Gedanken über Adelsgeist und Aristokratism, Faksimiledruck der Ausg. 1792, Kronberg/Ts. 1977

Hippel, Th. G. von: Über die bürgerliche Verbesserung der Weiber (1793), in: Sämtliche Werke, Bd. 6, Berlin 1828, Neudruck: Syndikat Verlag, Frankfurt/M. 1977

Hocks, P. / Schmidt, P.: Literarische und politische Zeitschriften 1789–1805. Von der politischen Revolution zur Literaturrevolution, Stuttgart 1975

Hoffmann, V.: Elisa und Robert oder das Weib und der Mann, wie sie sein sollten. Anmerkungen zur Geschlechtscharakteristik der Goethezeit, in: Klassik und Moderne, Festschrift für W. Müller-Seidel, Stuttgart 1983, 80–97

Hufton, O.: Women in Revolution, 1789–1796, in: Past and Present 53, 1971, 90–108

Jäckel, G. (Hrsg.): Das Volk braucht Licht. Frauen zur Zeit des Aufbruchs 1790–1848 in ihren Briefen, Darmstadt 1970

Jäger, H.-W.: Politische Metaphorik im Jakobinismus und Vormärz, Stuttgart 1971

Japp, U.: Aufgeklärtes Europa und natürliche Südsee. Georg Forsters ‚Reise um die Welt', in: Laermann et al. (Hrsg.): Reise und Utopie. Zur Literatur der Spätaufklärung, Frankfurt/M. 1976

Kant, I.: Beantwortung der Frage: Was ist Aufklärung? (1783), in: ders.: Schriften zur Anthropologie, Geschichtsphilosophie, Politik und Pädagogik 1, hg. von Weischedel, W., Frankfurt/M. 1977

ders.: Anthropologie in pragmatischer Hinsicht (1798), in: ders.: Schriften zur Anthropologie, Geschichtsphilosophie, Politik und Pädagogik 2, hg. von Weischedel, W., Frankfurt/M. 1977

Kerner, G.: Briefe über Frankreich, die Niederlande und Teutschland, Altona 1797

Kirschbaum, K.: Deutsche Zeitgenossen zu den Gewalttaten der Französischen Revolution, Göttingen 1951

Koselleck, R.: Kritik und Krise. Eine Studie zur Pathogenese der bürgerlichen Welt, 2. Aufl. Frankfurt/M. 1976

ders.: Historische Kriterien des neuzeitlichen Revolutionsbegriffs, in: ders.: Vergangene Zukunft – zur Semantik geschichtlicher Zeiten, Frankfurt/M. 1979, 67–86

ders.: Die Auflösung des Hauses als ständischer Herrschaftseinheit, in: Bulst, N. et a.: Familie zwischen Tradition und Moderne. Studien zur Geschichte der Familie in Deutschland und Frankreich vom 16. – 20. Jahrhundert, Göttingen 1981, 109–123

Krug, W. T.: Allgemeines Handwörterbuch der philosophischen Wissenschaften nebst ihrer Literatur und Geschichte, Faksimile-Neudruck der zweiten verbesserten und vermehrten Auflage, Leipzig 1832–1838

Landauer, G.: Die Französische Revolution in Briefen, Hamburg 1961

Lytle, S. H.: The Second Sex (September 1793), in: Journal of Modern History 27, 1955, 14–26

Markov, W. / Soboul, A.: 1789. Die große Revolution der Franzosen, Köln 1977

Mathiez, A.: La vie chère et le mouvement social sous la Terreur, Paris 1927

Mattenklott, G. / Scherpe, K. R. (Hrsg.): Demokratisch-revolutionäre Literatur in Deutschland: Jakobinismus, Kronberg 1975

Meiners, Ch.: Geschichte des weiblichen Geschlechts, Bd. 1–4, Hannover 1788, 1799, 1800

Meise, H.: Die Unschuld und die Schrift. Deutsche Frauenromane im 18. Jahrhundert, Marburg 1983
Meister, L.: Ueber die Schamhaftigkeit, in: ders.: Fliegende Blätter größtentheils historisch und politischen Inhalts, Basel 1783
Möhrmann, R.: Die andere Frau. Emanzipationsansätze deutscher Schriftstellerinnen im Vorfeld der Achtundvierziger Revolution, Stuttgart 1979
Murtfeld, R.: Caroline Schlegel-Schelling. Moderne Frau in revolutionärer Zeit, Bonn 1973
Oelsner, K. E.: Bruchstücke aus den Papieren eines Augenzeugen und unpartheiischen Beobachters der Französischen Revolution, o. O., 1794
ders.: Briefe an Halem, von Paris aus geschrieben in den Jahren 1790–1792, hg. von Merzdorf, Berlin 1858
Pinel, Ph.: Philosophische Nosographie oder Anwendung der analytischen Methode in der Arzneikunst, aus dem Franz. von Dr. J. A. Ecker, Zweyter Theil, Tübingen 1799
Pockels, C. F.: Charaktergemälde des Alters (= Versuch einer Charakteristik des weiblichen Geschlechts, 4. Bd.), Hannover 1801
ders.: Versuch einer Charakteristik des weiblichen Geschlechts. Ein Sittengemälde, Bd. 1–5, Hannover 1797–1802
ders.: Der Mann. Ein anthropologisches Chataktergemälde seines Geschlechts. Ein Gegenstück zu der Charakteristik des weiblichen Geschlechts, Hannover 1805
Reichardt, J. F.: Vertraute Briefe über Frankreich. Auf einer Reise im Jahr 1792 geschrieben, 2 Bde., Berlin 1792/93
ders. (Hrsg.): Frankreich. Aus den Briefen deutscher Männer in Paris, 1795–1806
Reinhard, Ph. Ch.: Versuch einer Theorie des gesellschaftlichen Menschen, Photomech. Reproduktion der Ausg. Leipzig und Gera 1797, o. O. 1979
Richter, E.: Konrad Engelbert Oelsner und die Französische Revolution, Leipzig 1911
Rosenbaum, H.: Formen der Familie. Untersuchungen zum Zusammenhang von Familienverhältnissen, Sozialstruktur und sozialem Wandel in der deutschen Gesellschaft des 19. Jahrhunderts, Frankfurt/M. 1982
Rousseau, J.-J.: Brief an d'Alembert über das Schauspiel (1758), in Ritter, H. (Hrsg.): Schriften Bd. 1. Frankfurt/M., Berlin, Wien 1981
Schlumbohm, J.: Freiheit. Die Anfänge der bürgerlichen Emanzipationsbewegung in Deutschland im Spiegel ihres Leitwortes, 1760–1800, Bochum 1971
Schröder, H. / Sauter, Th.: Zur politischen Theorie des Feminismus. Die Deklaration der Rechte der Frau und Bürgerin von 1791, in: Aus Politik und Zeitgeschichte, Beilage zur Wochenzeitung: Das Parlament 48 (1977), 29–54
Schröder, H. (Hrsg.): Die Frau ist frei geboren. Texte zur Frauenemanzipation, Bd. 1, München 1979
Schwab, Dieter: Art. „Familie", in: Geschichtliche Grundbegriffe, hg. von O. Brunner et a., Bd. 2, Stuttgart 1975, 253–301
Stephan, I.: Literarischer Jakobinismus in Deutschland (1789–1805), Stuttgart 1976
dies.: „Da werden Weiber zu Hyänen ...". Amazonen und Amazonenmythen bei Schiller und Kleist, in: Stephan, I. / Weigel, S. (Hrsg.): Feministische Literaturwissenschaft. Literatur im historischen Prozeß. Neue Folge 11, Berlin 1984, 23–42
Stuve, J.: Über Aufruhr und aufrührerische Schriften, Braunschweig 1793
Tieftrunk, J. H.: Über Staatskunst und Gesetzgebung. Zur Beantwortung der Frage: Wie kann man gewaltsamen Revolutionen am besten vorbeugen, oder sie, wenn sie da sind, am sichersten heilen, Berlin 1791
Träger, C.: Die französische Revolution im Spiegel der deutschen Literatur, Leipzig 1975

Villiers, Baron Marc de: Histoire des clubs de femmes et les légions d'amazones, Paris 1910
Voegt, H.: Die deutsche jakobinische Literatur und Publizistik 1789–1800, Berlin 1955
Vovelle, M.: Die Französische Revolution. Soziale Bewegung und Umbruch der Mentalitäten, aus dem Franz. v. P. Schöttler, Frankfurt/M. 1985
Wedekind, G.: Drei Anreden an seine Mitbürger, gehalten am 27., 28. und 29. Oktober in der Gesellschaft der Volksfreunde zu Mainz, in: Träger, C. (Hrsg.): Mainz zwischen Rot und Schwarz. Die Mainzer Revolution 1792–1793 in Schriften, Reden und Briefen, Berlin 1963
ders.: Die Rechte des Menschen und des Bürgers, wie sie die französische konstituierende Nationalversammlung 1791 proklamierte, mit Erläuterungen, Mainz 1793
ders. (Hrsg.): Der Patriot, 1792–1793
Weigel, S.: Flugschriftenliteratur 1848 in Berlin, Stuttgart 1979
Wieacker, F.: Das Naturrecht und die Aufklärung, Coimbra 1967
Witte, K.: Reise in die Revolution. G. A. von Halem und Frankreich im Jahre 1790, Stuttgart 1971
Wobeser, W. K. von: Elisa oder das Weib, wie es seyn sollte, Leipzig 1795
Wollstonecraft, M.: Rettung der Rechte des Weibes mit Bemerkungen über politische und moralische Gegenstände. Aus d. Engl. übersetzt. Mit einigen Anmerkungen und einer Vorrede von Christian Gotthilf Salzmann, Schnepfenthal 1793
dies.: Eine Dédication [. . .] An Herrn Talleyrand-Périgord, in: Hennings, A. (Hrsg.): Der Genius der Zeit, Ein Journal, 4. Bd., 1795, 43–51
Wuthenow, R. R.: Vernunft und Revolution. Studien zu Georg Forsters Schriften, Bad Homburg v. d. H. 1970

Der Zauberstab der Macht: „Frau bleiben“ Strategien zur Verschleierung von Männerherrschaft und Geschlechterkampf im 19. Jahrhundert

Elke Haarbusch

1. Vorbemerkung

„Die Erkenntniss des Einen Individuums vom anderen ist bedingt dadurch, dass das andere es als ein freies behandele ... Das Verhältniss freier Wesen zu einander ist daher das Verhältniss einer Wechselwirkung durch Intelligenz und Freiheit“ (J. G. Fichte 1796, 44).

Gegen Unterdrückung und für die Freiheit der Menschen wurde in der Französischen Revolution und der 48er Revolution auch in Deutschland gekämpft. Männer und Frauen standen für die gleichen Ideale auf den Barrikaden. Trotzdem war der Kampf der Frauen ein anderer als der der Männer. Er war ungleich schwerer. Sie mußten an vielen Fronten kämpfen – gegen politische und soziale Unterdrückung, aber auch gegen ihre Unterdrückung als Frau. Sie wurden von den Gegnern stärker diffamiert als ihre männlichen Mitkämpfer und in den eigenen Reihen oft ebenfalls nicht akzeptiert, wenn sie sich der gleichen Waffen wie der Mann bedienten. Statt dessen sollten sie mit ihren „weiblichen Möglichkeiten“ den kämpfenden Helden unterstützen.

Der Freiheitskampf richtete sich gegen die Standesschranken; die Begrenzungen, die Frauen durch ihre Geschlechtszugehörigkeit erfuhren, sollten erhalten bleiben. Die Hauptbarriere, die die politisch aktive Frau zu überwinden hatte, war das sich zunehmend durchsetzende Ideal der bürgerlichen Frau.

Im gleichen Zeitraum, in dem der Kampf um bürgerliche Freiheiten zu Revolutionen und Aufständen führte, modellierten bürgerliche Ideologen an einem Bild von Weiblichkeit, das ihre patriarchale Herrschaft über die Frau sichern konnte.

Diesem Bild, das die gesellschaftliche Bestimmung der Frau auf ein Hausfrauen-, Gattinnen- und Mutter-Dasein festschreibt und mit der „weiblichen Natur“ legitimiert, will ich genauer nachgehen, da die politisch aktiven Frauen und die Revolutionärinnen an ihm gemessen und verurteilt wurden. Es soll deutlich werden, welche Tabus sie zu durchbrechen hatten, und welche inneren Kämpfe sie, gegen eine ihnen angetragene „Frauennatur“, zu bestehen hatten. An der Totalität, mit der die bürgerlichen Ideologen weibliches Denken, Fühlen und Handeln normiert haben, läßt sich ermessen, wie schwer und oft auch aussichtslos der Kampf der Frauen um persönliche Freiheit war.

2. Die bürgerliche Konstruktion des männlichen Vernunftwesens und des weiblichen Phantasmas

Den Menschen als ein freies Individuum und Vernunftwesen zu betrachten, entspricht dem Welt- und Menschenbild der bürgerlich-kapitalistischen Epoche. Die Philosophie der Aufklärung legt bereits den Grundstein für das Selbst-Bewußtsein des freien Bürgers. In der Nachfolge Kants formuliert als ein Hauptvertreter der Romantik Johann Gottlieb Fichte die Subjektsetzung des Menschen.

„Das Subjekt bestimmt sich als Individuum, als freies Individuum, durch die Sphäre (= „Theil der Welt" [57]), in welcher es unter den in ihr gegebenen möglichen Handlungen eine gewählt hat" (Fichte 1796, 42).

Im Idealbild des bürgerlichen Menschen zeigt sich ein freies Individuum, das mittels Selbstreflexion sich selbst bestimmt, seinen Tätigkeitsbereich frei wählt, und seinen Handlungsspielraum nur durch „den Begriff der Freiheit aller übrigen einzuschränken" (Fichte 92) oder (S. 92) bereit ist.
Dieses neue Selbstbild des bürgerlichen Menschen, das sich über die bisherigen Schranken von Herkunft und Stand hinwegsetzt, kann nur im Zusammenhang mit den sich wandelnden ökonomischen Strukturen des neuen industriellen Zeitalters entstehen. Die industrielle Produktionsweise verändert die Formen gesellschaftlicher Organisation von Grund auf. Durch die Trennung von Produktions- und Reproduktionsbereich verändern sich die Formen von Sozialverbänden, wie die der Familie, die Verkehrsformen der Menschen untereinander und die Beziehung der Geschlechter zueinander. Alle Veränderungen, die sich aufgrund der „neuen, dualen, durch häusliche und außerhäusliche Arbeit strukturierten Ökonomie" vollziehen, laufen auf ein Ziel hinaus: „die Möglichkeit der Freisetzung der Menschen" (Kuhn 1983, 35/36) oder auch die frei einsetzbare Arbeitskraft der Menschen.
Es entstehen neue Formen von Herrschaftsverhältnissen unter dem Diktat der Marktgesetze. Das Ideal der permanenten Leistungssteigerung, des Fortschrittdenkens, der Zweckrationalität bzw. des Nützlichkeitsprinzips findet Eingang in die Beziehung der Menschen und wird zu verinnerlichten Handlungsmaximen. Das patriarchale Erbe, das das Geschlechterverhältnis bestimmt, muß sich ein modernes Gewand geben, das entsprechend der neuen gesellschaftlichen Aufgabenverteilung geschneidert ist.

Mit der Entstehung neuer gesellschaftlicher Aufgaben verändern sich auch die Menschen. Der Wandel der Geschichte vollzieht sich im Menschen – an seinem Körper, in seinem Gefühl, Denken und Verhalten. Es besteht eine ständige Wechselwirkung und Abhängigkeit zwischen gesellschaftlicher Veränderung und Wandlung der Individuen. Zu den jeweils zu lösenden gesellschaftlichen Aufgaben bilden die Individuen die entsprechende Gefühlswelt heraus. Jede Epoche entwickelt ihre „dominierende Gefühlskonfiguration" (Heller 1981, 247). Besonders an der bürgerlichen Frau läßt sich zeigen, wie sie durch „Vermittlung von Gefühlsvorschriften" und „Gefühlsnormen" (247) ihren Aufgaben gerecht werden soll. Diese Normen sind immer auch moralisch, da sie gesellschaftliche Werte vermitteln. Sie regeln sowohl das Gefühl selbst als auch sekundär die „Gefühlsexpression" (vgl. Heller 1981, 248).

Das bürgerliche Individuum entwickelt die Gefühle, die ihm eine Flexibilität entsprechend der Gesetze des kapitalistischen Marktes erlauben. Es kann damit auch gesellschaftliche Veränderungen, wie z. B. die Auflösung großer Familienverbände, die einmal soziale Sicherheit gaben, emotional ertragen, vor allem durch das Gefühl der Individualität, der Freiheit und Selbstbestimmung in der Wahl der Aufgaben.

Ein weiteres wichtiges Regulativ der bürgerlichen Gefühlswelt, das den Prozeß der Individuation unterstüzt, beschreibt Elias (1978). Er führt aus, wie von der mittelalterlichen bis zur bürgerlichen Gesellschaft die Fremdzwänge und die körperliche Gewaltausübung zurückgehen und eine Lockerung der Außenkontrolle gegenüber dem Verhalten der Individuen stattfindet. Diese äußeren Zwänge haben sich immer mehr in innere, d. h. Selbstzwänge verwandelt.

Die psychische Instanz, die das gesellschaftliche Gewissen des einzelnen repräsentiert, ist das Über-Ich.

„Die Regelung des gesamten Trieb- und Affektlebens [wird] durch eine beständige Selbstkontrolle immer allseitiger, gleichmäßiger und stabiler" (Elias 1978, Bd. II 313).

Anders ausgedrückt kann man auch sagen: Wo die äußere Begrenzung und Kontrolle des Menschen in seiner Handlungsfreiheit, z. B. durch Standesschranken, für den gesellschaftlichen Fortschritt hinderlich sind, muß die Herrschaft auf eine neue Art stabilisiert werden. Das nunmehr als „frei" deklarierte Individuum hat die gesellschaftlichen Regeln und Zwänge verinnerlicht, und es bedarf keiner äußeren Institution mehr, die die Einhaltung des sozialen und individuellen Verhaltenscodexes ständig überwacht (vgl. auch Foucault 1977).

Der Hauptfaktor, der die Stellung des Individuums in der Familie und der Gesellschaft bestimmt, ist das Geschlecht. Er ist der Selektionsfaktor, an dem sich die Aufgaben- und Rollenverteilung verankert. Die Zugehörigkeit

zu einem Geschlecht entscheidet jedoch nicht nur über den gesellschaftlichen Status, d. h. über Mittel und Handlungsspielräume, die dem Individuum zur Verfügung stehen, sondern auch über die Art der Affekt- und Triebmodellierung, über Ausformung der Selbstdisziplinierung und der Gefühlsexpression. „Das Verhältnis freier Wesen zueinander" (Fichte 1796, 44) stellt kein Familienmodell dar und war nie auf das Geschlechterverhältnis bezogen. Die bürgerlichen Ideale der Freiheit, Vernunft und Selbstbestimmung galten nie für die Frau. Sie entsprachen der „Natur" des Mannes, die sich durch Aktivität und Rationalität auszeichnen sollte. Für die gesellschaftlichen Aufgaben, die der Frau zukamen, waren diese Ideale völlig dysfunktional. Als weibliche Kategorien galten, entsprechend dem Modell der Polarität der Geschlechter, Passivität und Emotionalität. Diese prädestinierten die Frau für ihre Bestimmung als „Gattin, Hausfrau und Mutter" (Campe 1789, nach: Hausen 1978, 166).
Wie war es aber möglich, die Hälfte der Bevölkerung von den Früchten bürgerlicher Freiheiten fernzuhalten und zur „freiwilligen" Übernahme der als sozial minderwertig geltenden Rolle zu bewegen und damit gleichzeitig die Absicherung patriarchaler Herrschaft in das bürgerliche Zeitalter hinüberzuretten?
Dies ist außer mit ökonomischer und rechtlicher Gewalt nur durchzusetzen mit massiver ideologischer Gewalt, die die Legitimation für die Herrschaft des männlichen Geschlechts über das weibliche liefern mußte. Das geschah mit der Konstruktion der „polaristischen Geschlechtsphilosophie" (Campe 1789, nach: Hausen 1978, 166), die die qualitative Verschiedenheit der Geschlechter herausarbeitete und die Notwendigkeit der gegenseitigen Ergänzung postulierte. Die Geschlechter unterscheiden sich durch ihre „Geschlechtscharaktere", wonach der Mann aufgrund seiner „natürlichen" Eigenschaften für den öffentlichen, die Frau von Natur aus für den häuslichen Bereich bestimmt ist (vgl. Hausen 1978, 161).
Die Einführung der biologistischen Konstante in die Gestaltung des Geschlechterverhältnisses und als Regulativ für die Lebensgestaltung wirkt wie ein Bollwerk gegen jegliche persönliche Einflußnahme und Veränderungsmöglichkeit. Die auf der Grundlage der Naturrechtsphilosophie entstandene Kreation der „polaristischen Geschlechtscharaktere" setzte sich in wenigen Jahrzehnten vom Ende des 18ten bis Mitte des 19ten Jahrhunderts in sämtlichen Bereichen der bürgerlichen Kultur durch. Sie fand Verbreitung durch wissenschaftliche, medizinische, psychologische, pädagogische, literarische Schriften und populäre Zeitschriften, wie z. B. ‚Moralische Wochenschriften' und Frauenzeitschriften, die aus bürgerlich-aufklärerischem Geist zur sittlichen Erziehung anhielten.
Wichtig ist in diesem Zusammenhang die Entwicklung, daß durch die Einführung der naturhaften Bestimmung der Frau der Unterwerfungs- und

Machtaspekt in dem Geschlechterverhältnis zunehmend völlig verschwindet.
Doch allein die ideologische Manipulation reicht nicht aus zur Beantwortung der Frage, was die Frauen zwang, sich mit ihrer neuen gesellschaftlichen Rolle zu identifizieren und was weiblichen Widerstand dagegen so schwer machte.
Die Unterwerfung der Frau verlief trotzdem nicht widerstandslos. Dies liest sich zwischen den Zeilen der Schriften, die vorschreiben, wie sich eine sittsame Bürgersfrau verhält, denkt und fühlt. Der Zwang zur ständigen Normierung der Weiblichkeit zeigt an, daß die Frauen sich noch nicht der Norm entsprechend fügten. Diese Schriften stellen keine weibliche Lebensrealität dar, sondern einen Entwurf, wie die Frau den Herr-schaften beliebt. Dieser läßt ein Positivbild von Weiblichkeit entstehen. Es ist aber auch möglich, ihn als ein Negativbild zu lesen, da zum einen genaue Vorschriften enthalten sind, was eine Frau nicht darf; zum anderen wird jedoch indirekt deutlich, auf welche Handlungs- und Gefühlsmöglichkeit die Frauen zu verzichten haben, die sie aus ihrem Bewußtsein verdrängen müssen. Es sind all die Möglichkeiten, die herrschaftsdestabilisierend wirken.
Damit bin ich neben der ideologischen Manipulation bei einem zentralen Mechanismus, der den Frauen den Widerstand gegen ihre Position als Beherrschte erschwert. Nach dem Ethnopsychoanalytiker Mario Erdheim (1984) muß alles, „was man in einer Gesellschaft nicht wissen darf, weil es die Ausübung von Herrschaft stört, ... unbewußt gemacht werden ... Diese Produktion von Unbewußtheit muß gesellschaftlich organisiert werden" (38). Das heißt, daß sich die Geschichte der Schaffung der Bürgersfrau auch als die Geschichte der Unbewußtmachung großer Teile weiblicher Lebensrealität lesen läßt. Ich werde mich bei meinen weiteren Ausführungen auf den Erklärungsansatz von Mario Erdheim (1984) stützen, da er die Dynamik der Unbewußtheit in Unterdrückungsverhältnissen hervorragend analysiert. Auf diese Organisation oder Institutionalisierung der Verdrängung systemkritischer Konfliktbereiche, die die Existenz der Bürgersfrau umfaßt, will ich im weiteren eingehen. Ebenso auf die Frage, welche Affekte, Verhaltens- und Denkmöglichkeiten es sind, die die bürgerliche Frau unbewußt machen muß, damit sie ihre gesellschaftliche, soziale und persönliche Situation entsprechend bürgerlich-patriarchaler Norm gestalten und ertragen kann. Dies beschreibt nicht nur die Mechanismen der Anpassung, die die Frau zu leisten hat, sondern auch die Mechanismen, der inneren Abwehr vorhandener Triebregungen, Phantasien sowie Wahrnehmungen der äußeren Realität.
Besonders problematisch ist hierbei, daß Herrschaft nicht mehr nur von außen ausgeübt wird als sozialer Druck, sondern sich im Innern der Frauen niederschlägt. Dies macht es schwer für die Frauen zu unterscheiden, was in ihrem Verhalten und Fühlen eigenes ist und was aufgrund von Fremdeinflüs-

sen hervorgerufen wird. Wie durch Selbstdisziplinierung Fremdkontrolle in Individuen hineinreicht (vgl. Foucault), dringt die Herrschaft in das Individuum ein durch die Unbewußtmachung konflikthafter psychischer Inhalte. Dadurch wird bei der Frau jedes Widerstandspotential neutralisiert.
Die bürgerliche Frau ist ein Produkt männlicher Herrschaftsphantasien, geschaffen auf der Grundlage der Ignoranz jeglicher wirklicher Lebensäußerung von Frauen und enthält den Wunsch, sämtliche angstauslösenden Elemente im Verhalten der Frau zu tilgen, die die reibungslose Herrschaft stören.
Solch ein „Phantasma" hat die Funktion,

> „Entmündigungsprozesse bei den Beherrschten auszulösen. Auf der psychischen Ebene betrachte ich diese Fiktionen als Produkte von Abwehrmechanismen, die institutionell abgesichert sind" (Erdheim 1984, 386).

Damit muß nicht mehr jeder einzelne Mann seine angenommene Überlegenheit über die Frau rechtfertigen. Durch das Phantasma der bürgerlichen Frau, das als „Unbewußtheit schaffende und erhaltende Bewußtseinsstruktur" (Erdheim 1984, 256) die reale Existenz der Frauen negiert, wird das männliche Wunschgebilde zum allgemeinen gesellschaftlichen Konsens. Frauen, wie die Revolutionärinnen, die durch ihr öffentliches Auftreten demonstrieren, daß es durchaus auch eigenständige weibliche Lebensäußerungen gibt, wirken angstauslösend. Sie verstoßen gegen den herrschenden Konsens und werden entsprechend hart bestraft, als abschreckendes Beispiel für alle Frauen, die aus den bürgerlichen Gleisen ausscheren wollen.
Einen Prototyp von männlichem Phantasma von der Frau hat Johann Eduard Erdmann 1852 verfaßt. Er war ordentlicher Professor der Philosophie an der Universität Halle-Wittenberg und „ein guter Preusse und conservativ" (378). Ich wähle ein Werk aus dieser Zeit, da sich hier das Ideal der bürgerlichen Frau schon weitgehend gesellschaftlich etabliert hat. Erdmann steht mit seiner Studie zur Frau ganz in der Tradition Fichtes. Über 50 Jahre nach Fichtes Werk über „die Grundlagen des Naturrechts" zeigt Erdmann, ungetrübt von den Einflüssen des Vormärz und der Emanzipationsbewegung der Frauen, wie sich Fichtes Frauenbild im herrschenden Bürgertum konkretisiert und weiterentwickelt. Seine „Psychologischen Briefe", im populär-wissenschaftlichen Stil verfaßt, waren bereits nach 4 Jahren vergriffen und erlebten bis 1868 vier Auflagen. Ist Erdmann auch nicht in die Geschichte der Philosophie eingegangen, so war er doch zu seiner Zeit ein populärer Wissenschaftler, wie die Verbreitung seiner Schrift zeigt. Die Konkretheit seiner Ausführungen läßt gut analysieren, welche Aspekte von Weiblichkeit gesellschaftlich wünschenswert sind und was dem Prozeß der Unbewußtmachung zum Opfer fallen muß, d. h. was die Frauen zu verdrängen und negieren hatten, um die Stabilität der Männerherrschaft nicht zu gefährden. Auf diese will ich besonderes Augenmerk legen.

3. Der Kampf um die Hosen geht weiter

Für Erdmann unterscheiden sich Mann und Frau nicht nur, sondern sie scheiden sich grundsätzlich voneinander, so wie „das Gute an dem Bösen sein Anderes [hat]“ (Erdmann 1852, 76).
Sie sind wie die beiden Pole der Elektrizität, die sich ganz entgegengesetzt sind, allerdings der Ergänzung bedürfen, um zur Vollkommenheit zu gelangen. Bei Erdmanns Darstellung des Geschlechterverhältnisses zeigt sich, daß die polaristische Geschlechtsphilosophie schon fest im gesellschaftlichen Bewußtsein verankert ist.
Das Beharren auf dem Naturcharakter des Geschlechtergegensatzes, den er mit zahlreichen weiteren Bildern aus der Pflanzenwelt und der anorganischen Welt belegt, hat mehrere Funktionen. Es fordert die Verinnerlichung gesellschaftlicher Rollen, da diese als biologische Bestimmung von Geburt an im Individuum angelegt sind.
Unter Rolle verstehe ich in Anlehnung an Parin das gesellschaftlich gewünschte und geforderte Verhalten, das in einem „ideologischen Kontext vordefiniert ist“, da dies erst den Prozeß der „Identifikation mit der Rolle“ möglich macht. „Alle diese Rollen stehen im Zusammenhang mit gesellschaftlichen Institutionen“ (Parin 1983, 96).
Der Geschlechtergegensatz dient der Festschreibung der Geschlechter auf die polaristische Rollenaufteilung und der Legitimation, jeden Versuch der Veränderung zu diskriminieren und zu verhindern, jedoch nicht mittels äußerer Gewalteinwirkung, sondern mittels innerem Druck, den das zuwiderhandelnde Individuum verspürt. Das Mädchen, das statt der gewünschten Handarbeiten die gleichen Interessen verspürt, denen der Bruder nachgeht, wird lernen, diese zu verschweigen, um sich nicht dem Spott und dem Schimpf der Eltern und Geschwister auszusetzen. Es wird bald seine Gelüste als unrecht und abnormal empfinden lernen und, um diesem unangenehmen Gefühl zu entgehen, sie ganz verdrängen.
Bis die Frau gelernt hat, völlig gemäß der ihr angedichteten natürlichen Bestimmung zu handeln, ist ein Dressurakt erfolgt, dessen Erfolg darin besteht, daß sie sämtliche Handlungsspielräume, die nicht ihrer Rolle entsprechen, als Wahlmöglichkeit für eine Betätigung aus ihrem Bewußtsein verdrängt hat. Sie wird die Wahrnehmungs- und Handlungsbeschränkungen kaum mehr spüren, weil sie ihr tatsächlich zur Natur geworden sind. Erleichtert wird dieser Verdrängungsvorgang dadurch, daß das Unbewußte in den Rollen vergesellschaftet ist und sich die einzelne Frau nicht mehr der individuellen Verdrängungsleistung bewußt werden kann.
Es tritt der Vorgang ein, daß das Rollenverhalten als ein Verhalten entsprechend männlicher Phantasmen

Abb. 1: Die Herrin der Hose. Anonyme Karikatur. Um 1818

„der Möglichkeit des subjektiven Infragestellens enthebt, sie werden dann selbst als obligatorisch empfunden und streifen den Charakter der Subjektivität vollständig ab" (Gehlen 1956, nach: Erdheim 1984, 386).

Die Darstellung des Geschlechterverhältnisses als eine naturwüchsige Struktur verschleiert, daß es sich hierbei um ein Herrschaftsverhältnis handelt und daß dieses Verhältnis nicht ohne Ausübung von Gewalt hergestellt werden kann.

Noch 60 Jahre zuvor spricht Kant offen von einem Kampf der Geschlechter um die Vorherrschaft und Fichte sieht den Zweck der Ehe in der Unterwerfung der Frau (vgl. Duden 1977). Bei Erdmann findet sich bereits kein Wort mehr von Kampf und Unterwerfung. Eine Ursache besteht darin, daß die Wirtschaftlichkeit als ehestiftendes Motiv von der Liebesheirat schon zunehmend verdrängt ist. Zum anderen bedeutet die Ausklammerung oder Nichtbehandlung eines konflikthaften Themas, es der öffentlichen Diskussion und damit dem öffentlichen Bewußtsein zu entziehen.

Daß der männliche Wunsch nach kampfloser Unterwerfung der Frau nicht der Realität entspricht, ist dem Text von Erdmann dennoch indirekt zu entnehmen. Sein physiologischer Vergleich der Geschlechter liest sich wie die Abschätzung zweier Gegner, deren Kampf durchaus tödlich enden kann. Unter Berufung auf Rousseau verurteilt er das schnelle Laufen bei Frauen und fügt dem noch „alle Armbewegungen, die eine sehr große Anstrengung verlangen, z. B. die Bewegung beim Ringen oder Fechten" (Erdmann, 79) hinzu. Selbst wenn ihr Kreis der sinnlichen Wahrnehmung enger eingeschätzt wird als der männliche, so nimmt sie darin schärfer wahr, „das in der Nähe leise gesprochene entgeht ihrem Ohr viel weniger als ihm, und in der Dämmerung liest sie besser als er“ (78).

Deutlicher aggressiv fällt der Vergleich des Stoffwechsels aus: „. . . so eignet der Mann sich mehr Stoff an als die Frau, . . . , sie kann länger hungern, ist schwerer zu ersticken als er“ (79).

Als Erklärung, weshalb schnelles Laufen und anstrengende Armbewegungen bei Frauen verpönt sein sollen, führt Erdmann an: „Sie sind bei einer Frau unschön, weil es nicht schön von ihr ist, wenn sie vor uns flieht oder gegen uns kämpft. Sie ist dazu bestimmt, sich einholen zu lassen und sich zu ergeben“ (78). Ganz in Anlehnung an Rousseau, für den Laufen „die Frauen unhübsch macht, sie sollen besser mit ihrem feinen Bein den Mann entzükken, statt ihn im Lauf zu besiegen“ (vgl. Spickernagel 1983, 311).

Diese erstaunliche, bildreiche Beschreibung weiblicher Physiologie kann auch als eine ungewollte Bloßstellung von Männerängsten gelesen werden. Weibliche Körperstärke bei einer bürgerlichen Frau kann nur als gegen den Mann gerichtet verstanden werden. Sie will ihn besiegen oder ihm entfliehen. Vor allem will sie sich männliche Insignien, „den Degen“, aneignen und mit den Waffen des Mannes kämpfen. Auf die Bestimmung der Waffen im Geschlechterkampf wird von männlicher Seite großer Wert gelegt. So sind an vielen Stellen die Waffen einer Frau genau beschrieben und damit festgelegt. Ich komme später noch genauer auf diese zugestandenen, „gezuckerten Waffen“ (Hippel, 1793) der Frau zurück.

Wie sehr Erdmann unbewußt von einem Geschlechterkampf ausgeht und wie groß seine Angst zu verlieren ist, verrät sich in seiner Assoziation zum Assimilationsvermögen der Frau. Hier bringt sein Ringen um wissenschaftliche Objektivität ihn nicht umhin festzustellen, daß die Frau „den längeren Atem“ hat. Diese Erkenntnis wirkt wohl so angsteinflößend, daß es ihm nur gelingt, sie in Form einer Tötungsart darzustellen: „Sie ist schwerer zu erstikken.“ Daß die Frau nicht als leichte Gegnerin gesehen wird, liest sich auch darin, daß trotz der versicherten geringeren sinnlichen Wahrnehmung ihrem Ohr auch leise Gesprochenes nicht entgeht und sie im Dunkeln noch sieht. Dies mutet fast übersinnlich, zumindest jedoch als eine übersteigerte Beschreibung an, die nur von Ängsten gespeist sein kann, die immer da auftreten, wo Frauen nicht eindeutig die körperlich Unterlegenen sind.

Es stellt sich die Frage, in welcher Sichtweise der bürgerliche Frauenkörper nicht beängstigend wirkt und was das Beruhigende ausmacht. In der positiven Beschreibung der weiblichen Gestalt sieht Erdmann ausschließlich das „Alles sich abrundende“, „die Kreislinie“, das ihm „Sinnbild des In-sich-zurückgekehrtseins“ und der „Centralität“ ist (Erdmann 1852, 78). Wiederum wird die Natur als Legitimation herangezogen, wenn es gilt, diesmal

mit Hilfe der Körperform der Frau, deren psychische Verfassung zu normieren. Die Funktion dieser Normierung läßt in der Darstellung Erdmanns nicht auf sich warten.
Aus der festgestellten Kreislinie der weiblichen Figur folgert Erdmann, „daß von Natur die Frau bestimmt ist, das in sich Einige, mit sich Identische und innerlich Gehaltene darzustellen, was eben mit dem Begriff des *Positiven* zusammenfällt" (79). „Aus sich selbst schöpft die Frau, . . . , weil sie sich nicht, wie er, zu verlieren, sondern zu behaupten bestimmt ist" (80). So viele zahlreiche positiv übersteigerte Bilder von der Frau lassen befürchten, daß sie ihren Preis, d. h. eine bestimmte Funktion im Dienste des Lobenden, haben. Die Frau als „das in sich Einige" oder „in sich Gekehrte" erinnert daran, daß ihre Aufgabe im Hause ist, im Innnenraum zu wirken, wohingegen den Mann sein „Unbefriedigt- und Zerrissensein . . . zur Thätigkeit nach Aussen führt" (79). Sie stellt somit die Personifikation ihrer Aufgabe dar.
Das „Mit-sich-Identische" wird keineswegs im Sinne einer Ich-Stärke der Frau betrachtet, die sie für sich nutzen kann. Würde diese Beschreibung Erdmanns einer tatsächlichen Beobachtung der weiblichen Psyche folgen, so wäre sie im höchsten Maße angsteinflößend.
Die Frauen würden damit ein autonomes Erwachsenen-Ich zeigen, das schwerlich zu beherrschen wäre. Erdmann will mit seiner Idealisierung des „Mit-sich-Identischen" nicht die Stärke, sondern die Anspruchslosigkeit der Frau hervorheben. Sie soll anspruchslos sein und dem Mann die größere Genußbedürftigkeit zusprechen, um ihm das Handeln und die Wirksamkeit nach außen zu ermöglichen. Hierzu ist sie prädestiniert, da „die Frau weit leichter entbehrt [als der Mann, E. H.] und eine Energie im Dulden zeigt, die uns Bewunderung abzwingt" (80).
Verschwiegen wird hiermit der Prozeß, der die Frauen zu jener Verzichtshaltung dressiert und aus einem lebendigen Kind einen Menschen formt, dem das Aufgeben eigener Wünsche und Bedürfnisse zur Quasi-Natur wird. Was für einen Mann als freiem Bürger unvorstellbar – begründet mit dem immensen Geschlechtergegensatz, „die fast absolute Unmöglichkeit für den Mann, sich in Verarmung zu schicken, in fremde Verhältnisse, höhern Stand u. s. w. einzuleben" (80) – ist von der Frau mit Leichtigkeit zu verwirklichen. Das ist die Funktion ihrer „innerlichen Unabhängigkeit". Diese soll ihr die vollständige Zurückstellung der eigenen Person und die völlige Bedürfnislosigkeit ermöglichen, die zur Unterwerfung unter den Ehemann notwendig ist. Bewunderung, die sie damit abzwingt, wird ihre Gratifikation sein. Eine Bewunderung, die die Form einer Idealisierung annimmt.
Selbst bei der Rezeption der Revolutionärinnen durch Männer, die ihrem Tun wohlgesonnen sind, wird ihre Verzichts- und Aufopferungshaltung besonders hervorgehoben, wie z. B. in der Darstellung der „Frauen der Revolution" bei Michelet (vgl. Helga Grubitzsch in diesem Band). Damit

soll betont werden, daß sie trotz politischer Aktivitäten Frau geblieben sind. Mit dieser männlichen Idealisierung der Frau werden in höchst übersteigertem Maße der Frau alle die Qualitäten zugeschrieben, die seiner völligen Bedürfnisbefriedigung dienen. In dieser einseitigen Sicht werden sämtliche im herrschenden Sinne negativen Eigenschaften vom bewunderten Objekt abgespalten. Die abgespaltenen Qualitäten sind all diejenigen, die dem Mann positiv zugeschrieben werden und ihn zur Herrschaftsausübung befähigen. Abgespalten, d. h. unbewußt gemacht werden müssen also sämtliche Eigenschaften und Gefühle, die die männliche Herrschaft ins Wanken brächten. Somit muß jede Affektäußerung, die eine Frau entgegen dem ihr zugeschriebenen Geschlechtscharakter zeigt, verfolgt und verurteilt werden und diese Frau zum bösen Objekt machen, da sie systemgefährdend wirkt. Denn diese Affekte werden als Widerspruch gegen die Herrschaft des Mannes erlebt. Und da das Geschlechterverhältnis von den Herrschenden nur als ein Herrschaftsverhältnis gedacht werden kann, rührt sie damit an die Angst des Mannes, sie wolle mit dem Anspruch auf männliche Qualitäten gleichzeitig Anspruch auf die Macht erheben.
Die Verdrängung von Gewalttätigkeit im Geschlechterverhältnis geht nur in Kooperation mit denen, gegen die Gewalt ausgeübt wird. Sie müssen sich selbst die Gewalt unbewußt machen, d. h. das Wissen darum, daß das bestehende Geschlechterverhältnis auf der tatsächlichen oder angedrohten Gewaltausübung des Mannes aufbaut. Dies ist deshalb möglich, da die potentiellen Aggressionsausbrüche des Mannes durch die Definition seines Geschlechtscharakters legitimiert sind. Sie sind institutioneller Bestandteil seiner Männlichkeit, die gesellschaftliche Anerkennung findet in den positiven Gefühls- und Verhaltenscodes, wie Stärke, Mut „und selbst der Excess seiner Bethätigung, der ‚Zorn' verschönert jeden Mann" (Erdmann 1852, 80).
Im gleichen Maße, wie dem Mann der aggressive Pol im ambivalenten Geschlechterverhältnis zugeschrieben wird, wird bei der Frau die Liebesfähigkeit idealisiert. Das Gefühl der Liebe als „dominante Gefühlskonfiguration" bei der Frau ist ein Produkt der bürgerlichen Gesellschaft. Liebe als Regulationsinstrument der Geschlechterbeziehung findet sich programmatisch bei Fichte formuliert.

> „Liebe also ist die Gestalt, unter welcher der Geschlechtstrieb im Weibe sich zeigt. Liebe aber ist es, wenn man um des Anderen willen (...) zufolge eines Naturtriebes, sich aufopfert. ... Nur dem Weibe ist die Liebe, der edelste aller Naturtriebe angeboren; nur durch dieses kommt er unter die Menschen. ...und diese Liebe ist der Naturtrieb des Weibes, einen Mann zu befriedigen" (Fichte 1797, 310f.).

Diese, in ihren Auswirkungen für Frauen gar nicht so romantische „Liebesideologie", fand besonders in den schönen Worten der romantischen Dichter und Dichterinnen, wie z. B. Bettina und Clemens von Brentano, ihre Verbreitung. Diese Ideologie entstand auch aus der Notwendigkeit heraus, soziale Bedürfnisse, wie Geborgenheit und Sicherheit, abzusichern, deren Erfüllung durch die veränderten Sozialstrukturen der industriellen Gesellschaft nicht mehr gesichert ist. In den neuen familialen Verbänden, den Kleinfamilien, sind die einzelnen Familienmitglieder emotional stark voneinander abhängig. Dadurch war der Boden geschaffen, auf dem sich die Ideologie der romantischen Liebe erst massenhaft ausbreiten konnte. Es bestand die gesellschaftliche Notwendigkeit, die aggressiven Teile weiblicher Ambivalenz, die gegen den patriarchalen Mann schon immer vorhanden waren, gerade jetzt massiv zu unterdrücken, d. h. unbewußt werden zu lassen.

Das „Unrecht" von Frauen besteht darin, wenn sie Anlaß geben, daß es zu ausgeübter Gewalttätigkeit kommen muß, d. h. daß das Gewaltverhältnis nicht mehr reibungslos funktioniert durch „freiwillige" und „natürliche" Unterordnung, sondern bewußt durch den Ehemann wieder hergestellt werden muß. Den Frauen ist dann nicht die vollständige Abspaltung und Verdrängung ihrer aggressiven Gefühle gelungen. Sie zeigen sich nicht fähig, in übersteigertem Maße den entgegengesetzten Pol, die Liebesgefühle, gegenüber dem Mann auszudrücken.

Daß ein Verzicht erzwungen, ein Dulden erkauft und ein Leiden nicht freiwillig ertragen wird, darf den Unterdrückten, aber auch der Gesellschaft, nicht mehr bewußt sein. Folglich muß die Abwehrform gegen eine Bewußtmachung institutionalisiert werden. Hierbei macht das „soziale Rollensystem" und „deren Abwehrfunktion einen wichtigen Bestandteil der Struktur des betreffenden Systems" (Erdheim 1984, 218) aus.

Leiden, Verzichten, Dulden und Lieben als elementare Gefühlsstützen der weiblichen Rolle halten die Unterwerfung unter den Ehemann unbewußt und werden deshalb idealisiert. Entsprechend systemgefährdend wirkt das gegenteilige Gefühl, bei der Frau vor allem die Aggression.

Sogar Freiheitskämpferinnen wird die Liebe zum kämpfenden Mann als Motiv, das sie zum Kampf treibt, unterstellt (vgl. H. Cyrus und H. Grubitzsch in diesem Band). Der Haß gegen die Unterdrückung rückt in den Hintergrund. Damit soll ihrem Handeln die politische Brisanz genommen werden und den Männern in den eigenen Reihen die Angst vor einer unweiblichen Frau. Zum Teil ziehen die Frauen selbst das Argument der Liebe zur Rechtfertigung ihres außergewöhnlichen Verhaltens heran (vgl. I. Buck in diesem Band). Damit wird ihr Verhalten nicht mehr als das einer eigenständigen Person gewürdigt und leichter entschuldbar.

4. „Sie läßt ihn in ein Herz schauen, das niemals zürnt . . ."

„Das Gräulichste, was es gibt ist . . . ein freches Weib. Die Verkehrung der Natur fühlen und rügen wir, . . ., ein zorniges Weib [ist] immer häßlich" (Erdmann 1852, 80).

Wenn weibliches Denken schon ein Grauen darstellt, so ist jede Äußerung von Aggression, wie Frechheit oder sogar Zorn, das „Gräulichste", was es für einen Mann geben kann. Was jeden Mann noch verschönt, „daraus ist aber für das andere Geschlecht kein Schluß zu ziehen" (80).

Schon die Vorstellung einer hassenden Frau scheint so furchterregend, daß Erdmann diese Empfindungen von Frauen nur im Zusammenhang mit einer Rivalin, d. h. auf eine andere Frau gerichtet, erwähnen kann und durch eine Ästhetisierung abschwächt:

„. . . so wird uns . . . die hassende Frau die giftige Blume darbieten, die immer *bella donna* bleibt" (82). Doch die Unerträglichkeit dieser nur kurzen Vorstellung veranlaßt den Autor sofort zu dem Ausruf: „Fort aber von diesem Gebiete in ein erfreulicheres" (82). Ängstlich muß jedes Wort vermieden werden, was an die Möglichkeit der Aggression bei der Frau erinnert. Grundsätzlich wird sie mit den friedfertigsten Tugenden beschrieben. Jede potentiell feindselige Regung der Frau wirkt wie ein Alarmsignal, da diese gegen den Mann gerichtet sein könnte. Diese Angst ist nicht unberechtigt, da jede Form von Unterdrückung bei den Beherrschten eine „latente Feindseligkeit" entwickeln läßt (vgl. Freud 1927, nach: Erdheim 1984, 206). Kann diese nicht nach außen getragen werden, müssen die aggressiven Gefühle verdrängt werden.

Die ökonomische und rechtliche Stellung der bürgerlichen Frau in der frühkapitalistischen Gesellschaft bot meist keine Basis, daß Aggressionen gegen die Unterdrükkung der Frau von ihr hätten geäußert werden können. Durch ihre Abdrängung in den Reproduktionsbereich hat ihre Arbeit eine zunehmende gesellschaftliche Entwertung erfahren. Besitzlos, entmündigt und ohne Möglichkeit auf Beruf und Bildung war sie ohnmächtig dem Ehemann ausgeliefert. Die zivilisatorische Entwicklung der zunehmenden Affektkontrolle erlaubt der Frau die Form der offenen Aggressionsäußerung, wie sie z. B. im Mittelalter von Frauen bekannt war, nicht mehr. Um ihre Situation zu ertragen, muß die Frau

Abbildung 2: Das Zankeisen

zunehmend ein inneres Abwehrsystem entwickeln, das die verdrängte Aggression im Unbewußten hält, d. h. die Verdrängung aufrecht erhalten werden kann.

Mit Hilfe der weiblichen Sozialisation ist der Aufbau dieser Abwehrsysteme beim Mädchen institutionalisiert. Hier lernt sie die zunehmende Affektkontrolle und Selbstdisziplinierung, die sie später befähigen wird, den schönen Schein der Harmonie und Sanftheit zu inszenieren. Treten dennoch lebhafte negative Gefühlsäußerungen bei Frauen auf, so werden sie als widernatürliche Abnormalität diffamiert und bestraft durch das Grauen und den Liebesentzug der Männer. Bei völliger ökonomischer Abhängigkeit von einem Ehemann ist dies eine hohe Sanktion, da sie die Existenz kosten kann oder das Elternhaus.

Wie stark Aggressionsäußerungen von Frauen Angst und Schrecken besonders bei Männern hervorrufen, zeigen die Beschreibungen von Revolutionärinnen. Sie werden oft als grausamer, wilder – sogar mit kannibalischen Zügen – dargestellt, als ihre männlichen Kampfgenossen (vgl. Geitner in diesem Band).

Was geschieht aber mit den verdrängten Aggressionen? Hierfür führt Erdheim (1984) mehrere Bewältigungsformen an, die sich auch bei den Frauen des frühen Bürgertums auffinden lassen.

Zum einen muß sich das Individuum bei erfolgreicher Aggressionsverdrängung „im sozialen Bereich Ersatzbefriedigungen zuwenden. Oder sich diese in Aussicht stellen können“ (Erdheim 1984, 419). Die Konstruktion der weiblichen Rolle bietet zahlreiche solcher Ersatzbefriedigungen an. Der genau beschriebene Verhaltenscodex der „guten Gattin“ kann fast als eine Ritualisierung weiblichen Eheverhaltens gesehen werden. Die Erfüllung dieser Rituale kann als Ersatzhandlung gesehen werden, die Befriedigung verschafft. Daß auch die Religion, als institutionalisierte Form von Ersatzbefriedigung (vgl. Erdheim 259 u. 419), die Frauen in den gewünschten Verhaltens- und Gefühlsgleisen hält, zeigt Erdmann (1852) daran, daß die Ausbreitung der Religion durch Frauen „auf dem leisen Weg der frommen Erziehung“ (84) vor sich geht. Aggressionen werden damit zwar verdrängt, aber der Grundkonflikt bleibt weiterhin bestehen, solange die Herrschaft besteht. Das heißt, daß die Gefahr besteht, daß die aggressiven Impulse jederzeit wieder reaktiviert werden können, was auch bei der Frau Angst auslöst. Um diese Angst- und Ohnmachtsgefühle zu vermeiden, wird ihr Ich seine Wahrnehmung und Fähigkeit einschränken bezüglich aller konflikthaften Ziele und Situationen (vgl. Erdheim 1984, 421).

> „Diese Ich-Einschränkung läuft auf eine Art negativen Konsens hinaus, das Individuum übt eine Konfliktvermeidungsstrategie ein, die die Anpassung an die Herrschaft vervollkommnet“ (421).

Jedes, wenn auch ursprünglich erzwungenes, Desinteresse der Frau an den Fragen der Politik, an einer eigenen Ausbildung oder an Bildung überhaupt, ist eine Vermeidung von Konflikten mit denjenigen, die ihr den Zugang verwehren. Sie kann sich dadurch auch ihrer Aggressionen gegenüber den Verbietenden unbewußt bleiben.
Politisch hat die Unbewußtmachung der Aggression die Funktion zu verhindern, „daß das durch die Machtträger hervorgerufene Anwachsen des Aggressionspotentials der Beherrschten in Kritik und aktiven Widerstand umschlagen könnte" (258). Unterstützt wird dies dadurch, daß den Frauen jegliche materielle und soziale Basis zum Widerstand entzogen ist. Die Abdrängung der Frau in den Privatbereich hat deren zunehmende soziale Isolation zur Folge, was eine größere Organisation des Widerstandes unmöglich macht.

5. „Von jenen innern Widersprüchen, jenem Irrewerden, ... weiss die Frau Nichts"

Wie ich zu Beginn beschrieben habe, reicht die Herrschaft durch die Umwandlung der Fremdzwänge in Selbstzwänge in das Individuum hinein. Dadurch gerät „das Innenleben", die Psyche des Menschen unter die Kontrolle der Herrschaft. Die Konstruierung der Geschlechtscharaktere z. B. war eine Möglichkeit, Verhaltensspielräume und Gefühlswelt der Menschen in eine gesellschaftlich funktionelle Norm zu bringen, ohne daß es einer ständigen äußeren Kontrolle bedurfte. Haben früher „die Rechte, Pflichten und Verrichtungen der Hausfrau...Handwerks- und Kaufmannsfrau" (Hausen 1978, 162) und der Bäuerin das Frausein definiert, so tritt ab dem 18. Jahrhundert die Bestimmung des Geschlechtscharakters an die Stelle dieser äußeren Definitionsmerkmale (vgl. Hausen 1978). Die Frau wird nun nicht durch äußere Gewalteinwirkung so handeln, weil es von ihr erwartet wird, sondern aufgrund der ihr zugeschriebenen Natur, d. h. aufgrund des verinnerlichten Druckes.
Entsprechend sind die Konsequenzen bei Mißverhalten. Das Strafsystem richtet sich nicht mehr auf die körperliche Züchtigung. Diese zivilisatorische Entwicklung der zunehmenden Affektkontrolle, die zur Abnahme der direkten körperlichen Gewaltausübung zwischen den Menschen führte, haben Ehemänner in bezug auf ihre Frauen nie mitgemacht. Sie machen bis heute von der Ausübung körperlicher Gewalt Gebrauch (vgl. Bennholt-Thomsen 1985).
Das institutionelle Strafsystem richtet sich überwiegend gegen die Psyche und sorgt dafür, daß die Strafe „in der Tiefe auf das Herz, das Denken, den Willen, die Anlagen wirkt" (Foucault 1977, 25). So hält nicht die Angst vor

äußerer Strafe die Frauen ab, gegen ihre gesellschaftliche Rolle zu verstoßen, sondern mit der Angst vor Schuldgefühlen, Scham und Selbstvorwürfen halten sie sich selbst auf dem rechten Weg. Dadurch wird es für die Frau unmöglich festzustellen, daß Herrschaft auf sie ausgeübt wird.
Der Zwang zur Unterwerfung unter die Norm kommt von innen, die äußere Veranlassung dazu wird unbewußt gehalten. Das für die Ausübung von Herrschaft gefährdend wirkende, da schwer kontrollierbare Gefühlsleben wird durch die Bestimmung der „Natur" der Frau domestiziert. Über den gesellschaftlichen Umgang mit den dabei auftauchenden Gefühlsambivalenzen der Frau gibt Erdmann (1852) am Beispiel der weiblichen Religiosität klare Auskunft. Das Beispiel kann allerdings als generell vorherrschende Haltung gegenüber inneren Konflikten der Frau gesehen werden.

„Von jenen innern Widersprüchen, jenem Irrewerden, welche den Mann, der über seinen Genuss reflectirt, zur Kritik und zur wissenschaftlichen Aesthetik, zum Zweifel und zur Religionswissenschaft führen, von diesen weiss die Frau Nichts, darum interessirt sie sich für dergleichen nicht, höchstens um eines Mannes willen, dem dergleichen von Werth ist" (85).

Die inneren Konflikte, die das kreative Potential des Mannes wecken, die ihn zu kulturellen und wissenschaftlichen Leistungen anspornen, fehlen bei der Frau vollkommen. Ihr ist höchstens die Liebe zum Manne bekannt, die sie für dergleichen Gebiete interessieren läßt.
Die wesentliche Aussage, die in diesem Zitat steckt, lautet: Eine Frau hat gar keine inneren Konflikte. Vom Interesse der Herrschenden her ausgedrückt: Eine Frau darf keine inneren Konflikte haben! Hiermit ist deutlich vorgeschrieben, was im Innern der Frau nicht vorzugehen hat.

Die positive Variante, das männliche Wunschbild vom weiblichen Innenleben, schließt sich sofort an.

„Wie ihre Sittlichkeit stets den Charakter *seliger Unschuld* behält, weil sie versenkt ist in die Substanz der Sitte, ihr angehört, wie das *Kind* dem Vaterhause, ganz ebenso ist es die *unbefangene* (substanzielle) Religiosität und der nie getrübte, sich hingebende Genuss des Schönen, den sie vor uns voraus hat. ..., hat das Weib den Garten der Unschuld noch nicht verlassen; während der Mann auch hier vom Baume der Erkenntnis genossen hat" (85, Hervorhebungen E. H.).

In diesen Phantasmen ist die Frau gereinigt von jedem Verdacht, daß widerspüchliche Gefühle bei ihr auftauchen können.
Auch hier folgt sofort eine Drohung, sollte ihre Natur sie dennoch nicht vor inneren Konflikten bewahren. „...von einem weiblichen Zweifler oder Atheisten [fühlt man sich] abgestossen ... wie von einem weiblichen Trunkenbold" (86).
Klar wird der Frau die Form der Bewältigung innerer Konflikte vorgeschrieben. Sie soll sie schlicht verneinen. Denn, ähnlich wie die Kritik an einer raisonnierenden Frau, steht die Zweifelnde, von inneren Konflikten zerris-

sene Frau als Symbol für nicht gelungene Unterwerfung. Es besteht die Gefahr, daß sie den Zustand „seliger Unschuld“ verläßt, das heißt den Zustand der Unbewußtheit überwindet und sich ihrer Situation bewußt wird. Das Zugeständnis innerer Ambivalenzen bei Beherrschten würde das Fundament der Herrschaft untergraben. Gefühle von Haß und Aggression könnten damit bewußt werden, die, wie bereits beschrieben, von Frauen auf keinen Fall empfunden werden dürfen.

Damit diese nicht ins Bewußtsein, geschweige denn zum Ausbruch kommen, muß die Frau von vornherein jeglichen inneren Konflikt verneinen. Damit wird ihr der Weg verwehrt, das Unterdrückungsverhältnis, in dem sie steht, zu empfinden.

Die Verneinung des inneren Konflikts bedeutet gleichzeitig die Verdrängung der aggressiven Impulse gegenüber dem Unterdrücker. Die verdrängten Impulse können durch Reaktionsbildung abgewehrt werden. Dies stellt eine Form der psychischen Abwehr von Triebimpulsen dar, die nicht nach außen gekehrt werden können und deshalb in ihrer entgegengesetzten Bedeutung ausgedrückt werden. Freud beschreibt das Auftauchen von Reaktionsbildungen besonders bei der Hysterie, die gerade bei Frauen des Bürgertums im letzten Jahrhundert massenweise aufgetreten ist. Reaktionsbildungen bei aggressiven Strebungen beschreibt Freud sehr schön auch im Hinblick auf das Verhalten gegenüber dem patriarchalen Herrscher.

„Dann wird die Feindseligkeit überschrien durch eine übermäßige Steigerung der Zärtlichkeit, die sich als Ängstlichkeit äußert und die zwanghaft wirkt, weil sie sonst ihrer Aufgabe, die unbewußte Gegenströmung in der Verdrängung zu erhalten, nicht genügen würde“ (Freud 1913, nach: Erdheim 1984, 402).

Abbildung 3: Karikatur auf die Leichtgläubigkeit der Frauen. Deutsche Reichsbremse. 1850

In der Idealisierung der liebenden, sanften, duldenden Frau des Bürgertums findet sich diese Abwehrform als gesellschaftliche Forderung wieder. Dies macht deutlich, daß bestimmte Abwehrformen im Individuum zu bestimmten Epochen favorisiert und institutionalisiert werden und wie sehr Herrschaft in das Individuum hineinreicht. Das Wissen muß das Monopol der Herrschenden, des Mannes, bleiben, „der vom Baum der Erkenntnis genossen hat". Die Frau soll im paradiesischen Zustand verharren, genießen ohne zu zweifeln und zu hinterfragen. Es ist die Forderung nach Regression der Beherrschten auf das Stadium eines Kindes, das noch unbewußt im Vaterhaus die bestehende Ordnung als naturgegeben hinnimmt.
Gegenüber der Ersatzbefriedigung und der Ich-Einschränkung stellen die Reaktionsbildung und Verneinung nach Erdheim Abwehrmechanismen dar, mit denen die Verinnerlichung der Herrschaft einen Schritt weiter geht „und sich nun auch im Charakter [der Beherrschten] selbst niederschlägt. ..., nun [wird] der Verzicht auf die Auseinandersetzung mit der Herrschaft bei einer gleichzeitigen Steigerung ihrer Ansprüche zur Charaktereigenschaft gemacht" (426).
Denn wird die Herrschaft, die sich durch Wahrnehmungs- und Bewußtseinseinschränkung der Frauen erhält, gestürzt, so wird das Individuum bald wieder andere Verhaltensformen und eine adäquate Realitätswahrnehmung zeigen. Bei der Reaktionsbildung hat die Verdrängungsanstrengung aggressiver Strebung gegen die Herrschaft bereits die psychische Struktur des Individuums verändert und sich in der Charakterbildung niedergeschlagen (vgl. Erdheim 1984, 424ff.).

6. Sie soll den Garten seliger Unschuld nicht verlassen

An vielen Stellen bei Erdmann gehen die Forderungen an das Ideal der Frau noch weiter. Es taucht das Phantasma einer völlig unbewußt, nur über die Aktivität des Mannes existierenden Frau auf. Besonders deutlich wird diese Forderung nach „Bewußtlosigkeit" am Ritual der Wahl des Ehepartners. Diese Situation stellt sozusagen den Prüfstein einer gelungenen weiblichen Sozialisation dar. Denn hier tritt die behütete Tochter aus dem Vaterhaus in das Licht der Öffentlichkeit. Hier muß sich die gelungene Übergabe vollziehen, das „schöne Eigentum" (Duden 1977, 125) aus der Hand des Vaters in die des Ehemanns zu überführen. Da die bisherigen gesellschaftlichen Strukturen die Ehegattenwahl durch eine Vielzahl von ökonomischen und sozialen Schranken geregelt hatten, war mit der freien Gattenwahl, die sich als Liebesheirat ideologisch durchsetzen konnte, ein quasi gesetzloser Zustand entstanden. Dieser mußte durch die Einführung neuer sozialer Regelungen in den patriarchalen Griff bekommen werden. Ansonsten bestand die Gefahr, daß die Frau durch die freie „Wahl des Herzens" initiativ würde und das Geschlechterverhältnis aktiv mitgestaltete. Erdmann spricht denn auch von den „Regeln" des Zustandekommens einer solcher Verbindung (vgl. Erdmann 1852, 90), was den Wunsch nach Institutionalisierung eines neuen Rituals verrät.

Diese prekäre Situation kann nur bewältigt werden, indem auch hier besonders auf die Unbewußtheit weiblichen Gefühlslebens gepocht wird. Im Gegensatz zu den Aggressionen soll hier die Unbewußtheit jedoch aufgehoben werden, und zwar durch den Mann.

Dies geschieht dadurch, daß die „Liebe, ...die in einem Mädchenherzen bewusstlos lebt und erst im Moment der Erklärung ihr selbst und dem Geliebten zugleich offenbar wird" (90). Dem Mann, als dem „determinierenden Moment", fällt die Initiative zu, „während das weibliche Herz vermöge seiner positiven Natur, dem indifferenten Körper gleich, erst durch die Annäherung des elektrisch Gespannten, selbst in Spannung geräth" (90). Damit ist eine gefährliche Klippe, nämlich die selbstbestimmte Partnerwahl durch die bürgerliche Frau, umschifft und voll in Männerhände gelegt. Die Frauen sind auf Hoffen und Warten zurückgeworfen.

Vor allem zeigt sich hier ein generelles patriarchales Phantasma unverhüllt ausgesprochen, in der neuen Variante des bürgerlichen Geschlechterverhältnisses. Die Frau möge ein „indifferenter Körper", bewußtlose Substanz, sein, die der Mann zum Leben erweckt. Der Mann als Schöpfer im industriellen Zeitalter haucht seinem Geschöpf keinen Odem mehr ein, er setzt es unter Strom. Er gibt ihm Spannung und Form, um es beherrschen zu können. Hier kommt auch indirekt der Wunsch zum Vorschein, daß der Ehemann seine Frau sich schafft, d. h. die Frau wird durch die Eheschließung quasi wiedergeboren. Ihr vorheriges Leben darf nicht merkbar sein, sie soll sich als reines Gefühl und reiner Körper aufbewahren, um sein Geschöpf werden zu können, das für ihn berechenbar, beherrschbar und, wie im nächsten Kapitel ausgeführt, vor allem belehrbar ist.

Auf Seiten der Frauen verlangt das eine „Ich-Regression", d. h. „einen Abbau der Ich-Strukturen sowie der entsprechenden Umweltbeziehung" (Moser 1964, nach: Erdheim 1984, 428). Die Identifizierung mit dem Ehemann und seiner gesellschaftlichen Stellung und Aufgabe bleibt für viele Bürgersfrauen die einzige Möglichkeit, Befriedigung zu erlangen, da ihnen selbst die Entwicklung einer eigenen Identität verwehrt ist. Als Folge „erlebt das Ich dadurch eine Einbuße an Autonomie, die sich als eine zunehmende Abhängigkeit vom potentiellen Befriedigungsobjekt (dem Ehemann in diesem Falle, E. H.) und von den strafenden Objekten entpuppt" (428).

Die Identitifizierung als „regressive Form der Abwehr" jedoch macht die Auflehnung unmöglich. Im Rahmen der Reaktionsbildung und Verneinung

„ist ‚Herrschaft' noch ein Objekt, an dem man Liebe und Haß empfindet und dem man sich annähern oder wovon man sich distanzieren kann. In der Regression hingegen verliert die Herrschaft diesen Objektcharakter, kann man innen und außen nicht mehr unterscheiden, so ist auch Herrschaft nicht mehr ortbar. ‚Phantasie' und Realität fallen zusammen" (Erdheim 1984, 434).

Dadurch, daß die Frau die Bedürfnisse und Interessen ihres Mannes ganz zu den ihren macht, wird eine Unterscheidung von fremden und eigenen Bedürfnissen für sie unmöglich. Sie gibt sich selbst damit auf. Wie dies aussehen soll, formuliert programmatisch der Hauptproduzent frühbürgerlich-patriarchaler Ideologie, Fichte:

„§ 5. Das Weib giebt, indem sie sich zum Mittel der Befriedigung des Mannes macht, ihre Persönlichkeit; sie erhält dieselbe und ihre ganze Würde nur dadurch wieder, dass sie es aus Liebe für diesen Einen gethan habe ... § 6. Diejenige, welche ihre Persönlichkeit mit Behauptung ihrer Menschenwürde (!) hingiebt, giebt nothwendig dem Geliebten alles hin, was sie hat. ... Ihre eigene Würde beruht darauf, das sie ganz, sowie sie lebt und ist, ihres Mannes sey, und sich ohne Vorbehalt an ihn und in ihm verloren habe. ... Nur mit ihm vereinigt, nur unter seinen Augen und in seinen Geschäften hat sie noch Leben und Thätigkeit. Sie hat aufgehört, das Leben eines Individuums zu führen; ihr Leben ist ein Theil seines Lebens geworden" (Fichte 1797, 312/313).

Daß die Frau ein Teil seines Lebens werden kann, liegt an der Befriedigung, die die Identifikation ihr verschafft. Die „magische Machtpartizipation" übt die gleiche Wirkung aus wie die reale. „Die Illusion von der Autorität, die einen erst der Aktivität beraubt und in eine masochistisch-rezeptive Haltung gebracht hat, geliebt und durch Zufuhren von Selbstgefühl erhalten und erhöht zu werden, ist offenbar ein Mittel, mittels dessen Klassengesellschaften sich erhalten" (Fenichel 1939, nach: Erdheim 1984, 371/372). In unserem Falle erhält sich durch diese phantasierte Partizipation das patriarchale Geschlechterverhältnis.

7. „Für das Raisonnement völlig untauglich"

Neben der Gefühlsfreiheit gehört zur Entwicklung eines autonomen Ich mit einer adäquaten Realitätswahrnehmung auch die geistige Selbständigkeit. Notwendigerweise ist die Gedankenfreiheit der bürgerlichen Frauen heftigen Attacken ausgesetzt, da ihre Einschränkung eine wesentliche Voraussetzung zur Unbewußtmachung männlicher Herrschaft darstellt.
Die Fähigkeit zum Denken wird der Frau nicht grundsätzlich abgesprochen, sondern es wird fein zwischen verschiedenen Formen des Denkens und ihrer inhaltlichen Tragweite differenziert.
„Mit ihrer angeborenen Antipathie gegen Logik" löst sie mit Intuition und auf ihr Gefühl bauend die „allercomplicirtesten Verhältnisse" (Erdmann 1852, 81). Das heißt, daß ihre Erkenntnisse nur einen subjektiven Charakter

tragen . . . „und dass dieser Zusammenhang der Frau genügt" – oder auch zu genügen hat. Denn „für das Raisonnement völlig untauglich" (81), da raisonieren „vernünftige Erwägungen anstellen" heißt und sich aus dem französischen „raisoner" mit „urteilen, Einwendungen machen, durchdenken und begründen" übersetzen läßt.

Denn „kommt sie mit Gründen, da soll er taub sein, denn sie sind seine Sache" (100). Würden Frauen mit der Logik der Herrschenden ihre Situation analysieren, bestünde die Gefahr, daß sie zu Urteilen, Einwendungen und Gründen kämen, die der männlichen Herrschaft jegliche Legitimation entzöge. So ist es im Sinne der Erhaltung männlicher Vorrechte sinnvoll, den Frauen von vornherein die Fähigkeit zu solchen Analysen abzusprechen und ihnen stattdessen Denkformen zuzuschreiben, die die Unbewußtheit über ihre Situation schaffen und erhalten.

Sollte eine Frau doch ein Raisonnement wagen, dann kann der Mann sichergehen, daß „die allgemeinen Sätze und Axiome, die sie anführen können, von anderen gehört [sind], meistens vom eigenen Mann, wo nicht, doch aus Büchern geschöpft, die er kennt, oder aus Gesprächen, denen er beiwohnte" (102). Soviel Beruhigung darüber, daß sicher kein „vernünftiges" Wort der Frau aus ihren eigenen Überlegungen stammen könnte. Es zeigt, daß das Leugnen von weiblicher Intelligenz alleine nicht genügte, daß es anscheinend trotz aller Unterdrückung weibliche Äußerungen gab, die „entschärft" werden mußten, indem ihnen die Originalität abgesprochen wurde. Nützte selbst dies nichts, so blieb als letztes Mittel die Drohung, daß sich die Frauen „der Gefahr aussetzen, dass wir unter einem verlegenen Lächeln das spottende, ja vielleicht gar das Gähnen verbergen" (103), und daß sie ein „Grauen aller Männer . . . [die] keinen Menschenverstand darin sehen" (81), ernten werden.

Diese Verurteilung weiblichen Denkens hatte viele praktische Konsequenzen. Dadurch mußte der geringe staatliche Aufwand für Mädchenbildung gar nicht erst gerechtfertigt werden. Denn was sie benötigen an Bildung und Ausbildung und vor allem, was im Bereich ihrer natürlichen Geistesfähigkeiten angenommen wird, kann durch die Mutter und durch allmähliche Übernahme häuslicher Pflichten vermittelt werden.

„Ziel und Ergebnis einer solchen Ausbildung konnte nicht ‚Rationalität' sein, wenn darunter das durch Schulung entwickelte Abstraktions- und Formalisierungsvermögen des Denkens und auf den Zweck hin kalkuliertes selbstbeherrschtes Verhalten zu verstehen ist" (Hausen 1978, 176).

Die Frauen werden damit auf einem Niveau gehalten, das tatsächlich eine Erfassung der politischen und gesellschaftlichen Realität und Teilhabe an gesellschaftlicher Macht fast unmöglich macht. Zur selben Zeit wird „die staatlich organisierte formale Ausbildung der Bürgersöhne rapide intensiviert und gemäß den Erfordernissen der Berufswelt spezialisiert" (179). Die

Frauen waren damit real von gesellschaftlichem, technischem, naturwissenschaftlichem Wissen abgeschnitten und noch mehr von jeglichem Einfluß auf die herrschende Logik. Damit wurde die weibliche Unwissenheit institutionalisiert. Zurückgeworfen auf bloßes Gefühl oder einfach „ihr Sein", wie Erdmann es fordert, bleibt sie im Status eines Kindes befangen und angewiesen auf jemanden, der ihr die Welt erklärt, mitsamt deren moralischen Werten, die mit jedem herrschenden Erkenntnis- und Denksystem verknüpft sind. Sie wird sich keine eigenen Werte schaffen können, keine eigene Moral entwickeln und die Dominanz männlicher Denkstrukturen akzeptieren müssen.

Die Vernunft wird ihr von Erdmann vor allem in juristischen Dingen abgesprochen, da der Frau ihre eigene Entmündigung kaum verstandesgemäß einleuchten kann.

Da dies nicht möglich ist, folgt auch kein Erklärungsversuch über die Rechtmäßigkeit der rechtlichen Verhältnisse, sondern die Demonstration von Macht.

„Das Resultat wird sein, dass sie zuerst jeder Zumuthung den blossen Buchstaben [des Gesetzes] zu verletzen, entgegensetzen wird: Mein Mann will das nicht. Indem sie dies nicht nur Andern, sondern *ebenso den eigenen Gefühlen entgegensetzt*, wird endlich die Belehrung des Mannes eigne Gewohnheit in ihr, und wenn sie gleich sich *nie überzeugen* wird von der Heiligkeit des Buchstabens, so wird sie ihn befolgen, wie sie richtig spricht, ohne sich der tiefern Gründe der grammatischen Regeln bewusst zu sein" (Erdmann 1852, 100/101, erste Hervorhebung: E. H.).

Die Offenheit der Forderung nach Unterwerfung unter Gesetze, die den eigenen Gefühlen widerstreben, ist gleichzeitig eine Demonstration weiblicher Ohnmacht gegenüber der Macht staatlicher Gesetzesgewalt. Der Mann nimmt hier systemstabilisierende Erziehungs- und Autoritätsfunktion ein im Dienste des bürgerlichen Staates. Die genaue Beschreibung weiblichen Verhaltens liest sich wie ein Unterwerfungsritual. Sie soll gehorchen, auch wenn ihr die „Spielregeln" nicht bewußt sind. Entwicklungspsychologisch folgerichtig verläuft ihr Erziehungsprozeß über die Wiederholung äußerer Gebote, bis sie diese – nach einigen Ehejahren – schließlich internalisiert, zu ihren eigenen gemacht hat. Das Verhältnis zum Ehemann bedeutet somit eine zweite Kindheit, ein erneutes Erziehungsverhältnis, in das sie unbewußt wie ein Kind eintreten muß. „In diesem normalen Verhältniss, ..., wird die Frau vom Manne die Belehrung empfangen, ..." (101).

So kann der Staat sich jegliche Bildung für Mädchen ersparen, da die Frau von der Erziehung der Mutter in die Belehrung des Mannes gehen wird. Aber nicht nur mit der systematischen Begrenzung weiblichen Wissens durch gesellschaftlichen Ausschluß von Bildung wird Herrschaft stabilisiert, sondern auch mit der massenhaften Produktion falschen Wissens (vgl. Erdheim 1984, 228). Was Erdheim für die gesellschaftliche Produktion von Unbewußtheit am Beispiel der Selk'nam in Feuerland demonstriert, dieses Prinzip kann verallgemeinert werden, wo die Produktion falschen Wissens das Herrschaftsverhältnis zwischen Mann und Frau stützt:

„‚Unbewußtheit' heißt nicht einfach ‚Nicht-Wissen'; die Männer mußten ... also falsches Wissen produzieren und durch entsprechende Zeremonien als wahr erscheinen lassen. ... Dieses ‚Wissen' stand im Dienste der Unbewußtmachung jener Phantasien, Vorstellungen oder Wahrnehmungen der Frauen, die in Widerspruch zu den Ansichten der Männer traten. Konfrontiert mit der von den Männern inszenierten Realität, mußten die Frauen lernen, ihre Vermutungen aufzugeben, z. B. dadurch, daß sie sie unbewußt machten" (228).

Die Ideologie des bürgerlichen Frauenzimmers ist eine Konstruktion aus falschem Wissen, das der „Zersetzung des Selbstverständnisses" (228) und des Selbstbewußtseins der Frau dient, wie es in vorkapitalistischen Zeiten verbreitet war. Falsches Wissen bedeutet hier, daß, vorbei an der Lebenswirklichkeit der konkreten Frauen, männliche Phantasmen von „Frau" verbreitet und durchgesetzt werden.

Daß diese Durchsetzung auch gewaltsam verlief, zeigt sich an einer Anzahl von Frauen, die den Mut fanden, ihre Gedanken öffentlich zu äußern. Neben den öffentlichen Auftritten von Frauen, z. B. in politischen Diskussionen auf der Straße oder vor der Nationalversammlung während der Französischen Revolution etc., sind auch die Schriftstellerinnen zu nennen. Von den Schwierigkeiten wissend, die ihnen in den Weg gestellt würden, veröffentlichten viele unter einem männlichen Pseudonym; George Sand ist die bekannteste unter ihnen. Oder sie schrieben anonym, wie z. B. Marie Mindermann in Bremen ihre politischen Schriften. Selbst der Richter wollte ihr keinen Glauben schenken, daß sie als Frau politische Texte verfassen könne (Vgl. Cyrus 1984).

Das „falsche Wissen", die Ideologieproduktion des Bürgertums, konnte vor allem deshalb auf fruchtbaren Boden fallen, da ihm die jahrhundertelange Ausmerzung weiblichen Wissens und weiblicher Geschichte vorausgegangen war. Mit den Hexenverfolgungen und -verbrennungen wurden die Frauen systematisch ihres Wissens, vor allem um ihren eigenen Körper, Geburt und Naturheilkunde, beraubt. Mit dieser massiven Enteignung von Wissen und Einschüchterung ihrer Person wurde ihnen ein eigenes Selbstverständnis als Frau zunehmend geraubt. Vor allem aber mit ihrer zunehmenden Verbannung in den Privatbereich wurde jede kommunikative Infrastruktur unter den Frauen zerstört.

Damit sind sie der Voraussetzung beraubt, gemeinsame Gedanken zu entwickeln, Utopien zu entwerfen und ihre Situation zu verändern, d. h. es werden Strukturen geschaffen, die der politischen Unbewußtheit der Frauen zuarbeiten. Die Diffamierung des Gesprächs unter Frauen im kleinen Kreis als Kaffeeklatsch entspringt der gleichen Angst wie das Verbot und die Ver-

folgung von politischen und revolutionären Frauenvereinigungen. Es ist die Angst der herrschenden Männer, daß die Gespräche der Frauen in einer solidarischen Gemeinsamkeit sich gegen sie wenden. Es ist das Wissen, daß die Entwicklung selbständigen Denkens auch eines freien Austausches der Gedanken bedarf und sich daraus ein hohes Maß an gesellschaftspolitischem Bewußtsein der Individuen entwickeln kann.
Die Frauen werden zu Objekten der Geschichte degradiert und besitzen, da aus der herrschenden Geschichtsschreibung ausgeklammert oder nachträglich getilgt, kein Bewußtsein von einer eigenen Geschichte. Es gibt z. B. kaum authentische Berichte von den revolutionären Frauen selbst. Die Quellen, auf die sich die Geschichtsforschung stützt, sind fast alle von Männern verfaßt, die aus ihrer nicht nur historisch, sondern auch geschlechtsspezifisch befangenen Sicht das Bild der Revolutionärinnen entwerfen und dokumentieren.
Nicht umsonst beinhalten die zentralen Forderungen der Französischen und der 48er Revolution die Freiheit der Gedanken, der Rede, der Schrift und des Rechtes auf Versammlung. Mit gleichen Freiheiten ausgestattet, könnte das patriarchale Unterdrückungsverhältnis nicht mehr aufrechterhalten bleiben und in die Geschichte wäre ein anderes Bild von der revolutionären Frau eingegangen.

8. „Sie wird seine Gebieterin sein so, wie sie es soll und kann"

Mit dem Verbot von aggressiven Gefühlen, inneren Konflikten und Denkfreiheit wird der Verzicht auf gesellschaftliche Macht nur indirekt gefordert bzw. erzwungen. Wie weibliche Machtausübung aussehen darf und wo sie stattfinden kann, wird von Erdmann auch direkt benannt.

„Darin, dass ein Hausstand immer den Geist seiner Herrin athmet, darin liegt die unermessliche Gewalt, welche sie über die Männer und so, indirect, aber um so sicherer, über die Welt ausüben. Jeder Versuch der directen Einwirkung schwächt ihre Macht, anstatt sie zu erhöhen, oder rächt sich sonst auf irgend eine Weise. ... der Zauberstab ihrer Macht. . .ist: Frau bleiben" (91/92).

Mit Verklärung ihrer realen gesellschaftlichen Machtlosigkeit wird ihr das Innere des Hauses als ihr Refugium, in dem ihr unbeschränkte Machtbefugnisse erteilt werden, schmackhaft gemacht. Die Verklärung dient der Verschleierung des Verzichts, den die bürgerliche Frau eingehen muß gegenüber den Frauen der vorkapitalitischen Zeit; diese konnten aufgrund ihres Tätigkeits- und Aufgabenradius selbstverständlich den öffentlichen Raum beanspruchen, seien es die Straßen, die öffentlichen Plätze oder Treffpunkte oder sei es durch ihre Arbeit an den Produktionsstätten. Demgegenüber wurde

die bürgerliche Frau in den privaten Bereich gesellschaftlichen Lebens verbannt. Durch die Teilung gesellschaftlicher Arbeit und Orte in reproduktiv/private und produktiv/öffentliche wurden für die bürgerlichen Frauen Tabuzonen errichtet, deren Überschreitung ihr emotional bald unmöglich gemacht wurde, da sie damit zugleich wider ihr Geschlecht gehandelt hätte.
Elias beschreibt das Ansteigen der Scham- und Peinlichkeitsschwellen als fortschreitenden Prozeß der Zivilisation in bezug auf körperliche Verrichtungen (vgl. Elias 1978, 110–220, Bd. I). Für die Frau kann das Heranzüchten eines Scham- und Peinlichkeitsempfindens gegenüber ihrem Auftreten an öffentlichen Plätzen konstatiert werden.

Abbildung 4: Französische Karikatur auf Georges Sand

Die Domestizierung der Frau konnte wesentlich über das Schamempfinden laufen, das bürgerliche Frauen bei Grenzüberschreitungen aus ihrem bürgerlichen Heim empfanden. So wie vom Mann „vor Allem Muth verlangt" wird, der ihn zum Hinaustreten in die Welt prädestiniert, wird von der tugendhaften Frau „besonders keusche Schamhaftigkeit" (80) erwartet, die das Bild des schönen Geschlechts ziert. „. . .und wenn alle Frauen wüssten, wie die selbst bis zur Blödigkeit gehende Schüchternheit sie verschönert, sie würden die Zeit zurückwünschen, wo dieser zarte Blüthenstaub noch nicht abgestreift war" (Erdmann 1852, 80). Diese Schüchternheit und Schamhaftigkeit soll die Frau in ihrem bürgerlichen Heim halten; als Lohn für ihre Tugendhaftigkeit winkt ihr die Schönheit – eine Schönheit, die aus der Einhaltung von Tugend und Sitte geboren ist.
Das unbefangene Bewegen auf öffentlichem Territorium ohne männliche oder weibliche „Schutzperson" war ein Verstoß gegen Anstand und sittliches Betragen. War dieses Territorium auch noch das Schlachtfeld, so waren selbst bei Frauen aus den demokratischen Reihen die Peinlichkeitsgrenzen überschritten. So wurden z. B. Frauen wie Louise Aston, die mit den Freischaren 1848 in die Schleswig-Holsteinischen Feldzüge zogen, nicht nur von reaktionärer Seite diffamiert, sondern auch von Kathinka Zitz, der Präsidentin des Mainzer Frauenvereins öffentlich als Mannweiber bezeichnet. So sehr hatte sie das bürgerliche Frauenideal verinnerlicht, daß sie sich vom aktiven, öffentlichen Eintreten für die Freiheitsideale abgrenzen mußte:

„...denn wir gehören nicht zu den Mannweibern, die mitziehen und dreinschlagen wollen, wir erkennen den wahren Beruf des Weibes nur im weiblichen Wirken, wir wollen heilen und verbinden, beschwichtigen und sühnen" (Cyrus in diesem Band, Q 14).

Die territoriale Ausgrenzung der Frauen durch Errichtung von Schambarrieren kann auf jede Form von Öffentlichenkeit übertragen werden, wie Tageszeitungen, Zeitschriften, politische Versammlungen etc. Um so klarer sind die emotionalen Reaktionen auf Frauen, die ohne Legitimation in der Öffentlichkeit auftreten und sich eventuell noch zu politischen Aktionen hinreißen lassen. Durch den Charakter der Tabuverletzung, der ihr öffentliches Auftreten begleitet, wirkt ihr Verhalten anstößig und unanständig. Der Schritt zur Sexualisierung der Situation liegt nahe, womit das Empfinden der Anstößigkeit seinen Grund erhält. Es gibt kaum Beschreibungen vom Verhalten der Revolutionärinnen auf der Straße, die nicht voll sexueller Assoziationen sind. Sei es in der positiven Form, daß von Parteigängern die „Jungfräulichkeit" und „Reinheit" der Frauen hervorgehoben wird, oder in negativer Form die Verderbtheit und sexuelle Aggressivität der Frauen (vgl. U. Geitner und H. Grubitzsch in diesem Band).

Keine Bedrohung löst die „Bewegungsfreiheit" der Frau aus, solange sie sich auf den Aktionsradius des väterlichen oder ehelichen Hauses bezieht. Sie steht damit unter enger räumlicher Kontrolle und wirkt im Dienste des Mannes.

Doch auch ihre Freiheit auf häuslichem Territorium ist eine geliehene, die sie im Dienste und zum Nutzen des Mannes gestalten soll. Ihr „Walten" ist ein „Verwalten" des Ortes der Reproduktion. Die Qualifikation der bürgerlichen Hausfrau beschränkt sich jedoch nicht mehr nur auf gegenständliche Tätigkeiten, die die materielle Existenz der Familie sichern. Sie muß entsprechend der veränderten gesellschaftlichen Anforderungen, die der Reproduktionsprozeß erfüllen muß, neue Qualitäten entwickeln, die sich vor allem auf ihre psychologischen Fähigkeiten und ihr Gefühl stützen. Ohne eine entsprechende Ausformung ihrer Gefühlshaltung wäre sie für ihre neue Aufgabe, nämlich die psychische Reproduktion vor allem des Ehegatten und auch der Kinder, untauglich.

„Sie interessiere sich für Gebiete, die ihr fremd sind, weil es seine sind" (Erdmann 1852, 92). Die wesentliche Voraussetzung hierzu ist bereits geschaffen, indem der Frau das Interesse an eigenen Gebieten unmöglich gemacht wird. Der Möglichkeit beraubt, das Bewußtsein einer eigenen Identität zu entwickeln, ist der beste Boden geschaffen, daß sie auf eine „geliehene Identität" angewiesen ist. In ökonomischer, sozialer, emotionaler und psychosexueller Hinsicht völlig auf den Ehemann angewiesen, wird sie sich voll mit ihm identifizieren müssen, um diese abhängige Situation verdrängen zu können. Emotional macht dies das Gefühl der romantischen Liebe mög-

lich, das die freiwillige Aufgabe jeglichen egoistischen Impulses bei der Frau einschließt, wie ich bereits an anderer Stelle beschrieben habe.
Sowohl Verhalten wie auch Gefühle der Hausfrau werden durch genaue Vorschriften standardisiert. „...sie sei ihm ein Trost im Leiden, sie beschwichtige seinen Zorn, indem sie ihn in ein Herz schauen lässt, das niemals zürnt, sie streiche mit lindernder Hand die Wunden, ..." (92). Erneut der Appell an weibliche Aggressionslosigkeit, statt dessen soll sie trösten, beschwichtigen, streicheln, lindern, ermuntern, „... und sie wird seine Gebieterin sein *so*, wie sie es soll und kann" (92).
Ebenso wie die Waffen einer Frau sind damit ihre Herrschaftsinstrumente genau vorgeschrieben – für eine sanfte Herrschaftsausübung, die nicht beängstigt.
Die „unermessliche Gewalt" über die Männer, wie Erdmann sie ihr verspricht, wenn sie ihre Macht auf das Haus beschränkt, steht im Gegensatz nicht nur zur Realität der Frauen, sondern zur Ideologie der bürgerlichen Ehe, die nach Fichte wie folgt aussieht:

„In dem Begriffe der Ehe liegt die unbegrenz*teste* Unterwerfung der Frau unter den Willen des Mannes, ... um ihrer eigenen Ehre willen. – ... Sie ist durch ihre Verheirathung für den Staat ganz vernichtet, zufolge ihres eigenen nothwendigen Willens, den der Staat garantirt hat. ... Der Mann wird ihr rechtlicher Vormund, er lebt in allem ihr öffentliches Leben; und sie behält lediglich ein häusliches Leben übrig" (Fichte 1797, 325/326, Hervorhebung: E. H.).

Die Aggressionen der Frauen, die diesen Entmündigungsvorgang begleiten, müssen aufgrund ihrer gesellschaftlichen Ohnmacht unbewußt gemacht werden.
Nach Erdheim erklärt sich die Möglichkeit eines „sozialen Konsens" zwischen Herrscher und Beherrschten dadurch, daß diejenigen Inhalte des Verhältnisses bewußt gehalten werden,

„die die Vorteile der Herrschaft hervorheben, wie z. B. ihre Schutz- und Ordnungsfunktion, und ins Unbewußte müßten diejenigen Wahrnehmungen verdrängt werden, ... die Individuen zu einer Veränderung ihrer Situation veranlassen könnten" (Erdheim 1984, 376/377).

Gerade mit der Begründung des Schutzes wird die bürgerliche Frau im Haus gehalten. Das Gefühl des Schutzes und der Geborgenheit stellt die gesellschaftlich gebotene positive Alternative dar gegen die Peinlichkeits- und Schamgefühle, die sie bei öffentlichen Auftritten empfindet. Sie sind eine ebenso illusionäre Gratifikation wie der Glaube an die Teilhabe an männlicher Macht durch die Identifizierung mit dem Ehemann.

„Illusionen empfehlen sich uns dadurch, daß sie Unlustgefühle ersparen und uns an ihrer Statt Befriedigungen genießen lassen" (Freud 1915, nach: Erdheim 1984, 384).

Diese Illusionen mußten jedoch erst glauben gemacht werden und konnten erst mit Verinnerlichung des bürgerlichen Unterwerfungsverhältnisses bei

Frau

Du Stickstäuperos, bleib mer von der Barricade, ich will dich nit mehr als Haustyrann, kreischt ihr Kinner, mer wählen uns en andern Vatter, es lebe die Republik, es lebe Hecker, fort mit dir Volleul! die ruthe Fahn ist uffgesteckt, mag dich nit bei mich sunst hast de den Krach. –

Mann

Fraa sei ruhig, schwei norz, mer wolle uff der Stell a neu Verfassung mache, raum die Barricad aweg, Gottverdamm. mich wanns Parlament su Sache erfährt, habe mer morge a Unnersuchungsdeputation hiwe; bist de nit mit mer zufride, so nämm der lieber stillschweigensen Mittregent

Abbildung 5: Ehestands-Barricade.

der Frau funktionieren. Auch außerhalb des familiären „Machtbereichs" kann die Beziehung der Frau zu gesellschaftlicher und politischer Macht nur aus der Familienperspektive, d. h. in Analogie zur Funktion der Frau in der Familie, gesehen werden.

Erdmann sieht sich gezwungen, hierzu Ausführungen zu machen, da noch immer „auch bei liebenswürdigen Frauen sich das Verlangen zeigt, ... an der Direction der Staatsangelegenheiten, der Literatur u. s. w." sich direkt zu beteiligen (Erdmann 1852, 95). Auch für diese Betätigungsfelder kann er erstmal nur annehmen, daß der Grund im Dienst für den Mann liegt, nämlich „...dass sie ihm kühn zur schützenden Barricade dient, wenn bei unseren Revolutionen die Männer, welche die Regierung leiten, zu Weibern werden" (96).

Daß es hierbei jedoch Grundsätzlicheres als die weibliche Beteiligung an Politik zu vermeiden gilt, zeigt der sich anschließende Vergleich des Autors,

daß dieses unsittliche Betragen sich nicht nur auf Schlachtfeldern, sondern auch in den Ballsälen zuträgt. Es geht ganz allgemein um das Initiativwerden und die Aktivitäten von Frauen, die immer beängstigend auf Männer wirken. Die aktive Beteiligung der Frauen an Politik, an Kriegen oder Revolutionen sind nur ein extremes Beispiel, da hier offensichtlich wird, worum offensiv gekämpft wird, nämlich um die Herrschaft. Bei diesem Kampf haben Frauen grundsätzlich nichts verloren. Deshalb rasch die Verlagerung des Themas auf die Alltagsebene, in den Tanzsaal, ein für den Autor naheliegender Vergleich mit dem Schlachtfeld. Auch hier geht es darum, wer (auf-)fordert, auswählt und bestimmt, was gespielt wird und nach wessen Wahl (oder Pfeife) getanzt wird.
Aktivität der Frauen soll zu ihrem Verhängnis werden.

„Niemand büsst hier so viel ein, wie die Frauen, sie verlieren, was sie bis dahin gehabt haben, die *Herrschaft der Welt*. ... In demselben Maasse, als sie die unsichtbare Feder waren, haben die Frauen Alles gemacht..., sobald sie äusserlich ihre Wirksamkeit zeigen wollen, sind sie gleich den Zeigern der Uhr, und waren von Männern an den Fäden der Eitelkeit oder andern geleitet" (96).

Die Angst vor aktiven Frauen weist im Geschlechterverhältnis auf mehrere Ursachen hin. Wie schon an anderer Stelle ausgeführt, wird befürchtet, daß weibliche Aktivität grundsätzlich gegen die Männer gerichtet ist. Man kann vermuten, daß sich hierin das teilweise bewußte oder auch unbewußte Wissen des Mannes äußert, daß seine Herrschaft nicht so naturwüchsig entstanden ist und erhalten bleibt, wie die bürgerlichen Ideologieproduzenten glauben machen wollen. Außerdem wird Aktivität auch im engeren Sinne, d. h. als kastrierend, empfunden. Beschreibt Erdmann die Umkehrung des Geschlechterverhältnisses im Ballsaal durch die Aktivität der Frau, so drückt sich der Gipfel des Mißverhältnisses für ihn darin aus, „... wenn sie anfangen, nach den Blicken des Spröden zu haschen, der vielleicht auf nichts wartet, als auf eine Liebeserklärung von ihrer Seite" (96).
Die sexuell initiative und aggressive Frau verkörpert den Inbegriff der Männerangst.

9. „Mit einem Kuss die Welt regieren"

Die Sexualität oder auch der Geschlechtstrieb, um dessen Bewältigung und gesellschaftsfähige Äußerung sich Fichtes Ausführungen zur Ehe hauptsächlich ranken, wird bei Erdmann völlig ausgeklammert.
Bei ihm existiert nur noch die Liebe, „welche zu der völligen Vereinigung bringt" (86), „warum die gegenseitige Liebe zur Ehe, d. h. zur ewigen Liebe, und zwar zur Monogamie werden muss" (87). Nach diesen kurzen Ausschweifungen, die wohl die physiologische Seite der Liebe andeuten sollten,

geht er sofort „nun zur rein psychologischen Betrachtung der Liebe über" (87).

Die Exorzierung der Sexualität in seiner Darstellung ist das Ergebnis der herangezüchteten Scham- Peinlichkeits- und Schuldgefühle in bezug auf Triebregungen, wie Elias sie als typisch für die zunehmende Affektkontrolle im 19. Jahrhundert beschreibt (vgl. Elias 1978).

Als gesellschaftliche Forderung findet sich die Herstellung des Schamstandards in den pädagogischen Schriften zur sexuellen Erziehung wieder. So schreibt „einer der maßgebenden deutschen Pädagogen" dieser Zeit, v. Raumer, in seiner Schrift

> „Die Erziehung der Mädchen": „Man berühre alle diese Dinge überhaupt nicht in Gegenwart der Kinder, . . .und die Aufgabe der Mutter ist es, die Gedanken der Töchter so unablässig mit Gutem und Schönem zu beschäftigen, daß ihnen keine Zeit bleibt zum Grübeln über solche Dinge" (v. Raumer 1857, nach: Elias 1978, 245/246).

Die Mädchen sollen von sexueller Neugier ab- und zum Schönen hingelenkt werden. Damit soll ihnen zunehmend das Interesse an Sexualität genommen und schließlich völlig abgesprochen werden. Die Männer sollen ihre sexuellen Begierden auf diese Weise zumindest zivilisieren. Erdmann schreibt denn auch, daß die Motive, die den Mann zur Liebe bringen, in der „Schönheit des Weibes" liegen, „denn ohne Wohlgefallen an der Schönheit einer Frau entsteht einmal normaler Weise keine Liebe bei dem Manne" (87). Daß Schönheit mehr bedeutet als der äußere Schein, zeigt sich in der Funktion der Frau, in ihrer „Bestimmung", „die ja eben ist, unser Leben auszuschmücken" (100). Damit ist Schönheit definiert als „Wohlgefallen erregen", „Schmuck" und Teil des Mannes zu sein, der seiner Erhöhung dient. Schönheit wird in den Stand einer Tugend verwandelt und ist somit für jede Frau erreichbar. Dienen, Wohlgefallen und Unterwerfung werden die sexuellen Stimuli für den Mann.

Ausgeklammert bleibt bei diesem Liebesmotiv jeder Funke von körperlicher Sinnlichkeit und Triebhaftigkeit, der den Mann reizen könnte. Es bleibt sozusagen eine vergeistigte, ästhetisierte und domestizierte Anziehung, die die Frau auslöst, die keinerlei Angst vor den eigenen unkontrollierbaren Triebregungen bei dem Mann weckt.

Ist für Erdmann das sexuelle Verhältnis der Geschlechter nicht mehr zu übersehen, so werden die sexuellen Handlungen mystifizierend umschrieben als „Verbunden-Sein" (98), „Einswerden" (86), „höchste Seligkeit" (83) oder in ihrer negativen Bedeutung als „sittliche Verirrung" (83), in die allerdings nur der Mann geraten kann und „schwarze Leidenschaften" (83), die das Gemüt der Frau zerreißen. Die Gefährlichkeit, die die sexuelle Initiative und Aktivität der Frau für den Mann besitzt, ist aus dem Text von Erdmann nicht zu erklären. Auch die weitreichende Bedeutung und der Grad der Anstößigkeit einer weiblichen Liebeserklärung bleibt unausgeführt, da er

wohl auf einen schon vorhandenen gesellschaftlichen Konsens bauen kann. Da sich Erdmann in der Tradition von Fichte bewegt, können wir in dessen 50 Jahre früher verfaßten Schrift über die Ehe noch ausführliche Begründungen für die Unmöglichkeit weiblicher sexueller Initiative nachlesen.
„Der Mann kann freien; das Weib nicht“ (Fichte 1797, 309). Denn „freien“ bedeutet, „sich den Geschlechtstrieb zu gestehen, und die Befriedigung desselben suchen; . . . Das Weib kann sich diesen Trieb nicht gestehen“ (309). „Freien“ heißt nach Fichte außerdem auch „unterwerfen“ und auf Seiten der Frau „ich will mich dir unterwerfen“ (309). Durch den Beischlaf „unterwirft das Weib erst ihre ganze Persönlichkeit dem Manne und zeigt ihm ihre Liebe“ (324).
Da Erdmann vermeidet, den Herrschaftsaspekt im Geschlechterverhältnis offen zu formulieren, beläßt er es bei der Anspielung der „Liebeserklärung einer Frau“, die für seine Zeitgenossen in dieser Ungeheuerlichkeit wohl verständlich ist. Wenn die sexuelle Hingabe der Frau, die nur als passiv gedacht werden kann, den höchsten Ausdruck ihrer Unterwerfung darstellt, dann wird verständlich, weshalb die sexuell aktive Frau eine Bedrohung ist. Die Initiative und Aktivität in der Sexualität ist die unterwerfende Handlung an sich. Die Vorstellung einer völligen Umkehrung der Verhältnisse im sexuellen Bereich ist wohl so angstauslösend, daß sowohl Fichte als auch Erdmann sie selbst in ihren Phantasien nicht zulassen können.
Eine freiende Frau setzt sich nach Fichte höchstens der Schande aus, daß ihre angebotene Unterwerfung abgewiesen wird (vgl. 309). Hier setzt die männliche Logik Fichtes aus, weil er sich nicht vorstellen darf, daß in der Umkehrung der Mann, um den die Frau freit, sich unterwerfen müßte. Er wäre dann in der Position des Ohnmächtigen, der nur den Handlungsspielraum besitzt, seine Unterwerfung zu verweigern oder zu akzeptieren. Diese Konsequenz darf unter keinen Umständen ins Bewußtsein zugelassen werden. Die Phantasie Erdmanns läßt dann auch als höchste Konsequenz bei der Umkehrung des Geschlechterverhältnisses nur die sexuelle Verweigerung der Frau zu.

> „so kann es nicht lange währen, und jene werden es vorziehen, die Hand anstatt des Mundes zu bieten. Dann wird die Emanzipation ihre Triumphe feiern . . .“ (97).

Da sexuelle Hingabe mit Unterwerfung der Frau gleichgesetzt wird, stellt die Verweigerung der Sexualität („des Mundes“) die Verweigerung ihrer Unterwerfung dar. Folgerichtig emanzipiert sich die Frau von der Herrschaft des Mannes. Eine Frau, die über die Verweigerung ihres Körpers oder die Äußerung ihrer sexuellen Begierden selbst bestimmen will, ist im höchsten Maße systemgefährdend. Durch die enge assoziative Koppelung von Sexualität – weiblicher Aktivität – Unterwerfung entstehen für die Frau verhängnisvolle Konsequenzen.
Die aktive oder auch aggressive Sexualität der Frau muß aus dem gesell-

schaftlichen und individuellen Bewußtsein getilgt werden. Im Mittelalter wurde nie an der weiblichen Potenz gezweifelt. Im Gegenteil – die Furcht vor ihrer unersättlichen Sexualität brachte vielen Frauen den Tod auf dem Scheiterhaufen. Bei Kant ist noch von der Aufzehrung des Mannes „durch von öfteren Ansprüchen des Weibes an das Geschlechtsvermögen des Mannes herrührende Erschöpfungen" (Kant, nach: Duden 129) die Rede. Er versucht, die Gefahr durch einen Ehevertrag zu bannen, mit dem er den Gebrauch der Geschlechtsorgane „sozusagen in eine Rechtsform zu bringen" versucht (vgl. Duden 1977, 129). Im unmittelbaren Anschluß an ihn spricht Fichte der Frau den Geschlechtstrieb ab und definiert ihn in einen Liebestrieb um. Die Frau soll hiermit ihrer Sinnlichkeit und sexueller Anziehung beraubt werden, die nach der Zeit der Aufklärung nicht mehr mit dem Scheiterhaufen zu beherrschen sind. Bei Erdmann findet sich dann bereits die völlig entsinnlichte, asexuelle, passive Frau, deren Sexualität so unterworfen und domestiziert ist, daß sie keine Angst mehr auslöst. Die Unbewußtmachung der Angst vor weiblicher Potenz ist mit ihrer Negierung im Bild der sittsamen, tugendhaften und schamhaften Bürgersfrau gesellschaftlich institutionalisiert. Ihrer aktiven Sexualität beraubt, besteht keine Gefahr, daß sie den Mann unterwerfen wird und sich selbst zu emanzipieren versucht.

Die beschriebene Assoziationskette von Sexualität – weiblicher Aktivität – Unterwerfung läßt eine Übertragung von männlicher Angst gegenüber sexueller Aktivität auf grundsätzlich jede Aktivität von Frauen zu. Jeder Emanzipationsversuch wird als Angriff auf die Männlichkeit gewertet, die sich aus unterwerfender Aktivität gegenüber Frauen konstituiert. Solange die Frau im passiven Zustand verharrt, kann der Mann die Abwehr dieser Angst aufrechterhalten. Die Frau darf im Grunde zu keiner Vermutung Anlaß geben, daß sie in irgendeiner Form aus Eigeninitiative heraus aktiv wird. Dies bezieht sich selbst auf ihre Aktivitäten im Haus, die quasi ‚entschärft' den Charakter schöner, anmutiger Handlungen tragen müssen (vgl. Duden 1977) und nur zum Wohlgefallen des Mannes verrichtet werden.

Umgekehrt wird jede aktive Handlung von Frauen sexualisiert und dadurch als besonders verwerflich dargestellt. Dies trifft besonders auf revolutionäre Frauen zu. Treten sie aktiv in der Öffentlichkeit auf, so betreten sie nicht nur im räumlichen Sinne männliches Territorium. Durch ihre Aktivität zeigen sie eine Handlungsweise, die nur den Herrschenden zusteht. Die Männer projezieren und verschieben ihre eigene Aggression, die sie im Geschlechterverhältnis ausüben, auf die Handlungen der Frauen und fühlen sie damit gegen sich gerichtet. Sie unterstellen damit den Frauen, daß diese die Herrschaft an sich reißen wollen und die Männer durch ihre Aktivität unterwerfen wollen. Da die höchste Form der Unterwerfung im Geschlechterverhältnis die sexuelle darstellt, werden die aktiven Frauen als sexuell besonders bedrohlich

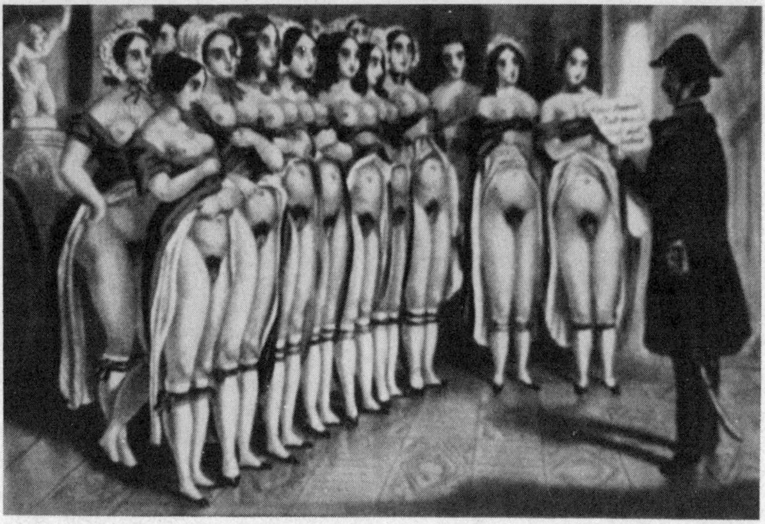

Abbildung 6: Der letzte Augenblick des Demokratischen Frauen-Vereins im Jahre 1848

empfunden. Der Mann sieht sich als kastriertes Opfer der revolutionären Frau.

Er fürchtet um sein männliches Geschlechtsorgan, den Penis, der als Symbol für männliche Herrschaft steht. Gleichzeitig unterstellt er damit den für Gleichheit kämpfenden Frauen, daß ihr höchstes Ziel die Erreichung des männlichen Geschlechts ist. Ist dies erreicht, dann erübrigt sich die Bildung eines Demokratischen Frauenvereins.

10. Die Bedrohlichkeit der revolutionären Frau

Das Phantasma der bürgerlichen Frau wurde von denselben Männern geschaffen, die für die Ideale der menschlichen Freiheit eintraten und dafür kämpften, wie z. B. Fichte. Es unterscheidet sich in keiner Weise von dem normativen Entwurf des Frauenbildes eines konservativen, königstreuen Preußen wie Erdmann. Über alle politischen Lager hinweg hat sich, fußend auf die Naturrechtsphilosophen, ideologisch das Bild der natürlichen Bestimmung der Frau aufgrund ihres Geschlechtscharakters durchgesetzt.

Es hat zum Ziel, ein Bild von Weiblichkeit zu modellieren, das scheinbar komplementär zum männlichen ist. Dies dient der Unbewußtmachung eines Geschlechterverhältnisses, das auf männlicher Vorherrschaft und weiblichem Dienen beruht.

Die Frauen müssen sich sämtlicher Triebregungen, Bedürfnisse und Interessen unbewußt werden, die das Herrschaftsverhältnis in Gefahr bringen. Sie dürfen keine Aggressionen und inneren Konflikte kennen. Ihr Geschlechtstrieb heißt Liebe und Aufopferung für den Mann. Statt Raisonnement steht bei ihnen Intuition. Abstraktion, Rechtsverständnis und Prinzipientreue sind ihnen fremd. Arbeitstätigkeiten verwandeln sich unter ihren Händen in anmutige, schöne Handlungen. Sexuelle Begierden und weibliche Potenz finden sich domestiziert in dem Wunsche, den Mann zu befriedigen. Mit der sexuellen Hingabe an den Ehemann wird der Akt höchster Unterwerfung vollzogen. Gefordert wird mit dem Ideal der bürgerlichen Frau die selige Unschuld, d.h. Unbewußtheit bis zur Bewußtlosigkeit und die keusche Schamhaftigkeit bis zur Blödigkeit. Dies entspricht einem Gefühls-, Denk- und Handlungsradius, der in keiner Weise angsterregend auf die Herrschenden wirkt.
Diese unsichtbare Frau darf wieder auftauchen als Teil ihres männlichen Schöpfers, der sie durch seine Wahl als Ehegattin zum Leben erweckt und ihr über seine Sicht den Blick in die Welt ermöglicht. Über diesen Kleinkindstatus mit seiner eingeschränkten Realitätswahrnehmung und einem regressiven Ich soll die Frau auch nicht hinauswachsen. Sie soll durch die völlige Identifizierung mit dem Mann den Gedanken oder Wunsch nach der Entwicklung einer eigenständigen Persönlichkeit aufgeben.
Dieses bürgerliche Frauenbild mußte mit massiver ideologischer Gewalt durchgesetzt werden. Es gab immer Frauen, die sich diesem Männermythos widersetzten. Gerade in Zeiten gesellschaftlichen Umbruchs wurde nicht nur das herkömmliche Herrschaftssystem zerstört, sondern auch die herkömmlichen sozialen Ordnungen verändert. Es kommt zu einem höheren Grad von Bewußtheit bei den Beherrschten, der sie ihre Unterdrückung nicht mehr verdrängen läßt. Anpassungs- und Abwehrmechanismen im Individuum, auf die sich die Herrschaft stützen konnte, geraten ins Wanken. Durch den gesellschaftlichen Wandel besteht die Chance, daß auch an dem patriarchalen Geschlechterverhältnis gerüttelt werden kann, daß die alte Ordnung, die die Herrschaft des Mannes über die Frau garantierte, ihre bisherige Legitimation verliert.
Dies setzt notwendigerweise Ängste frei bei denjenigen, die nun in Zeiten des Umsturzes auch die Umkehrung des Geschlechterverhältnisses befürchten müssen. Diese Ängste finden ihre Projektionsfläche gerade in den Frauen, die sich gegen die unterdrückenden Verhältnisse aktiv zur Wehr setzen – den Revolutionärinnen.
Ihr Verhalten und ihre Äußerungen entsprechen in vieler Hinsicht nicht denen einer tugendhaften Bürgersfrau. Sie treten öffentlich auf, d.h. sie machen sich nicht unsichtbar. Sie wählen nicht die ihnen zugestandenen „Waffen" einer Frau, wie Fürsorge, Dulden, Verzichten und Lieben, son-

dern greifen zu den gleichen Waffen wie der Mann; sie treten öffentlich auf und halten Reden, verfassen Petitionen, Pamphlete und Bücher. Vor allem zeigen sie sich ebenso aggressiv im Kampf um ihre Rechte, wie die Männer und sprechen damit dem Ideal der Frau Hohn, die nur gefallen und geliebt werden will. Sie zeigen Mut, Stärke und Zorn, sie raisonnieren, äußern Zweifel und Widersprüche, erzwingen Achtung aufgrund ihrer Verdienste, sie schließen eigenständig Kontakte und Freundschaften, sie sind wirksam durch aktives Handeln, kurz sie entsprechen dem Ideal eines bürgerlichen Mannes.

Sie verweigern damit nicht nur die gesellschaftliche Rolle, die ihnen von Männern zugewiesen wurde, sondern auch deren Verinnerlichung durch die Ablehnung weiblicher Geschlechtseigenschaften. Sie stellen damit eine Provokation auch für Frauen dar, die sich angepaßt haben, da sie durch ihr Verhalten an verdrängte Wünsche und Bedürfnisse bei ihnen rühren. Da die zunehmende Bewußtheit über ihre ohnmächtige Situation mit viel Schmerzen und Wut verbunden ist, und die Chancen für eine Veränderung gering sind, wird bei diesen Frauen der Widerstand groß sein, das verdrängte Wissen ins Bewußtsein zuzulassen. Sie werden sich hart von den Revolutionärinnen abgrenzen.

Das „unweibliche“ Verhalten der politisch aktiven Frau wird vor allem aber die bisher erfolgreich verdrängten Ängste bei Männern auslösen. Da diese Frauen nicht den entgegengesetzten Pol im Geschlechterverhältnis durch entsprechend „weibliches“ Gebaren einnehmen, ist auch der Platz der Männer in Frage gestellt. Die Eigenschaften, die die Männer zur Herrschaft im Geschlechterverhältnis befähigen und zur Dominanz im gesellschaftlichen Leben prädestinieren, werden nun auch von Frauen gezeigt. Diese werden denn auch als Zwitterwesen diffamiert und mit Worten, wie „Dragoner“ oder „Mannweiber“ beschimpft. Durch ihr aktives Auftreten wird ihr Geschlecht in Frage gestellt.

Sie provozieren damit auch einen Angriff auf die Männlichkeit, da diese sich als aktiv, überlegen und aggressiv in Abgrenzung vom Weiblichen definiert. Verhalten sich Frauen ebenfalls aktiv und aggressiv, wie manche Revolutionärinnen es taten, ist die Geschlechtsdefinition von Männern in Frage gestellt. Vor allem aber ihre Legitimation zur Vorherrschaft über das weibliche Geschlecht, da diese sich auf die Eigenschaften ihres „natürlichen“ Geschlechtscharakters stützt.

Den Revolutionärinnen wird damit nicht nur unterstellt, daß sie sein wollen wie Männer, sondern vor allem, daß sie herrschen wollen, wie es bisher die Männer getan haben. Sich das Recht nach eigenständigem, freiem Denken und Handeln zu nehmen, heißt in den Augen der Herrschenden, sich das Recht auf die Herrschaft anzumaßen.

Um diese Bedrohung, die die Männerherrschaft ins Wanken bringt, und die

Ängste der Männer um ihre Männlichkeit weckt, zu bannen, aber auch um andere Frauen von ähnlichem Tun abzuschrecken, wird die revolutionäre Frau auf alle erdenklichen Arten bekämpft, bestraft oder vernichtet. In den eigenen Reihen wird sie „entschärft“, indem ihr Tun mit dem Mantel der Weiblichkeit bedeckt wird. Sie wird idealisiert dargestellt in einer besonders mütterlichen, verzichtenden, leidenden oder aufopfernden Haltung, oder daß sie aus Liebe zu einem Mann kämpft.
Von den Gegnern wird sie ebenfalls nur als Geschlechtswesen wahrgenommen, entweder indem ihr das Geschlecht abgesprochen wird und sie als besonders grausam, aggressiv und als kastrierend dargestellt wird. Oder sie wird als Hure auf ihre Geschlechtlichkeit reduziert. Die Rückkehr in ein bürgerliches Leben wird ihr auf jeden Fall versperrt.
Die Beschreibung der Kampfgenossen, wie die der Gegner zeigt, daß das Ideal der bürgerlichen Frau mit all seinen Geschlechtszuschreibungen, der Maßstab ist an dem die Revolutionärin gemessen wurde. Ob idealisiert oder verdammt, sie entkam dieser Ideologie nicht, auch wenn ihre Realität eine vollkommen andere war.

Literaturverzeichnis

Bennholdt-Thomsen, V.: Zivilisation, moderner Staat und Gewalt. Eine feministische Kritik an Norbert Elias' Zivilisationstheorie, in: Beiträge zur feministischen Theorie und Praxis 13 (1985), 23–37

Cyrus, H.: Von gelehrigen und gelehrten Frauenzimmern. Mädchenbildung und -ausbildung in Bremen im 19. Jahrhundert, in: diskurs 8 (1984), 133–175, Universität Bremen

Duden, B.: Das schöne Eigentum. Zur Herausbildung des bürgerlichen Frauenbildes an der Wende vom 18. zum 19. Jahrhundert, in: Kursbuch 47 (1977), 125–143

Elias, N.: Über den Prozeß der Zivilisation, Bd. 1 und 2, Frankfurt 1978[6]

Erdheim, M.: Die gesellschaftliche Produktion von Unbewußtheit, Frankfurt 1984

Erdmann, J. E.: Psychologische Briefe, Leipzig 1852

Fichte, J. G.: Grundlage des Naturrechts nach Principien der Wissenschaftslehre, Teil 1 (1796) und Teil 2 (1797), in: Fichtes Werke, Bd. 3, Berlin 1971

Foucault, M.: Überwachen und Strafen, Frankfurt 1977

Hausen, K.: Die Polarisierung der „Geschlechtscharaktere“ – Eine Spiegelung der Dissoziation von Erwerbs- und Familienleben, in: Rosenbaum, H.: Seminar: Familie und Gesellschaftsstruktur, Frankfurt 1978, 161–195

Heller, A.: Theorie der Gefühle, Hamburg 1981

Hippel, T. G. von: Über die bürgerliche Verbesserung der Weiber (1793), Frankfurt 1977

Kuhn, A.: Das Geschlecht – eine historische Kategorie? in: Brehmer/Jacobi-Dittrich/Kleinau/Kuhn (Hrsg.): Frauen in der Geschichte IV, Düsseldorf 1983, 29–51

Parin, P.: Der Widerspruch im Subjekt, Frankfurt 1983

Spickernagel, E.: Zur Anmut erzogen – Weibliche Körpersprache im 18. Jahrhundert, in: Brehmer/Jacobi-Dittrich/Kleinau/Kuhn (Hrsg.): Frauen in der Geschichte IV, Düsseldorf 1983, 305–320

Bildnachweise

Abb. 1: Kind, A. 1930. Die Weiberherrschaft in der Geschichte der Menschheit. Wien: Verlag für Kulturforschung, S. 445

Abb. 2: Fuchs, E. 1973. Die Frau in der Karikatur. Frankfurt: Verlag Neue Kritik, S. 358

Abb. 3: ebda., S. 23

Abb. 4: ebda., S. 465

Abb. 5: ebda., S. 108

Abb. 6: Foto aus der Ausstellung „Die Frau im Korsett", Wien, Hermesvilla vom 14. 4. 84–10. 2. 85. Im Katalog der Ausstellung aufgeführt unter Nr. 42, S. 129 „Der letzte Augenblick des Demokratischen Frauen-Vereins im Jahre 1848", Pornographische Karikatur, *HM, Inv. Nr. 88.147*

Frauen fordern ihre Rechte (1789–1795) Fachdidaktische und fachwissenschaftliche Annäherungen*

Ruth Ferrari/Annette Kuhn/Wilma Wirtz-Weinrich

1. Erste Hinweise auf den verborgenen Antifeminismus unserer fachdidaktischen und fachwissenschaftlichen Beurteilungskriterien und auf den gesellschaftspolitischen Gehalt der revolutionären Frauenforderungen von 1789 bis 1795

Zwei Erfahrungen liegen diesen „Annäherungen" zugrunde. Die erste ist fachdidaktischer Natur. Sie beruht auf Unterrichtsbeobachtungen.[1]
Seit mehr als einem Jahr wurde an mehreren Schulen im Geschichtsunterricht das Thema: *Frauen in der Französischen Revolution* mit dem Ziel behandelt, durch einen frauengeschichtlich strukturierten, historischen Lernprozeß das geschichtliche Interesse vor allem der Mädchen anzusprechen. Durch die inhaltliche Verstärkung des frauengeschichtlichen Lernangebotes und die Formulierung von geschlechtsspezifischen Lernzielen sollten insbesondere die Mädchen in dem Prozeß ihrer geschlechtsspezifischen Identitätsfindung unterstützt werden. Es galt, die verengten, „traditionellen" Geschlechterstereotypen durch diesen historisch-politischen Lernprozeß in ihren ideologischen Verkürzungen erkennbar zu machen und sie durch einen kritisch-reflexiven Geschichtsunterricht diskursiv aufzubrechen. Eine kritische Erweiterung des geschlechtsspezifischen Identifikationangebots war das Ziel.
Die Unterrichtsversuche waren in ihrem Ergebnis ambivalent.[2] Zwar blieb auf einer gewissen Beobachtungsebene der erzielte Lernerfolg nicht aus. Die Mädchen beteiligten sich im verstärkten Maße an diesem Geschichtsunterricht, der ihnen neue, geschlechtseigene Identifikationsmöglichkeiten eröffnete. Auch die kognitiven Lernleistungen der Mädchen stiegen an. Dennoch bestanden Zweifel an der Zuverlässigkeit unserer Maßstäbe bei der Bewertung dieser Leistungen. Denn trotz der Lernerfolge der Mädchen wurden

* Die Lernmaterialien dieses Beitrags sind von Wilma Wirtz-Weinrich u. Ruth Ferrari erstellt worden. Der Gesamtbeitrag beruht auf einem gemeinsamen Unterrichtsprojekt (s. Anm. 1)

von den Lehrenden weiterhin die Lernleistungen der Mädchen weniger hoch als die der Jungen qualifiziert. Die Mädchenleistungen galten ihnen, allen Verbesserungen zum Trotz, weiterhin als „typisch weiblich". Abschließende Urteile zu diesen Unterrichtsversuchen lauteten u. a.: die Mädchen zeigten zwar größere Betroffenheit bei der Wahrnehmung der ungerechten sozialen Zustände, die nach diesen Lerneinheiten nicht nur die Ursachen und den Verlauf der Französischen Revolution, sondern insbesondere auch das politische Handeln der Frauen während der Revolution bestimmten; die Mädchen seien aber nicht im gleichen Maße wie die Jungen zur gesellschaftlichen Analyse fähig. *Oder:* Die konkreten Vorgänge des Frauenalltags und der Frauenarbeit hätten die Mädchen präziser erfaßt als die Jungen; ihnen fehle aber die Fähigkeit zum abstrakten Denken und der Sinn für das Politische ... Urteile dieser Art machten uns stutzig. Trafen diese Bewertungen in der Tat zu, so hätten wir durch diesen Geschichtsunterricht gerade die geschlechtsspezifischen Verhaltensweisen der Mädchen verstärkt, die es im Sinne unseres Lernziels zu überwinden galt. Denn nach diesen Einschätzungen wurden durch den frauengeschichtlich strukturierten Unterricht vorhandene Geschlechterstereotypen nur noch verstärkt. Andererseits drängte sich die Frage immer mehr auf, ob wir nicht in der Beurteilung der Lernleistungen der Mädchen einen falschen, genauer gesagt, einen antifeministischen Maßstab angelegt hätten.
Der Verdacht, daß wir zunächst unbewußt antifeministischen Implikationen unserer Bewertungskriterien erlegen seien, verstärkte sich im weiteren Verlauf der Unterrichtsbeobachtungen. Wir begaben uns daher auf die Suche nach einer feministischen Hermeneutik, d. h. einer Hermeneutik, die sich von den spezifisch antifeministischen Prämissen unserer gesellschaftswissenschaftlichen Begriffe zu lösen vermag.
Gewiß war uns bewußt, daß wir in der gegenwärtigen Frauenforschung weder über eine feministische Hermeneutik noch über eine feministische Gesellschafts- und Geschichtstheorie verfügen. Auch der Bedeutungsgehalt des Begriffs Feminismus ist umstritten. Dennoch galt es, hier erste fachdidaktische und fachwissenschaftliche Annäherungen zu versuchen.[3]
Für das Unterrichtsprojekt stellte sich somit die fachdidaktische Aufgabe neu. Mit den herkömmlichen Bewertungskriterien gelang es nicht, die historische und politische Qualität der Lernleistungen der Mädchen zu erfassen. Mit den Kategorien: emotional versus rational, oder konkretes versus abstraktes Denken, Kategorien, die bei näherer Betrachtung die naive Annahme einer natürlichen Geschlechterdualität widerspiegelten, konnten wir uns nicht zufrieden geben. Für die Geschichtsdidaktik entstand die Aufgabe, die historisch-politische Qualität der Lernleistungen der Mädchen in kritischer Überwindung dieser geschlechtsspezifisch verengten Typisierungen zu gelangen. Dabei rückte der gesellschaftspolitische und feministische

Inhalt des Themas: „Frauen fordern ihre Rechte“ (1789–1795) immer mehr in den Vordergrund. Denn die Erfahrung der antifeministischen Implikationen unserer fachdidaktischen Kategorien hatten ihre fachwissenschaftliche Entsprechung.

Der Unterricht stützte sich auf neuere Ergebnisse der frauengeschichtlichen Forschung.[4] Danach kann an der überragenden Bedeutung der Rolle der Frauen in der Französischen Revolution kein Zweifel bestehen. Denn trotz der Marginalisierung der Frauengeschichte in der herrschenden Forschung zur Französischen Revolution[5] wird übereinstimmend in der neueren Frauengeschichtsforschung die zentrale Bedeutung der Frauen in der Revolution hervorgehoben. Allerdings fällt gerade angesichts dieser Anerkennung der Frauenaktivitäten in der Frauengeschichtsforschung der Mangel an überzeugenden Einschätzungen der historischen Bedeutsamkeit dieser Frauenpraxis für die weitere historisch-gesellschaftliche Entwicklung und für unsere Gegenwart auf. Dem Feminismus, als ein die Frauenpolitik dieser Jahre von 1789–1795 leitendes Prinzip oder Handlungsmotivation, wird weitgehend nur eine sehr marginale Bedeutung zugesprochen.[6] Gewiß gibt es auch in der Frauengeschichtsforschung inzwischen weiterführende Ansätze. So spricht Elisabeth Racz davon, daß erst in der Französischen Revolution der Kampf um Frauenrechte seine eigentliche Ausprägung gefunden hätte. In diesen Jahren hätte er die „eigentliche Quelle der Frauenunterdrückung berührt, da die Forderungen der Frauen unmittelbar aus den Zuständen, die sie erfuhren, hervorgingen“.[7] Diese Ansätze werden hier aufgegriffen.

In der herrschenden frauengeschichtlichen Forschung wird die Haltung der Frauen in der Französischen Revolution vorwiegend in unpolitischer Weise gewürdigt. Ihnen wird bescheinigt, daß sie energischer, mit mehr Leidenschaft und Ausdauer, mit mehr Opferbereitschaft und Entschlossenheit, auch mit mehr Mut und Verzweiflung als die Männer gekämpft hätten. In den Brotunruhen und den Subsistenzkämpfen von 1789, 1792–93 und 1795, die allgemein unter Sozialhistorikern als die Wende- und Angelpunkte der Revolution eingeschätzt werden, seien die Frauen zwar führend gewesen, dieser Führungsanspruch wird jedoch nicht auf seine gesellschaftspolitische Relevanz hin überprüft.[8] Auch für die Endphase der Revolution, nachdem die Frauen aus der politischen Öffentlichkeit ausgeschlossen wurden, wird ihr Heroismus, auch ihre Verzweiflung, in der Frauengeschichtsforschung hervorgehoben; die historische Tragweite der Niederlage der Frauen wird allerdings nicht in ihrem kausalen Zusammenhang mit der Durchsetzung der politischen und ökonomischen Grundsätze der neuen bürgerlichen Gesellschaft und dem Sieg der bürgerlichen Familienideologie problematisiert. Somit bleibt das historische Urteil in der Fachwissenschaft zum Verhalten der Frauen in der Französischen Revolution weitgehend unbefriedigend. In psychologisierender Weise wird es als „nur“ spontan, als „vor“ oder als

„sub“politisch eingestuft. Die Frauen hätten sich „nur“ für die Nöte des Alltags, für das bloße Überleben, nicht für die „eigentliche“ Politik eingesetzt. Diese sozioökonomische Basis des Frauenhandelns und damit seine Rationalität wird bei dieser Beurteilung ebenso ausgeblendet wie die weiterreichende gesellschaftspolitische, feministische Perspektive der Frauenpolitik während der Revolutionsjahre.[9]

Wir sprachen von einer Entsprechung der Bewertungskriterien in der fachdidaktischen Analyse und in der (frauen-)geschichtlichen Forschung. Diese Übereinstimmung ist nicht zufälliger Art. Denn die gesellschaftspolitische Bewertung der Frauenpolitik während der Französischen Revolution berührt das Grundverständnis unserer bürgerlich-kapitalistischen Gesellschaft und ihrer Selbstinterpretation. Wir stoßen in beiden Zusammenhängen auf die Interessenbasis unserer Gesellschaft in ihrer Klassen- und in ihrer Geschlechtsspezifik.

Bei diesen „Annäherungen“ gehen wir davon aus, daß sowohl dem revolutionären Kampf der Frauen um ihre Rechte während der Französischen Revolution als auch der Niederlage der Frauen durch den Sieg des Bürgertums eine Schlüsselfunktion zukommt, versuchen wir die historische Zäsur zu begreifen, die die Französische Revolution für unsere politische und gesellschaftliche Kultur bedeutet. Nach Jane Abray hätte ein Sieg des Feminismus in den ersten Jahren der Französischen Revolution „den Charakter der französischen Zivilisation weitmehr verändert als die Abschaffung der Monarchie“.[10] Versuchen wir, diese Schlüsselstellung der Frauenpolitik für die Ausbildung der bürgerlichen Gesellschaft nach 1789 und für die öffentliche Anerkennung der Ideologie der bürgerlichen Familie etwas näher zu fassen.

Nach der Interpretation dieser „Annäherungen“ sind weder der Sieg der Bourgeoisie noch die „Bewältigung“ der ökonomischen Krise im Sinne des liberalen Kompromisses der Jakobiner in ihrer historischen Tragweite und zugleich in ihrer historischen Begrenztheit voll begreifbar ohne Berücksichtigung der revolutionären Frauenpolitik von 1789 bis 1795 und der gegen diese Frauen geführten sexistischen Politik seit 1792. In dieser Sicht spielt die aus der Krise der Familienökonomie erklärbare, revolutionäre Frauenpolitik für die Verursachung und für den Verlauf der Französischen Revolution eine zentrale Rolle. Im gleichen Maße bildet aber auch die Abwendung der Revolutionsregierung von einer Politik der Existenzsicherung in der Tradition der Familienökonomie zugunsten einer antifeministischen Politik des liberalen Wirtschaftsbürgertums eine unverzichtbare Voraussetzung für den Sieg des Bürgertums. Die patriarchalischen Elemente in der Familienökonomie sollen durch die Betonung dieser Zäsur nicht zugedeckt werden. Dennoch soll der qualitative Unterschied zwischen dem „traditionellen“ Antifeminismus und dem mit der „neuen“ Wirtschaft verbundenen Antifeminismus deutlich gemacht werden. In dieser Sicht der Frauengeschichte bilden erst die öffent-

lich dekretierte Entpolitisierung der Frauenpolitik in den Jahren 1793 und 1795 und die „Hausfrauisierung" im Sinne der bürgerlich-kapitalistischen Gesellschaft in den gleichen Jahren die Prämisse für die politische Herrschaft des Bürgertums und für die allgemeine Akzeptanz ihrer männlich beschränkten Formen der Selbstwahrnehmung. Damit wird zugleich behauptet, daß die durch die Französische Revolution ermöglichte Form der bürgerlichen Gesellschaft einen spezifischen Antifeminismus zur Voraussetzung hat.
Folgen wir dieser Interpretation von der Reichweite der Frauenrechte von 1789 und der Bedeutung ihrer Unterdrückung, dann wird verständlicher, weshalb die Begriffe: privat/öffentlich, politisch/unpolitisch als fachdidaktische und als fachwissenschaftliche Beurteilungskriterien für das Frauenhandeln in fachdidaktischer und -wissenschaftlicher Sicht problematisiert worden sind. In dieser Perspektive sind diese begrifflichen Unterscheidungen mit ihrem impliziten antifeministischen Gehalt erst das historische Ergebnis der Frauenforderungen und der Niederlage der Frauenpolitik zwischen 1789 und 1795.
Versuchen wir, trotz der Gefahr der Verkürzungen, an drei Entscheidungssituationen der Französischen Revolution, diese Schlüsselfunktion der Frauenpolitik zu verdeutlichen. An der Ursachenfrage, der Subsistenzkrise von 1792/1793 und der Frauenniederlage vom September 1793, kann diese weiterreichende Interpretationsweise angedeutet werden. Diese drei Schwerpunkte werden auch als Lernmaterial vorgestellt. An ihnen kann sichtbar gemacht werden, wie wenig haltbar die begriffliche Unterscheidung von Privat/Öffentlich, Politisch/Unpolitisch/Rational/Irrationales Handeln für die Erfassung der Frauenpolitik dieser revolutionären Jahre ist. Damit soll umgekehrt auch der Anspruch auf die Anerkennung einer politisch rationalen Handlungsweise der Frauen von gesellschaftspolitischer Tragweite erhoben werden.
Die Subsistenzkrise ist zweifellos ursächlich mit dem Ausbruch der Französischen Revolution verbunden. Diese Krise, die auch als eine Krise der Familienökonomie bezeichnet werden kann, hat nachweislich die Frauen in höherem Maße als die Männer betroffen.[11] Vor allem waren ihre Chancen, alternative Verdienstmöglichkeiten zu finden und sie in Einklang mit ihrer Verantwortung für die Sicherung der familialen Lage zu bringen, wesentlich geringer als die der Männer.[12] Auf diesem Hintergrund ist die Kernaussage der Historikerin Olwen Hufton zu sehen: „Um die Nähe der Frauen zur Revolution zu würdigen, müssen wir ihre Rolle in der Familienökonomie verstehen."[13]
Ein Blick in die zahlreichen Beschwerdebriefe und Petitionen der Frauen an die Generalstände am Vorabend der Revolution bestätigt die spezifische Gefährdung der Frauen in einer familienökonomischen Wirtschaftsweise, die zwar die gemeinsame Arbeit aller Familienmitglieder voraussetzt, die aber nicht mehr die Subsistenz aller sichern konnte.

In diesen Petitionen der Frauen sind die öffentlichen und privaten Bereiche ungeschieden. Den Frauen geht es um eine Politik der Sicherung der Reproduktionsbedingungen. Daher forderten sie u. a., die Männer sollten Mädchen auch ohne Mitgift heiraten, uneheliche Kinder sollten anerkannt werden, Junggesellen sollten doppelt so hoch wie ledige Frauen besteuert werden, die ökonomischen und sozialen Wurzeln der Prostitution sollten bekämpft werden, bestimmte Berufe sollten unverheirateten Mädchen, Witwen und Ehefrauen von armen Männern vorbehalten bleiben.

In der Petition „der armen Javotte" an die Nationalversammlung hieß es: „mein Vater, mein Onkel und meine Brüder suchten Arbeit. Mit großen Schwierigkeiten fanden sie welche. Meine Mutter, meine Schwester und ich haben auch gesucht. Sie fanden keine."[14]

Diese Beispiele mögen genügen, nicht nur um den Stellenwert der Frauennot und der Krise der Familienökonomie für den Ausbruch der Revolution, sondern auch um die Qualität des Politikverständnisses der Frauen anzudeuten. Die Frauen verstanden sich aufgrund ihrer Familienverantwortung als Anwälte der Politik „des Volkes". Sie kannten keine Unterscheidung in „öffentlich" und „privat", aber auch keine eigene Frauenpolitik im Verständnis der Frauenbewegung des 19. Jahrhunderts.

Die Jakobinerherrschaft bildete die entscheidende Phase in der Auseinandersetzung der beiden unterschiedlichen Politikbegriffe. Die Frauen waren dabei die entschiedensten Vertreterinnen der „traditionellen" Politik im Sinne der Normen der Familienökonomie. Die Forderungen der Existenzsicherung, nicht die Anerkennung der Gesetze des Marktes, bestimmten für sie weiterhin ihre Vorstellungen von Politik und von sozialer Gerechtigkeit. Vor allem in den Subsistenzkrisen von 1792/93 war dieses „traditionelle" Verständnis von Frauenpolitik, als einer Politik „des Volkes" und seiner Existenzsicherung, maßgebend. Dabei trat in der Auseinandersetzung zwischen den Girondisten und den Jakobinern der Konflikt dieses Politikverständnisses mit dem neuen Politikbegriff voll in Erscheinung. Der normative Unterschied dieser beiden politökonomischen Konzeptionen blieb keineswegs den Frauen verborgen. Ihr Mißtrauen gegenüber der neuen politischen Ökonomie des Marktes war größer als das der Männer – begreiflicherweise. In den akuten Versorgungskrisen von 1792/93 und 1795 konnten sie sich nicht auf das versprochene Brot von morgen vertrösten lassen. „Wenn unsere Kinder Milch verlangen, können wir nicht bis übermorgen warten."[15] In dem Kampf der Frauen um die Festsetzung der Höchstpreise, um die Einhaltung der Versprechen der Verfassung von 1793 wird die gesellschaftspolitische Tragweite der Revolutionsforderungen der Frauen auf das Existenzrecht aller sichtbar. Es wird deutlich, daß wir es nicht nur mit einer Distributionsfrage zu tun haben. Frauen verstanden sich in ihrem Kampf um den „gerechten Preis" nicht einfach als „Konsumentinnen".

Spätestens seit dem September 1793 war für Robespierre erkennbar, daß die Frauen von Paris, die die Revolution vorantrieben, eine Gefahr darstellten. Denn Robespierre war nicht in der Lage, sein Brotversprechen einzuhalten.[16] Es setzte die Phase der Verfolgung der Frauen und der kompensatorischen Heroisierung der Frauen in den verordneten Volksfesten der Revolution ein. Nicht nur die Gesellschaft der Revolutionären Frauen, alle Frauenorganisationen wurden verboten.
Lesen wir die Berichte und Reden dieser entscheidenden Sitzungen nach, so kann kein Zweifel bestehen, daß die gesellschaftspolitische Tragweite dieser antifeministischen Beschlüsse den Mitgliedern des Konvents voll bewußt waren. Man berief sich auf die Erfahrungen der letzten Tage, um auf die Gefährlichkeit der Frauenorganisationen hinzuweisen. Denn der Aufruhr unter den Marktfrauen hatte in diesen Tagen, als ungefähr 6000 Marktfrauen ihre Forderungen auf die Festsetzung der Höchstpreise stellten, einen neuen Höhepunkt erreicht. Die Frauen der Revolution seien, so das Konventsmitglied Fabre, alle Prostituierte. Basire, der den Antrag auf das Verbot aller Frauenorganisationen unterstützte, plädierte für einen Abbruch aller prinzipiellen Erörterungen über die Natur der Frau und über die Gleichheit der Menschen. Für ihn stellten die Frauen einfach eine Gefährdung der öffentlichen Sicherheit dar. Auf eine politische Klärung, was die Jakobiner in dieser Situation unter ihrer Maxime: „Recht auf Existenz" verstanden, wurde in diesem Zusammenhang verzichtet.
Die Frauenpolitik als eine Politik der Subsistenzsicherung „des Volkes" war endgültig gescheitert. Nach dem 13. 10. 1793 hatten die Frauenforderungen nicht mehr die Chance, als politische Forderungen wahrgenommen zu werden. Chaumette, der Präsident des Konvents, machte in einer langen Rede über die Natur der Frau auf die Unzuständigkeit der Frauen für politische Angelegenheiten aufmerksam: Hier hieß es u. a.:

„Die Natur sprach zur Frau: sei eine Frau! das zarte Umsorgen der Kinder, die vielen Kleinigkeiten des Haushalts, die süße Unruhe der Mutterschaft: Das sind Deine Aufgaben."[17]

Obgleich diese revolutionäre Frauenpolitik gescheitert war, haben die Frauen dieses Scheitern nicht mit der Preisgabe der Normen ihrer Politik quittiert. Vielmehr haben sie die kollektive Erfahrung gemacht, daß der Preis, den die Revolution für die neue Freiheit verlangte, für sie zu hoch war.

Die Frauen maßen die Ergebnisse der Revolutionsjahre weiterhin an ihrem Maßstab der Familienökonomie, „an ihrem zerstörten Haushalt, der Zahl ihrer früh- oder totgeborenen Kinder, ihrer eigenen Unfruchtbarkeit, am Verschwinden ihrer wenigen Möbelstücke, an den verflossenen mühevollen Jahren, die sie mit dem Versuch, die fragile Familienökonomie zusammenzuhalten, verbracht hatten. Welchen anderen Schluß konnten sie ziehen, als daß der Preis, den sie für die vermeintliche Freiheit bezahlt hatten, viel zu hoch gewesen war".[18]

Somit willigten sie gezwungener Weise in die Trennung der Sphären und in die gesellschaftliche und politische Abwertung ihrer Arbeit in der Familienökonomie ein.

Diese Einschätzung der Schlüsselstellung der von der Familienökonomie bestimmten Frauenpolitik und ihres unüberbrückbaren Gegensatzes zu den neuen Gesetzen des Marktes ist für die fachdidaktische und fachwissenschaftliche Behandlung dieses Themas von zentraler Bedeutung. Denn erst die Bewertung der Frauenpolitik von 1789 bis 1795, im Kontext der Durchsetzung der Prinzipien und der Normen der bürgerlichen Gesellschaft und der Privatisierung der Familienökonomie, macht es möglich, sowohl den gesellschaftspolitischen Gehalt der Frauenforderungen als auch die historischen Wurzeln unserer antifeministischen, gesellschaftsanalytischen Kategorien und Wahrnehmungsweisen zu erfassen. Erst auf diesem historischen Hintergrund wird erkennbar, daß der nach-revolutionäre Antifeminismus nicht ein psychologisches Phänomen, sondern eine politökonomische und sozioökonomische Notwendigkeit der sich durchsetzenden bürgerlichen Gesellschaft darstellt.

2. Das Lernmaterial

Es wäre vermessen, mit drei Unterrichtssequenzen die Auflösung historisch verfestigter, antifeministischer Wahrnehmungsweisen und Vorurteilsstrukturen erreichen zu wollen. Dennoch ist es sinnvoll, dieses weitreichende Lernziel den Lernmaterialien voranzustellen. Denn die Auswahl der Materialien ist, sowohl durch die Erfahrungen der antifeministischen Bewertungskriterien in der Fachdidaktik und in der Fachwissenschaft, als auch durch die Annahme der besonderen Bedeutung der Frauenerfahrungen während der Französischen Revolution, für die Ausprägung dieser antifeministischen Vorurteilsstruktur hervorgegangen.

Drei Lernsequenzen werden hier vorgestellt. Um die Lernintentionen dieser drei Lerneinheiten besser nachzuvollziehen, ist es sinnvoll, sich an die zentrale Bedeutung der Familienökonomie für das Frauenhandeln und an den Stellenwert der Subsistenzkämpfe im Revolutionsprozeß zu erinnern.

I. Frauen marschieren nach Versailles

Lernziele:

- Die Schülerinnen und Schüler sollen den Marsch nach Versailles als spezifisch weibliche Protestform bestimmen und erkennen, daß die Ursachen hierfür in der besonderen wirtschaftlichen, sozialen und politischen Situation der Frauen liegen.

- Die Schülerinnen und Schüler sollen erkennen, daß die Brotrevolten die zentrale Protestform der Französischen Revolution war, und ihre politische Wirksamkeit für den Revolutionsverlauf bestimmen.

Sachinformation und didaktische Hinweise:
Der Marsch nach Versailles, in den meisten heutigen Geschichtsbüchern nur am Rande berücksichtigt, ist nicht nur eine besondere geschlechtsspezifische Widerstandsform, sondern er hat auch für den Revolutionsverlauf eine entscheidende Bedeutung. Erst diese politische Aktion zwang schließlich den König, die Menschenrechte, die Nationalversammlung und deren Beschlüsse anzuerkennen. Demgegenüber kommen bekannten historischen Ereignissen wie ‚Generalstände', ‚Ballhausschwur' und ‚Sturm auf die Bastille' relativ geringe politische Bedeutung zu. Diese Inhaltsstruktur hat zur Folge, daß der Marsch nach Versailles ausführlich im Unterricht behandelt werden sollte, während der Stellenwert anderer politischer Ereignisse geringer ist.
Die gesellschaftlichen, wirtschaftlichen und sozialen Ursachen werden erst anschließend Unterrichtsgegenstand, um den ‚Marsch nach Versailles' als geschlechtsspezifisches Identifikationsangebot für die Schülerinnen und Schüler zu nutzen. Erst auf dieser Motivationsebene ist eine sozialgeschichtliche Einbettung sinnvoll.
Im Gegensatz zu anderen sozialgeschichtlichen Unterrichtsmaterialien wird hier die besondere Auswirkung der wirtschaftlichen und politischen Krisensituationen auf die Frauen berücksichtigt. Die Frauen der unteren sozialen Schichten kämpften in den Brotrevolten nicht nur für ihr Überleben (ungefähr 40 % der Frauen in der Stadt waren ledig), sondern auch für das ihrer Kinder und Angehörigen.
Die zentrale Kommunikations- und Organisationsform der ‚einfachen Frau' in der Stadt war der ‚Markt'. Hier entstand eine der zentralen Forderungen der Französischen Revolution, die nach ‚Brot'; hier wurden auch die Brotrevolten, die den Verlauf der Revolution entscheidend beeinflußten, organisiert. Ein Anstieg des Brotpreises gefährdete immer die Existenzgrundlage der Mehrheit des 3. Standes. Frauen waren aufgrund ihrer stärkeren Betroffenheit von den Auswirkungen der wirtschaftlichen Krisensituation als Mutter und Arbeiterin bzw. ‚nur' als Mutter die wichtigsten Organisatorinnen und Trägerinnen der Brotrevolten.
Die allgemeinen politischen und wirtschaftlichen Widersprüche innerhalb des 3. Standes wurden zusätzlich durch die besondere geschlechtsspezifische Betroffenheit der Frauen verstärkt. Die politischen Ausdrucksformen und Interessen bürgerlicher Frauen, Frauen aus den unteren städtischen Schichten und von Bäuerinnen waren entsprechend ihrer sozialen Ausgangssituation sehr unterschiedlich.

Auswertungshinweise:
- Beschreibe den Marsch nach Versailles!
- Unterscheide und bewerte, was die ‚Frauen von Versailles' für die Revolution erreicht haben mit dem, was sie für ihr politisches Mitspracherecht erreichten!
- Überlege und bewerte, welche politische Durchsetzungskraft die Nationalversammlung hatte!
- Beschreibe die Situation der Bäuerinnen und Bauern, der Arbeiterinnen und Arbeiter und des Großbürgertums vor der Französischen Revolution
- Überlege, ob Männer und Frauen in dieser Situation gleiche Probleme haben, oder ob es Unterschiede gibt!
- Erkläre und diskutiere die Behauptung ‚Brotrevolten sind die Protestkundgebung der Frauen'!

Frauen marschieren nach Versailles

Beim Ausbruch der Revolution

Bäuerinnen und Bauern:
. . . Die genannte Gemeinde stellt vor, daß es keinen unglücklicheren Menschen gibt als den Bauern und den Tagelöhner. Um diese Grundwahrheit zu beweisen, genügt es, zu betrachten, daß nach Abführung der königlichen Steuern und nach Bezahlung der Feudallasten sowie nach Abrechnung seiner Arbeit und des Saatgutes dem Bauern und

Eigentümer nicht einmal ein Zehntel des Ertrags von seinem Boden bleibt, so daß er, um die genannten Lasten und Steuern bezahlen zu können, gezwungen ist, von ein wenig Hirsebrot oder Buchweizen sich zu nähren, was ihm oft genug auch noch fehlt. Er hat nichts als eine Suppe von Wasser und Salz, eine Nahrung, welche die Hunde besser gestellter Menschen verweigern würden; und doch ist dieser Arbeiter, der ständig schwerer Arbeit und der Härte aller Jahreszeiten ausgesetzt ist, nichtsdestoweniger ein Untertan des Staats, der nicht härter behandelt werden sollte als andere Menschen auch (Aus: Geschichte in Quellen, S. 148).[19]

Großbürgerinnen und Großbürger:
[Das Großbürgertum] ist der Nutznießer des langsamen technischen Fortschritts, ob es sich nun um die Anfänge des Steinkohleabbaus oder um die Zug um Zug in die Textilindustrie eingeführten englischen Methoden handelt. Das Bürgertum profitiert auch von dem um das Mehrfache gestiegenen Zahlungsmittelumlauf, von der schleichenden Inflation, von dem anschwellenden Strom der produzierten und gehandelten Güter. Da sind die Steuerpächter, Spekulanten und Bankiers, denen die Staatsschulden zum Reichtum verhelfen, die Kaufleute, die an dem seit Beginn des Jahrhunderts fünfmal größer gewordenen Außenhandel beteiligt sind, die Bergwerksbesitzer oder die Manufakturherren in der Seiden- und Kartunherstellung, die mit ihrem Angebot der wachsenden Nachfrage immer breiterer Schichten nicht mehr folgen können.
Der beträchtliche Jahresgewinn erlaubt bei der vorsichtig abwägenden und arbeitsamen Lebensführung dieser Neureichen die Bildung stattlicher Vermögen, die ihre Besitzer nicht auf die Konjunktur und schon gar nicht auf ihre bevorzugte Geburt, sondern auf ihr Verdienst zurückführen: allein dieser Gedanke bedeutet schon eine ganze Revolution.
Aber Ehrgeiz und Gewinnstreben erklären nicht alles. Hinzu kommt das allgemeine, tiefe Gefühl gesellschaftlicher Frustration, die Demütigung der Bürgerlichen durch die Schranke der Geburt: Manon Phlipon, die spätere Madame Roland, bekommt bei einer Einladung auf ein Schloß ihre Mahlzeit im Bedientenzimmer serviert und vergißt ihren Gastgebern diese Schmach niemals. Barnave wird schon als Kind zum überzeugten Revolutionär, als er miterlebt, wie seine Mutter im Theater einem Adeligen ihre Loge räumen muß. Die Einheit der Bourgeoisien, also ansonsten höchst verschiedener Gruppen, entsteht in erster Linie aus der spontanen gemeinsamen Ablehnung der jahrhundertealten Diskriminierung der Menschen durch ihre Geburt.

Zusammensetzung des Staatshaushaltes unter Ludwig XVI:

Zinsen
30 %

Pensionen 6 %

Heer
33 %

Sonstiges
21 %

Hof
10 %

Im Mai 1789 wollte der König die Steuern erhöhen, um das Steigen der Staatsverschuldung zu stoppen. Er berief deshalb eine GENERALSTÄNDE-Versammlung ein, um Unruhen zu vermeiden.

	Angehörige	Abgeordnete	Stimmen
1. Stand	120000	300	1
2. Stand	360000	300	1
3. Stand	24 Mil.	600	1

Die Vertreter des 3. Standes forderten: gemeinsame Beratungen aller Stände u. Abstimmung nach Köpfen. Als „wahre" Vertreter von 24 Mil. Franzosen erklärten sie sich zur NATIONALVERSAMMLUNG. 3 Tage später schworen sie in der Halle des Ballhauses, sich erst zu trennen, wenn Frankreich eine Verfassung habe (BALLHAUSSCHWUR). Gleichzeitig wuchsen in Paris die Unruhen (Mißernte, Hunger, Not). Das Volk nahm am 14. 7. gewaltsam das Staatsgefängnis, die BASTILLE, ein. – Die Nationalvers. verabschiedete eine ERKLÄRUNG DER MENSCHENRECHTE (27. August).

Arbeiterinnen und Arbeiter:
In den Jahren 1726–1789 stiegen die Preise um 62 %. Die Löhne stiegen nur um 22 %. Der Preisanstieg war besonders groß bei den Grundnahrungsmitteln. Zwischen 1785 und 1789 stiegen die Preise für Weizen um 66 %, für Roggen um 71 %, für Fleisch um 67 % und für Brennholz um 91 %.
Das Jahr 1789 bildete den Höhepunkt der Preisentwicklung. In der ersten Hälfte des Juli 1789 erreichten die Preise für Weizen eine Steigerungsrate von 150 %, für Roggen von 165 % (Aus: Kuhn, S. 24).[20]
Die Einwohnerstruktur bestimmte meist das ‚Heiratsschicksal' von vielen seiner Einwohner. In Lyon z. B. gab es sehr viel mehr Frauen, die in der Seidenindustrie arbeiteten, als Männer. Folglich waren in dieser Stadt während des 18. Jahrh. mehr als 40 % der Frauen im Alter von 50 J. immer noch ledig. In Amiens – mit seiner gemischten Einwohnerstruktur – waren 20 % der Frauen über 40 in einer der wohlhabenden Kirchengemeinden unverheiratet, als sie starben (Aus: Tilly, S. 26).[22]
Ein männlicher Arbeiter verdiente von 1776–1800 jährlich 205 Sous – ein weiblicher Arbeiter nur 125 Sous.
In den Städten stellten Frauen den Großteil der Beschäftigten im Bekleidungsgewerbe – Näherinnen, Putzmacherinnen, Korsettmacherinnen, Stickerinnen, Bortenmacherinnen, Handschuhmacherinnen usw. –, und schließlich verrichteten in jeder Gemeinde arme Frauen, die unterste Kategorie auf dem Arbeitsmarkt, die schweren und unangenehmen Arbeiten wie das Lastentragen. Nichts war für sie zu knechtisch und gemein. Sie schleppten Erde und auf den Märkten schweres Gemüse, Wasser, Holz – alles. In den großen Städten fanden sie Arbeit als Lumpensammlerinnen, Aschekehrerinnen, Abfallsammlerinnen, als Bau- und Maurergehilfinnen – die Liste ließe sich beliebig fortführen. Wo Arbeit die Familie nicht ausreichend ernähren konnte, mußte eine Mutter erfinderisch sein. Sie lehrte ihre Kinder das Betteln oder stellte sie gegen ein kleineres Entgelt in den Dienst anderer Frauen, die auf Märkten und Messen mit ihren angeblich großen Familien Mitleid erregen wollten oder mit den Kindern von Tür zu Tür zogen und lange herzzerreißende Geschichten erzählten (Aus: Hufton, S. 139f.).[21]

Armut wirkt wie eine Säure: sie zerfrißt zwischenmenschliche Beziehungen oder löst sie ganz auf. Für einen Vater aber war es leichter, sich der Familie zu entziehen, als für eine Mutter. Er konnte auf dem Nachhauseweg einen Abstecher in die Kneipe machen, um sich mit billigem Fusel gegen den Anblick häuslichen Elends und hungriger Kinder zu betäuben, und es war für ihn auch einfacher, sich ganz aus dem Staube zu machen, im Anschluß an auswärtige Saisonarbeit für immer zu verschwinden. Der Pfarrer von Athis beschrieb dies so:
„Sie verlieren den Mut, sie werden es müde, ihre Familie von einem Lohn zu ernähren, der kaum für eine Person ausreicht. Und dann schnüren sie ihre wenig übriggebliebenen Lumpen zu einem Bündel zusammen und machen sich auf den Weg, um niemals von ihren Familien wiedergesehen zu werden.“[23]

So kommt es zu einer Brotrevolte:
Sie wachen über die Märkte, den großen Ort der Frauen. Dort achten sie ständig auf Qualität und Quantität, auf die Regelmäßigkeit der Versorgung und das Preisniveau. Sobald sich irgendwo eine Verknappung andeutet – zu schnell verkaufte Waren oder geringste Anzeichen für Schlangestehen –, schon sind sie alarmiert. Wenn ein Preisanstieg sich abzeichnet, beginnen sie zu murren. Das Murren schwillt an in den Straßen, den Hinterhöfen, den Stadtvierteln, zwischen den Nachbarinnen. Am folgenden Markttag schnellen die Preise in die Höhe. Dann fordern die Frauen die Getreidehändler auf, ihnen das Korn zum alten Preis zu verkaufen; und wenn diese sich weigern, bemächtigen sie sich der Waren, legen die Preise fest und verkaufen sie selbst. Wenn ein Händler seine Säcke versteckt, ziehen sie diesen Hamsterer zur Rechenschaft, kippen die Stände um, verfolgen ihn mit ihren Schreien, ja mit ihren Schlägen bis in die Hinterstuben der Bäcker, seiner Komplizen. Am frühen Morgen versammeln sie sich vor den Toren der Stadt, um die Wagen abzufangen, die das Korn bringen. Sie bemächtigen sich der Säcke und verteilen das Korn am Brunnen. Wenn der Markt sich leert, beobachten sie aus dem Hintergrund, wo die Ware hingebracht wird; wenn das Gerücht laut wird, daß ein Transport irgendwohin geht, machen sie sich sofort auf den Weg. Wie schnell sind sie bereit zu protestieren, sich das Stichwort zu geben, das alle

Marsch der Frauen von Paris nach Versailles am 5. 10. 1789

Frauen zusammentrommelt! Sie nehmen oft ihre Kinder mit und weisen ihnen eine Aufgabe zu: Ausschau halten, Botschaften überbringen oder Sturm läuten. Diese aufrührerischen Horden werden vor allem von Familienmüttern, von kinderreichen Hausfrauen, die häufig noch stillen oder gar schwanger sind, angeführt. doch trifft man auch auf alte Weiber, Wächterinnen des Marktes, auf junge, ledige Frauen, die betagte Eltern unterstützen, oder auf alleinstehende Tagelöhnerinnen, Flickerinnen, Wäscherinnen mit magerem Lohn, für die ein höherer Brotpreis das nackte Elend bedeutet.[24]

Am Morgen des 5. Oktober brach die Erhebung gleichzeitig auf den Pariser Märkten und im Faubourg Saint-Antoine aus. In beiden Fällen waren Frauen die Anführerinnen, und an den nun folgenden Aktionen nahmen, wie aus zahlreichen und voneinander abweichenden Berichten hervorgeht, Frauen aller gesellschaftlichen Klassen teil, Fischweiber und Marktweiber, Arbeiterinnen aus der Vorstadt, gutgekleidete Bürgerinnen . . .

Von den Ausgangspunkten der Erhebung her strömten die Frauen nun alle vor dem Hôtel de Ville zusammen. Vor allem wollten sie Brot, als nächstes vermutlich Waffen und Munition für ihre Männer. Ein Tuchhändler, der um halb neun an der alten Markthalle vorbeiging, sah, wie Gruppen von Frauen Passanten aufhielten und sie zwangen, mit ihnen zum Hôtel de Ville zu ziehen, ‚um Brot zu bekommen‘. Die Wachen wurden entwaffnet und ihre Gewehre den Männern übergeben, die den Frauen auf dem Fuß folgten und sie zum Vorgehen ermutigen.

Am frühen Abend trafen die Marschierenden in Versailles ein, steuerten direkt auf die Nationalversammlung zu, die eben eine Sitzung abhielt, drängten sich neben den erschrockenen Abgeordneten in die Bänke und warteten, daß Maillard ihre Petition vortrage. An den Röcken hingen ihnen Säbel und Jagdmesser. In seiner Rede zitierte Maillard reichlich aus dem populären neuen Pamphlet ‚Quand surons-nous du pain?‘, in dem eher die Behörden als die Bäcker für die Knappheit verantwortlich gemacht wurden. Er schloß mit zwei Forderungen: Brotversorgung für die Hauptstadt und Bestrafung der Leibgarden, welche die Kokarde beleidigt hatten. Verschiedene Abgeordnete erwiderten mit beschwichtigenden Versicherungen. Wütende Rufe von ‚à bas la culotte:‘ richteten sich an die Geistlichkeit, Robespierre hingegen wurde unter achtungsvollem Schweigen angehört. Danach rief man nach ‚nôtre petite mère Mirabeau‘. Eine Abordnung von sechs Frauen wurde gewählt, die beim König vorsprechen sollte. Der Marquis de Paroy bezeichnete zwei davon als ‚assez bien‘. Die Sitzung kam zu einem mehr oder weniger geordneten Abschluß.

Inzwischen war in Paris, durch die Sturmglocken zusammengerufen, die Nationalgarde auf die Place de Grève geströmt. Der Ruf: ‚Nach Versailles!‘ wurde laut.

Früh am Morgen kam es zu einem Zusammenstoß zwischen den Parisern und der Leibgarde, die den Palast bewachte. Mehreren Demonstranten war es gelungen, in das Schloß einzudringen und bis in die Gemächer der Königin vorzustoßen.

Die Pariserinnen in der Nationalversammlung inmitten der Deputierten

Erklärungen des Königs, 5. Oktober: Ich bin über die unzureichende Versorgung von Paris zutiefst betroffen. Ich werde weiterhin alle in meiner Macht stehenden Mittel und Hilfsquellen ausschöpfen, um den Einsatz und die Anstrengungen der Stadtverwaltung zu unterstützen; außerdem habe ich ganz eindeutige Anordnungen für den freien Verkehr des Getreides und die Beförderung dessen, was für meine gute Stadt Paris bestimmt ist, gegeben.
Ich nehme ohne Bedingungen und aufrichtig die Artikel der Verfassung und die Erklärung der Menschenrechte an, die die Nationalversammlung mir vorgelegt hat. (Aus: Buchez/Roux, S. 90)
Die Pariserinnen, die am 5. 10. 1789 den König gezwungen haben, Versailles zu verlassen, sind von diesem Zeitpunkt an zu der Nationalversammlung zugelassen. Danach wurde den Frauen nur noch das Rederecht auf der Nationalversammlung gewährt; sie hatten kein Stimmrecht und konnten auch keine Abgeordneten werden.

II. Frauen stellen Forderungen auf und organisieren sich

Lernziele:

- Die Schülerinnen und Schüler sollen die Forderungen der revolutionären Frauen benennen, diese vor dem Hintergrund der besonderen sozialen Bedingungen und der bestehenden politischen und sexistischen Machtstrukturen analysieren.
- Die Schülerinnen und Schüler sollen die verschiedenen Organisationsformen von Frauen und entsprechende Aktionsformen nennen und diese politische Ausdrucksform qualitativ einordnen und bewerten.

Sachinformation und didaktische Hinweise:
Hier werden zusammenfassend die Forderungen, Aktivitäten und verschiedenen Organisationsformen der revolutionären Frauen dargestellt. Chronologisch beziehen sich die Quellen und Informationstexte weitgehend auf die Frauenaktivitäten nach dem ‚Marsch nach Versailles'. Während dieser Zeit wurden zahlreiche Frauenclubs und -zeitschriften gegründet sowie eine große Anzahl Petitionen von Frauen an die Nationalversammlung gerichtet. Die Errungenschaften der Revolution betrafen bis zu diesem Zeitpunkt nur Männer, während die Frauen von jeglichem politischem Mitspracherecht ausgeschlossen, ihren Männern in der Ehe hilflos ausgeliefert waren, kein Recht auf Bildung hatten und die Menschenrechte für sie als Frauen keine Gültigkeit hatten. Hinzu kam, daß sich die wirtschaftliche und soziale Notsituation während der Revolutionsregierungen verschärfte.
Während die Brotrevolten die politische Ausdrucksform der Frauen aus den unteren sozialen Schichten in den Städten waren, kämpften hauptsächlich Frauen aus dem Bürgertum für die politische und soziale Gleichberechtigung der Frauen.

Auswertungshinweise:

- Benenne die verschiedenen Forderungen der Frauen und versuche, die Gründe der Frauen dafür aufzuzeigen!
- Überlege, warum Olympe de Gouges besondere Rechte für die Frau und Bürgerin fordert, obwohl die Menschenrechte von der Nationalversammlung schon beschlossen sind!

1. Auszug aus einer Petition von Frauen an die Generalstände 1789
Wir fordern, unterrichtet und gebildet zu werden, Berufe zu haben, nicht um uns das Ansehen (Autorität) der Männer anzueignen, sondern um von ihnen mehr geachtet zu

Frauen stellen Forderungen auf und organisieren sich

werden, um die Mittel zu haben, vor dem Elend geschützt zu leben...
Wir bitten sie inständig, Sire, kostenlos Schulen zu errichten, wo wir unsere Sprache von Grund auf lernen können, die Religion und die Moral...
Wir fordern aus unserer Unwissenheit herauszukommen, um unseren Kindern eine gesunde und vernunftsmäßige Erziehung zu geben, um sie zu würdigen Untertanen zu machen.[26]

2. Am 25. März 1792 feuert Théroigne de Méricourt die Frauen des Viertels St. Antonie an:

3. Aus den Beschwerden und Klagen der unglücklich verheirateten Frauen an die Nationalversammlung 1790:
Großzügige Bürger, die ihr von der mächtigsten Nation der Welt gewählt worden seid, um das erhabendste Amt, das des Gesetzgebers, zu erfüllen, ... hört die Schmerzensschreie dieser unglücklichen Frauen, der Opfer des Zwangs, der Verführung oder des Fehlers eines Augenblicks! Sie sind ihr Leben lang in Gefängnissen eingekerkert, in denen die Willkür herrscht, schlimmer als in der entsetzlichen Bastille, die es nicht mehr gibt.
...
Reisst diese religiösen Gefängnisse ein,

auf das die Gefängnisse nur noch die Verbrecher einsperren, auf daß die Frauen teilhaben an der Freiheit des französischen Volkes ...[27]
Bewaffnen wir uns, wir haben das Recht dazu – durch die Natur und sogar durch das Gesetz. Zeigen wir den Männern, daß wir ihnen nicht unterlegen sind, weder an Tugenden noch an Tapferkeit ... Man wird versuchen, uns lächerlich zu machen ... Aber wir werden uns bewaffnen, weil es vernünftig ist, daß wir uns darauf vorbereiten, unsere Rechte, unsere Heime zu verteidigen, und weil wir unserer Sache gegenüber Unrecht täten und unverantwortlich gegenüber dem Vaterland wären, wenn die Verzagtheit, die wir durch die Sklaverei eingegangen sind, noch genug Macht über uns hätte, um uns daran zu hindern, unsere Kräfte zu verdoppeln.
Es ist Zeit, daß die Frauen aus ihrer schändlichen Nichtigkeit herauskommen ...[28]

4. Erklärung der Rechte als Frau und Bürgerin 1791 (v. Olympe de Gouges)

Art. 1: Die Frau ist frei geboren und bleibt dem Mann gleich in allen Rechten.
Art. 2: Der Zweck der staatlichen Vereinigung ist der Schutz der natürlichen und unveräußerlichen Rechte sowohl der Frau als auch des Mannes. Diese Rechte sind Freiheit, Sicherheit, Eigentum und besonders das Recht auf Widerstand gegen Unterdrückung.
Art. 4: Freiheit und Gerechtigkeit bestehen darin, den anderen zurückzugeben, was ihnen gehört. So wird die Frau an der Ausübung ihrer natürlichen Rechte nur durch die fortdauernde Tyrannei, die der Mann ihr entgegensetzt, gehindert. Nach den Gesetzen der Natur und der Vernunft müssen diese Hindernisse abgeschafft werden.
Art. 10: Niemand darf wegen seiner Meinung verfolgt werden. Die Frau hat das Recht, das Schafott zu besteigen. Sie muß gleichermaßen das Recht haben, die Rednerbühne zu besteigen.
Art. 16: Eine Gesellschaft, in der die Garantie der Rechte nicht gesichert ist, hat keine Verfassung. Es besteht keine Verfassung, wenn die Mehrheit des Volkes an ihrem Zustandekommen nicht mitgewirkt hat. Das Eigentum gehört beiden Geschlechtern vereint oder einzeln. Jede Person hat darauf ein unverletzliches Recht.

5. Frauenclubs und Frauenzeitschriften

Die Bürgerin Lambert hat sich bei der ‚Bruderschaft für beide Geschlechter' hineingeschrieben

...Einer der wenigen Clubs, in dem Frauen Stimmrecht haben. Er befindet sich auf dem Dachboden des Jakobinerklosters.

Die Girondisten wollen uns auseinanderbringen. Wir brauchen Männer wie Robespierre, Danton, Marat, Saint-Just![32]

Clubs und Zeitschriften spielten für die politisch aktiven Frauen während der Französischen Revolution eine große Rolle. Während außerhalb von Paris eine Vielzahl von reinen Frauenclubs gegründet wurden, waren die politischen Clubs in Paris in der Regel für Männer und Frauen zugelassen. Einige dieser Pariser Clubs entwickelten sich zu reinen Frauenclubs, andere duldeten Frauen nur als passive Teilnehmerinnen (Jakobinerclub), wieder andere verstanden sich als gemeinsame Interessenvertretung von Männern und Frauen (Bruderschaft für beide Geschlechter).

Der einzige Club, der von Anbeginn als reiner Frauenclub auftrat, war der Club der Republikanischen Revolutionären Frauen. Sie kämpften vor allem gegen die Brotverknappung durch die Beschlagnahmung von Waren, Getreidetaxierung und der Plünderung von Warenlagern. Sie forderten den Preisstopp für Brot. Die Mitglieder des Clubs kamen vorwiegend aus den unteren sozialen Schichten.

Die anderen Frauengruppen, die sich aus der Mittelschicht rekrutierten, propagierten ihre politischen Ziele vor allem über Zeitschriften.

Die Redakteurinnen der Zeitschrift ‚Les Etennes Nationales des Dames' veröffentlichten während des ganzen Jahres 1791 Gesetzesvorschläge zum Scheidungsrecht und zur Verbesserung der Lage lediger Mütter. Sie forderten weibliche Geschworene und das Frauenwahlrecht. Auch auf sexuellem Gebiet wurde die Gleichberechtigung von Männern und Frauen artikuliert: ‚Die Frau ist dem Mann gleich an Rechten und sexuellen Freuden.'

Die Haltung der anderen Frauenzeitschriften war gemäßigter. Hier unterstrich man, daß die Frau Grundlage des Glücks der Familie sei, und daß es nötig sei, sie zu unterrichten, weil sie die Erzieherin der künftigen Bürger und Bürgerinnen sei.[33]

III. Die Rolle der Frauen während der Revolutionsregierungen

Lernziele:

- Die Schülerinnen und Schüler sollen erkennen, daß die Forderungen und Aktivitäten der revolutionären Frauen von den männlichen Revolutionären nur zur Unterstützung und Durchsetzung ihrer eigenen Machtinteressen dienen und daß spezifische Frauenforderungen, -aktivitäten und -interessen von den Revolutionsregierungen massiv unterdrückt und niedergeschlagen wurden.

- Die Schülerinnen und Schüler sollen interpretieren, daß mit der zunehmenden Verfolgung politisch aktiver Frauen das traditionelle Frauenideal (Frau als Hausfrau und Mutter) reaktiviert und massiv propagiert wurde.

Sachinformation und didaktische Hinweise:
Die männlichen Revolutionäre akzeptierten die revolutionären Aktivitäten der Frauen nur zur Unterstützung ihrer eigenen Machtinteressen. Die anhaltenden Brotrevolten des Jahres 1793 wurden von den Girondisten als Gefahr betrachtet, und sie versuchten, diese niederzuschlagen. Die Jakobiner benötigten die revolutionären Frauen (Sansculottes/Jakobinerinnen) noch zur Machtergreifung, danach wurden alle politischen Errungenschaften der Frauen (z. B. Frauenclubs) allmählich abgebaut. Die den Girondisten nahestehenden Frauen wurden von den Jakobinern verfolgt und hingerichtet. Mit dem Vorgehen der Jakobiner gegen die unterschiedlichen Gruppen politisch aktiver Frauen reaktivierte sich das traditionelle Frauenideal, mit dem in der Öffentlichkeit die Verfolgung und Unterdrückung der Jakobiner legitimiert wurde.
Mit den letzten großen Brotrevolten von 1795, die blutig durch die Regierung des Direktoriums niedergeschlagen wurden, ihre Anführerinnen wurden hingerichtet, viele kamen ohne Prozeß in Gefängnisse. Damit verschwanden zunächst fast alle Spuren der revolutionären Frauenaktivitäten.
Es ist wichtig, den Schülerinnen und Schülern aufzuzeigen, daß Frauenaktivitäten während der Französischen Revolution Leitbild für alle späteren bürgerlichen und proletarischen Frauenbewegungen in Europa wurden. Es war zwar möglich, die revolutionären Frauen der Französischen Revolution zu demoralisieren und viele ihrer Anführerinnen hinzurichten, jedoch blieben ihre Ideen bestimmend für das politische Handeln von Frauen des 19. und 20. Jahrhunderts.

Die Rolle der Frauen während der Revolutionsregierungen

1. Regierungszeit der Girondisten
Aus einer Pariser Tageszeitung 25. Februar 1793:
Fortgesetzte Assignatenausgabe heizte die Inflation an und trieb die Preise für Lebensmittel in die Höhe. Der Ruf nach Taxierung der Grundnahrungsmittel wurde ... artikuliert. Die Unruhe des Volkes war bereits im November 1792 in einer Serie von Aufständen in der Provinz ... zum Ausdruck gekommen. Die Politik der Gironde, den Getreidehandel wieder völlig freizugeben, erwies sich auch nicht als Allheilmittel. Ende Februar praktizierte das Volk von Paris, insbesondere Hausfrauen, die Taxierung für Lebensmittel ...
Man stürmte die Brotläden, doch deckte man dort seinen Bedarf nur mit Mühe. Dann aber, als in allen Nachrichten und Berichten verbreitet wurde, daß es an so elementaren Gütern nicht fehle, fuhr man ein anderes Geschütz auf. Am Montag, dem 25., war überall vom Wucher und der Verteuerung von Zucker, Kaffee, Seife und Kerzen die Rede. Frauen durchzogen alle Viertel der Stadt, besonders aber jene, in denen sich die meisten Kolonialwarenlager befinden. Bald rottete man sich zusammen und lief zu den Kolonialwarenhändlern, wo man nach Gutdünken die Preise für die Waren festsetzte und die Lager ausräumte. Diese Plünderungen und Raubzüge dauerten bis gegen Abend an ...[35]

Information:
Für die Girondisten waren die anhaltenden Brotrevolten eine ernsthafte politische Gefahr. Noch am 25. Mai 1793 warnte der girondistische Abgeordnete Inard, daß Frauen planten, Kontrollen über den Konvent zu gewinnen, um den Ausschluß der

Girondisten zu betreiben. Am 31. Mai und 2. Juni schließlich gelang es tausenden Pariserinnen und Parisern, die girondistischen Führer zu entmachten. Die Jakobiner, die von diesem Zeitpunkt an die Regierung bildeten, wußten, daß sie ihre neue Machtstellung den Sansculottes verdankten; aber sie mißtrauten den politisch aktiven Frauen unter ihnen.
Zunächst wurden von den Jakobinern alle anti-jakobinischen Frauen verfolgt. Mme. Roland und Olympe de Gouges wurden verhaftet und noch 1793 guillotiniert. Am 13. Juni tötete Charlotte Corday, eine junge Anhängerin der Girondisten, Marat als Rache für die Vertreibung der Girondisten aus dem Konvent.[36]
Aus der Zeitung ‚Feuille du Salut Public' zur Exekution von Madame Roland:

Madame Roland

„Die Frau Roland, ein Schöngeist mit hochfliegenden Plänen und eine Philosophin, die wenig hinterlassen hat..., war ein Ungeheuer in jeder Hinsicht..., sie war Mutter, doch sie hatte die Natur vernachlässigt, indem sie sich über sie erheben wollte; der Wunsch, eine Gelehrte zu sein, brachte sie dazu, die Tugenden ihres Geschlechts zu vergessen, und dieses stets gefährliche Vergessen ließ sie schließlich auf einem Schafott enden."[37]

2. Regierungszeit der Jakobiner

Nach einer schwachen Verteidigung der Frauenvereine im Anschluß an die Rede Amars, beschloß der Konvent am 30. Oktober die Auflösung aller Frauenvereine.

Charlotte Corday

Ekel vor dem Verbrechen der Corday, das als besonders abscheulich angesehen wurde, löste eine allgemeine Reaktion gegen Frauen in der Politik aus... Die Reaktion gegen konterrevolutionäre Frauen traf sogar die Frauen unter den Jakobinern. Schon bald wurde der Frauenclub ‚Die Republikanischen Revolutionären Frauen' von jeder politischen Gruppe, die im Konvent nach Macht strebte, als konterrevolutionär angeprangert. Am 30. Oktober 1793 äußerte sich der Jakobiner Amar zu politisch aktiven Frauen:[39]

Jedes Geschlecht ist zu der Thätigkeit berufen, die ihm entspricht; seine Handlungen sind auf einen Kreis beschränkt, den es nicht überschreiten darf, weil die Natur selbst diese Grenzen dem Menschen gesteckt hat... Erlaubt die Ehrbarkeit dem Weibe, daß es sich öffentlich zeigt, daß es mit Männern diskutiert, und öffentlich, angesichts des Volkes, sich über die Fragen ausspricht, von denen das Wohl der Republik abhängt? Im allgemeinen sind die Frauen unfähig hoher Konzeptionen und ernster Überlegungen ... Aber noch unter einem anderen Gesichtspunkt sind Frauenvereine gefährlich. Wenn wir bedenken, daß die politische Erziehung der Männer noch im Frührot der Entwicklung steht, und daß wir das Wort Freiheit erst zu stammeln vermögen, um wie viel weniger aufgeklärt sind dann die Frauen, deren Erziehung bisher gleich Null war. Ihre Anwesenheit in den Volksvereinen würde daher Personen einen aktiven Anteil an der Regierung gewähren, die dem Irrtum und der Verführung stärker ausgesetzt sind als andere. Fügen wir hinzu, daß die Frauen zu Aufregungen besonders geneigt sind und die Interessen des Staates sehr bald alledem geopfert würden, was die Heftigkeit der Leidenschaften an Irrungen und Aufruhr hervorbringt.[40]

Ein Regierungsagent berichtet:
„Diese Frauen stimmen in einem Punkt überein, nämlich mit der Notwendigkeit einer neuen Ordnung, die sie aus dem Elend, in das sie sich gestürzt sehen, befreien wird ... Eine junge Torin, die sich als Sansculotte verkleidet hatte, versuchte gar, eine Gruppe von Frauen zu überzeugen, daß sie die gleichen Rechte wie Männer hätten, und das alles zweifelsohne besser gehen würde, wenn die politischen Angelegenheiten auch von guten republikanischen Frauen mitbestimmt würden ..."
Claire Lacombe (Führerin des ‚Republikanisch Revolutionären Frauenclubs' verteidigt die politisch aktiven Frauen vor dem Konvent:
„Unser Geschlecht hat nur ein Monster hervorgebracht; aber wir Frauen werden seit 4 Jahren von zahllosen Monstern des männlichen Geschlechts verraten und gemeuchelt. Unsere Rechte sind die des gesamten Volkes, und wenn wir unterdrückt werden, werden wir uns gegen diese Unterdrückungen zu wehren wissen."[41]

Die Frauen

Höre die Jungfrauen und die Mütter,
Schöpfer der Fruchtbarkeit!
Unsere Gatten, unsere Söhne, unsere Brüder
Kämpfen für die Freiheit, und wenn
Verbrechers Hand
Ein Ende setzte so schönem Ziel,
Dann werden ihre Söhne auf ihren
Gräbern
Die väterliche Asche rächen.[27]

Informationstext:
Im Frühjahr 1794 untersagte der Konvent die Zulassung von Frauen bei öffentlichen Versammlungen. Nach Robespierres Meinung schrien die ‚Republikanisch Revolutionären Frauen' nach Hunger, um Verzweiflung bei der Bevölkerung zu verbreiten. Er bezeichnete sie deshalb als konterrevolutionär. Er hielt diese Frauen für unnatürlich, da er glaubte, sie seien keine guten Ehefrauen und Mütter.

Chaumette, ein Jakobiner, zu den Frauen, die gegen die Auflösung der Frauenclubs protestierten:
Aber da trat ihnen in der Kommune der radikale Chaumette entgegen, der ihnen zurief: „Seit wann ist es den Frauen gestattet, ihr Geschlecht abzuschwören und sich zu Männern zu machen? Seit wann ist es Gebrauch, sie die fromme Sorge ihres Haushaltes, die Wiege ihrer Kinder verlassen zu sehen, um auf die öffentlichen Plätze zu kommen, von der Tribüne herab Reden zu halten, in die Reihe der Truppen zu treten, mit einem Worte Pflichten zu erfüllen, welche die Natur dem Manne allein zugeteilt hat? – Die Natur hat zu dem Manne gesagt: Sei Mann! Die Wettrennen, die Jagd, der Ackerbau, die Politik und die Anstrengungen aller Art sind dein Vorrecht! Sie hat zu dem Weibe gesagt: Sei Weib! Die Sorge für deine Kinder, die Details des Haushaltes, die süße Unruhe der Mutterschaft, das sind deine Arbeiten! : Unkluge Frauen, warum wollt ihr Männer werden? Sind die Menschen nicht genug geteilt? Was bedürft ihr mehr? Im Namen der Natur, bleibt, was ihr seid; und weit entfernt, uns um die Gefahren eines so stürmischen Lebens zu beneiden, begnügt euch damit, sie uns im Schoße unserer Familien vergessen zu machen, indem ihr unsere Augen ruhen lasset auf dem entzückenden Schauspiel unserer durch eure zärtliche Sorge glücklichen Kinder."

Aus einer Zeitung:
Innerhalb kurzer Zeit hat das Revolutionstribunal den Frauen eine große Lehre erteilt, die zweifelsohne nicht ohne Wirkung bleiben wird; die Gerechtigkeit, die immer unparteiisch ist, vereint unaufhörlich Belehrung und Strenge. Marie-Antoinette war eine schlechte Mutter und verderbte Gattin ... Mme. Roland spottete der Natur, indem sie versuchte, sich über sie zu erheben; der Wunsch, gelehrt zu sein, brachte sie dazu, die Tugenden ihres Geschlechts zu vergessen. Olympe de Gouges wollte ein Staatsmann sein ... Frauen, wollt ihr Republikaner sein? Liebt, beachtet und lehrt die Gesetze, die eure Ehemänner und Kinder an die Ausübung ihrer Rechte erinnern ... Kleidet euch schlicht, seid fleißig im Haushalt; verfolgt öffentliche Versammlungen niemals mit dem Wunsch, selbst dort zu sprechen; aber möge eure Gegenwart dort eure Kinder ermutigen; dann wird das Vaterland euch segnen, weil ihr das für es getan habt, was von euch rechtmäßig erwartet wird.

3. Regierungszeit des Direktoriums

Informationstext:
Nach dem Sturz Robespierres zerfiel das auf Schreckensherrschaft beruhende Regierungssystem. Die Rückkehr zur Wirtschaftsfreiheit durch Aufgabe des Maximums (Gesetz über Höchstpreise) im Dezember 1794 führte zu katastrophalen Preissteigerungen.
Frauendeputation im Nationalkonvent, 27. 3. 1795
Zwanzig Frauen werden eingelassen.
Eine von ihnen: Wir kommen, um von euch Brot zu fordern. Ein Gesetz bestimmt, daß wir ein Pfund Brot pro Tag zugeteilt bekommen; heute morgen soll-

ten wir nun ein halbes Pfund bekommen; aber niemand hat das annehmen wollen. Mit 40 Sous am Tage kann niemand Lebensmittel kaufen, um den Mangel an Fleisch auszugleichen.

Präsident: Der Ruhm der guten Bürger hängt von eurem Glück ab, Bürgerinnen. Die verbrecherische Partei, die Frankreich zwei Jahre lang regiert hat, hat den Ackerbau ruiniert, den Handel vernichtet und unsere Ressourcen zerstört. Seit dem 9. Thermidor hat sich das Glück der Republik gewendet; die Gerechtigkeit ist auf die Tagesordnung gesetzt worden, und schon sind viele Übel behoben. Um alle zu überwinden, braucht der Konvent Ruhe und Tugend beim Volke. Er teilt eure Not; er wird von seiner Macht Gebrauch machen, um sie zu mildern. Hütet euch, daß ihr nicht heimtückischen Verführungen nachgebt! Ihr würdet deren erste Opfer sein, denn auf diese Weise würdet ihr nur die Ankunft von Lebensmitteln verhindern. *Die Frauen antworten mit den Rufen: Brot! Brot!*

Aus einer Zeitung:
... Männer, Frauen und Kinder drängen die Saalwächter beiseite, dringen in Scharen in den Saal des Konvents ein, schwenken ihre Freiheitsmützen und schreien: „Brot! Brot!" – Die Abgeordneten auf der äußersten Linken und die Personen auf der Tribüne über ihnen klatschen ihnen auf das lebhafteste zu. Einige dieser Männer tragen auf ihren Mützen und Hüten die Aufschrift: Brot und die Verfassung von 1793!, andere haben nur das Wort „Brot!" hingeschrieben. – Die große Mehrheit des Konvents hat das Schauspiel zuerst mit majestätischer Ruhe betrachtet; dann ist sie spontan mit dem Ruf: Es lebe die Republik! aufgestanden. Die lebhafteste Bewegung herrscht auf der äußersten Linken.
Wilde Gerüchte, aufrührerische Vorschläge, dreiste Klagen und wüste Drohungen hatten den Abend des 30. Germinal gekennzeichnet; überall sah man Gruppen, ganz überwiegend Frauen, die von einem Aufstand am nächsten Tage redeten. Man sagte ganz offen, daß der Konvent überfallen werden müsse, daß er schon allzu lange das Volk vor Hunger sterben lasse, daß er Robespierre und seine Komplizen nur deshalb umgebracht habe, um selbst die Regierung an sich zu reißen, das Volk zu tyrannisieren, es auszuhungern durch Steigerung der Lebensmittelpreise und durch Schutz für die Händler, die vom Schweiße der Armen leben. Ein Flugblatt war verteilt worden, das den Plan zum Aufstand enthielt, die Mittel, die angewendet werden sollten, die Beschlüsse, die man fassen wollte. Man wollte die Frauen vorausschicken, weil man sicher war, daß der Konvent nie auf sie würde schießen lassen und setzte hinzu, daß die Männer ihnen zu Hilfe kommen würden, wenn sie den Weg freigemacht hätten. Und dieser Plan wurde völlig ausgeführt.
Zur Zeit der Jakobinerherrschaft waren den Frauen wichtige Bürgerrechte garantiert worden:

1. Im September 1792 wurde die Heirat zu einem bürgerlichen Vertrag erklärt. Ein Erlaß garantierte das Recht auf Scheidung.
2. 1793 bekamen die Ehefrauen das Recht auf einen Anteil am Familieneigentum zugestanden. Mädchen erbten zu gleichen Teilen wie Jungen.
3. Der Konvent verabschiedete zwei Gesetze, die sowohl für Jungen als auch für Mädchen freie und verbindliche Grundschulen vorschrieben.

Im Mai des Jahres 1795 fand in Paris ein großer Frauenaufstand statt, der aber vom Konvent brutal niedergeschlagen wurde. Es wurde den Frauen verboten, ihre Häuser zu verlassen; viele Tausende wurden verhaftet und ohne Anklageschrift jahrelang in Pariser Gefängnissen eingesperrt. Die Führerschicht ist wahrscheinlich ohne gerichtliches Urteil umgebracht worden.

Auswertungshinweise:

- Beschreibe und erkläre, warum die Girondisten in den revolutionären Frauen eine politische Gefahr sahen!
- Beschreibe und bewerte das Verhältnis der Jakobiner zu den verschiedenen Gruppen der politisch aktiven Frauen!
- Wie begründen die Jakobiner ihr Vorgehen gegenüber den politisch aktiven Frauen?
- Welche Gegenargumente benutzen die Frauen zu ihrer Verteidigung und als Ausdruck ihres Protestes?
- Beschreibe und bewerte das Frauenideal der Jakobinerzeit!
- Warum entstand das Frauenideal der ‚Hausfrau und Mutter‘ zu einer Zeit, in der die politisch aktiven Frauen zunehmend politisch verfolgt wurden?
- Beschreibe die Situation und die Aktivitäten der Frauen während der Regierungszeit des Direktoriums!
- Vergleiche die Situation der revolutionären Frauen zur Zeit des Direktoriums mit der der Jakobinerregierungszeit!
- Setze die Aktivitäten der Frauen während der Französischen Revolution mit frauenspezifischen und allgemeinen Errungenschaften der Revolution sowie dem Verhalten der Männer in Beziehung!
- Nimm Stellung und bewerte die Frauenaktivitäten in der Französischen Revolution!
- Beschreibe die Organisationsformen der revolutionären Frauen!
- Bewerte die politische Durchsetzungsfähigkeit von Frauenclubs im Vergleich zu anderen Frauenaktivitäten!
- Unterscheide zwischen den Aktivitäten der Frauen aus der Mittelschicht und denen der unteren sozialen Schichten!

3. Der gesellschaftspolitische Gehalt der Frauenpolitik von 1789 bis 1795 – ein mögliches Korrektiv unserer antifeministischen Wahrnehmungsweisen von Gesellschaft und Politik

Im Zentrum dieser Lerneinheiten stand der Kampf der Frauen um ihre Rechte während der Französischen Revolution. Diese Frauen-Rechte stellten aber mehr dar als die Beanspruchung bloßer bürgerlicher Rechte im Sinne der späteren bürgerlichen Frauenbewegung. Denn der Rechtsanspruch der Frauen der Französischen Revolution wurzelte noch in den gesellschaftspolitischen Vorstellungen der Familienökonomie, die erst durch die Französische Revolution öffentlich zur weiblichen Privatsphäre erklärt wurde. Damit markieren die Französische Revolution und die politische Niederlage der Frauen in den Jahren 1793 und 1795 nach diesen „Annäherungen" den irreversiblen Einschnitt in dem historischen Scheidungsprozeß zwischen dem „privaten" und „öffentlichen", dem „männlichen" und „weiblichen" Bereich. Hierin liegt die besondere fachdidaktische und fachwissenschaftliche Bedeutung dieses Lernzusammenhanges.

Gewiß: Dieser historische Scheidungsprozeß, der den zentralen Vorgang für das Verständnis der Frauengeschichte der Neuzeit bildet, war schon seit der frühen Neuzeit angelegt. Er kam allerdings erst in der Französischen Revolution mit der Anerkennung der politökonomischen Normen der bürgerlichen Gesellschaft und der gleichzeitigen Privatisierung und Entpolitisierung der Handlungsnormen der Frauen zum Durchbruch. Auf dieser Annahme beruhen die fachdidaktischen und fachwissenschaftlichen Erwartungen an eine intensivere Beschäftigung mit der Frauenpolitik von 1789 bis 1795.

Auf die antifeministischen Normen unserer gesellschaftlichen Wahrnehmungsweisen und die Unzulänglichkeit der herrschenden Begriffe von Politik ist in der feministischen Forschung wiederholt hingewiesen worden. In diesem Sinne kommentieren beispielsweise Atina Großmann und Elisabeth Meyer-Renschhausen die wissenschaftliche Nichtbeachtung der Frauenaktivitäten nach dem 1. Weltkrieg, als die Frauen, ähnlich wie in der Französischen Revolution, Krawalle machten, Lebensmittelgeschäfte stürmten und zu selbstgemachten Preisen einkauften:

„Wenn die männliche Geschichtsschreibung davon so wenig weiß und darüber so wenig berichtet, so liegt das an einem männlichen Politikbegriff, der sich an den staatlich zugelassenen Organisationen orientiert und lediglich die fürs Kapital profitbringenden Produktionssphären sieht, die Reproduktionssphäre, ohne die die Produktion nicht denkbar ist, jedoch schlicht als „privat" oder „unproduktiv" ignoriert".[50]

Daher sprechen die Verfasserinnen von einer „eigenen Frauenpolitik". Diese „eigene" Frauenpolitik hat jedoch historische Wurzeln in der Familienökonomie der vor-revolutionären Gesellschaft, die sich nur scheinbar in die nicht-ökonomische Größe der bürgerlichen Familie völlig aufgelöst hat. Denn der hier nur punktuell dargestellte antagonistische Vorgang bei der Durchsetzung einer männlichen Normenstruktur hat keineswegs zur Aufhebung der Frauensphäre in ihrer sozioökonomischen Funktion geführt.

In diesem Sinne gehen wir hier von einer dualen Struktur unserer Wirtschaftsgesellschaft aus, deren Krisen auch Subsistenzkrisen, Krisen der noch fortbestehenden Frauen- und Familienökonomie darstellen. Mit anderen Worten: Der Normenkonflikt, den wir an der Frauenpolitik in der Französischen Revolution beobachtet haben, ein Normenkonflikt zwischen einer „weiblichen" Familienökonomie und einer „männlichen" marktbestimmten

Ökonomie, hat keineswegs aufgehört zu existieren. Er ist allerdings weitgehend durch unsere antifeministische Wahrnehmungsweise von Gesellschaft und Politik verdeckt worden.
Auf diesem geschichts- und gesellschaftstheoretischen Hintergrund verstehen wir die Frauenpolitik von 1789 bis 1795, sowohl als ein historisches Widerstandspotential gegenüber dem Alleinanspruch der Bourgeoisie während der Französischen Revolution, als auch als Ausdruck einer feministischen Gesellschaftsutopie, die heute in ihrem realutopischen Gehalt von Bedeutung ist. Hierin liegt die fachwissenschaftliche und fachdidaktische Chance, im revolutionären Kampf der Frauen um ihre Rechte, auch ein Korrektiv unserer männlich verengten, gesellschaftlichen Wahrnehmungsweisen zu erblicken.

Anmerkungen

1. Diese Beobachtungen gehen aus einem vom Arbeitsministerium NRW geförderten Projekt hervor: Geschlechtsspezifisches Identitätslernen in der historisch-politischen Bildung, das von Wilma Wirtz-Weinrich, Marianne Montrée und Brigitte Daners durchgeführt wurde.
2. Marianne Montrée / Wilma Wirtz-Weinrich: Möglichkeiten der Integration frauengeschichtlicher Inhalte für den Geschichtsunterricht, in: Mehrheit ohne Macht – Frauen in der BRD, hrsg. von Annette Kuhn u. Detlef Appenzeller, Düsseldorf 1985.
   Annette Kuhn: Geschlechtsspezifisches Identitätslernen im Geschichtsunterricht – Sind wir auf dem richtigen Weg? in: Mehrheit ohne Macht – Frauen in der BRD, hrsg. von Annette Kuhn u. Detlef Appenzeller, Düsseldorf 1985.
3. Auf die Diskussion um eine feministische Begriffsbildung kann hier nicht eingegangen werden. In diesem Beitrag verstehen wir unter Feminismus politische Handlungsweisen von Frauen, die auf eine Verbesserung der sozialen, wirtschaftlichen und personalen Situation der Frauen zielten. Auf unser Verständnis von „unpolitisch“ wird noch eingegangen werden. Durch diese Bestimmung von Feminismus gewinnt das gesellschaftspolitische Handeln der Frauen in den Jahren 1789 bis 1795 die Qualität einer feministischen Praxis, auch wenn es dem Anspruch des Feminismus im Sinne der Definitionen des 19. Jh. nicht entspricht.
4. Für diesen Beitrag waren vor allem wichtig: Ruth Graham: Loaves and Liberty: Women in the French Revolution, in: Becoming visible, hg. von Renate Bridenthal und Claudia Koonz, 1977, 238–254; Jane Abray: Feminsm in the French Revolution. The American Historical Review, 1975, 43–62;
   Olwen Hufton: Women in Revolution 1789–1796, in: Past and Present Nr. 53, 1971, 90–108;
   Scott H. Lytte, The Second Sex (September 1793, The Journal of Modern History, Vol. 26, 1954, 14–26;
   Elizabeth Racz: The Women's Rights Movement in the French Revolution, in: Science and Society, Vol. 19, 1951–52, 151–174.
5. Die Nichtbeachtung der Geschlechter- und der Frauenfrage in der gegenwärtigen Forschung zur Französischen Revolution ist bemerkenswert. So erwähnt z. B. die Überblicksdarstellung von Michel Vovelle, Die Französische Revolution. Soziale Bewegung und Umbruch der Mentalitäten, Frankfurt 1985 nur einen frauenge-

schichtlichen Titel (Paule-Marie Duhet (Hrsg.), Les femmes et la révolution 1789–1794, Paris 1971).

6. Typisch hierfür: Richard J. Evans: The Feminists, 1977, 16: „The feminists in the French Revolution were really a marginal phenomenon". Auch Jane Abray (vgl. Anm. 4) kommt zu dem Ergebnis, daß der Feminismus nur von geringer Bedeutung für die Frauenpolitik in der Französischen Revolution gewesen sei: „Feminism was and remained a minority interest". Bei Jane Abray wird allerdings unterschieden zwischen Feminismus und den politisch nicht näher reflektierten Handlungsmotivationen der Mehrzahl der Frauen während der Französischen Revolution. Es ist schon erwähnt worden, daß wir diese Unterscheidung hier nicht machen (vgl. Anm. 3).
7. Elizabeth Racz (s. Anm. 4), 151.
8. Dieses Urteil trifft nicht nur auf die wichtigen frauengeschichtlichen Arbeiten (Olwen Hufton, Elizabeth Racz und Ruth Graham) zu. In dieser allgemeinen sozialgeschichtlichen Forschung (u. a. George Rudé, Die Massen in der Französischen Revolution, Wien 1961) fällt diese Diskrepanz zwischen der Anerkennung der Führungsrolle von Frauen vor allem bei den Brotunruhen und Lebensmittelkämpfen einerseits, und dem Desinteresse an einer gesellschaftspolitischen Einschätzung dieser Führungsrolle andererseits, auf.
9. Ein vergleichbares Problem entsteht für die Einschätzung der Handlungsweisen der „Massen" oder der Unterschichten während der Französischen Revolution, vgl. George Rudé, Die Massen in der Französischen Revolution, München 1961, 242. Die Unterschiede und Gemeinsamkeiten der Interessen der Frauen und der Männer der Sansculotten können wir nicht genau verfolgen. Sie sind noch nicht genügend erforscht worden.
10. Jane Abray, (s. Anm. 4) 43.
11. Für die Verbindung von Frauenarmut und weiblichen Handlungsstrategien und die vor-revolutionäre Krise der Familienökonomie sind die Ausführungen von Olwen Hufton: The Poor of the Eighteenth-Century France 1750–1789, Oxford 1974 von zentraler Bedeutung. Die größere Betroffenheit der Frauen unter der Bevölkerung, die an der Armutsgrenze lebte (ca. 40 % der französischen Bevölkerung vor 1789), wird hier anschaulich belegt.
12. Olwen Hufton: Women and the Family Economy in Eighteenth-Century France, in: French Historical Studies, Vol. IX, 1975/76, 1–22. Olwen Hufton spricht von der „natürlichen" Ökonomie. Dabei darf nicht übersehen werden, daß wir es bei dieser „natürlichen" Ökonomie immer auch mit einer „Mischökonomie" zu tun haben, die in einer, für die Frauen meist ungünstigen, konfliktreichen Spannung zur neuen „künstlichen" Ökonomie des Marktes stand.
13. Olwen Huften, Anm. 4, 91 in dt. Übersetzung in: Listen der Ohnmacht, hg. von C. Honegger und B. Heintz, Frankfurt 1981, S. 139.
14. Elizabeth Racz, (s. Anm. 4), 152ff.
15. Susanne Petersen: Lebensmittelfrage und revolutionäre Politik in Paris 1792–1793, München 1979. Obgleich wir hier eine vorzügliche Darstellung der Politik der Sansculotten und Jakobiner in dieser entscheidenden Phase haben, verzichtet die Verf. leider auf die geschlechtsspezifische Aufschlüsselung der Handelnden. Von besonderer Bedeutung ist der Hinweis von Michel Vorelle (s. Anm. 5) 117, daß die Sansculotten sich soziologisch vorwiegend aus Familienvätern zusammensetzten: ⅔ bis ⅘ waren verheiratet, 40–60 % hatten Kinder. Daher spricht er von einer „Revolution der Familienväter". Eine vergleichbare Statistik über den Familienstand der Frauen ist mir unbekannt.
16. Der Beitrag von Scott H. Lytle (s. Anm. 4) ist für diese These grundlegend. Der

Verf. spricht von der Veränderung der „quasi-proletarian feminine society" zu „middle-class Jacobin followers of Robespierre".
17. Scott H. Lytle, (s. Anm. 16), 25.
18. Olwen Hufton, (s. Anm. 4), 108.
19. Lautemann, W. / Schlenke, M.: Geschichte in Quellen, Amerikanische und Französische Revolution, München 1981, 148, in: Frauen in der Französischen Revolution. Quellen- und Arbeitsheft, von Daners, B. / Montrée, M. / Wirtz-Weinrich, W. (Düsseldorf 1986).
20. Kuhn, A.: Die Französische Revolution, München 1975, 24.
21. Hufton, O.: Weiblicher Alltag. Die Schattenseiten der Französischen Revolution, in: Listen der Ohnmacht. Zur Sozialgeschichte weiblicher Widerstandsformen, hg. v. C. Honegger / B. Heintz, Frankfurt a. M. 1981, 139.
22. Tilly, L. A. / Scott, J. W.: Women. Work and Family, New York 1978, 26, übersetzt von M. Montrée, in: Daners, B. / Montrée, M. / Wirtz-Weinrich, W.: Frauen in der Französischen Revolution. Quellen- und Arbeitsheft, Düseldorf 1986.
23. Hufton, O.: Weiblicher Alltag. Die Schattenseiten der Französischen Revolution, in: Listen der Ohnmacht, a. a. O., 140.
24. Perrot, Michelle: Rebellische Weiber. Die Frau in der Französischen Stadt des 19. Jahrhunderts, in: Listen der Ohnmacht, a. a. O. 78f.
25. Baxmann, Inge: Von der Egalité im Salon zur Citoyenne – einige Aspekte der Genese des bürgerlichen Frauenbildes, in: Kuhn / Rüsen (Hrsg.): Frauen in der Geschichte III, Düsseldorf 1983, 119.
26. Cahiers de doléances des femmes en 1789 et autres textes, Paris 1981, 28f, übersetzt von Brigitte Daners, in: Daners, B. / Montrée, M. / Wirtz-Weinrich, W.: Frauen in der Französischen Revolution. Quellen- und Arbeitsheft, Düsseldorf 1986.
27. Ebenda: 147–149
28. Ebenda: 233
29. Larmatine: Girondisten und Jakobiner, München o. J. 147.
30. Bullock, S. u. a. (Hrsg.): History workshop, Issue 5, Kandal 1978, Umschlagrückseite.
31. Dillier / Mostowlansky / Wyss (Hg.): Olympe de Gouges. Schriften, Basel / Frankfurt a. M. 1980, 41–44.
32. Larousse (Hrsg.): Histoire de France. De Louis XIV à la Révolution, Paris 1980, 708.
33. Infotext gekürzt und abgeändert aus: Daners, B. / Montrée, M. / Wirtz-Weinrich, W.: Frauen in der Französischen Revolution. Quellen- und Arbeitsheft, Düsseldorf 1986.
34. Cahiers de doléances des femmes en 1789 at autres textes, Paris 1981, Titelblatt.
35. Lautemann / Schlenke, a. a. O., 332.
36. Badinter, E.: Die Mutterliebe. Geschichte eines Gefühls vom 17. Jahrhundert bis heute, München/Zürich 1981, 135.
37. Lamartine, a. a. O., 99.
38. Ebenda: 151.
39. Vgl.: Graham, R.: Loaves and Liberty. Women in the French Revolution, Boston u. a. 1977, 246.
40. Lytle, S. H.: The Second Sex, übersetzt von Marianne Montrée, in: Journal of Modern History 27, 1955.
41. Ebenda: 23.
42. Badinter, a. a. O., 390.

43. Bridenthal, R. Koonz, C. (Hrsg.): Becoming visible. Women in European History, Boston u. a. 1977, 218.
44. Fuchs, E.: Sozialgeschichte der Frau, Frankfurt a. M. 1973, 463.
45. Bebel, A.: Die Frau und der Sozialismus, Berlin/Bonn-Bad Godesberg 1977, 288.
46. Lytle, a. a. O., 26.
47. Bridenthal / Koonz, a. a. O., 237.
48. Lautemann / Schlenke, a. a. O., 453.
49. Ebenda: 449/451.
50. Atina Grossmann / Elisabeth Meyer-Renschhausen: Frauen und Arbeiterbewegung in Deutschland 1914–1938, in: Arbeiterbewegung und Feminismus, hg. v. E. Bornemann, Frankfurt 1982, 55.

„Die vergessenen Töchter der Revolution“ – Frauen und Frauenrechte im revolutionären Frankreich von 1789–1795

Claudia Opitz

Es ist nicht mehr lange hin bis sich die Französische Revolution zum zweihundertsten Male jährt. Um so schärfer ist zu bemängeln, daß unter all den intelligenten, nachdenklichen, kritischen und weitblickenden Darstellungen, unter den seit zweihundert Jahren angesammelten Forschungen, die sich mit dieser „Geburt der bürgerlichen Welt“ befassen, nur einigen wenigen zu entnehmen ist, was „die andere Hälfte“ der Weltgeschichte, die Frauen, in jenen turbulenten Jahren taten, meinten und wollten – und wo solch ein Bemühen erkennbar wird, sind meist jene romantischen Heldinnen verewigt, jene Tricoteusen, Hetären und Guillotinierten, die etwas zum Gefühls-Flair der Epoche beizutragen vermögen, kaum aber der Erhellung historischer Prozesse mit und durch Frauen dienlich sind. Denn alle übrigen – und das ist die weit überwiegende Mehrheit – wurden nur selten mit den revolutionären Ereignissen in Verbindung gebracht und noch weniger in ihrer eigentlichen Bedeutung erkannt und gewürdigt.

Da kann denn auch kaum überraschen, daß ein vergleichsweise unbedeutendes Grüppchen von Frauen (und Männern), die über die Ziele der „großen Revolution“ hinaus für die Gleichstellung der Frauen im neu zu schaffenden Staatsgebilde kämpften und sich für deren Heraustreten aus der Unmündigkeit einsetzten, die ihnen die überkommenen Rechts- und Sozialstrukturen aufdrängten, meist ganz und gar unter den Tisch der offiziellen Geschichtsschreibung fällt.[1] Dem allgemeinen Forschungsstand zur Französischen Revolution entsprechend finden sich die ausführlichsten und aufschlußreichsten Studien über die „Einmischung“ der Frauen in die offizielle (Männer-) Geschichte allesamt in französischen Arbeiten[2], von denen die Gesamtdarstellung von Paule-Marie Duhet, die 1971 erschien, noch keineswegs überholt ist. Außer einigen wenigen Einzelstudien zum Problem feministischer Theoriebildung im Rahmen der revolutionären Grundsätze „Freiheit, Gleichheit, Brüderlichkeit“[3] läßt sich im wesentlichen nur die eine oder andere Monographie finden, die in den letzten zehn Jahren den Frauen der Revolutionszeit gewidmet ist und die über Duhets Gesamtdarstellung hinausgehendes Quellenmaterial aufarbeitet (etwa die sehr sorgfältige Arbeit

von Olivier Blanc über Olympe de Gouges, die 1981 erschien[4]). Für die Rezeption und Verarbeitung des Problemkomplexes „Frauen in der französischen Revolution" in der deutschen Geschichtswissenschaft (und noch mehr in der Geschichtsschreibung) läßt sich darüber hinaus eine allzu große Zurückhaltung feststellen: Die einschlägigen fremdsprachigen Arbeiten sind nicht übersetzt, einige wenige Aufsätze, die in den letzten Jahren erschienen sind, sind sowohl quantitativ als auch in ihrer Fragestellung reichlich eingeschränkt[5], eine Überblicksdarstellung der Ereignisse von 1789 bis zur Einführung des Direktoriums 1795 etwa fehlt meines Wissens völlig – der von S. Schweitzer, S. Schlemmer und A. Greverath gegebene Hinweis auf die Schwierigkeit der Literaturbeschaffung gilt auch heute noch mit wenigen Einschränkungen.[6] Diesem umfassenden Mangel durch einen einzigen Aufsatz abzuhelfen, ist verständlicherweise nicht möglich; in Anlehnung an Mellié[7] hieße, die Geschichte der Frauen zu schreiben geradezu, die Revolution als Ganzes zu schildern. Immerhin möchte ich versuchen, einige mir besonders wichtig scheinende Aspekte anzureißen und durch ausführliche Literaturhinweise auf andere oder Vertiefungen dieser Probleme hinzuweisen.
Da wäre zunächst auf die Versuche von Frauen, an allen revolutionären Aktivitäten teilzunehmen oder solche selbst in die Wege zu leiten, einzugehen, ihr Beitrag zu den Ereignissen von 1789 bis 1795 kurz nachzuzeichnen. Über dieses Engagement „für die gemeinsame Sache" hinaus läßt sich dann eine Entwicklung beobachten dergestalt, daß Frauen versuchten, den patriarchalisch vereindeutigten Begriff des „Bürgers", der einen vollständigen Ausschluß der Frauen aus der Öffentlichkeit zur Folge hatte, infrage zu stellen und aufzubrechen: Die Wurzeln feministischer Theoriebildung, wie wir sie heute verstehen, gehen eindeutig zurück bis zum Ende des 18. Jahrhunderts und sollten hier einführend dargestellt werden[8], ebenso wie die ermunternden und hindernden Reaktionen von außen, von den Männern dieser Epoche. Daß beide Ansätze, die praktische Teilnahme am Kampf für die „große Sache" wie der Kampf um die Verbesserung der Lebensbedingungen und der politischen Möglichkeiten von Frauen weitgehend scheiterte – und aus welchen Gründen – möchte ich abschließend aufzeigen und diskutieren. Ausgeklammert bleibt in diesem Zusammenhang leider die wichtige Frage nach der ökonomischen Lage der Frauen und ihren Versuchen einer Veränderung im praktischen Alltagsleben, sei es durch die Einrichtung staatlicher Werkstätten, sei es durch den Kampf um bessere Mädchen- und Frauenbildung.[9]

1.

Verweist man in allgemeinen Darstellungen der revolutionären Ereignisse seit 1789 gerne und beinahe ausnahmslos auf den Zug der „poissonnières" oder der „Dames de la Halle“, der Marktfrauen, nach Versailles im Herbst 1789, so ist der sonstige Beitrag der Frauen zur Vorbereitung und Durchsetzung (aber auch zur Verhinderung!) der revolutionären Ziele den Gesamtdarstellungen nicht zu entnehmen. Dennoch steht fest, daß die Teilnahme von Frauen an der „großen Revolution“ zahlenmäßig beträchtlich und vielfältig war.

Da wäre zunächst auf die Entwicklung der Philosophie der Aufklärung und der aus ihr entstehenden politischen Konzeptionen hinzuweisen, die die Revolution ursächlich mitbedingten, die ohne ihren spezifischen gesellschaftlichen und intellektuellen Nährboden nicht denkbar gewesen wäre: die „Salonkultur“. Als Ort des Zusammentreffens und des Austauschs von Ideen waren die von Frauen eingerichteten und geführten „Salons“ für die geistige Entwicklung Frankreichs im 18. Jahrhundert unentbehrlich; hier entwickelte sich eine Art bürgerlicher Gegenöffentlichkeit – gegen die konservative Kulturpolitik des absolutistischen Staates – unter der Ägide etlicher Frauen der höheren Schichten.[10]

Was die revolutionären Ereignisse selber anbelangt, so fanden sich die Frauen bereits zu Beginn der Ständeversammlung mit großem Interesse ein; wie den einschlägigen Presseorganen zu entnehmen ist, waren die Frauen an allen wichtigen Ereignissen beteiligt, namentlich da, wo es um die Interessen des (niederen) Volkes ging.[11] In Paris etwa, wo ja die Marktfrauen für ihren Marsch nach Versailles zunächst begeistert bejubelt worden waren, hatten sich schon früher, beim Sturm auf die Bastille, Frauen durch tatkräftiges Eingreifen ausgezeichnet, und als es im Frühjahr 1790 darum ging, das Marsfeld umzugestalten, um daraus ein riesiges Amphitheater zu machen, griffen auch Frauen zu den Werkzeugen, um bei den Erdarbeiten zu helfen „plus fières de la brouette patriotique que de leurs chapeaux, de leurs plumes“, wie die Zeitung „Révolutions de la France et de Brabant“ versicherte.[12] Auch in den Provinzstädten waren Frauen schon von Beginn der revolutionären Ereignisse an bei Versammlungen und Festivitäten dabei, wie etwa in Lyon, wo die bekannte Madame Roland – mit gemischten Gefühlen – den folgenden Bericht gab:

> „Man sieht mehrere Abteilungen von Frauen die einen Säbel in der Hand tragen, eine Marschkolonne, die fest und kriegerisch wirkt. Sie geben, da sie Frauenkleider tragen und dörfliche Einfachheit sie auszeichnet, ein Amazonenschauspiel, das an den Mut einer Jeanne d'Arc erinnert.“[13]

Auch in Valence, Orléans, Mâcon und Cusset traten Frauengruppen bei dergleichen Anlässen auf, wobei sie gemeinsam den Bürgereid am Altar des Vaterlandes ablegten. Gerade die auf die „Volksmassen“ gestützten politischen Umwälzungen, zunächst die der Jakobiner, dann auch die (versuchten) der Sansculotten, konnten auf die Mithilfe und Unterstützung von Frauen nicht verzichten. So akzeptierte man 1791 die Unterschrift von

Frauen auf einer Petition, die die Jakobiner am Abend des 15. Juli verabschiedet und der Nationalversammlung vorgelegt hatten, und in der eine formelle Abdankung des Königs als Bedingung für seine Amnestie gefordert wurde: Im ersten Moment ihrer Konstitution akzeptierte die republikanische Partei weibliche Hilfe in vollem Umfang[14], und die Initiativen, die von den Frauen selbst ausgingen, wurden gutgeheißen und in der Öffentlichkeit gefeiert. Selbst die allgemein für erstaunlich gehaltenen militärischen (oder doch zumindest bewaffneten) Aktionen von Frauen dienten dabei der Verherrlichung des gemeinsamen Kampfes und der Größe der revolutionären Ziele: In der Nacht vom 13. auf den 14. Juli 1789 konnte man eine „Menge beiderlei Geschlechts" im Sturm auf die Bastille beobachten, wobei von der Tagespresse besonders die heroische Haltung der *Frauen* hervorgehoben wurde, wie etwa in der „Gazette Nationale" vom 24. Juli, die eine junge Frau von 18 Jahren euphorisch bejubelt, die „an der Seite ihres Geliebten in Männerkleidung gekämpft" hatte, oder im „Moniteur" vom 19. Dezember 1790, der die Auszeichnung der Marie Charpentier publik macht, die von der Constituante eine Pension erhalten hatte, weil sie so tapfer gekämpft hatte.[15]
Weniger spektakulär, aber möglicherweise wichtiger war die Teilnahme der Frauen an den Sitzungen revolutionärer Clubs und Bürgervereinigungen, wo sie zunächst nicht unwillkommen waren; in der Provinz gingen zahlreiche Frauen schon seit 1790 dazu über, eigene Clubs zu gründen, wie etwa in Dijon (der vielleicht schon aus dem Jahre 1789 stammt), in Breteuil oder in Aunay, wo sich eine „Légion d'Amazones Nationales" zusammengefunden hatte. Waren in Paris bürgerliche Frauen zunächst Mitglieder oder Teilnehmerinnen in gemischten Clubs, so hatten sich in der Provinz die Ehefrauen und Töchter der Männer, die in den Männervereinigungen organisiert waren, in diesen eigenständigen Frauenclubs zusammengeschlossen, und sie verfolgten hier neben karitativen Zielen vor allem Ideen, die ihrem häufig überdurchschnittlichen Bildungsstand entsprachen: Mädchenerziehung und staatsbürgerlichen Unterricht für Jugendliche beiderlei Geschlechts zu organisieren. Daneben wurden sie gerne und häufig bei Festivitäten zu öffentlichen Manifestationen des neuen, revolutionären Bewußtseins eingeladen oder hatten hierbei gar zentrale Funktionen. So etwa feierte man die jungen Bürgerinnen von Nantes, die bei der „Société des Amis de la Constitution" öffentlich einen Eid darauf abgelegt hatten, niemals einen Aristokraten zu heiraten, und in Bordeaux machten etwa drei- bis viertausend Frauen von sich reden, von denen jede dem konstitutionellen Bischof am Vorabend seiner Ernennungszeremonie einen Strauß Wiesenblumen überreichte.[16]
Nach der Erklärung von Pillnitz im Herbst 1791 und mit der drohenden Kriegsgefahr wuchs im Innern die Bereitschaft, die Errungenschaften der Revolution zu schützen und zu verteidigen, auch bei den Frauen. Über ihre eher „dekorativen und spielerischen Betätigungen" der ersten Revolutions-

jahre hinaus betrachteten es die Frauen in den Clubs nun als ihre vordringlichste Pflicht, die innere Sicherheit zu überwachen, indem sie sich in großer Zahl für Denunziationen und Spitzeldienste hergaben – und die „revolutionäre Moral" zu stärken, indem sie verstärkt die moralische Bildung der jüngeren Generation vorantrieben: zahlreiche Frauenclubs erweiterten sich nun um eine Vereinigung weiblicher und/oder männlicher Jugendlicher, die in den Regeln der Constitution und den „Droits de l'Homme" unterwiesen wurden.[17] Mit der Verschärfung des außenpolitischen Drucks, aber auch dank der anti-klerikalen und anti-aristokratischen Tendenzen, denen in den ersten Revolutionsjahren bereits das gesamte Kloster- und Stiftswesen zum Opfer gefallen war, fielen nun auch verstärkt soziale Aufgaben den Frauen in den Clubs zu: Die Nonnen und Schwestern, die sich geweigert hatten, den Eid auf das Vaterland zu leisten, mußten durch (meist freiwillige) Helferinnen ersetzt werden, die Krankenpflege und andere soziale Hilfsleistungen übernahmen. In Dijon etwa hatten die Frauen der revolutionären „clubs féminins" die Sorge um die Wäsche der Gefangenen übernommen, und indem sie dies in straffer Form organisierten (es wurden dort bedürftige Frauen gegen Entlohnung angestellt), nahmen sie die Ideen staatlicher, kollektiver Werkstätten als Abhilfe für die schwindenden Arbeitsmöglichkeiten in den unteren Schichten vorweg.[18] Die Kriegserklärung vom 20. April 1792 führte darüber hinaus zu einer weiteren Verstärkung an Energieeinsatz und Arbeitsaufwand: In den Clubs breitete sich fieberhafte Tätigkeit aus, um Kleidung für die Soldaten herzustellen, Schuhe und Geld für die Mobilmachung aufzutreiben. Viele wollten sich damit aber nicht zufriedengeben: Der Wille zur Vaterlandsverteidigung mit der Waffe wurde von zahlreichen Frauen bekundet, während die den Sansculotten nahestehende Pariser „revolutionäre Republikanerin" Pauline Léon durch eine Petition vor der Gesetzgebenden Versammlung die Bewaffnung von Frauen rechtlich durchzusetzen versuchte.[19] Solche Ansinnen wurden zunächst wiederum begrüßt – der gute Wille wurde geschätzt, um so mehr, als man sich vor deren Anwendung sicher glaubte. Allerdings wurde diesem Antrag nicht stattgegeben mit dem Einwand, Frauenbewaffnung sei „wider die Natur". Der Abgeordnete Dehaussy-Robecourt brachte in seiner Antwort auf Pauline Léons Petition die kollektive Einschätzung so zum Ausdruck:

„Hüten wir uns, in die Ordnung der Natur einzugreifen. Sie hat die Frauen ganz und gar nicht dafür geschaffen, um zu töten; ihre sanften Hände sind weder dafür gemacht, um mit dem Eisen umzugehen, noch, um menschenmordende Bajonette zu handhaben."[20]

Dennoch haben etliche Frauen in der Armee mitgekämpft. Dies ist allerdings weniger einer späteren Einsicht, sondern vielmehr einer akuten Notwendigkeit zu danken – die „weiblichen Soldaten" waren häufig mit ihren Vätern, Ehemännern oder Liebhabern mitgezogen, oder sie stammten aus den

Grenzgebieten, die vom Krieg besonders hart und unvorbereitet getroffen wurden. Die Assemblée hatte schließlich vollendete Tatsachen als solche akzeptiert; prinzipiell allerdings waren und blieben ihre Mitglieder dieser Form weiblichen Engagements gegenüber ebenso ablehnend wie gegenüber der Beteiligung von Frauen an staatspolitischen Geschäften. Und wo sich die Möglichkeit bot, gegen diesen „naturwidrigen" Einsatz von Frauen Gegenmaßnahmen zu ergreifen, wurde die Gelegenheit genutzt: Im Frühjahr 1793 wurde der Entsandte der Revolutionsregierung, J.-F. Delacroix, angeblich zahlloser Mißstände und Mißbräuche innerhalb der französischen Armee gewärtig, die er vor allem den zahlreichen Frauen anlasten wollte, die die Soldaten als Ehefrauen (was in der Revolutionsarmee gestattet war), als Soldatinnen, als Marketenderinnen und als Prostituierte begleiteten; drei Wochen später denunzierte der Abgesandte Carnot noch krassere Mißstände. Besonders auf die „Auflösung der Sitten" und das „Einschleppen verheerender Krankheiten" durch die anwesenden Frauen, sah er sich gezwungen hinzuweisen.[21] Die militärischen Probleme, vor denen sich die Revolutionsarmee sah, ebenso wie „die Schwächung der Kampfmoral" konnte nun getrost den Frauen in die Schuhe geschoben werden. Unverzüglich und ohne Ansehen der Person oder des individuellen Verdienstes wurden nun alle Frauen aus dem Dienst der Armee entlassen und ausgeschlossen, wie dies der Artikel XI des Dekrets vom 30. April 1793 festlegte. Ein Jahr zuvor hatte der „Moniteur" noch die tapfere Haltung und die Wachsamkeit der Schwestern de Fernig bei der Vaterlandsverteidigung gelobt...[22]

Auf die Beteiligung der Frauen an den politischen Aktionen der Jakobiner habe ich bereits kurz hingewiesen, ihre Teilnahme, ja ihre führende Bedeutung innerhalb der Volksaufstände, die sich vom Frühjahr 1792 bis zum Sommer 1793 häuften und mit dem Kampf der unteren Schichten um die Beteiligung an den politischen Entscheidungen gleichbedeutend sind, wird in neueren Darstellungen zunehmend betont. Die Plünderungen von Lebensmittelläden und Bäckereien, die zwangsweise Festsetzung von Höchstpreisen für Grundnahrungsmittel und die Forderungen nach einer staatlichen Regelung dieser wirtschaftspolitischen Ad-hoc-„Maßnahmen" wurde in besonderem Umfang von Frauen betrieben, von Frauen der unteren Schichten zumal, denen das „teure Leben" („la vie chère") eine alltägliche und während der Krisen der ersten Kriegsjahre lebensbedrohende Erfahrung wurde.[23]

Im übrigen muß bereits der Versuch der Mehrheit aller betroffenen Frauen, ein einigermaßen „normales" Alltagsleben aufrecht zu halten, als aktiver Beitrag zur Durchsetzung der Revolution gewertet werden, waren sie es doch, besonders in den unteren Schichten, die sich mit den verschiedenen Krisen und Teuerungsraten, etwa im Mangel an Brot und Lebensmitteln und der Verknappung an Seife, in direkter Konfrontation befanden, wenn sie

ihre Familien und/oder sich selbst nicht verhungern sehen wollten.[24]
Ob innerhalb oder außerhalb der angestammten Betätigungen, die Beteiligung der Frauen an der Revolution ist ein bislang kaum genügend erforschter, geschweige denn gewürdigter Aspekt der Entwicklungen, die, wie Choderlos de Laclos so klarsichtig bemerkte, so lange keine wirkliche Revolution hätte sein können, wie sich die Frauen nicht „eingemischt" hätten.[25]

2.

Wie bei spektakulären Einsätzen, etwa im bewaffneten Aufstand oder in der militärischen Vaterlandsverteidigung, so fanden sich die Frauen auch in ihren Bemühungen um Einfluß auf politische Entscheidungsprozesse zunächst gelobt und gefeiert, mit dem Fortschreiten der Revolution aber immer stärker eingeschränkt. Nur allzu bald zeigte sich, daß die 1789 erklärten Menschen- und Bürgerrechte als bloße Männerrechte gemeint waren. Analog zu den Hierarchisierungen des „Corps politique" oder „Peuple", die Rousseau in seinem ersten Buch des „Contrat social" niedergelegt hatte, konstituierte sich innerhalb der revolutionären (Männer-)Gruppen das „membre du souverain", das bürgerliche Individuum, indem es „Kinder, Wahnsinnige, Unmündige, Frauen und zu Leibes- und entehrenden Strafen Verurteilte" ausgrenzte und ihnen die Rechte des Aktivbürgers vorenthielt aus Gründen der ‚utilité commune'.[26] Auf das feministische Plädoyer des Abgeordneten aus dem Norden, Pierre Quyomard, hin, der die Ideen Condorcets aufnahm und zumindest für ein passives Wahlrecht der Frauen votierte, antwortete der Deputierte Amar mit dem Hinweis, daß dieses Geschlecht generell unfähig sei, die schwierigen Anforderungen zu erfüllen, die Regierungsgeschäfte im allgemeinen stellen. Desgleichen seien die Frauen nicht imstande, sich Versammlungen und politischen Pflichten zu stellen, da sie dadurch von den viel wichtigeren Aufgaben abgehalten würden, die die Natur ihnen stellte.[27] Diese Ansichten vertraten nicht nur die Männer der Legislative in Paris und die (männlichen) Angehörigen der Sektionen und Vereine dort. Auch in den Provinzstädten wurde unablässig betont, es sei „gegen das Naturgesetz, wenn Frauen sein wollten wie Männer", womit deren Anspruch auf Wahlrechte gemeint war; mit dem Hinweis auf die Kinder, „unsere Kinder, die ihre Mütter lebensnotwendig brauchen", wurden die Frauen an den heimischen Herd gesandt.[28]
Die Folge dieser nach wie vor ungebrochenen Einstellung war nicht nur, wie bereits gezeigt, das Herausdrängen der Frauen aus der Revolutionsarmee, unter Beschimpfungen und falschen Beschuldigungen, sondern eine immer stärker abwehrende Haltung der „Offiziellen" aller politischen Fraktionen gegenüber den politischen und rechtlichen Ansprüchen von Frauen. Schon

allein der Zugang zu den politischen ‚clubs' wurde bald nach deren Gründung für Frauen zunehmend schwieriger. Die Sansculotten etwa, denen sich die Gruppe der „Revolutionären Republikanerinnen" angeschlossen hatte, „reagierten in den Sektionsversammlungen auf diese ungebetene Teilnahme von Frauen oft mißtrauisch"[29], und so konnte es selbst hier zu keinem weiblichen Stimmrecht kommen, wo so heftig für ein allgemeines Wahlrecht gekämpft wurde. Derartige Ansprüche waren zwar von den Frauen selbst recht früh angemeldet worden, etwa von den Bürgerinnen der Sektion Droits-des-Hommes, die sich „im September 1793 gegen das Vorurteil wandten, das ‚aus der Hälfte der Menschheit passive und vom Leben ausgeschlossene Wesen machte' "[30], bei ihren männlichen Mitstreitern aber wenig Einsehen fanden: die Frauen blieben aus dem politischen Leben der Sektionen verbannt.

„Die Volkssouveränität erstreckte sich nur auf die Männer. Sonst aber duldete die Ausübung der Volkssouveränität keinerlei Beschränkung . . ."[31]

Auch die „Société fraternelle de l'un et l'autre sexe", die 1790 gegründet wurde, ließ Frauen zwar an Sitzungen teilnehmen, aufs Rednerpult steigen und bisweilen auch abstimmen. Ihre Zahl wurde aber von vornherein auf ein Viertel der Gesamtmitglieder beschränkt, und damit fanden sich die weiblichen Mitglieder auch hier, wie im öffentlichen Leben, lediglich als Minderheit repräsentiert oder ganz zur Passivität verurteilt.[32]

Wo Frauen politisch, organisatorisch oder kulturell in der Öffentlichkeit tätig wurden, taten sie dies gestützt auf das Wohlwollen und die Toleranz der betreffenden Behörden und lokalen Autoritäten; ihr politischer Status blieb zunächst undefiniert und war weiterhin mehr ein Privileg denn ein Rechtsanspruch. Dies rächte sich im Laufe der neunziger Jahre, als ein Prozeß der Eindämmung und Zurückdrängung der weiblichen Aktivitäten in der Öffentlichkeit, auf den Straßen und in den politischen Vereinigungen einsetzte, der einen ersten Höhepunkt erreichte, als der Deputierte Lanjuinais vor der Gesetzgebenden Versammlung im April 1793 eine Erklärung über die Fähigkeiten der Frauen zur vollen politischen Verantwortung abgab, die äußerst negativ ausfiel: Der Stand ihrer sittlichen Reife und die mangelhafte Vorbildung mache eine Vertagung (!) der Entscheidung über die Bürgerrechte der Frauen für mehrere Jahre nötig.[33]

Besiegelt wurden diese Tendenzen durch eine Entscheidung der Legislativen Versammlung im Prairal des Jahres III (20. Mai 1795), derzufolge die Frauen als Gruppe von den Sektionssitzungen ausgeschlossen wurden und zunächst nur in Begleitung von Männern, dann gar keinen Zutritt mehr haben sollten. Die Frauenvereine, die seit 1790 gegründet worden waren, wurden darüber hinaus schon im Oktober 1793 verboten und zur Auflösung gezwungen, und per Dekret wurde den Frauen schließlich verboten, sich auf der Straße in größeren Gruppen zu versammeln. Sie fanden sich (in Paris zumindest) im Gefolge neuerlicher Volksaufstände im April und Mai 1795, die von Frauen bestimmend mitgetragen worden waren, regelrecht unter Hausarrest gestellt.[34]

Analog zu dieser Verdrängung der Frauen aus der politischen Öffentlichkeit wurde von den Revolutionären eine neue Definition der „citoyenne" gegeben, die jedoch nicht gar so neu war, wie die einschlägigen Festreden, Pamphlete und Zeitungsartikel glauben machen wollten:

In der begeisterten Aufnahme Rousseau'scher Theorien und Ideologeme sollten nun alle Frauen ausnahmslos (die religiösen Konvente und Vereinigungen waren aufgelöst) auf die Funktion der Gebärerinnen und die Rolle der Gattin und Mutter festgelegt werden, die in liebevoller Hingabe an der moralischen Erziehung ihrer Familien im Innern des Hauses arbeitet. Die Umsetzung solcher teils althergebrachten, teils mit neuen Ideen verknüpften Vorstellungen ist in den „chants patriotiques" besonders gut zu beobachten, die während der Jakobinerherrschaft auf den staatlich organisierten Revolutionsfesten gesungen wurden:
„Gleich den Alten und den Kindern ist die staatsbürgerliche Aufgabe der Frau auf den Innenraum ... beschränkt und auf die Motivierung des männlichen *citoyen* als Aktanten ausgerichtet ... (die Frau) bestärkt den *citoyen* im Kampf für eine ‚égalité', die nicht identisch mit ihrer eigenen ist. Die Möglichkeit einer ‚égalité' für die Frau wird nicht thematisiert ... Als Gegenleistung für ein solches, der Natur entsprechendes Rollenverhalten, wird der Frau eine glückliche Ehe versprochen."[35]

Mit dem Fortschreiten der Fraktions- und Machtkämpfe unter den Vertretern der breiteren Volksschichten und mit dem Versuch der Jakobiner, gegen die Aktivitäten der „enragés" gewaltsam Ordnung zu schaffen, gewann ein solch harmonistisches, familienorientiertes Weltbild stark an Attraktivität, und die antifeministischen Implikationen wurden immer deutlicher spürbar. Die Kritik an Frauen, die diesen Erwartungen nicht entsprachen, nahm an Heftigkeit zu. Die Jakobiner etwa beschuldigten die militanten „Revolutionären Republikanerinnen" der Unmoral, sie wiesen sie strafend auf die guten „Familienmütter, Töchter, Schwestern" hin, die nicht in derartige Clubs eintraten, sondern vielmehr ihre Pflicht als Frauen erfüllten. Von Chaumette bis Saint-Just waren sich alle einig darin, die Politisierung der Frauen als Gefahr für die innere Sicherheit zu sehen: (Schlechte) Beispiele politisch aktiver Frauen, wie Marie-Antoinette, Madame Roland oder Charlotte Corday, ließen doch nur darauf schließen, daß derartige Frauen als „aventurières, chevaliers errants, filles émancipées, grenadiers femelles" (Fabre) unnatürlich und politisch schädlich seien.[36]

Und wenn auch einige der „enragés", der Anführer Jacques Roux etwa, auf die Verdienste seiner Mitkämpferinnen hinwies und ihre einwandfreien Motive und ihre Tugenden verteidigen wollte, so teilte doch die große Masse der Sansculotten keineswegs seine Meinung. Vielmehr waren sie mit den Jakobinern einig darüber, daß den Frauen mit Zurückhaltung zu begegnen

sei, daß sie „in die eng umgrenzte Sphäre ihres Haushalts" eingeschlossen bleiben sollten.[37]
Der gemeinsame Nenner aller revolutionären Gruppierungen, das Familien- und Frauenbild bürgerlicher Provenienz, das unangreifbar mit den Legitimationen „naturgesetzlicher" Abstammung ausgestattet war, führte denn auch zu weiteren Widersprüchen innerhalb der revolutionären Gesetzgebung.
War den Frauen untersagt worden, an politischen Entscheidungen direkt oder indirekt teilzuhaben, so sollte ihr „Reich", ihre spezifische Rechtssphäre, Heim und Familie, nun aber doch nach den Prinzipien von Freiheit, Gleichheit und Brüderlichkeit gestaltet werden. Gerade das Ehe- und Familienrecht schien den revolutionären Gesetzesreformern mehr als überholt; hatte sich doch ein großer Teil der vorrevolutionären Debatten immer wieder gegen den Patriarchalismus und die Härten der familiären Strukturen, wie sie das Gesetz festschrieb, gerichtet. An deren grundlegende Auflösung aber dachte niemand, im Gegenteil. Weit davon entfernt, dem von ihren Feinden immer wieder beschworenen Bild der Sittenlosigkeit und des moralischen Verfalls zu entsprechen, hielten sich die Revolutionäre, namentlich die Jakobiner und die Sansculotten, eng an die überkommenen Werte familiärer Tugend. Ihr Idealbild der Familie war definiert durch einen alles bestimmenden Familienvater – symbolisiert im Père Duchesne, der dem Sansculotten-Journal Aussehen und Titel gab – und über Keuschheit, Sittenstrenge und Tugend der „Familienmütter", ja aller (weiblichen) Familienmitglieder.[38] Und damit nicht genug. Die gesamte Nation, all ihre Mitglieder, sollten sich wie in einer großen Familie geborgen fühlen.[39] Hin- und hergerissen zwischen dem Bedürfnis nach Neudefinition und dem Festhalten an überkommenen Moralvorstellungen wurde deshalb die Forderung nach Aufhebung der religiösen und patriarchalischen „Überformung" der Familie nur unzureichend umgesetzt.[40] Die elterliche, namentlich die väterliche Gewalt wurde zwar durch die Gesetzgeber zurückgedrängt – dies vor allem hinsichtlich der selbstbestimmten Eheschließung und des uneingeschränkten Mündigkeitsalters, das nun auch für Frauen auf 21 Jahre gesenkt wurde[41], die Idee der *Vorherrschaft des Mannes* innerhalb der Ehe konnte dagegen nicht durchbrochen werden. Mit großer Zurückhaltung nämlich gingen die Reformer an die eheherrlichen Machtbefugnisse: Die ausnahmslose Beibehaltung des Patronyms als Familienname bringt diese Tendenz sichtbar zum Ausdruck.[42] Immerhin wurde nun der beiderseitige Konsens der Eheschließung neu geregelt, der, pro forma schon seit Jahrhunderten im Gebrauch, für zahlreiche Männer und fast alle Frauen tatsächlich nie zur Anwendung gekommen war.[43] Der starke Einfluß der Eltern auf Wahl und Zeitpunkt der Eheschließung hatte eine tatsächliche Willensbildung und Willensäußerung nahezu unmöglich gemacht. Nach den neuen gesetzlichen Regelungen sollten Kinder ohne die Einwilligung ihrer Eltern oder gar wider deren Willen

heiraten können, ohne Benachteiligungen im Erbanspruch oder Eheannullierung fürchten zu müssen.
Eine bedeutende Neuerung war daneben, daß Ehebruch nun auch seitens der Ehefrau nicht mehr strafbar sein sollte. Durch die Regelungen vom September und Oktober 1791 war hier eine Gleichstellung mit den Rechten des Ehemanns erreicht, der in den vorangegangenen Jahrhunderten niemals (von seiner eigenen Frau) hatte zur Rechenschaft gezogen werden können, wenn er die eheliche Treuepflicht verletzt hatte.[44] Auch die Einführung des Scheidungsrechts, das von zahlreichen Frauen befürwortet und gefordert worden war[45], konnte unter Umständen eine bessere Machtverteilung innerhalb der ehelichen Gemeinschaft ermöglichen; jedoch hatte hier bereits die Gleichheit vor dem Gesetz für Frauen erhebliche (und schmerzlich spürbare) Lücken: Frauen sollten von der Gütergemeinschaft ausgeschlossen werden, wenn sie von ihren Ehemännern aus anderen Gründen als körperlicher und geistiger Erkrankung verlassen worden waren.[46] Die alltagspraktischen Auswirkungen dieser Regelung sind bislang kaum untersucht, was eine endgültige Einschätzung der Folgen des neuen Scheidungsrechts erschwert; die nach wie vor nicht geregelte Frage der ehelichen Güterverhältnisse (auf die ich im folgenden kurz zu sprechen kommen werde), läßt es aber mehr als möglich erscheinen, daß gerade Frauen nicht allzu sehr von dieser Neuregelung profitierten. Dort nämlich, wo eine Frau von ihrem Ehemann verlassen wurde und zwei Jahre auf eine gesetzliche Trennung warten mußte, wurde die gesetzlich fixierte „Wartezeit" zu einer ökonomisch äußerst schwierig zu überwindenden Klippe, vor allem dann, wenn Frauen kein eigenes Einkommen und keine Beschäftigung hatten (und wenn darüber hinaus der Ehemann nach wie vor mit der Verwaltung der Familieneinkünfte oder gar des Vermögens der Ehefrau betraut war).
Diese Regelung wurde interessanterweise bereits ein Jahr später heftig angefochten, jedoch nicht von den Frauen, sondern von Männern, denen die auf weitestmögliche Gegenseitigkeit aufgebauten Scheidungsgesetze zu scharf in ihren gewohnten Machtbereich einschnitten. Namentlich die Regelung des Erziehungsrechts für die Kinder (die Frauen sollten das Sorgerecht für die Töchter, die Männer für ihre Söhne zugesprochen bekommen) erregte heftigen Widerspruch bei den betroffenen Ehemännern. Anläßlich des Staatsstreichs vom 18. Brumaire des Jahres V (9. November 1799) wurde deshalb das Scheidungsrecht dahingehend revidiert, daß nur in Ausnahmefällen eine Scheidung möglich sein sollte, und mit der Restauration 1816 war diesem Problem ein lautloses Ende beschieden: Das Scheidungsrecht wurde ersatzlos gestrichen.[47] Die Gleichstellung der Ehepartner *innerhalb* des ehelichen Zusammenlebens schließlich war unter den gegebenen Voraussetzungen eine allzu schwierige Aufgabe für die Rechtssatzer: Nicht nur, daß in den verschiedenen Gegenden der Nation ganz unterschiedliche Rechtssatzungen

und -traditionen die ehelichen Vermögensverhältnisse und deren Verwaltungs- und Nutzungsrechte regelten, war ein unüberwindliches Hindernis beim Parcours für eine nationale, freie, gleiche und brüderliche Neuregelung, auch und vor allem die Uneinigkeit in der Frage der ehelichen Machtbefugnisse stand einer endgültigen Erneuerung im Weg. Während nämlich einige aufgeklärte Denker wie Condorcet, Montesquieu oder Helvetius für gleiches Mitspracherecht beider Ehepartner innerhalb der ehelichen Gütergemeinschaft plädiert und damit einige Deputierte, wie etwa Danton, Camille Desmoulins und Couthon zur eifrigen Durchsetzung einer egalitären ehelichen Vermögensverwaltung inspiriert hatten, war doch der größere Teil der Rechtssatzer der Ansicht, diese zwei bestenfalls den Ehemännern zu überlassen[48]; sie votierten gegen die Gütergemeinschaft und die Frage mußte vertagt werden.[49]
Insofern ist die Bilanz der revolutionären Veränderungen im Privatrecht – hinsichtlich der Interessen von Frauen und hinsichtlich der Einlösung der Grundsätze von Freiheit und Gleichheit – eher negativ und höchst unbefriedigend: Weit davon entfernt, die Frauen tatsächlich in den Genuß egalitärer Prinzipien gelangen zu lassen, entschieden die Reformer grundsätzlich zugunsten der eheherrlichen Interessen, wurde in Konfliktfällen der Mann in jedem Fall der Frau vorgezogen.[50]
Durch die revolutionären Veränderungen verloren die Frauen darüber hinaus noch den geringen Rechtsanspruch auf Einfluß im öffentlichen Leben, den einzelne von ihnen als Regentinnen, Äbtissinnen, Vasallinnen und Landerbinnen im Ancien Régime – unter feudalem Verfassungsrecht – zumindest nominell gehabt hatten. Durch die enge Festlegung weiblicher Existenz auf züchtiges Wirken im Haus, auf Ergänzung des Mannes und Hingabe an die neu definierten Erziehungsanforderungen sahen sie sich, bei gleichzeitiger Beibehaltung der Vorherrschaft des Ehemannes, teilweise sogar einer Verschärfung ihrer rechtlichen und alltagspraktischen Zwangslage ausgesetzt.[51]

3.

Dabei war die Idee der Gleichstellung der Frauen der Revolution lange vorausgegangen, ja, sie war geradezu ein zentrales Paradigma des frühaufklärerischen Cartesianismus gewesen.[52] Schon seit der Renaissance, verstärkt aber im Laufe des 16. Jahrhunderts, fand und festigte sich eine geistige Strömung, die sich mit der Stellung der Frauen innerhalb der Gesellschaft kritisch auseinandersetzte.[53] Während es sich hier aber vor allem um ein rein literarisch-philosophisches Nachdenken handelte, gewannen die Gleichheitsgedanken im Verlauf des 18. Jahrhunderts eine neue Qualität:

Einerseits wurde nun harte Kritik an der „véritable tyrannie" der Männer über die Frauen geübt – der Ton verschärfte sich zusehends (so etwa bei Montesquieu, der dieser Tyrannei eine bessere Bildung der Frauen entgegensetzen wollte) – und andererseits war allgemein die Bereitschaft größer geworden, kritischen Ideen offen und unterstützend gegenüberzutreten.[54] Kurz, mit dem Beginn der Regierung Ludwigs XVI. und dem Herannahen der Revolution war allerseits eine Grundstimmung spürbar, die auf eine Verbesserung der Lage der Frauen auf allen Ebenen abzielte, wenn sie auch von Stagnationen und Widersprüchen nicht ganz frei war.[55] Hatte sich diese vorbereitende, intellektuell weitschweifige und kaum auf konkretisierbare Ziele ausgerichtete Diskussion zunächst nur auf exklusive Zirkel innerhalb der Salons und der „besseren" gesellschaftlichen Kreise beschränkt, so floß während der ersten Revolutionsjahre dieser „elitäre Feminismus"[56] zusammen mit einer breiten Volksbewegung, an der Frauen aus anderen Schichten intensiv beteiligt waren. Wenn dabei auch Motivation, Zielsetzung und Aktionsform nicht immer identisch waren, führte diese „Verbreiterung" doch zu wichtigen Änderungen:

Einerseits wurden die theoretischen Grundlagen feministischer Forderungen auf breiterer Ebene von Frauen mit-gedacht und mit-diskutiert (was an der Entstehung und der raschen Ausbreitung einer „femininen und feministischen Presse" abzulesen ist)[57], andererseits entwickelten sich neue Handlungs- und Organisationsformen im Zusammenhang und als Reaktion auf die übrigen revolutionären Ereignisse, die ausschließlich von Frauen getragen wurden, die Clubs des femmes! Diese setzten sich – neben einer Veränderung der Rechtsstellung von Frauen – vor allem für Frauenbildung, Verbesserung der Arbeitsmöglichkeiten und der Löhne für Frauen ein, oder auch, wie etwa die den „Enragés" nahestehenden „Republikanischen Revolutionären Bürgerinnen", für eine Veränderung der gesamten wirtschaftlichen und politischen Strukturen.[58] In Paris zählten dazu die bereits im Januar 1790 begründeten „Freundinnen des Gesetzes" („amies de la Loi"), angeführt von der zunächst als Amazone gefeierten und später für ihr „unnatürliches" Engagement verspotteten und vertriebenen Théroigne de Méricourt, die „Société patriotique et de bienfaisance des amies de la vérité", die gegen Ende 1790 oder zu Beginn des Jahres 1791 von der ehemaligen Baronin d'Aelders (Etta Palm) gegründet worden war, dann die „Société des amies de la Constitution" und schließlich der „Club des citoyennes républicaines révolutionnaires" unter der Leitung von Claire (Rose) Lacombe und Pauline Léon, der sich durch besonders radikale Forderungen, äußerst konsequenten Einsatz für die Verfechtung volksnaher Ziele und Maßnahmen und durch unermüdliche Vorstöße zugunsten einer Anerkennung der Rechte der Frauen als „Bürgerinnen" auszeichnete.[59]

Eine zentrale Bedeutung innerhalb der theoretischen Diskussion um die (Bürger)Rechte der Frauen kommt zunächst einem Mann zu, dem Philosophen Condorcet. Im Gegensatz zu Rousseaus enger (und antifeministischer) Festlegung der „weiblichen Natur" auf Gattin und Mutter, Hüterin des Heimes und der revolutionären Moral – ein Konzept, das im Emile besonders breit angelegt ist[60], argumentierte Condorcet, die Natur habe den Frauen dieselben Fähigkeiten hinsichtlich Verstand, Gefühl und Moral gegeben wie den Männern, weshalb sie auch in jeder Hinsicht dieselben Rechte erhalten müßten (Ausdrücklich formuliert wird diese Forderung in den „Lettres d'un bourgeois de New-Haven à un citoyen de Virginie" von 1788). Diesen Grundsatz verschärfte und präzisierte er in den ersten Revolutionsjahren und kritisierte heftig die Gesetzgeber, die den Bürger der neuen Nation als Mann bestimmten und Frauen kein Stimmrecht zuerkennen wollten,

sie hätten „das Prinzip der Rechtsgleichheit verletzt, indem sie in aller Seelenruhe die Hälfte des menschlichen Geschlechts daran gehindert hätten, an der Neuformulierung der Gesetze mitzuwirken."[61]

Weder argumentativ noch persönlich konnte Condorcet jedoch seine Mitstreiter für seine kritischen Gedanken und seine feministischen Anregungen gewinnen. Er beschränkte sich schließlich darauf, zur Erstellung des Programms für die Verbesserung der Frauenbildung einige grundlegende Gedanken beizusteuern. Es kommt ihm dennoch das Verdienst zu, den Rechtsanspruch der Frauen an politischem Wahl- und Vertretungsrecht erstmals in der Öffentlichkeit mit allem Nachdruck dargelegt zu haben.[62]
Der feministische Eifer der Frauen war bis dahin eher kollektiv und anonym zum Ausdruck gekommen. Namentlich in den „Cahiers de Doléances" des Jahres 1789, in denen Angehörigen des Dritten Standes erstmals die Gelegenheit gegeben worden war, ihre Wünsche und Forderungen offiziell zu äußern, hatten auch weibliche Standeszugehörige ihre Ideen niedergelegt und Forderungen aufgestellt für eine Verbesserung ihrer Lage.[63] Wenn sich die meisten hierbei auch noch weitgehend auf alltagspraktische Fragen und Probleme beschränkten und als „Kinder ihres Jahrhunderts" die Verbesserung der Frauenbildung als das universale Heilmittel gegen alle herrschenden Mißstände rühmten, das möglichst rasch Anwendung finden sollte[64] – eine Forderung übrigens, der sich alle männlichen Feministen anschlossen –, so waren doch einige schon sehr geneigt, die mißliche Lage der Frauen, und nicht nur derer in den unteren Schichten, im größeren gesellschaftlichen Rahmen zu betrachten und zu analysieren. Namentlich das Machtverhältnis zwischen den Geschlechtern, der uneingeschränkte Machtanspruch der (Ehe-)Männer und die rechtliche Benachteiligung der (Ehe-)Frauen wurde dafür verantwortlich gemacht, etwa von einer Bürgersfrau, die als anonym gebliebene B+++B+++ zeichnete und die scharfsichtig konstatierte, die Frauen seien „der Dritte Stand des Dritten Standes". Sie beklagte wortgewandt die ungerechte Ordnung, „digne de ces siècles d'ignorance", die Frauen dazu verurteilte zu arbeiten, zu gehorchen und zu schweigen.[65] Sie forderte die Beteiligung der Frauen an Regierung und Verwaltung Frankreichs, denn nun, wo gar die Sklavenbefreiung überall laut diskutiert würde, wo selbst das niedere Volk an politischen Entscheidungen beteiligt werden sollte, könne es sich eine aufgeklärte Nation wohl nicht mehr leisten, die

Befreiung der Frauen einfach zu übergehen, deren Rufe zu überhören und sie Opfer des (männlichen) Stolzes und der Ungerechtigkeit werden zu lassen. In logischer Fortführung dessen, was in den vergangenen Jahren und Jahrzehnten die Vertreter des Dritten Standes an Argumenten vorgebracht hatten für eine Teilnahme aller Stände an der Nationalversammlung, endete sie ihre Beweisführung, ihre Aufreihung von Forderungen mit der Erklärung, daß es mit dem passiven Wahlrecht für Frauen nicht getan sein könnte: Die Repräsentation der Frauen durch Männer sei nicht möglich, da jede Gruppe durch einen Abgesandten vertreten sein müsse, der diesem Stand angehöre und denselben (rechtlichen und sozialen) Bedingungen unterliege: „Les femmes ne pourraient être représentées que par les femmes“![66]

In ihren Ansichten ebenso radikal, persönlich aber mutiger war die Schriftstellerin Olympe de Gouges, die eigentlich Marie Gouze hieß; sie stammte aus der südfranzösischen Provinz und war um 1770 nach Paris gekommen, wo sie sich in Zirkeln von Dichtern und Schauspielern der Comédie Française bewegte.[67] Sie begann dort, Theaterstücke und politisch engagierte Pamphlete und Texte zu schreiben und zu veröffentlichen. Eine dieser Schriften, die 1788 veröffentlichten „Remarques Patriotiques“, gibt programmatisch ihre Bereitschaft wieder, der „schändlichen Sklaverei der Frauen“ ein Ende zu machen – sie will sich an die Spitze derer stellen, die dagegen zu kämpfen bereit sind:

„Ce sexe trop faible et trop longtemps opprimé est prêt à secouer le joug d'un esclavage honteux ... Je me mets à la tête.“[68]

Ähnlich äußerte sich auch die ehemalige Gräfin d'Aelders, Etta Palm, im Juni 1791 in einem „Appel aux Françaises sur la régénération des mœurs, et nécessité de l'influence des femmes dans un gouvernement libre“ („Appel an die Französinnen, die Wiederherstellung der guten Sitten betreffend und die Notwendigkeit des Einflusses der Frauen auf eine freie Regierung“). Sie verfolgte damit aber, anders als etwa Olympe de Gouges, über die Ebene des publizistischen Aufschreis hinaus sehr konkrete Ziele, nämlich die Organisation der Frauen in „Sociétés fraternelles“, wie sie bereits durch die Jakobiner-Organisation bekannt waren, die mit organisatorischen und sozial-karitativen Aufgaben betraut sein sollten. Dabei wollte sie auch die rechtliche und gleichsam „offizielle“ Anerkennung weiblicher Tatkraft und Mitsprache bewirken, was sie mehrfach durch Anfragen und Vorschläge vor der Nationalversammlung und der „Assemblée Législative“ zu vertreten suchte.[69] Und während eine andere Engagierte, die ehemalige Schauspielerin Théroigne de Mériourt[70], bereits 1790 eine solche Frauenvereinigung, die „Société patriotique et de bienfaisance des amies de la vérité“, ins Leben gerufen hatte, wurde das Projekt Etta Palms noch im Juli 1791 mit großem Befremden aufgenommen. Die „Gazette Universelle“ etwa beschimpfte die Gründerin als „übertriebene Demokratin“ („démocrate outragée“).[71]

Ein Höhepunkt der theoretischen Auseinandersetzung um die Rechte der Frauen innerhalb der neuformierten Nation, die von 1789 bis 1792 einen lebhaften Aufschwung nahm, bildet sicherlich die „Erklärung der Rechte der Frauen und Bürgerinnen", die Olympe de Gouges in Reaktion auf die Nichtbeachtung der feministischen Forderungen durch Nationalversammlung und König im September 1791 verfaßte und herausgab. In Analogie zu den Rechten des Menschen und Bürgers hatte sie 17 Artikel zusammengestellt, in denen sie versuchte, die Auslassungen und Lücken der „Männerrechte" zu konterkarieren – womit diese sicherlich eher die Bezeichnung „Menschenrechte" verdienen als ihre offiziellen Vorläufer. In einem Vorwort und einer Präambel unterstreicht die Verfasserin die Notwendigkeit und die Rechtmäßigkeit der Beteiligung der Frauen an allen politischen Entscheidungsprozessen („Da Frauen das Recht haben, aufs Schafott zu steigen, müssen sie auch ein Recht auf Wahlbeteiligung und Mitbestimmung haben"); sie klagt die Männer der Eigensucht und der Ungerechtigkeit an und fordert ihre Geschlechtsgenossinnen auf, alle Kräfte für die Verbesserung der Sitten und der Gesellschaft einzusetzen.
In Verkennung der aktuellen politischen Verhältnisse widmete sie ihre Erklärung der Königin, die sie dadurch gleichzeitig ihrer Solidarität versichern wollte gegen die Angriffe seitens des „Volkes" und der radikalen republikanischen Fraktion innerhalb der Nationalversammlung (Marie-Antoinette wurde verdächtigt, an der Flucht des Königs nach Varennes beteiligt oder sogar dafür verantwortlich zu sein, wofür sie schließlich 1793 zum Tode verurteilt und hingerichtet wurde). In einer Denkschrift legte Olympe de Gouges folgerichtig ihre Gedanken über eine Neugestaltung der Ehe nieder und versuchte damit der Diskussion um dieses hochaktuelle Thema, das die Gemüter über die Debatten der Rechtsgelehrten hinaus schon seit dem Beginn der Revolution, ja bereits in deren Vorfeld heftig erregt hatte, eine konstruktive Wendung zu geben. Sie schlug vor, Ehen in Zukunft durch einen „Contrat social" zwischen Frau und Mann zu regeln:

„Wir N und N, geleitet von unserem eigenen Willen, vereinigen uns für die Zeit unseres Lebens und die Dauer unserer gegenseitigen Neigung zu folgenden Bedingungen: Wir beabsichtigen und wollen unsere Vermögen in Gemeinschaft überführen, behalten uns jedoch das Recht vor, sie zu Gunsten unserer sowie der Kinder, die wir aus einer sonstigen Neigung haben könnten, zu trennen; wir anerkennen gegenseitig, daß unser Vermögen unmittelbar unseren Kindern ... gehört und daß alle unterschiedslos das Recht haben, den Namen der Väter und der Mütter, die sie anerkannt haben, zu tragen ... Wir verpflichten uns gleichermaßen für den Fall der Trennung, unser Vermögen zu teilen, den vom Gesetz bestimmten Anteil der Kinder davon auszunehmen und für den Fall einer vollendeten Verbindung daß, wer zu sterben käme, zugunsten seiner Kinder auf die Hälfte des Besitzes verzichtet; und wenn einer kinderlos stirbt, so soll der Überlebende rechtmäßig erben, sofern der Sterbende nicht über die Hälfte des gemeinsamen Vermögens zu Gunsten eines ihm geeignet Scheinenden verfügt hat."[72]

4.

Daß diese Proklamation, wie auch viele andere Aktionen von Frauen und für Frauen, nahezu ungehört verhallte und keine Auswirkung auf die offizielle politische Theorie und Praxis hatte, mag aus unserer heutigen Sicht mehr als bedauerlich erscheinen; innerhalb der aktuellen politischen Prozesse und Strukturen war eine andere Lösung zu diesem Zeitpunkt nahezu undenkbar. Die Abschwächung und Zurückdrängung des theoretischen Feminismus ist in direktem Zusammenhang mit dem Kampf um politische Durchsetzung und Selbstbehauptung der (männlichen) Bourgeoisie zu sehen und begann dementsprechend bereits 1791 sichtbar zu werden, wenngleich noch zu Beginn dieses Jahres, im Hinblick auf die Verfassungsänderung, neue Ansätze zu einer Integration der Forderungen nach Frauenwahlrecht und Beteiligung der Frauen ins politische System gemacht worden waren. Im Kreis des „Comité des Six", das mit dem Entwurf einer neuen Verfassung auf der Grundlage von „Freiheit, Gleichheit und Brüderlichkeit" beauftragt worden war, wurde als ein Teilaspekt auch die „Frauenfrage" diskutiert. Das Ergebnis war jedoch niederschmetternd: Trotz Rousseaus fester Überzeugung von der „moralischen Kompetenz" der Frauen und ihrer daraus erwachsenden Rollen als Erzieherin von Mann und Kindern, die doch den jakobinischen Revolutionären so einleuchtend schien und gegen die auch die Girondisten nichts einzuwenden hatten, befand der Deputierte Lanjuinais den moralischen und staatsbürgerlichen Charakter- und Bildungszustand der Frauen für so unzulänglich, daß er empfahl, die Entscheidung dieser Frage noch mehrere Jahre aufzuschieben. Die Lösung der „Frauenfrage" wurde in der Folge darin gesucht, Rolle und Lebensraum der Frauen aus der Öffentlichkeit hinaus ins Innere des Hauses zu verlegen. Unter Berufung auf Rousseau wurde das Familienideal der wohlhabenden, bürgerlichen Schicht zum allgemeinen, überzeitlichen und natürlichen erklärt; die Frauen ans Private, ans Haus zu binden hieß gleichzeitig, die Notwendigkeit ihrer Mitsprache in „öffentlichen" Angelegenheiten zu reduzieren, ja aufzuheben.

Wenn sich auch viele Frauen mit den neuen Idealen häuslichen Glücks zufriedengeben konnten und wollten, so hatte weniger deren Interesse im Mittelpunkt der Auseinandersetzungen gestanden als vielmehr die Sorge um das Allgemeinwohl („utilité commune"):

Der Bedarf an Nachwuchs, das Streben der Revolutionäre nach Bevölkerungswachstum und Verbreitung des richtigen Citoyen-Bewußtseins hatte die politische, juristische und ideologische Linie bestimmt.[73] Daneben war das Mißtrauen gegenüber Frauen, die allzu aktiv und energisch ins politische Geschehen eingriffen – wie das etwa die „Revolutionären Republikanerinnen" getan hatten, die nicht davor zurückschreckten, Robespierre als „Aristokraten" zu beschimpfen[74] – tief verwurzelt, und es erschien den Männern aller Fraktionen höchst verdächtig, wenn Frauen sich zu eigenständigen Gruppen zusammenschlossen oder eigene Bataillone aufstellen wollten, wie dies Pauline Léon anläßlich der Kriegserklärung vorgeschlagen hatte – und sei es auch zur Unterstützung der gemeinsamen Sache.

„Die Frauenclubs sind eine Geißel für die häuslichen Sitten, vor allem weil hier so viel Unnützes getrieben wird", erklärte der Chefredakteur der „Révolutions de Paris" zu Beginn des Jahres 1793 der Öffentlichkeit, und schon 1791 hatte er eröffnet, daß eine Frau „von all dem, was sich außerhalb ihrer vier Wände begibt, ... nicht viel mehr zu wissen braucht, als was ihre Eltern oder ihr Ehemann für notwendig halten, ihr beizubringen."[75] Er stand mit dieser Auffassung nicht allein. Das unbestreitbar wichtige Engagement der „Revolutionären Republikanerinnen" für die Ziele der Montagnarden etwa wurde ihnen dort nicht unbedingt gedankt, besonders die beiden Gründerinnen, Claire Lacombe und Pauline Léon, wurden hier bald höchst verdächtig: Schon am 16. September 1793 wurden sie vor dem Club der Jakobiner als Intrigantinnen bezeichnet und Claire Lacombe sogar als „Aristokratin" und Konterrevolutionärin denunziert. In bester Tradition wurde sie als „zweite Corday" beschimpft, mit der sie wahrhaftig nur eine Gemeinsamkeit hatte: Sie war als Frau politisch aktiv.[76] Und die Sanculotten selbst, die in etlichen Fragen des persönlichen und politischen Lebens eher freiere Auffassungen vertraten, schlossen sich doch in der „Frauenfrage" dem rigiden Standpunkt der Jakobiner an, daß die Frauen in die „eng umgrenzte Sphäre ihres Haushalts eingeschlossen bleiben mußten, was die Bürgerinnen der Sektion „Droits de l'Homme" zu einer energischen, kritischen Gegenrede veranlaßte, in der sie auf ihrem politischen Vertretungsanspruch bestanden.[77] Und wenn auch die „Revolutionären Republikanerinnen" gleichsam als Vorhut der Enragés den Disziplinierungsversuchen durch die Jakobiner im Jahre 1793 zum Opfer fielen, als im Oktober dieses Jahres nach undurchsichtigen und unerfreulichen Auseinandersetzungen unter Frauen verschiedener politischer Fraktionen alle Frauenclubs verboten wurden, so war diese Maßnahme des Sicherheitsausschusses gleichzeitig auch eine Maßnahme zur Disziplinierung und Kontrolle *aller* politisch engagierten Frauen[78]: Im Bericht des Sicherheitsausschusses anläßlich des Verbots der Frauenvereinigungen ist zu lesen, daß Frauen nicht die nötige Charakterstärke hätten, um an Staatsgeschäften beteiligt zu werden. Politische Aktivitäten würden sie vielmehr von ihren „eigentlichen, wichtigen Beschäftigungen" abhalten und zudem stehe ihre politische Vorbildung noch so weit hinter der der Männer zurück, daß sie eine Gefahr für die öffentliche Sicherheit darstellten.[79] Sicherheitsausschuß und Constitution machten mit dieser Erklärung mehr als deutlich, daß die „Gefahr", die von Frauen als politisch Manipulierbare und Unberechenbare ausging, sich nicht gegen eine einzelne unliebsame Gruppe richtete, etwa die der Volksbewegung eingegliederten „Républicaines Révolutionnaires", sondern daß alle Frauen als potentielle Feindinnen

des neugegründeten Staatswesens betrachtet wurden, die sich außerhalb des kontrollierbaren Innenraumes von Ehe und Familie betätigten.
Dies wird am Schicksal Olympe de Gouges' nochmals deutlich, die bald nach der Veröffentlichung ihres Manifests über die Bürgerinnenrechte, im Juli 1793, durch ihre Forderung nach einer Volksabstimmung in Ungnade fiel und, weil sie Robespierre öffentlich ein „animal amphibie" genannt hatte, verhaftet wurde. Sie verteidigte sich selbst gegen die Anklage, eine royalistische Verschwörerin zu sein, aber ohne Erfolg:

Zwar konnte ihr nichts nachgewiesen werden, was den Verdacht einer Verschwörung hätte erhärten können, ihre Schriften wurden jedoch als gegen die Volkssouveränität gerichtet empfunden, und sie wurde zum Tode verurteilt. Am 3. November wurde sie hingerichtet – nicht ohne öffentliches Aufsehen. Der „Moniteur" vom 19. November meldete ihren Tod mit folgendem Kommentar:
„Sie wollte ein Staatsmann sein, und es scheint wohl, daß das Gesetz diese Verschwörerin dafür gestraft hat, die Tugenden vergessen zu haben, die ihrem Geschlechte zukommen". Nicht die politische Intrige also konnte Frauen den Kopf kosten, sondern die „Überschreitung der Grenzen des weiblichen Geschlechts"...[80]

5.

Neubegründet durch eine ideologisch eingeschränkte Interpretation der „Natur", die der Anthropologie Rousseaus entnommen war, wurde die vormals im scholastisch und patriarchalisch bestimmten Ancien Régime bestehende Ungleichheit und Rechtlosigkeit der Frauen auch während und nach der Revolution weitergetragen aus Angst um die Zukunft des neuerrichteten politischen Systems, aber auch aus Unfähigkeit und Unwilligkeit, die androzentrische Sicht von „Staat" (als Gemeinschaft unabhängiger Individuen männlichen Geschlechts) und „Bürger" (definiert als Familienvater und damit [erwachsener] Mann) zu überwinden.
Nicht zu übersehen ist hierbei aber, daß auch Frauen zum Erfolg der männlichen Denk- und Sichtweisen beitrugen – bewußt und unbewußt. Die Schwächen der feministischen Bewegung traten nur allzu deutlich hervor im Zuge der Einschränkung und Zurückdrängung ihrer Forderung nach Beteiligung am „Schicksal der Nation". Wenngleich sich nämlich die theoretische Diskussion auf den einzigen Gegensatz „Frau-Mann" beschränkte und – als Unterstreichung oder Infragestellung – die „natürlichen" Unterschiede jeweils tagespolitische oder grundsätzliche Entscheidungen zu legitimieren hatten, wurde der aktuelle politische Rahmen für ihre Aktionen von den diversen Frauen oder Frauengruppen nach ganz anderen Maßstäben festgelegt und von ganz anderen Motivationen begleitet. Weit davon entfernt, eine einheitliche Linie zu verfolgen, reihten sie sich vielmehr in die unterschiedlichen „männerpolitischen" Positionen ein, verstanden sich als Girondistinnen, Jakobinerinnen oder „enragées". Sie bekämpften sich gegenseitig

gemäß den Rivalitäten und Auseinandersetzungsformen, die die tagespolitischen Ereignisse auch den Männern aufzwangen oder abverlangten. So wandten sich die „Dames de la Halle", die Marktfrauen, wohlhabende, der bourgeoisen Fraktion der Jakobiner nahestehende Frauen energisch gegen die radikalen Ansinnen und die Angriffe der „Revolutionären Republikanerinnen", deren Anführerin sie tätlich angriffen und für deren Auflösung sie lautstark eintraten (diese Aktion führte schließlich zu einem generellen Verbot aller Frauenvereinigungen!).[81] Die „Revolutionären Republikanerinnen" ihrerseits hatten die „aristokratische" Olympe de Gouges denunziert und ihre Verhaftung vorangetrieben, die sie des persönlichen Ehrgeizes beschuldigten und für eine Konterrevolutionärin hielten.[82]
Darüber hinaus gaben sich auch viele der Frauen, die an den revolutionären Ereignissen Anteil nahmen, durchaus zufrieden mit der Rolle, die die offizielle Ideologie der Nation ihnen zugestand, wie etwa die Bürgerinnen von Epinal, die eine Deputiertendelegation mit den folgenden Worten begrüßten:

„Wenn unsere Stärke genauso groß wäre wie unser Mut, wären wir, wie Ihr, sogleich zu den Waffen geeilt und könnten nun den Ruhm mit Euch teilen, unsere Freiheit gewonnen zu haben. Aber es waren stärkere Arme nötig als unsere, um die Feinde der Verfassung zu vernichten; unsere Schwäche hat uns daran gehindert, an dieser Revolution aktiv teilzunehmen. Wir müssen uns damit zufriedengeben, Eure Mühen zu bewundern."[83]

Wenn auch zahllose Frauen an der Durchsetzung und Aufrechterhaltung revolutionärer Ziele mitgearbeitet hatten, so hatten doch die meisten von ihnen ihren traditionellen Platz nicht verlassen und sich „auf ihre Weise" nützlich gemacht, hatten Unterstützungsarbeit geleistet, die in der Tat für die Effektivität der männlichen Bemühungen unabdingbar gewesen war. In ihren revolutionären Vorstellungen hatten diese Frauen aber selten die Klarsicht einer Mme B+++B+++ oder einer Olympe de Gouges besessen, und die Doppelzüngigkeit der Bekräftigungen von „Freiheit, Gleichheit, Brüderlichkeit" war dann erst so recht sichtbar geworden, als Terror und politische Instabilität ein weiteres Umsichgreifen kritischer Gedanken und Aktionen verhinderte. Zudem hatte die Bekämpfung der Aristokraten und später der Girondisten, denen viele der gebildeten bürgerlichen Frauen ihre Sympathien geschenkt hatten (wie etwa auch Olympe de Gouges), zu einer Auflösung der Atmosphäre geführt, die eine theoretische feministische Diskussion erst ermöglicht hatte, die Salonkultur und die dort beheimateten Intellektuellen beiderlei Geschlechts. Als mit dem Direktorium nach der Hinrichtung Robespierres eine neue Bourgeoisie entstand und die Damen ihre Salons wiedereröffneten, waren die entscheidenden Schlachten schon geschlagen worden – und verloren: die Bewegung der Frauen für die Revision ihrer rechtlichen und politischen Einschränkung war weitgehend zerschlagen.[84]

Mit dem „Code Civil“ schließlich berief sich erneut ein Mann auf die von Männern weitergegebenen und für sie vorteilhaften Traditionen: Napoleon setzte alle Mittel ein, um die Autorität des Ehemanns und Familienvaters zu stärken und entriß den Frauen auch noch die wenigen Vorteile, die ihnen die Revolution gebracht hatte. Von nun an hatten sie ihren Ehemännern wieder ohne Einschränkung zu gehorchen.[85] Die altüberkommene Struktur der feudalen Adelsfamilien hatte, aus Gründen einer nebulösen „Staatsraison“ als neue Mittelklassen-Moral überlebt und einen neuen, nahezu unangreifbaren, da „natürlichen“ Patriarchalismus geschaffen, der von den Ansprüchen der Kritik und den Vorstellungen der Feministinnen der Revolutionsjahre nichts mehr übrig ließ.[86]

Anmerkungen

1 Dies konstatiert etwa *Michel Vovelle* (Die Französische Revolution – Soziale Bewegung und Umbruch der Mentalitäten, München/Wien 1982). S. 139: „Schon in der traditionellen Revolutionsgeschichte ist viel von Hetären, Strickweibern oder Heldinnen die Rede gewesen, aber man hat ihnen nur eine bescheidene Bedeutung beigemessen. Heute beginnt man, das Engagement der Frauen in der Volksbewegung . . . neu zu erforschen.“

2 Einen ausführlichen Forschungsüberlick bis 1977 gibt *Louis Devance:* Le féminisme pendant la Révolution Française, in: Annales Historiques de la Révolution Française 49 (1977), 341–76, bes. 343ff.

3 Dazu s. z. B. *Devance,* (wie Anm. 2) und *Jane Abray:* Feminism in the French Revolution, in: American Historical Review 80, Frühjahr 1975, 43–62.

4 *Paule-Marie Duhet:* Les Femmes et la Révolution 1789–1794, Paris 1971; *Olivier Blanc:* Olympe de Gouges, Paris 1981.

5 Diese Untersuchungen sind aber durchaus aufschlußreich und aussagekräftig, wie etwa der Beitrag von *Inge Baxmann:* Von der Égalité im Salon zur Citoyenne – einige Aspekte der Genese des bürgerlichen Frauenbildes, in: Frauen in der Geschichte, Bd. III, hgg. v. A. Kuhn u. J. Rüsen, Düsseldorf 1983, 109–137.

6 Dieser Hinweis findet sich im Beitrag „Die Forderung der Frauen nach Gleichberechtigung in der frz. Revolution – Ein Unterrichtsmodell für die Sekundarstufe I,“ in: Frauen in der Geschichte, Bd. I, hgg. v. A. Kuhn u. G. Schneider, Düsseldorf 1979, 153–168.

7 *Ernest Mellié:* Les sections de Paris pendant la Révolution Française (21. Mai 1790–19. vendemaire an IV) – Organisation, Fonctionnement, Paris 1898, 3.

8 Dies dokumentiert ausführlich *Hannelore Schröder* in ihrer Textsammlung „Die Frau ist frei geboren“, München 1979, bes. Teil 1.

9 Hierzu bestehen bereits einige englischsprachige Arbeiten (neben den Ausführungen bei *P.-M. Duhet* [wie Anm. 4]) z. B.: *Ruth Graham:* Loaves and Liberty,: Women in the French Revolution, in: Becoming Visible – Women in European History, hgg. v. C. Bridenthal / B. Koonz, Boston 1977, 236–254, und *Patricia Branca:* Women in Europa since 1750, London 1978.

10 *Inge Baxmann,* wie Anm. 5, 117.

11 S. dazu auch *Serge Bianchi:* La Révolution culturelle de l'an II, Elites et peuple 1789–99, Paris 1982, 72.

12 *Duhet,* wie Anm. 4, 51.
13 Ebenda, 51 (Übersetzung von mir).
14 Ebenda, 53.
15 Ebenda, 46.
16 Ebenda, 105.
17 Ebenda, 108f.
18 Ebenda, 113.
19 Ebenda, 114–117.
20 Zitiert nach *Duhet,* wie Anm. 4, 117 (Übersetzung von mir).
21 Ebenda, 119f.
22 Ebenda, 121.
23 *Vovelle,* wie Anm. 1, 95. Interessant ist hierbei allerdings, daß auch die neuere Forschung den quasi vor-politischen Charakter dieser weiblichen Aktionsformen betont, während doch aus anderen Quellen die Teilnahme der Frauen an den politischen Organisationen der Sansculotten, den Sektionen zweifelsfrei hervorgeht. (Dies etwa bei *Soboul, Albert:* Die Sektionen in Paris im Jahre II, Berlin/Ost 1966, 193, und ders.: Histoire de la Révolution Française, Bd. I, Paris 1962, 346 u. a.). Darüber hinaus ist auch der eindeutig androzentrische Politikbegriff dieser Analysen infrage zu stellen, wie dies *Claudia Honegger, Bettina Heintz* forderten (Listen der Ohnmacht, Ffm, 1981).
24 *Vovelle,* wie Anm. 1, 134, ebenso *Jean-Paul Bertaud:* La Vie quottidienne en France au temps de la Révolution (1789–1795), Paris 1983, 208f. Übrigens sorgten auch in den exilierten Adelsfamilien die Frauen für das Überleben zumindest der engsten Familie – dazu *Margaret H. Darrow:* French Noblewomen and the New Domesticity, 1750–1850, in: Feminist Studies 5, Frühjahr 1979, 41–65, bes. 49).
25 Zit. nach *Maité Albistur / Daniel Armogathe:* Histoire du féminisme français du moyen âge à nos jours, Paris 1977, 236 (Übersetzung von mir).
26 *Neda Bei:* Der Politische Diskurs / der politische diskurs der frauen, in: Das ewige Klischee, (hgg. v. der Autorinnengruppe der Universität Wien), Wien/Köln/Graz 1981, 76–107, hier: 94f.
27 *Duhet,* wie Anm. 4, 154f.
28 *Bertaud,* wie Anm. 24, 208f.
29 *Vovelle,* wie Anm. 1, 139.
30 *Soboul,* wie Anm. 23 (Die Sektionen . . .), 148.
31 Ebenda, 149.
32 *Bianchi,* wie Anm. 11, 90.
33 *Devance,* wie Anm. 2, 357; rechtlich fixiert wurde diese Entscheidung schließlich 1795.
34 Ebenda, 366.
35 *Baxmann,* wie Anm. 5, 131f.
36 Zitiert nach *Bianchi,* wie Anm. 11, 149.
37 *Soboul,* wie Anm. 23, 149 (Die Sektionen . . .).
38 Dazu u. a. *Vovelle,* wie Anm. 1, 139 und *Duhet,* wie Anm. 4, 206.
39 *Vovelle,* wie Anm. 1, 111.
40 *Marcel Garaud:* La Révolution Française et la Famille, 1789–1804, Paris 1978, 6.
41 *Jean Portemer:* Le statut de la femme en France depuis la reformation des coutumes jusqu' à la rédaction du Code Civil, in: La femme – Receuils de la Société Jean Bodin, Bd. 12,2. Brüssel 1962, 447–497, hier: 284.
42 *Garaud,* wie Anm. 40, 5: „Libre au moment où elle contractait mariage, (la femme) devait-elle tomber sous la puissance mariatale comme le décidait l'ancien droit? La question fut debattue. Le féminisme intégral représenté par Condorcet, tenait

l'autorité du mari pour un abus. Mais l'opinion générale se prononça en sens contraire. S'il fallait condamner, au nom de la justice et de l'équité, la façon despotique dont le mari se conduisait, trop souvent à l'égard de la femme, son autorité n'en était pas moins légitime et nécessaire. C'est que la nature n'avait pas fait les sexes égaux. Ils se complétaient seulement. Il fallait donc un chef de la famille et il parut normal à beaucoup de penseurs que ce rôle fut attribué au mari."

43 Dazu *Darrow,* wie Anm. 24, 50f.

44 *Garaud,* wie Anm. 40, 50.

45 Dazu u. a. *Duhet,* wie Anm. 4, 174 und *Portemer,* wie Anm. 41, 481 u. 483f.

46 *Portemer,* wie Anm. 41, 483.

47 *Duhet,* wie Anm. 4, 175f.

48 *Garaud,* wie Anm. 40, 54.

49 Ebenda, 58.

50 *Portemer,* wie Anm. 41, 436–38 mit weiteren Beispielen für das Erziehungsrecht.

51 Dieses Fazit ziehen *Portemer,* wie Anm. 41, 494 und *Michelle Sarde:* Regard sur les Françaises, Paris 1983, 536.

52 *Baxmann,* wie Anm. 5, 112ff.

53 Darstellung, Diskussion und Textbeispiele dazu finden sich u. a. bei *Pierre Darmon:* Mythologie de la femme, Paris 1982, *Sarde,* wie Anm. 51, bes. Teil 3, und *Albistur / Armogathe,* wie Anm. 25, sowie bei *Léon Abensour:* La femme et le féminisme avant la Révolution.

54 *Portemer,* wie Anm. 41, 466 u. vor allem 469.

55 Ebenda, 470.

56 So nennen und beschreiben diese Haltung / Diskussion *Albistur / Armogathe,* wie Anm. 25, Kapitel 1.

57 *Duhet,* wie Anm. 4, 92–96 und *Evelyne Sullerot:* Histoire de la presse féminine des origines à 1848, Paris 1966.

58 Eine Liste der Frauenclubs in Paris und den wichtigsten Provinzstädten findet sich bei *Portemer,* 479, Anm. 4 (wie Anm. 25).

59 *Marie Cérati:* Le club des citoyennes républicaines révolutionnaires, Paris 1966.

60 *Victor G. Wexler:* ‚Made for Men's Delight' – Rousseau as Anti-feminist, in: American Historical Review 81, April 1976, 266–91.

61 Zitiert nach *Duhet,* wie Anm. 4, 57 (Übersetzung von mir) aus einem Artikel vom 3. Juli 1790 des „Journal de la Société de 1789".

62 Über Condorcet ausführlicher s. *Albistur / Armogathe,* wie Anm. 25, 215–221 und *Schröder* (Hg.), wie Anm. 8, Teil 1.

63 Veröffentlicht in „Cahiers de Doléances des femmes en 1789 et autres textes" – préface de Paule-Marie Duhet, Paris 1981; und *Duhet,* wie Anm. 4, 29–41 als Erläuterung.

64 Analog zu den Sansculotten, die ebenfalls solche aufklärerischen Ideen von Volksbildung vertraten (nach *Soboul,* Die Sektionen . . ., wie Anm. 23, 134).

65 („Die diesen Jahrhunderten der Ignoranz würdig seien") *Duhet,* wie Anm. 4, 50.

66 („Die Frauen können nur durch Frauen repräsentiert werden") zit. nach *Duhet,* wie Anm. 4, 37.

67 Eine ausgezeichnete, detaillierte Biographie lieferte *Blanc* (wie Anm. 4).

68 *Devance,* wie Anm. 2, 354.

69 *Duhet,* wie Anm. 4, 75.

70 Dazu *Graham,* wie Anm. 19, 241.

71 *Duhet,* wie Anm. 4, 76.

72 *Neda Bei / Ingeborg Schwarz* (Hg.innen): Olympe de Gouges: Les droits de la Femme. A la Reine. – Die Frauenrechte. An die Königin. Wiedergabe und Über-

setzung des Textes aus 1791, in: Das ewige Klischee (hgg. v. der Autorinnengruppe der Uni Wien), Wien/Köln/Graz 1981, 45–75, hier: 67f.
73 *Bertaud,* wie Anm. 28, 186 und *Vovelle,* wie Anm. 1, 140.
74 *Bianchi,* wie Anm. 11, 245.
75 Beide Zitate bei *Duhet,* wie Anm. 4, 212 (Übersetzung von mir).
76 Charlotte Corday war die junge Frau, die den Journalisten und Vordenker der Sansculotten, Marat, im Bad erstochen hatte.
77 *Soboul,* wie Anm. 23, 149.
78 *Devance,* wie Anm. 2, 365.
79 *Abray,* wie Anm. 3, 56f.
80 *Bei,* wie Anm. 26, 102, und *Abray,* wie Anm. 3, 57.
81 *Bianchi,* wie Anm. 11, 245, *Devance,* wie Anm. 2, 364 und *Duhet,* wie Anmerkung 4, 146f.
82 *Bei,* wie Anm. 26, 102.
83 Zitiert nach *Abray,* wie Anm. 3, 57 (Übersetzung von mir).
84 Ebenda, 58.
85 Einzig das Scheidungsrecht ließ Napoleon – seiner „unfruchtbaren" Ehe mit Joséphine wegen – unangetastet, s. dazu *Portemer,* wie Anm. 41, passim.
86 Selbst in den Adelsfamilien hatte sich nach deren Rückkehr nach Frankreich und der Restauration das familiäre Alltagsleben, die Situation und Position der Frauen wie auch deren Rolle grundlegend geändert in Richtung auf diese „neue Moral". Dazu *Darrow,* wie Anm. 24, 41–65.

Literatur

Neuere Arbeiten über Frauen und Feminismus in der Französischen Revolution

Jane Abray: Feminism in the French Revolution, in: American Historical Review, 80, Frühjahr 1975, 43–62

Maité Albistur / Daniel Armogathe: Histoire du Féminisme Français du Moyen Age à nos jours, Paris 1977

Inge Baxmann: Von der Egalité im Salon zur Citoyenne – einige Aspekte zur Genese des Bürgerlichen Frauenbildes, in: Frauen in der Geschichte, Bd. 3, hgg. v. A. Kuhn u. J. Rüsen, Düsseldorf 1983, 109–137

Neda Bei: DER POLITISCHE DISKURS/der politische diskurs der frauen, in: Das ewige Klischee – Zum Rollenbild und Selbstverständnis bei Männern und Frauen, hgg. v. der Autorinnengruppe der Uni Wien, Wien/Köln/Graz 1981, 76–107

Neda Bei / Ingeborg Schwarz: Olympe de Gouges: Les droits de la Femme. A la Reine – Die Frauenrechte. An die Königin. Wiedergabe und Übersetzung des Textes aus 1791 (zweisprachig), in: Das ewige Klischee (wie oben), 45–75

Serge Bianchi: La révolution culturelle de l'an II, Elites et peuple 1789–1799, Paris 1982

Evelyn Gordon Bodek: Salonières and Bluestockings: Educated absolence and germinating feminism, in: Feminist Studies 3, Frühj./Sommer 1976

Patricia Branca: Women in Europe since 1750, London 1978

Eliane Brault: La Franc-Maçonnerie et l'émancipation des femmes, Paris 1953

Cahiers de doléances en 1789 et autres textes – préface de *Paule-Marie Duhet,* édition des femmes, Paris 1981

Marie Cérati: Le club des Citoyennes Républicaines Révolutionnaires, Paris 1966

Katherin B. Clinton: Femme et philosophe: Enlightenment origins od Feminism, in: Eighteenth century studies 8, Frühjahr 1975, 183–99

Pierre Darmon: Mythologie de la femme dans l'Ancienne France, Paris 1983
Margaret H. Darrow: French Noblewomen and the New Domesticity 1750–1850, in: Feminist Studies 5, Frühjahr 1979, 41–65
Louis Devance: Le Féminisme pendant la Révolution Française, in: Annales Historiques de la Révolution Française 49 (1977), 341–76 (mit ausführlichen Literaturangaben für Quellen und Sekundärliteratur)
Paule-Marie Duhet: Les femmes et la Révolution, 1789–1794, Paris 1971
Die Frau ist frei geboren – Texte zur Frauenemanzipation, Bd. 1, hgg. u. kommentiert von Hannelore Schröder, München 1979
Marcel Garaud: La Révolution Française et la famille, 1789–1804, Paris 1978
ders.: La Révolution et l'Egalité civile, Paris 1953
Christine Garbe: Sophie oder die heimliche Macht der Frauen. Zur Konzeption des Weiblichen bei Jean-Jacques Rousseau, in: Frauen in der Geschichte IV, hgg. v. Brehmer / Jacobi-Dittrich / Kleinau / Kuhn, Düsseldorf 1983, 65–87
Ruth Graham: Loaves and Liberty: Women in the French Revolution, in: Becoming Visible – Women in European History, hgg. v. R. Bridenthal / C. Koonz, Boston 1977, 236–254
A. Groppi: Le travail des femmes à l'époque de la Révolution Française, in: Bulletin d'histoire économique et sociale de la Révolution Française, 1979
Benoîte Groult: Le féminisme au masculin, Paris 1977
Madelyn Gutwirth: Madame De Stael, Rousseau and the Women Question, in: Publications of the Modern Language Association 86, Januar 1971, 100–109
Friederike Hassauer-Roos: Das Weib und die Idee der Menschheit. Zur neueren Geschichte der Diskurse über die Frau, in Frauen in der Geschichte, Bd. III, hgg. v. A. Kuhn u. J. Rüsen, Düsseldorf 1983
Paul Hoffmann: La femme dans la pensée des Lumières, Paris 1977
A. R. Humphreys: The ‚rights of women' in the Age of Reason, in: Modern Language Review 41 (1946), 256–269
Eva Jacobs et al. (Hgg.): Women and society in Eigteenth century France, London 1979
Abby B. Kleinbaum: Women in the Age of Light, in: Becoming Visible – Women in European History, hgg. v. R. Bridenthal / C. Koonz, Boston 1977, 217–237
Lynda Lange: Rousseau: Women and the General Will, in: The Sexism of Social and Political Theory, hgg. v. L. M. G. Clark und L. Lange, Toronto 1979, 41–52
Olympe de Gouges, Schriften, hgg. v. M. Dillier / V. Mostowlansky u. R. Wyss, Frankfurt 1980
Politische Schriften in Auswahl. Protagonistin im Kampf um die Rechte der Frau: Marie-Olympe de Gouges, hgg. v. Margarete Wolters und Clara Sutor, Hamburg 1979 (Hamburger Historische Studien 8)
Jean Portemer: Le statu de la femme en France depuis la reformation des coutumes jusqu' à la rédaction du Code Civil, in: La Femme, Receuils de la Société Jean Bodin, Bd. 12, Brüssel 1962, 447–497
Michelle Sarde: Regard sur les Françaises, Xe' à XXe siècles Paris 1983 (bes. Teil 3.4 und 4.1)
Albert Soboul: Die Sektionen von Paris im Jahre II, bearbeitet und herausgegeben von W. Markov, Berlin/Ost 1962
Ders.: Histoire de la Révolution Française, 2 Bde., Paris 1962
Ders.: Sur l'activité militante des femmes dans les sections parisiennes en l'an II, in: Bulletin d'histoire économique et sociale de la Révolution Française, 1979
Gerhard Steiner: L'engagement et le destin des ‚Jacobines' de May ence, in: Annales Historiques de la Révolution Française, Nr. 255/56, 1984, 124 bis 154

Lieselotte Steinbrügge: Die Aufteilung des Menschen. Zur anthropologischen Bestimmung der Frau in Diderots Encyclopedie, in: Frauen in der Geschichte, Bd. IV, hgg. v. Brehmer / Jacobi-Dittrich / Kleinau / Kuhn, Düsseldorf 1983, 51–64

Michel Vovelle: Die Französische Revolution – Soziale Bewegung und Umbruch der Mentalitäten, München/Wien 1982

Margery Weiner: The French Exiles 1789–1815, London 1960

Victor G. Wexler: Made for Man's Delight' – Rousseau as Antifeminist, in: American Historical Review 81 (1976), 266–291

Quellenanhang

Q 0
Bremischer Beobachter No. 23 v. 2. 6. 1849

An Louise Aston

Du hast in Deiner Brust ein stolzes Herz,
Du hast in Deinem Herzen heiße Lieder,
Du hast in Deinen Liedern wilden Schmerz,
Doch keine Thräne für der Schmerzen Hyder: –
Du bist ein starkes Weib, o wilde Rose
Ein Weib, das nicht erliegt dem schwersten Loose,
Ein Weib, das aus zertretenem Gemüth
Noch in die Welt jauchzt ein geharnischt Lied! –

Das wird Dir nie ein schwacher Mann verzeihn: –
Darum erhebt sich gegen Dich in Masse
Die Lumpenbande der Schriftstellerlein
Halbblüt'ger und dreiachtelblüt'ger Race: –
Sie woll'n den Kranz Dir reißen von den Schläfen,
und spähn darnach, ob sie ein Plätzchen träfen,
Wo Du zugänglich für unwürd'ge List
Wo Du, wie andere Weiber, sterblich bist! –

Zeig ihnen dreifach Erz um Deine Brust,
Dran der Verläumdung Pfeile machtlos fliegen;
Verachte sie, des eignen Werths bewußt;
Und würd'ge keines Wortes ihre Lügen;
Verachte sie, – sie sind nicht werth des Zornes, –
Sie sind nicht werth die Wunden Deines Dornes,
Sie sind nicht werth, daß Du die Geißel schwingst
und sie mit Hieben auf die Nachwelt bringst! –

Ich will es laut hinausschrein in die Welt: –
Sie hassen Dich, weil sie Dich nicht erreichen,
Weil Deine Hand die neuen Fackeln hält,
Die viel zu hell für blöde Augen leuchten,
Weil ihre Macht morsch ist und untergraben,
Wenn alle Weiber Deine Meinung haben,

Weil sie Dein Lied aus der Verblendung schreckt,
und das Bewußtsein ihres Nichts erweckt. –

Rudolph Menger

Q 1
in: Lange Fr. Hrsg.: Die Lützower, Erinnerungen, Berichte, Dokumente, Berlin 1953

Aus unserm ersten Biwak 1813

Lieber Bruder!

Nun habe ich Dir etwas ganz Neues zu erzählen, worüber Du mir aber vorher versprechen mußt, nicht böse zu sein. Ich bin seit vier Wochen schon Soldat! Erstaune nicht, aber schelte auch nicht; Du weißt, daß der Entschluß dazu schon seit Anfang des Krieges meine Brust beherrschte. Schon zwei Briefe von Freundinnen erhielt ich, die mir vorwarfen, ich sei feig, da alles um mich her entschlossen ist, in diesem ehrenvollen Kriege mitzukämpfen. Da wurde mein Entschluß unumstößlich fest, ich war im Innern meiner Seele überzeugt, keine schlechte oder leichtsinnige Tat zu begehen; denn sieh nur Spanien und Tirol, wie da die Weiber und Mädchen handelten! Ich verkaufte also mein Zeug, um mir erst eine anständige Manneskleidung zu kaufen, bis ich Montierung erhielt; dann kaufte ich mir eine Büchse für acht Taler, Hirschfänger und Tschako, zusammen für drei und einen halben Taler. Nun ging ich unter die schwarzen Jäger; meiner Klugheit kannst Du zutrauen, daß ich unerkannt bleibe. Ich habe nur noch die große Bitte, daß Du es Vatern vorträgst, so vorteilhaft wie möglich für mich. Vater wird mir nicht böse sein, glaube ich, denn er erzählte ja selbst von den Spanierinnen und Tirolerinnen, wobei er meinen Entschluß deutlich auf meinem Gesichte lesen konnte. Ich habe aus Vorsicht meinen Namen geändert; wenn Du mir schreibst, so unterzeichne Dich mit meinem angenommenen Namen als mein Bruder; denn Du weißt, Briefe haben mancherlei Schicksale. Wir exerzieren, tiraillieren und schießen recht fleißig, woran ich sehr viel Vergnügen finde. Ich treffe auf 150 Schritt die Scheibe.
Lebe recht wohl, guter Bruder! Ehrenvoll oder nie siehst Du mich wieder. Grüße Vater und Karolinen tausendmal; sage ihnen, versichere sie, daß mein Herz stets gut und edel bleiben wird, daß keine Zeit, Schicksal oder Gelegenheit mich zu Grausamkeiten oder bösen Handlungen verleiten soll, und daß mein Herz stets treu und bieder für sie schlüge. Mit ewiger Liebe

Deine
Leonore, genannt August Renz,
freiwilliger Jäger bei dem Lützowschen Freikorps

Q 2
in: Lange Fr. Hrsg.: Die Lützower, Erinnerungen, Berichte, Dokumente, Berlin 1953

Das Datum weiß ich nicht, wir haben keinen Kalender,
und man merkt es gar nicht, wenn Sonntag ist.

Uns ist gesagt, daß wir schon in drei Tagen an den Feind kommen; es ist also vielleicht das letzte Mal, daß ich mit Dir, geliebter Bruder, noch eine Unterhaltung habe; ich bin zwar sehr müde, wir haben in fünf Tagen wohl dreißig Meilen zurückgelegt, und morgen um zwei Uhr marschieren wir schon weiter; aber trotz aller Müdigkeit will ich mich diesen Abend nur mit den Meinigen beschäftigen.

Es ist mir noch immer geglückt, ganz unerkannt zu bleiben. Kann ich nicht ein Quartier für mich allein bekommen, so ist gewöhnlich der kleine Arnold von fünfzehn Jahren mein Kamerad. Wegen meiner Stimme necken sie mich; da habe ich mich für einen Schneider ausgegeben, die können auch eine feine Stimme haben. Zu tun gibt es im Biwak auch genug, denn außer mir ist nur noch ein einziger Schneider bei der ganzen Kompanie, ein bucklig altes Männchen, den sie nirgends als Soldat haben annehmen wollen; aber unser Hauptmann sagte: „Im Kriege sieht Gott nicht den Buckel, sondern das Herz an; wenn das nur auf dem rechten Flecke sitzt." Mit dem halte ich zusammen und nähe und wasche fleißig, und weil ich mich auf die Küche verstehe, mögen sie mich alle gern.

Lieber, guter Bruder, Du sagtest mir einmal, ich müßte Dein Herz nicht zu dem eines Weibes herabstimmen, sondern in Dir allen Mut zu erwecken suchen. Sieh, Lieber, so denke ich jetzt von Dir und habe die feste Überzeugung, daß Du, Vater und Karoline mir nicht böse seid, und so gehe ich, durch diesen Gedanken gestärkt, voll Mut und Entschlossenheit in den Kampf. Komme ich einst glücklich wieder, dann, guter Bruder, wird meine Freude überschwenglich sein; komme ich nicht wieder zurück, dann sage ich Dir in diesem Brief das letzte Lebewohl, dann teurer, guter Bruder, lebe ewig, ewig wohl! Ich kann vor Tränen nichts weiter sagen, als daß ich auch noch im Tode treu und ewig mit Liebe sein werde

Deine Dich ewig liebende Schwester Leonore, gen. August Renz

Q 3

in: Förster, Fr.: Geschichte der Befreiungskriege, Berlin 1857

Prochaska.

Ich müßte mich schämen, ein Mann zu heißen,
Wenn ich nicht könnt' führen das Eisen
und wollte Weibern es gönnen,
Daß sie es führen können!

Wer ist der Gesell, so fein, so jung?
Doch führt er das Eisen mit gutem Schwung.
Wer steckt unter der Maske?
Eine Jungfrau, heißt Prochaska.

Wie merkten wir's nur nicht lange schon
Am glatten Kinn, am feinen Ton?
Doch unter den männlichen Thaten
Wer konnte das Weib errathen?

Aber es hat sie getroffen ein Schuß!
Jetzt sagt sie's selber, weil sie muß
Wundarzt geh bei Leibe
nicht unsanft um mit dem Weibe!

Zum Glück traf dich die Kugel nicht eh'r,
Als bis du dir hattest genügliche Ehr
Erstritten in Mannesgebehrden,
Jetzt kannst du ein Weib wieder werden.

Doch ich müßte mich schämen ein Mann zu heißen,
Wenn ich nicht wollte führen das Eisen,

Und wollte Weibern es gönnen,
Daß sie es führen können.

Freimund Reimar

Q 4

Staatsarchiv Bremen 2-G.7.A. Nr. 5
Schreiben des Hofrat Heun an Senator Smidt
Berlin, am 23. August 1814

Mein sehr verehrter Freund!

Mit Vertrauen wende ich mich an Sie in einer Angelegenheit, die ihrem echt vaterländischen Gemüth nicht ganz unwichtig und fremd seyn kann.
Unter den Freiwilligen des Königl. vLützowschen Freykorps, die vor einigen Wochen hierher zurückgekommen sind, um zu ihren früheren, friedlichen Verhältnissen zurückzukehren, befand sich ein Jäger namens Kruse, von dem es sich erwies, daß es ein Mädchen aus Bremen und zwar die Tochter des dortigen Stadtbaumeisters Lühring war.
Sie hatte während des ganzen Winterfeldzuges als Soldat ihre Schuldigkeit gethan und auch in sittlicher Hinsicht von ihren Vorgesetzten und Kameraden nur bestes Lob, auch nicht einer ihrer Kriegsgefährten wußte den geringsten Tadel gegen sie vorzubringen.
Der General-Lotterie-Direktor Bornemann nahm sie bei diesen Umständen sogleich in sein Haus und ließ ihr durch seine Familie einen engen weißen, weiblichen Anzug besorgen.
Sie betrug sich auch hier ganz zur Zufriedenheit dieser achtungswerthen Familie, und erwarb sich durch ihr sittliches Betragen überhaupt die Achtung aller der Frauen, mit denen sie hier bekannt wurde, auch die Prinzessin Wilhelm von Preußen, das Muster aller weiblichen Tugenden, der sie vorgestellt wurde, war durchaus mit ihr zufrieden und schenkte ihr ihre Gewogenheit.
Doch dies alles kann das unglückliche Mädchen nicht trösten über das Mißverhältnis, in dem sie mit ihrem Vater steht, der ihr verboten hat, vor zwey Jahren in sein Haus zurückzukehren. Sie ist durch dieses Verbot ebenso sehr gekränkt als in Verlegenheit gesetzt.
Ich werde mich des verlaßenen Mädchens mit möglichster Liebe annehmen. Doch ehe ich in ihrer Sache offizielle Schritte thue, wünsche ich zu wissen, ob die Schuld bey diesem unglücklichen Verhältnis an ihr liegt, oder ob dasselbe vielleicht in einem Vorurtheil oder einer besonderen Gemüthsstimmung ihres Vaters seinen Grund hat.
Ich habe geglaubt, mich deshalb an niemand besser wenden zu können als an Sie, mein sehr verehrter Freund, und ersuche Sie demgemäß ebenso dringend als ergebenst, mir über diesen Gegenstand baldmöglichst recht bestimmte Auskunft zu geben. Zugleich benutze ich diese Gelegenheit, um Ihnen die Versicherung meiner ausgezeichnetsten Hochachtung zu erneuern. Ihre Bekanntschaft wird mir stets eine der angenehmsten Erinnerungen aus dieser großen verhängnißvollen Zeit seyn, die wir miteinander verlebt haben.
Dem Herrn Dr. Gildemeister bitte ich mich angelegentlichst zu empfehlen.

Unverändert
Ihr
treu ergebener
Heun

Q 5

in: Förster, Fr.: Geschichte der Befreiungskriege 1813, 1814, 1815, Berlin 1857

Aufruf der Königlichen Prinzessinnen an die Frauen im Preußischen Staate:

„Das Vaterland ist in Gefahr! So sprach der König zu seinen treuen, ihn liebenden Unterthanen, und alles eilt herbei, um es dieser Gefahr zu entreißen. Männer ergreifen das Schwerdt und reißen sich los aus dem Kreise ihrer Familien, Jünglinge entwinden sich der zärtlichen Umarmung liebender Mütter und diese, voll edlen Gefühls, unterdrücken die heilige Mutterthräne. Alles strömt zu den Fahnen, rüstet sich zu dem blutigen Kampfe für Freiheit und Selbstständigkeit. Die Flamme, die in dem Busen eines jeden lodert, sichert den glücklichen Ausgang. Aber auch wir Frauen müssen mitwirken, die Siege befördern helfen, auch wir müssen uns mit den Männern und Jünglingen vereinen zur Rettung des Vaterlandes. Darum gründe sich ein Verein, er erhalte den Namen: *der Frauen-Verein zum Wohle des Vaterlandes.* Gern stellen wir uns, die wir dem Vaterlande angehören, an die Spitze dieses Vereins. Wir hegen das feste Vertrauen, es wollen die edelmüthigen Frauen und Töchter jeden Standes mit uns dazu beitragen, daß Hülfe geleistet werde den Männern und Jünglingen, die für das Vaterland kämpfen, damit es wieder in der Reihe der geachteten Staaten stehe, in welchem der Friede seine Segnungen ausströmen könne.

„Nicht blos baares Geld wird unser Verein als Opfer dargebracht annehmen, sondern jede entbehrliche werthvolle Kleinigkeit, – das Symbol der Treue, den Trauring, die glänzende Verzierung des Ohrs, den kostbaren Schmuck des Halses. Gern werden monatliche Beiträge, Materialien, Leinwand, gesponnene Wolle und Garn angenommen und selbst unentgeltliche Verarbeitung dieser rohen Stoffe als Opfer angesehen werden. Solche Gaben, Geschenke und Leistungen geben fortan das Recht, sich „Theilgenossin des Frauenvereins zum Wohle des Vaterlandes" zu nennen.

„Alles, was auf diese Art gesammelt wird, gehört dem Vaterlande. Diese Opfer dienen dazu, die Vertheidiger, die es bedürfen, zu bewaffnen, zu bekleiden, auszurüsten und wenn die reiche Wohlthätigkeit der Frauen uns in den Stand setzt noch mehr zu thun, dann sollen die Verwundeten gepflegt, geheilt und dem dankbaren Vaterlande wiedergegeben werden, damit auch von unserer Seite erfüllt werde das Große, das Schöne, damit das Vaterland, das in Gefahr ist, auch durch unsere Hülfe gerettet werde, sich neu gestalte und durch Gottes Kraft aufblühe.

Mariane, Prinzessin Wilhelm von Preußen.
Wilhelmine, Prinzessin von Oranien.
Auguste, Kurprinzessin von Hessen.
Wilhelmine, verwitwete Prinzessin von Oranien.
Prinzessin Ferdinand von Preußen
Louise, Prinzessin von Preußen Radziwill.
Caroline, Prinzessin von Hessen.
Marie, Prinzessin von Hessen.

Berlin, den 23. März 1813.

Q 6

Staatsarchiv Bremen 2 G.7.A. Nr. 5.

Meine Hochzuzverehrende Herren Bürgermeister und
Senatoren der freien Hansestadt Bremen!

Anna Lühring, Tochter des Baumeister Lühring aus Bremen, hat unter dem Namen Eduard Kruse als freiwilliger Jäger in dem v. Lützowschen Corps Theil an dem heiligen

Kampfe für Deutschlands Freiheit und der Wiederherstellung ihrer Vaterstadt genommen, und bei Auflösung des freiwilligen Jäger Detachements von mir ihre Entlassung erhalten.
Ihre treue Pflichterfüllung und Muth vor dem Feinde, ihre Sittsamkeit und die weibliche und anspruchlose Züchtigkeit, welche ihr der Aufenthalt in den Feldlagern nicht zu rauben vermocht hat, beweisen, daß nicht Hang zur Ungebundenheit oder Schwärmerei, sondern heiße Vaterlandsliebe und der erhabene Geist, der in ganz Deutschland so wunderbar erwachte, und dem es seine Freiheit verdankt, sie allein in die Reihen der Vaterlandsvertheidiger geführt hat.
Ich ersuche Sie daher meine Herren, der Anna Lühring, da sie jetzt in ihre Vaterstadt zurückkehrt, mein dankbares Anerkenntnis ihres rühmlichen Betragens und meine Überzeugung bekannt zu machen, daß wie sie, als das Vaterland bedrängt war, die ernsten Pflichten des Bürgers treulich und untadelhaft erfüllt hat, sie auch nun nach dessen Befreiung in Ausübung der weiblichen Tugenden, welche sie selbst in jenen Verhältnissen nicht verließen, gleich treu sein werde.
Indem ich diese Gelegenheit mit Vergnügen ergreife, Ihnen zu dem patriotischen Geiste Glück zu wünschen, der Ihre Stadt zu so vielen mit Freudigkeit dargebrachten Aufopferungen vermochte, und Ihre Mitbürger und selbst Ihre Mitbürgerinnen aus den Armen der Ihrigen, in den Kampf gegen den gemeinschaftlichen Feind Deutschlands rief, ersuche ich Sie meine Hochzuverehrenden Herren Bürgermeister und Senatoren der freien Hansestadt Bremen, die Versicherung meiner vorzüglichen Hochachtung und Ergebenheit gefällig anzunehmen.

Berlin, den 22. Januar 1815

Tauentzien
General der Infanterie und commandierender General
in den Marken und von Pommern

Q 7
Staatsarchiv Bremen 2-G.7.A. Nr. 5

Auszug
Schreibens des Herrn Senator Horn d.d.Bremen
den 26. Septbr. 1814 an Herrn Senator Joh. Smidt zu Berlin

Eben habe ich Deinen Brief vom 14ten. auf dem Pallatium gelesen, und will Dir wegen der Lüringen zur Beantwortung des Heunschen Briefes einige Nachrichten mittheilen.
Diese Freywillige muß nicht verwechselt werden mit ihrer Schwester, welche hier in üblem Ruf stand, und mit einem fr. Officier davon gegangen.
Etwas *wilder* Art soll aber auch Jene seyn, was aber vielleicht nur die Entschlossenheit und den Muth bezeichnet, aus dem gewöhnlichen Kreise der Weiber herauszutreten.
Liederlichkeit wird ihr *nicht* vorgeworfen.
Ihr Entschluß, die Waffen zu ergreifen, soll inzwischen weniger aus Patriotismus als aus Zuneigung zu einem Lützower Officier entstanden sein, welches aber wohl besser verschwiegen bleibt. Ihr Vater ist sehr aufgebracht gegen sie, weil er ihren Ruf dadurch für ganz verloren hält, und hat sie nicht wieder sehen wollen.
Auf Zureden,besonders von dem Lützower Kulenkamp, hat er sich nun bereitwillig erklärt, sie wieder aufzunehmen, *nachdem* dieser sich bereit erklärt hat, sie als Zeichen seiner Achtung öffentlich spazieren zu führen.
Ein lobender Zeitungsartikel in der Bremer Zeitung würde dem Vater schwerlich angenehm sein.

Kommt die Jungfrau indeß hierher zurück, so wird die Regierungs-Commission ihr schon die gehörige Ehre widerfahren lassen, daß der Vater selbst Respect vor ihr bekommen soll. Ihre Keuschheit brauchen wir nicht zu untersuchen, sondern nur die That zu würdigen.
Sie hat indeß kürzlich selbst an den Vater geschrieben, daß sie wohl als Lehrerin bei dem Luisenstift angestellt werde, vorher aber dazu noch selbst dort unterrichtet werden würde. Unser Staat könnte ihr eigentlich wohl eine Aussteuer bewilligen, und wenn ihr Myrthenkranz etwas entblättert, so müßte er mit Lorbeeren durchflochten werden.

Anm.: Das Original dieses Schreibens ist Herrn Senator J.H.W. Smidt, der dasselbe unter den Papieren seines Vaters, des verstorbenen Herrn Bürgermeister Joh. Smidt vorgefunden, wieder zurückgegeben.

1860 – Novbr. 13 A. Heineken Dr.

Q 8

Bürgerschafts-Protokolle, Staatsarchiv Bremen

Antrag des Senats an die
Bürgerschaft vom 19. März 1860

9. Antrag auf Bewilligung einer Pension
Es ist der Bürgerschaft nicht unbekannt, daß während des deutschen Unabhängigkeitskampfes gegen die Napoleonische Fremdherrschaft eine junge Bremerin Anna Lühring, von Vaterlandsliebe getrieben, mit Verleugnung ihres Geschlechts unter dem Namen Eduard Kruse als Jäger des Lützowschen Freicorps an den Feldzügen gegen Frankreich Theil nahm. Nach der Auflösung des Lützowschen Corps erhielt Anna Lühring von dem Königlich Preußischen General Grafen von Tauenzien ihren ehrenvollen Abschied, und es ward ihr auf besonderen Antrag des Generals für die von ihr während des Krieges bewiesene Tapferkeit und für ihr in jeder Beziehung musterhaftes Betragen die Anerkennung des Senats ausgesprochen.
Dem Senate ist es zur Kunde gekommen, daß Anna Lühring, gegenwärtig verwitwete Lucke, zu Hamburg in Verhältnissen lebe, welche es geeignet erscheinen lassen, der jetzt bejahrten Frau durch die Aussetzung einer Pension von Seiten ihrer Vaterstadt ein Zeichen ehrender Erinnerung an die seltene und ruhmwürdige Selbstverleugnung, mit welcher sie einst dem Vaterlande gedient hat, darzubringen.
Indem der Senat daher darauf anträgt, der Anna Lucke geb. Lühring eine Pension von hundert und fünfzig Thalern jährlich für die Dauer ihres Lebens zu bewilligen, zweifelt er nicht, daß die Bürgerschaft mit ihm gerne diese Gelegenheit ergreifen werde, der ehemaligen Mitbürgerin ein anerkennendes Gedächtniß zu bethätigen.

Antwort der Bürgerschaft
vom 4. April 1860

6. Antrag auf Bewilligung einer Pension.
Der Senat hat sich nicht geirrt, wenn er bei dem von ihm gestellten Antrage, der Frau Anna Lucks, geb. Lühring, eine Pension für ihre Lebensdauer zu bewilligen, die Zustimmung der Bürgerschaft nicht bezweifelt hat.
Die Bürgerschaft dankt dem Senate für die Anregung dieses Gegenstandes und findet darin eine erwünschte Gelegenheit, für die in schwerer Zeit mit seltenem Heldenmuth und ruhmwürdiger Selbstverleugnung dem Vaterlande gewidmeten Dienste ihre

Anerkennung zu beweisen, indem sie gern auch ihrerseits die beantragte Pension von 150 (Thaler H. C.) jährlich, anfangend mit dem 1. Januar 1860, auf Lebenszeit bewilligt.

Q 9
in: Schumacher H. A.: Zur Erinnerung an den Lützower Jäger Anna Lühring, Bremen 1870

Schreiben Anna Lührings
an den Bremer Senat vom 23. April 1860

Am Freitag, den 20. April erhielt ich die Bestätigung meiner Pension. Die Überraschung auszusprechen, die ich empfand, als ich die Wahrheit: Ihr so hochgeehrtes Schreiben in Händen hielt, das vermag ich nicht.
Nehmen Sie, hochedle Herren Senatoren, meinen Dank mit wenigen Worten, aber mit gerührtem Herzen; der Gedanke, eine alte Mitbürgerin bitteren Sorgen und schwerem Kummer enthoben zu haben, mag Ihren Herzen genügen.
Nun noch die herzlichste Bitte an Bremens Obrigkeit, für mich auch Bremens Bürgern meinen Dank zu sagen.
Aus Ihrem Munde wird dies Wort meinen lieben, lieben Mitbürgern ihre edle Handlung als das erscheinen lassen, was sie mir ward und ist: als die Rettung meiner Seele.

Q 10
Aus der Frauenzeitung von Louise Otto Nr. 21 – Sonnabend, den 8. September 1849, in: „Dem Reich der Freiheit werb' ich Bürgerinnen". Hrsg. Ute Gerhard et al., Frankfurt 1980

Bücherschau

Freischärler-Reminiszenzen. Zwölf Gedichte von *Louise Aston.* Leipzig. Verlag von O. Weller. 1850
Wir sind es unsern Leserinnen schuldig, einige Worte über das vorliegende Lieder-Heft zu sagen – aber wir tun es ungern. Es tut uns leid, ein vielleicht begabtes weibliches Wesen im unreinen Element zu sehen – und doppelt leid, weil die Verfasserin sich mit zur demokratischen Partei zählt und wir von dieser Partei alle unreinen Elemente, mögen sie nun Männer oder Frauen mit sich bringen, fern gehalten sehen möchten. Wir können uns bei Durchlesung dieser Gedichte von dem Eindruck des „Gemachten" im Gegensatz zur wahren Gesinnungsinnigkeit nicht losmachen; schon die Worte „Pferch-System", „Problem", „politisches Kapitel" u.s.w., berühren uns unangenehm und unpoetisch, man begreift nicht, wie sie beim begeisterten Dichten nur möglich sind. Saget nicht, die Zeit sei jetzt zu gewaltig, zu praktisch und tatenreich geworden, um mit den Dichtern noch um Worte zu hadern – im Gegenteil, wir sagen: je höher die Wogen der Zeit gehen, je höher müssen sie auch die Dichter tragen, und es ist in solchen Stürmen eher das Pathos der Überschwänglichkeit zu entschuldigen als der Ausdruck der Alltäglichkeit – aber wir fürchten eben auch, L. Aston habe sich diesen Stürmen der Zeit überlassen ohne die Kraft, von ihren Wogen sich emporheben zu lassen. – Doch wir müssen noch speziell einige Worte über das Gedicht: *„Den Frauen"* sagen. Da heißt es:

„Ihr richtet streng der Sitte heil'ge Vehm
Und schleudert auf mein Haupt das Anathem!
Mögt ihr zu Boden stürzen eure Kerzen

Und schlagen an die Brust so tugendreich:
Ich fühl' es mächtig in dem tiefsten Herzen,
Daß meine Sünde eurer Tugend gleich."

und weiter:

„Ich achte dennoch eure Tugend nicht,
Verwerfe kühn eu'r heiliges Gericht!
Seid des Gesetzes Hort, der Sitte Rächer,
Des frommen Glaubens treuer Genius!
Es lebe ein heil'ger Geist auch im *Verbrecher,*
Der Freie sündigt, weil er sünd'gen muß.

Wenn mich der Liebe Flammen heiß umsprühn,
Will ich im sel'gen Feuer-Tod verglühn;
Doch aus den Gluten steig' ich neugeboren,
Wie sich der Phönix aus der Asche schwingt,
Geläutert ward mein Wesen – nicht verloren,
Zu neuem heilgen Liebesglück verjüngt."

Die Leserinnen mögen selbst urteilen, ob hier reine oder unreine Elemente sind. Der Dichterin gegenüber habe ich nur zu bemerken, daß die auch im Buch gesperrt gedruckte Zeile nicht unmoralisch (wie sie vielleicht meint, daß wir Frauen sagen werden), sondern unphilosophisch und unsinnig ist. *Der Freie muß eben nicht sündigen* – denn *Sünde* ist gar nichts andres als *Unfreiheit* – und zwar nach Feuerbach eben sowohl wie nach Luther. Wenn der Freie etwas tut, was von einem beschränkten Standpunkt aus „Sünde" ist, er selbst aber diesen Standpunkt verlassen hat, so ist's eben ihm nicht Sünde, sondern Freiheit und Recht. Begeht aber der Freie eine Tat, die ihm Sünde ist, die er nicht mit *seiner* freien Anschauung, mit seinem Sitten-Gesetz in Einklang bringen kann, so ist dies ihm Sünde, aber dann hat er aufgehört, ein Freier zu sein, und ist ein Sklave seiner Sinnlichkeit und eines fremden Gesetzes geworden. – Das ist sehr einfach. Ich fürchte, L. Aston, obwohl sie sich eine Freie nennt, gehört gerade zu den *Unfreien.*

Q 11

Staatsarchiv Bremen 4,14/1-XII.A.2.b.

Das Königlich Preußische Polizei-Präsidium zu Berlin
An die Polizei-Direction der freien Hansestadt Bremen

Auf das gefällige Schreiben vom 25. Nov. beehrt sich das unterzeichnete Polizei-Präsidium die Polizei-Direction ganz ergebenst zu benachrichtigen, daß die in den öffentlichen Blättern vielfach besprochene Louise Aston geb. Hoche, die im Jahre 1844 rechtskräftig geschiedene Ehefrau des Maschinenbauers Aston in Burg und Mutter einer in dieser Ehe gezeugten Tochter ist.
Mit geringen Unterbrechungen hielt sich dieselbe seit dem Jahre 1845 hier auf und empfing ihren Unterhalt von ihrem früheren Ehemann. Sie hat hier die Aufmerksamkeit vor einigen Jahren dadurch auf sich gezogen, daß sie sich einigen Literaten anschloß, deren politisches Verhalten den Grundsätzen der diesseitigen Verwaltung nicht entsprach. In Folge dessen ist ihr der Aufenthalt hierselbst versagt worden.

Bremen den 13. Dezember 1850

Anlage
Auszug aus den Acten des k.pr. Polizei-Präsidiums in Berlin
Geheimer Präsidial-Register: Lit. A. No. 71

Geschiedene Aston geb. Hoche angeb. aus Versailles geb. und seit kurzem an den Dr. med. Daniel Eduard Meyer in Bremen verheirathet wurde vom Jahre 1846 mehrere Male aus Berlin gewiesen.
Sie wurde beschuldigt mit Literaten der extremsten Parthei vertrauten Umgang zu pflegen und gegen die bestehende Staatseinrichtung zu agitieren.
Als ihre vertrauten Freunde werden bezeichnet:
1. Der Liederdichter Gottschall aus Königsberg
2. Bruno Bauer
3. Buhl
4. Dr. Schmidt (Max Stirner) und dessen Frau
5. Dr. Wiß
6. Dr. Faucher
7. Edgar Bauer und dessen Braut
8. Fräulein Sommerbrodt
9. Fräulein Haacke
Die Braut des Edgar Bauer ist eine Schwägerin des bekannten Buchbinder Reichardt in Charlottenburg und führt den Spitznamen Mirabella, weil sie sich einen weibl. Mirabeau glaubt und in die revolutionären Mysterien ihres Geliebten eingeweiht ist.
Die Versammlung dieser Clique fand im Jahr 1845 in dem baierschen Bierlocal von Wallburg, Münzstr. Nr. 48, welche sich an der Spitze Bruno Bauer Atheisten nennen.
Später gesellte sich Aston zu dem Dr. Löwenstein, von Szczepanski, Titus Ulrich u. a. Literaten.
Am 5. 3. 46 von dem k.Polizei-Präsidium in Berlin gefragt, was sie durch ihren Aufenthalt daselbst und namentlich für die Zukunft bezwecke, gab die Aston unter anderem zu vernehmen:
„Sie beabsichtige recht bald die Universität zu besuchen, und zu diesem Ende um die Erlaubnis nachzusuchen, Männerkleider tragen zu dürfen."
Ferner erklärte dieselbe unumwunden:
„ich glaube nicht an Gott und rauche Zigarren,
„deshalb bin ich vielleicht vielen Damen ein Greuel. Ich beabsichtige die Frauen zu emancipieren und sollte es mein Herzblut kosten.
Ich halte die Ehe für das Unsittlichste Institut, da ich keine dauernde Liebe in derselben für möglich halte.
Wenn der Mann heirathet ist er blödsinnig.
Erst muß der Glaube an Gott und das Institut der Ehe fortfallen, dann sind wir glückliche Menschen."
Das einschlägliche Protocoll ist unterzeichnet und genehmigt von
Louise Aston-Hoche
und gefertigt resp. vorgelesen
von Stahlberg
in Gegenwart des Herrn Reg. Rathes Lüdemann

Nach ihrer Ausweisung aus Berlin hat sich die Aston Anfang 1847 in Belzigruh bei Köpenick aufgehalten.
Im März 1849 kam dieselbe mit einem auf den Namen des Fräuleins Johanne Lucie Meier aus Bremen lautenden Paß d.d.Bremen 8. 3. 49 abermals nach Berlin, wurde jedoch nach Abnahme des Letzteren wiederholt ausgewiesen.

Von da begab sich die Aston nach München und weil sie dort nicht geduldet wurde nach Zürich und später nach Holstein, wo sie als Freischärler gedient haben will.
Im August 1850 erschien sie in Berlin und produzierte zu ihrer Legitimation einen Paß d.d. Paris 5. August 1850, verheirathete sich endlich, wie schon oben angedeutet ist in Bremen, und hält sich seit kurzem aufs Neue in Berlin auf.

Q 12

Rendsburger Wochenblatt No. 35 vom 12. 7. 1848

Aus dem Freischaarenleben in Schleswig-Holstein

...)
Da ich gerade von den Berlinern spreche, so muß ich erwähnen, daß ihre Freischaar die zahlreichste unter allen war. Sie schied sich aber in zwei Genossenschaften: jene schon angeführten Barrikadenleute, fast sämtlich gediente Soldaten, unschätzbar im Krieg, aber grauenhaft im Frieden, der Stolz der Schlacht und die Plage des Landmanns, und dann die „freien Berliner." Die Letzteren zeichneten sich insbesondere dadurch aus, daß Jeder einen schwarzen Frack und ein Paar Glacéstiefel im Tornister führte und seine Löhnung nur für Handschuhe ausgab. Wenn sie in die Garnison kamen, so war ihr Erstes an demselben Abend noch einen Ball zu arrangieren oder ein Ständchen mit Fackelzug zu bringen. Sie waren die Bevorzugten in jeder Hinsicht, und ihnen hatte sich auch die bekannte Madame A ... angeschlossen. Diese Dame hat in unserem Feldzug ein Stück ihrer wilden Rosen in's Practische übersetzt, „freiem Leben, freiem Lieben ist sie immer treu geblieben." Sie ist ein schmächtiges Weib mit interessanten Augen – voilà tout! Aber als einzige weibliche Erscheinung unter Tausenden wilder Krieger wußte sie die allgemeine Aufmerksamkeit zu fesseln. Sie nahm sich überdies mit der größten Aufopferung und sans gêne der Pflege der Verwundeten an, und das verdient volle Anerkennung. Ja sie ist sogar durch einen Streifschuß verwundet worden und nahm sehr gerne Gelegenheit, die Wunde und mit ihr einen allerliebsten weißen Arm zu zeigen. – Nächst Berlin waren unter den Freischaaren am mehrsten vertreten die Rheinlande. Köln und Mainz hatten ihre Brauseköpfe gesandt; kühne, wilde Leute, welchen es im Gefecht so wohl war, wie in der Schenke. Ich erinnere mich noch mit Vergnügen eines alten Burschen aus Köln, einer grauen, verwitterten Gestalt, jeder Zoll ein Landsknecht. Er war Unterofficier, hatte in Algier und Spanien gekämpft und konnte viele Wunden aufweisen. Im Treffen bei Altenhof traf seine sichere Büchse nach und nach sechs Dänische Schützen – es war ihm nicht genug seine Feinde niedergeworfen zu haben, wie ein Indianer wollte er auch von jedem eine Siegestrophäe erbeuten. So lief er denn nach jedem guten Schuß in den dichtesten Kugelregen und holte sich von Dem einen Uniformsknopf, von Jenem die Feldflasche, von Andern das Seitengewehr. Sein alter Mantel ward von acht Kugeln durchlöchert, er selbst blieb aber unversehrt. Auch Westphalen hatte viele Leute unter die Freischaaren gesendet; ihnen kann leider nicht das beste Sittenzeugniß gegeben werden. Aus Böhmen kam ebenfalls eine stattliche Schaar, welche leider nicht mehr in ein Treffen kam und daher theilweise dem übersprudelnden Muth in Duellen Luft zu machen suchte.

(...)
Über das Verhältnis zum Linienmilitär (Bundestruppen des Wrangel)
Die Officiere des Letzteren, besonders die der Preußischen Garde, schoren uns sämmtlich über Einen Kamm und nannten uns Banditen, Strauchdiebe, Gesindel, wo und wie sie es konnten. Wir haben eine solche schmähliche Behandlung nicht verdient,

um so weniger, als wir gern und laut der Tapferkeit der Preußischen Garde die gerechteste Anerkennung zollten. Aber der Grund Jener lag tiefer, er datirte sich von den Berliner Märztagen her. Die Garden trugen noch die tiefste Erbitterung in sich und warfen uns Alle mit den Berlinern in Einen Topf. Daher beständige Reibereien, tägliche Duelle, in welchen die Klingen der Studenten gar wacker ihre Meisterschaft bewährten. Die Barrikadenmänner mußten immer sechs Meilen von der Garde einquartirt werden; drei Meilen wären sie gern gelaufen, um sich mit ihren unversöhnlichen Feinden zu messen. Die Wuth der Freischärler wurde auf das Höchste gereizt durch die Behandlung, welche Einzelnen von ihnen in Colding widerfuhr. Dort lag die Garde als Besatzung; Keinem von uns ward verstattet, in die Stadt zu gehen, wer nothwendig darin zu thun hatte, wurde seiner Waffen beraubt, durch eine Escorte auf Schritt und Tritt begleitet, wie ein Verbrecher. Dieses empörende Verfahren veranlaßte uns, von Hadersleben aus eine energische Adresse an den General Wrangel, der allgemein den Ruhm eines billigen und gerechten Mannes hat, zu richten und auf Genugthuung zu dringen. Aber diese ward uns nicht, nicht einmal eine Antwort. – Alles Unangenehme aber versüßte immer wieder bald und schnell der reizende Wechsel unserer Erlebnisse. Das fröhliche Zusammensein fröhlicher Brüder, die Romantik des Wachtstubenlebens. Ich hätte es niemals geglaubt, daß man in der Wachtstube solche genußreiche Stunden verleben könne, wie ich sie erlebt.

Q 13

Tagebuch eines Freiwilligen des von der Tann'schen Corps
von G. L. Martens, Architekt

am 23sten April

gegen 12 Uhr Mittags ging es weiter über Damendorf, Osterbye nach Messunde. Das war ein anderer Marsch, wie der in der Nacht von Eckernförde, das war eine andere Stimmung, wie die gedrückte nach der unglücklichen Affaire; obgleich Viele unserer Kameraden gefallen, viele verwundet waren, war doch der Sieg der unsrige gewesen; man hörte nichts als Singen und Lachen und Fröhlichsein. Der Arzt hatte mir befohlen, mich zu schonen, und mir gerathen, einen Platz auf einem Wagen zu suchen; diesen fand ich neben der gefeierten Lady Aston; ich hatte Gelegenheit diese Dame näher kennen zu lernen. Als wir aus dem Gefechte in Altenhof ankamen, sah ich durch das große immer offene Bogen-Thor, durch welches man auf den Herrnhof geht, ein Bild, welches mir unvergeßlich sein wird. Auf dem Hofe unter den Verwundeten mit wallenden Locken hierhin und dorthin geschäftig, zwischen den malerischen Gruppen der Unsrigen einhergehend, die Verwundeten verbindend, und ihnen Erquickungen reichend, sah ich Lady Aston. Das purpurrothe Kleid, der blaue Überwurf von der Sonne grell beschienen, erhöhete zwischen den größtentheils dunkeln Kostümen, die poetische Erscheinung eines Weibes, das als hülfreicher Engel den zahlreichen Verwundeten erschienen war. Mit den Ansichten der Lady über Emancipation des Weibes, die mir einen gelinden Anstrich von Affectation an sich zu haben scheinen, konnte ich mich nicht einverstanden erklären, ebenso wenig mit ihren Ansichten von Atheismus. Das Corps schwärmte für sie und mit Recht; es gehört für eine Dame ein großer Entschluß dazu, sich freiwillig den Gefahren eines Krieges auszusetzen, und den Unbequemlichkeiten und den Beschwerden eines Feldzuges zu unterziehen; für ihre Person hat sich Lady Aston das Recht erworben, sich eine emancipirte Frau nennen zu können. Es amüsirte mich zu beobachten, wie verschieden das Wort „huldigen" dargestellt werden kann; der Eine zeigte seinen Enthusiasmus durch das Recitiren von Versen, die er mit dem einen Fuße auf dem Wagenrade stehend in pathetischem Tone der Lady vortrug; ein andrer schlich hinter dem Wagen her und freute sich, wenn er einen Blick erhaschen konnte, wieder ein andrer kam fröhlich gesprungen und bot entweder eine gute Cigarre oder sonst einen Leckerbissen mit irgend einer witzigen Bemerkung; so ging es den ganzen Tag fort, bis wir gegen Nachmittag nach Messunde kamen; schon eine halbe Stunde vorher hörten wir Kanonendonner, und freuten uns, daß wir sobald wieder auf den Feind gestoßen waren; alle Kranke waren auf einem Male gesund, sprangen vom Wagen, hingen sich die Büchsen um und schlossen sich ihrer Kompagnie an; bald sahen wir die holsteinischen Truppen unter Major v. Zastrow diesseits der Schley stehen, und hörten von Zeit zu Zeit die Kanonade, die aber nur noch von unseren Truppen unterhalten wurde. Die Dänen mußten sich auf klein Gewehrfeuer beschränken, weil die holsteinische Artillerie, die allenthalben, wo sie verwandt worden, vortreffliche Dienste leistete, die beiden dänischen Kanonen demontirt hatte. Die Hoffnung in's Gefecht zu kommen war eine vergebliche, da die Dänen leider eine halbe Stunde früher über die Schley gegangen waren, und die Fähre mit auf die andere Seite gezogen hatten; ebenso waren alle Böte und Kähne sorgfältig fortgeschleppt worden.

Q 14
Rendsburger Wochenblatt No. 29 v. 21. Juni 1848

An die Schleswig-Holsteiner

Da, wo der Däne lang' gehaus't
In Schleswig-Holstein gährt und braus't
Der Thatendrang in allen Herzen,
Der Knechtschaft Schmach jetzt auszumerzen.
Frei will fortan der Deutsche sein,
Ob er am Belte, ob am Rhein,
Er bricht mit kühner Hand die Ketten. –
Auch ihr wollt euer Deutschthum retten,
Euch lösen aus der Dänenbann,
Und muthig kämpfen Mann für Mann,
Um euch das freie Sein zu schaffen.
Gott segne eure Waffen.

O edles Volk, nach langer Pein
Willst du befreit vom Joche sein.
Die Dänen sahen dich mit Schrecken
Den deutschen Geist zum Leben wecken;
Den Geist, den sie mit aller Kraft
Stets hielten in Gefangenschaft,
Den sahen sie trotz Bandesdrängen,
Den Sarg aus seinen Fugen sprengen.
Ganz Deutschland ruft von Fern und Nah,
Ein Pereat für Dania,
Hoch läßt es Schleswig-Holstein leben. –
Gott segne euer Streben.

Ihr kämpfet um das höchste Gut,
Ihr zahlt's mit euerm besten Blut,
Und manches Opfer muß noch fallen,
Bevor die Siegesfahnen wallen.

Im Kern des Volkes wohnt die Kraft,
Und wo es sich emporgerafft,
Da ist sein Wille stark wie Eisen,
Da wird es Heldenmuth beweisen.
Drum muthig, immer kühn voran!
Auf der einmal betret'nen Bahn
Steht fest wie Mauern im Gefechte!
Gott schützet eure Rechte.

Halt' aus im Kampf, denn aus dem Krieg
Erblühet Völkerheil und Sieg.
Ihr werdet, trotz den Dänenheeren,
In eurer Stärke euch bewähren.
Das Volk ist reif, drum wird es frei,
Drum bricht's das Joch der Sklaverei,
Drum fällt es gleich den Ungewittern
In Feindesheer und wird's zersplittern.
Wer muthig wagt, dem wird Gewinn,
O, blickt nur fest zum Ziele hin!
Ihr kämpft für künft'ge bess're Zeiten,
Gott selbst wird für euch streiten.

Es sendet euch der Frauen Hand
Vom weitentfernten Rheinesstrand
Hier Linnenzeug für Ehrenwunden,
Die ihr im heißen Kampf gefunden.
Auf ewig ein' ein festes Band
Euch an das schöne deutsche Land,
Dem ihr entstammt und treu geblieben,
Das eure Biederherzen lieben.
Glück auf! Du edle Nation:
Sprich deinem Dränger trotzig Hohn,
Deß' Macht auf ew'ge Zeit erliege!
Gott führe dich zum Siege!

Obigen Strophen fügen wir noch bei, daß wir euch von ganzer Seele den besten Erfolg gönnen, daß wir euer Thun, ihr thatkräftigen Männer, mit unsern innigsten Wünschen begleiten, und daß wir unserer Sendung gerne einen Wundbalsam hinzufügen möchten, der im Stande wäre, eure physischen so wie auch die moralischen Wunden zu heilen, die euch eure Unterdrücker durch lange schmerzensreiche Jahre schlugen. Das ist Alles was unser Geschlecht für euch zu thun vermag, denn wir gehören nicht zu den Mannweibern, die mitziehen und dreinschlagen wollen, wir erkennen den wahren Beruf des Weibes nur im weiblichen Wirken, wir wollen heilen und verbinden, beschwichtigen und sühnen, und in dieser Weise wird uns das gesammte Deutschland stets bereit finden, ihm nach besten Kräften zu dienen und zu nützen.

Mainz, am 30. April 1848.

Kathinka Zitz,
geb. Halein,
im Namen der Frauen und Jungfrauen, welche sich an dieser Sendung betheiligt haben.

Q 15
Meine Entlassung und Rechtfertigung
von Dr. Dan. Eduard Meier, erstem Arzte der neuen Krankenanstalt in Bremen
Oldenburg, Druck und Verlag von Gerhard Stalling – 1855

Geschichte meiner Anstellung
(...)
Meine Verlobung mit der Schriftstellerin Louise Aston, deren Bekanntschaft ich in Folge des Schleswig-Holsteinischen Krieges im Jahre 1848 gemacht hatte, wo sie beim von der Tannschen Corps und in den Lazarethen durch Pflege der Verwundeten sich rühmlichst auszeichnete, fuhr gleichsam wie ein Wetterstrahl in diese Arangements der neuen Anstalt. – Ich war seit diesem Momente eine *persona ingrata.*
Schon am 20. Novbr. hatte ich im Hause des Senators J. F. W. Iken mit ihm und dem Specialinspector des Krankenhauses Senator Witte eine Conferenz. Diese Herren eröffneten mir, daß meine Verlobung sehr ungern gesehen würde, daß *der Senat* darüber *aufgebracht sei* und ihnen den *Auftrag ertheilt* habe: *mich aufzufordern die Verlobung rückgängig zu machen.* Sie legten es mir als Pflicht auf, meiner Verlobten nicht vorzuenthalten, wie mißliebig sie hier sein würde, und daß man ihr nicht gestatten werde, die Kranken zu besuchen. Die Herren deuteten mir sogar an, man würde meine Frau nicht im Krankenhause wohnen lassen, worauf ich entgegnete: wo meine Frau bliebe würde auch ich wohnen. Man stellte in Aussicht, daß man mir die Stelle nehmen könne, und ich dann wohl nach Amerika wandere. – O nein, Herr Senator Iken, entgegnete ich, dann haben wir Beide noch geistigen Fond genug, um uns hier behaupten zu können. – Kurz, das Resultat dieser Conferenz war: daß ich ablehnte die Verlobung rückgängig zu machen, jedoch dem Verlangen mich fügte, meiner Braut mitzutheilen, wie unliebsam sie hier sein würde.
Am 23. November sagte ich Senator Iken: „ich würde folgenden Tages, um diesen Auftrag auszuführen, nach Braunschweig fahren, da man die mir auferlegten Mittheilungen über so zarte Punkte unmöglich schriftlich erörtern könne. Ich glaubte übrigens nicht, daß uns diese Mißliebigkeit bestimmen werde, einen so reiflich erwogenen Entschluß aufzugeben. Wir würden dann sogar zweckmäßigerweise die Heirath beschleunigen.
Senator Iken entgegnete mir sofort, daß es ihm dann nicht unwahrscheinlich sei, daß der Senat mir die Stelle kündigen werde.
Gleich darauf ward mir von Bürgermeister Schumacher die schriftliche Aufforderung, ihn etwa um 6 Uhr Abends zu besuchen, weil er höre, daß ich morgen verreisen wolle, und er mich vorher jedenfalls sprechen mögte. Bei dieser Zusammenkunft frug Bürgermeister Schumacher mich, ob meine Braut dieselbe Louise Aston sei, die einen Roman Lydia geschrieben? – Ich bejahete. – Darin seien eigenthümliche Ansichten, abweichend vom Herkömmlichen. Sie würde hier eine schwere Stellung haben. Ob ich die Sache auch reiflich überlegt hätte?
Ich muß der Wahrheit die Ehre geben, daß Bürgermeister Schumacher weder mich zu einem Treubruche aufgefordert, noch mir mit Entlassung gedroht hat, sondern, als ich diese letztere, mir bereits von Senator Iken in Aussicht gestellte Eventualität berührte, mir offen sagte: „Herr Dr. Meier, ich kann Ihnen die beruhigende Versicherung geben, daß ich wenigstens kein Freund von *extremen* Maßregeln bin."

Vertreibung aus meinem Amte
(...)
Senator Iken entgegnete, daß weder gegen meine Leistungen noch sonst Etwas gegen mich vorläge. Die Sache stände aber doch mißlich, da die Bürgerschaft die Geldbewil-

ligung habe. Der Beschluß sei vom Bürgeramte einstimmig *) gefaßt. *Er (Senator Iken) wolle mir nicht verhehlen, daß dieselben Bedenken, die einst der Senat wegen meiner Verheirathung gehegt, nach näherer Berathung aber habe fallen lassen, jetzt die Bürgerschaft beschäftigten.*

„Herr Senator! meine Frau hat sich niemals um die Kranken bekümmert, hat nie einen Fuß in die Krankensäle oder die Küche gesetzt, und so eingezogen und häuslich gelebt als sei sie gar nicht in der Anstalt."

Senator Iken räumte dies ein.

Mit einem nicht zur Anstalt in direkter Beziehung stehenden, aber ihre Verhältnisse sehr gut kennenden, seines tiefen Rechtsgefühls wegen allgemein geachteten Senator, hatte ich über diese Angelegenheit folgende sehr kurze, aber in den Kern der Sache eindringende Unterhaltung.

„Nicht wahr, man will mich entfernen um meine Frau zu entfernen?"

„„Ja, so ist es.""

„Liegt denn sonst Etwas gegen mich vor?"

„„Nichts, was eine Aufkündigung irgendwie rechtfertigte. Daher erheischt auch die Billigkeit, daß man eine Pension bewilligt. Mag man sehen, woher man sie nimmt.""

(...)

Dann stellte ich die Frage, ob Etwas gegen mich vorläge? Das Publikum wolle für die derangirten Finanzen der Krankenanstalt mir die Verantwortlichkeit aufbürden, ja es cursirten die abentheuerlichsten und ehrenrührigsten Gerüchte. Warum denn die Inspection nicht eine Untersuchung durch richterliche Behörden über mich verhänge? Man gab mir einstimmig zur Antwort: daß keinerlei Verdacht, keinerlei Pflichtverletzung vorläge. Davon könne ich um so mehr überzeugt sein, da es sonst Pflicht der Inspection gewesen, eine Untersuchung gegen mich einzuleiten.

„Demnach, Herr Senator Iken, darf ich Ihren neulichen Ausspruch, daß man nicht mich, sondern meine Frau entfernen will, wohl als officiell betrachten?"

Auf diese Frage trat eine absolute Stille ein. Das verhängnißvolle Schweigen der 3 Senatoren sprach zu deutlich, *daß in meiner Frau der wahre und einzige Grund lag, warum ich fallen sollte.*

(...)

Ich bestritt den Herren, daß der Senat, wenn derselbe auch das juridische Recht der Kündigung **), doch die moralische Berechtigung eines so unerhörten und meine Ehre so tief kränkenden Verfahrens habe. Mit mir würden viele meiner Mitbürger es als ein großes Unrecht betrachten.

Man stellte mir eine Frist, bis zum folgenden Abend meinen Entschluß anzuzeigen.

Am 28. Octbr. Nachmittags schrieb ich an Senator Iken: „Ew Hochwohlgeboren verfehle nicht: anzuzeigen, daß ich meine Entlassung nicht einreichen werde."

Am 1. Novbr. 1854 (am Tage Aller Heiligen) erließ der Senat ein Decret ***): daß im Interesse der für nothwendig erachteten Reorganisation der Krankenanstalt ein Wechsel in der Person des Arztes durch die Umstände geboten sei, und eröffnet dem Dr. med. Daniel Eduard Meier, daß ihm die durch Senatsbeschluß vom 17. April 1850 verliehene Stelle eines Arztes an der neuen Krankenanstalt auf den 1. Mai 1855 hiermit aufgekündigt sei.

In der That der rücksichtsvollste Termin des Ausscheidens für mich und meine Frau: gleichsam eine Weisung, dann fahret zum Blocksberg.

*) Von andrer Seite ward entschieden behauptet, das Bürgeramt sei durchaus nicht einstimmig gewesen, sondern hätte heftige Debatten darüber geführt.

**) Dem Senate steht nämlich bei sämmtlichen Beamten des Bremischen Staats das Recht einer halbjährlichen Kündigung zu.

***) Das ganze Decret s. Anlage A.

Dies Decret erhielt ich am 3. Novbr. Nachmittags durch den Laufburschen aus Lahusen Apotheke. Ich gab es noch denselben Abend im ärztlichen Vereine zu Protokoll. Bei später Hinkunft traf ich meine Collegen berathend, wie sie die mir bevorstehende Entfernung aus dem Amte durch eine Eingabe an den Senat abwenden könnten.

Meine Stellung zur Krankenanstalt, meine Nichtbeteiligung *an der Verwaltung*

(...)
Mein Gutachten ward ein halbes Jahr früher eingereicht als Eisenhardt's Bericht. Beide entstanden unabhängig von einander, beide wiesen die hier eingerissenen Verschleuderungen und Mißbräuche nach, von beiden kam das Manuscript niemals an uns zurück, trotzdem daß Eisenhardt wiederholt dringend um dessen Zurückgabe oder um eine Abschrift desselben ersucht hatte. – Wähnte man beide dadurch der Vergessenheit zu überliefern?
Wie nahm die Inspection diese Gutachten auf?
Am 21. Mai ersuchte mich Senator Iken schriftlich, am 23 Mai bei ihm zu sein in Angelegenheiten der Krankenanstalt. Hier eröffnete er mir in Gegenwart des Senator Lampe, der damals vor Kurzem als Specialinspector eingetreten war: es läge Nichts vor wider den Ökonomen, dieser habe sich glänzend gerechtfertigt, *) und man fordere mich auf, doch Hand in Hand mit ihm zu gehen.
Ich hatte eine entgegengesetzte Mittheilung sicher erwartet und verstummte. Als aber der Oberinspector hinzufügte, er fordere mich auf, mich der Vorräthe des Krankenhauses nicht zu bedienen, da erklärte ich ihm: Was mir Herr Hertz und Eisenhardt an Feuerungsmaterial überlassen, sei bezahlt, desgleichen das Gemüse aus dem Garten der Anstalt und zwar noch Ende letzten Jahres mit 75 Thlrn. Ich könne nicht um jede Handvoll Petersilien und jedes Gericht Erbsen zur Stadt senden. Dann würde ich auf meine Beköstigung Seitens der Anstalt zurückkommen, da die dafür mir festgestellte Entschädigungssumme doch eine ungenügende sei.
Senator Iken replicirte sehr rasch, meine Beköstigung würde man nie wieder übernehmen. Außerdem sei mein Gehalt ein sehr guter.
Diese Unterredung hat man später sich erkühnt als eine Verwarnung zu bezeichnen.
Man deutete mir also damals an, auf einen bessern Gehalt kannst du ewig warten, während er mir bei der Anstellung schriftlich in Aussicht gestellt war.
Acht Monate später ward Dr. Eduard Lorent Arzt der Anstalt. Da hatten Inspection und Administration mit ihm contrahirt, der Senat ihn bestätigt ohne jegliche Aufforderung an andre Ärzte. Man vergrößert seine Wohnung sehr bedeutend, indem man Pferdestall, Wagenremise und Waschküche, Wohnräume u. s. w. hinzubaut. Mich verdächtigte man, da ich in einem unbenutzten Raume des Irrenhauses meine Wäsche durch meine Leute hatte besorgen lassen aus Ärger über das gelößte Problem einer glänzend weißen Wäsche, und zwang mich sie zur Stadt zu senden, trotzdem daß jeglicher Waschraum in der Wohnung des Arztes fehlte. Während mein „sehr guter Gehalt" 1200 Thlr. betrug, bringt man meinen Nachfolger durch Accidentien auf 2000 Thlr., gestattet ihm außerdem Privatpraxis, nimmt ihm sofort das odium der consultirenden Ärzte und entbindet ihn von Arbeiten, die mir zur Last fielen. Der Satz einer halbjährigen Aufkündigung ist ihm jedoch verblieben.
In ähnlicher Weise hielt man mir ganz im Anfange Wort mit der Beköstigung, die von der Anstalt erfolgte, gab ein in Menge und Art ungenügendes Essen. Auf meine Beschwerde stellte man einen Speisetarif fest, der weit hinter der in andern Krankenhäusern für Assistenzärzte üblichen Verpflegung zurück blieb, weigerte sich unter freier Wäsche auch die feinere Wäsche zu begreifen, und zwang mich statt einer

*) Diese glänzende Rechtfertigung hat man den Ärzten niemals mitgetheilt trotz ausgesprochenen Wunsches.

Vereinbarung über die geforderte Entschädigungssumme von 800 Thlr. mit einer Aversionalsumme von 600 Thlrn. mich zu begnügen. Alle dahin einschlägigen Aktenstücke habe ich noch liegen.
Glaube man aber nicht, daß nur ich in solcher Weise behandelt ward. Der Arzt der wundärztlichen Abtheilung Dr. Tölken zeigte Ende des J. 1853 dem Criminal-Gerichte an, daß einer seiner Wärter von einem der Knechte der Anstalt frevler Weise wiederholt mit einem schweren eisernen Leuchter auf den Kopf geschlagen und verwundet sei. Der Administrator Eisenhardt entließ den Knecht sofort aus dem Dienste, befürwortete jedoch aus reiner Menschlichkeit, daß das Urtheil des Criminalgerichts: einige Wochen Gefängniß und Verweisung aus Stadt und Gebiet ihm in Bezug auf die Verweisung vom Senate im Gnadenwege erlassen ward. Kaum ist Eisenhardts Nachfolger, der Admin. Bödeker am Ruder, so versucht der Ökonom den entlassenen Knecht, als „einen sehr treuen Menschen“ wieder zu engagiren. Bödeker genehmigt diesen Scandal. Den Ärzten zum Hohn tritt er wieder ein. Dr. Tölken erhebt Einsprache bei Senator Lampe. Dieser fordert Bödeker auf ihm wenigstens Johanni aufzusagen. Das wird halb und halb versprochen. Johanni kommt, Dr. Tölken erinnert, man weigert sich, die Sache geht an die große Session und die 3 Senatoren und die 4 anwesenden Administratoren beschließen einstimmig, daß der vom Criminalgericht Bestrafte im Dienste der Anstalt bleibe.
Ähnliche Rücksichtslosigkeiten könnten noch manche mitgetheilt werden.
(...)

Genug aber der Worte.
Was ich trotz all dieser Hemmnisse geleistet – darüber mögen meine Kranken, meine Collegen richten.

Q 16
Staatsarchiv Bremen 2-T.6.k.6.a.

Schreiben der Inspection vom 22. Nov. 1850

Das Eheverlöbnis des am 17. April d. J. von dem Senate zum Arzt am neuen Krankenhause ernannten Doctor Daniel Eduard Meier mit Louise Aston hat im Publikum vielfach die Meinung hervorgerufen, daß die *Persönlichkeit dieses Frauenzimmers*, der durch ihre seitherigen Handlungen gebildete Ruf derselben und die unfehlbar durch sie zu erwartende Kollisionen in der Krankenpflege und der inneren Verwaltung der Anstalt es dringend erheischen, daß Dr. Meier wenn seine Verheiratung mit der Aston wirklich erfolgen werde, nicht als Arzt eintrete und mithin der Senat die Ernennung zurück nehme.
Es erschien der Inspection des Krankenhauses daher unerläßlich notwendig, zunächst die Ansicht der Deputationsmitglieder darüber zu erforschen, ob sie diese Meinung teilten und sie hat daher in einer am 19. d. M. gehaltenen Session diesen Gegenstand zur Sprache gebracht, und dann die Frage gestellt, ob die Deputation die Folgen die für die Anstalt aus der Verheiratung des Dr. Meier mit Louise Aston zu erwarten stünden, für so nachteilig ansähen, daß sie es für notwendig erachteten, dieserhalb Schritte bei dem Senate zu thun.
Sämtliche Mitglieder erklärten, daß sie allerdings diese Verheiratung nach dem was über das frühere Leben der Louise Aston im Publikum verbreitet sei als ein sehr unangenehmes und für die Anstalt nachtheiliges Ereignis ansähen, daß sie sich jedoch zur Zeit nicht veranlaßt finden könnten, dieserhalb eine Vorstellung an den Senat zu richten.

Es kamen sodann die etwa zu treffenden Bestimmungen, um einen jeden Einfluß der künftigen Ehefrau des Dr. Meier von vornherein vorzubeugen, zur Berathung und die Deputation hielt dafür, daß der Bau des Arzthauses sobald es irgend möglich in Ausführung zu bringen, so dann zu bewirken sei, daß wo möglich die Frau bis dahin daß diese Arztwohnung fertig, anderweitig wohne, mithin die ihrem Manne einstweilen im Krankenhause anzuweisende Wohnung nicht mit beziehe und dem Dr. Meier schon jetzt zu erklären, daß seine Frau jede Einmischung in die Krankenpflege, Öconomie oder wie sonst in der Anstalt unterbleiben müsse.
Es erschien dabei notwendig, dem Dr. Meier sofort diese Ansicht der Deputation in Betreff seiner Wahl mitzuteilen, da es möglich sein könne, daß er sich dadurch bewogen finden werde, noch von seiner Verheirathung abzusehen und wurde Senator Witte und Referent ersucht, dieses zu übernehmen.
Es ist dieses denn auch geschehen und Dr. Meier hat sich dahin ausgesprochen, daß es weder seiner noch seiner Braut Absicht gewesen sei noch sein werde, sich als Frau irgend in den inneren Angelegenheiten des Krankenhauses zu mischen oder bei der Krankenpflege sich beteilige, und gab er die feste Versicherung, daß dieses nicht geschehen solle. Allein er wünsche sehr, daß die Session nicht darauf bestehen werde, daß er seine Frau vor Vollendung der eigentlichen Wohnung des Arztes nicht mit in die ihm vorläufig Anzuweisende aufnehme.
Sodann erbat Dr. Meier sich eine schriftliche Mitteilung des von uns über die Ansichten der Deputation Geäußerten, worauf ihm erwidert wurde, daß wir dabei zwar kein Bedenken hätten, ihm dasjenige, was wir mündlich ausgedrückt hätten auch schriftlich zu erklären, daß es jedoch nur Ansichten der Deputation gewesen und diese überall in dieser Angelegenheit nicht zu entscheiden hätte, sondern daß diese nur von dem Senate erfolgen könne, von dem er als Krankenhausarzt angestellt sei.
Die Inspection erlaubt sich nun bei dem Senate die Anfrage, ob derselbe in der Verheirathung des Dr. Meier mit Louise Aston eine Veranlassung finde, die Kündigung desselben als Krankenhausarzt zu beschließen, wobei sie sich die Bemerkung erlaubt, daß namentlich, da von der Session ein solcher Antrag nicht gemacht worden, in den allerdings wohlbegründeten Besorgnissen, daß aus der Verheirathung mit der Aston bei der darüber vorwaltenden Meinung des Publicums und auch in anderer Beziehung mannigfache Nachteile für das Krankenhaus entstehen dürften, doch darin wohl noch kein hinreichender Grund vorliegen dürfte, einen solchen Schritt zu thun, sondern daß vorläufig zu erwarten sei, wie *Frau Doctorin Meier sich demnächst benehme*.
Sollte der Senat diese Ansicht theilen, so erlaubt sich die Inspection, den Senat zu ersuchen die Ernennung eines ersten und zweiten Arztes am Krankenhause für die Zeit bis diese Anstalt in das neue Local übergesiedelt wird und die neuen Einrichtungen ins Leben treten, welches auf Ostern nächsten Jahres bestimmt ist, aber auch noch etwas länger sich verzögern kann, zu verfügen.
Der gegenwärtig als erster Arzt angestellte Dr. Barkhausen hat bekanntlich gekündigt und tritt mit dem 1. Decbr. d. J. aus, an seine Stelle kann wohl kein Anderer als der gegenwärtige zweite Arzt Dr. Thulesius treten, in die Stelle desselben als zweiten Arzt empfiehlt die Session des Krankenhauses den künftigen Hausarzt Dr. Meier.
Es kann auch wohl für diese kurze Zeit füglich kein anderer Arzt dazu ernannt werden und überdem empfiehlt es sich dringend demselben dann die Gelegenheit zu geben, sich mit den gegenwärtigen Einrichtungen des Krankenhauses wie mit der Behandlung der Kranken noch weiter bekannt zu machen.
Von der Inspection ist in Betreff der eintretenden Veränderung eines ersten und zweiten Arztes das folgende Conclusum gemeinschaftlich mit Herrn Bürgermeister Schumacher in Betreff der Leitung des clinischen Cursus angehender Ärzte concertirt worden.

Da übrigens der 1. Decbr. in welchem Dr. Barkhausen austritt, herannaht, so ist eine baldige Entscheidung über diese beantragten Ernennungen notwendig.

Bremen, den 22. Nov. 1850

Q 17
Staatsarchiv Bremen 2-T.6.k.6.a.

Extract
aus dem Senats-Protokolle
de 1850, Novbr. 25. S. 682

3165, Nach Entfernung der Herren Bürgermeister Meier und Senator Meier und unter dem Vorsitze des Herrn Bürgermeister Smidt berichtete hierauf Herr Bürgermeister Schumacher namens der am 22. d. niedergesetzten Commission, mündlich über die von der Inspection des Krankenhauses in Beziehung auf die von dem zum Hausarzt des neuen Krankenhauses ernannten Dr. Dan. Ed. Meier beabsichtigte eheliche Verbindung mit Louise Aston gemachten Anfragen und Anträge, und trug nach ausführlicher Erörterung des Sachverhältnisses darauf an
1. daß die Anstellung des Dr. Dan. Ed. Meier als zweiten Arzt am jetzigen Krankenhaus für die Zeit, bis diese Anstalt in das neue Local übergesiedelt werde, nicht erfolge vielmehr die Ernennung eines zweiten Arztes noch auszusetzen und die Inspection und Administration aufzufordern sei, einstweilen für die Wahrnehmung der Geschäfte des zweiten Krankenhausarztes die erforderlichen Einschickungen zu treffen;
2. daß hinsichtlich der Frage, ob unter den vorwaltenden Umständen dem Dr. Dan. Ed. Meier das ihm aufgetragene Amt eines Hausarztes am neuen Krankenhaus schon jetzt zu kündigen sei, der Senat seine Entschließung für jetzt noch aussetzen möge.

Genehmigt, cum remissione ad commissionem,
um die Sache, sobald es ihr geeignet scheine
zu reassumieren.

Q 18
Staatsarchiv Bremen 4,14/1-XII.A.2.b.

Freie und Hanse Stadt Hamburg
Die Polizei Behörde
An die hochlöbliche Polizei-Direction der freien
Hansestadt Bremen

/: Vertraulich :/
In Erwiderung des geschätzten Schreibens vom 25/27. v. Mts. beehre ich mich einer hochlöblichen Polizei-Direction hier eben in den beiden Anlagen, die ich demnächst mir zurückerbitte, diejenigen Verhandlungen zu übermitteln, welche über die besagte Madame Louise Aston geb. Hoche hier erwachsen sind.
Hier hat sie sich nur mit Unterbrechungen aufgehalten, dann aber, wie man erfahren, in stetem Verkehr mit Männern gestanden. Außer dem in actis erwähntem Vorfalle mit ihr und einem Ingenieur Anderson im Hotel de Russie, bei welcher Gelegenheit ihr Betragen dem eines öffentlichen Mädchens gleich zu achten war, hat sich hier nichts Gravierendes mit ihr weiter zu getragen.

Jener Vorfall kam zwar der diesseitigen Behörde nicht direkt zur Anzeige, nach seinem Bekanntwerden, beabsichtigte man aber ihre Ausweisung aus hiesiger Stadt zu bewerkstelligen, die indeß unausgeführt bleiben mußte, weil sie plötzlich aus Hamburg verschwand.
Das Königliche Polizei-Präsidium zu Berlin dürfte übrigens zu näheren Mitteilungen über die Aston wahrscheinlich im Stande sein.

den 11. Decbr. 1850
der Senator Chef der Polizei

Q 19

Der Hochlöblichen Polizei-Direction erwidere ich auf das gefällige Schreiben vom 25. d. M. ganz ergebenst, daß die durch ihr unzüchtiges und renommiertes Auftreten bekannte Louise Aston nicht in Königsberg, sondern in Berlin längere Zeit sich aufgehalten und dort mit verschiedenen Personen in vertrauten Verhältnissen gelebt hat, auch von dort wie in Breslau ausgewiesen worden ist. Demnach stelle ich ganz ergebenst anheim, von den dortigen Polizei-Präsidien nähere Nachrichten über dieselbe einziehen zu wollen.

Königsberg, den 26. November 1850
Königl. Polizei-Präsident

Q 20
Staatsarchiv Bremen 4,14/1-XII.A.2.b.

Auf das an die Königliche Polizei-Direction zu Breslau gerichtete und an mich abgegebene, geehrte Schreiben vom 9. December v. J. erwidere ich ganz ergebenst, daß die hierher abgegebenen Acten, die Frau Louise Aston betreffend nichts weiter enthalten, als daß dieselbe am 10. October 1848 aus Berlin ausgewiesen und im Juni 1849 von Dessau, wo sie keinen Anlaß zu einer Beschwerde gegeben hat, über Dresden nach Breslau gereist ist.
Daselbst wurde der Aston unter dem 13. Juni 1849 aufgegeben, die Stadt und den 2meiligen Umkreis sofort zu verlassen, jedoch wegen Kränklichkeit bis zum 16. Juni geduldet, an welchem Tage sie abreisete.
Am 18. Juni 1849 kehrte sie wieder nach Dresden zurück und nahm ihren Aufenthalt bei dem Professor Nees v. Esenbeck, der sie nach Warmbrunn begleitet hatte, reiste aber schon am 19. per Eisenbahn nach Züllichau.
Die Louise Aston ist die Tochter des verstorbenen Consistorialrath Dr. Hoche zu Gröningen, gegenwärtig 36 Jahre alt und hat in dem elterlichen Hause eine anständige Erziehung genossen.
Im Jahre 1835 verheirathete sie sich mit dem Fabrikbesitzer Aston, damals zu Magdeburg, später in Burg und ist seit dem nur immer auf einige Tage im hiesigen Kreise zum Besuch gewesen, so lange dort Angehörige von ihr wohnhaft waren, wo sie sich dann stets anständig betragen hat.
Weiteres ist mir amtlich über diese Frau nicht bekannt geworden.

Schwanebeck, den 8. Januar 1851
der Königlich Preußische Landrath

Q 21
Staatsarchiv Bremen 4,14/1-V.L.4.

Brief der Polizei-Kommissare v. Hunteln und Suffert
vom 18. 5. 1852
an die Polizei-Direktion

Nach speziell erhaltenem Auftrage begaben sich die beiden Unterzeichneten Polizei Commissaire nach dem neuen Krankenhause und namentlich nach der Wohnung der Ehefrau des Dr. Daniel Meier, Louise geb. Hoche, um von dieser drei muthmaßlich von dem wegen wühlerischer Umtriebe in Untersuchung befindlichen Friedrich August Hobelmann empfangene Briefe abzuverlangen.
Die Meier Ehefrau erklärte, daß sie nur einen Brief, *nicht drei* von genanntem Hobelmann erhalten habe, und daß dieser ganz harmlosen Inhalts gewesen, auch daß sie diesen Brief einer Freundin in den Rheingegenden, deren Namen sie nicht gern nennen möchte, eingesandt habe.
Im ferneren Auftrag sahen sodann die Papiere und Briefschaften von Meier Ehefrau nach, um etwa Verdächtige in Beschlag zu nehmen. – Allein die zu solchen Zwecke vorgenommene Visitation führte zu keinem Resultate und konnte dieses umso weniger, als die Meier mitsamt ihrem Ehemann erklärte, daß sie als bei Pastor Dulon die Visitation stattgehabt habe, voraussichtig und vorsorglich alle Scripturen, die irgendwie, auf Politisches Bezug gehabt, verbrannt hätten, auch daß sie mit unwandelbarer Consequenz seit dem alle empfangenen Briefe politischen Inhaltes nach Durchlesung ins Feuer geworfen haben.
Trotzdem fanden sich eine große Menge von Briefen aus verschiedenen Gegenden und Ländern vor, es hatten dieselben aber allein auf Privat-Verhältnisse Bezug.

von Hunteln	C. A. Suffert
Polizei-Commissar	Polizei-Distrikt-Commissar

Q 22
Staatsarchiv 4, 14/1–XII.A.2.b.

Brief des Polizei-Commissair Conrad von Hunteln
an die Bremer Polizeidirektion

Bremen, d. 2. Nov. 1851

Da, vertraulicher Mittheilung zufolge, die bekannte Louise Aston, jetzige Dr. med. Daniel Eduard Meier Ehefrau geb. Hoche, noch immer einen lebhaften Briefwechsel nach Außen unterhalten soll, so ward dieselbe seit längerer Zeit einer polizeilichen Aufmerksamkeit unterstellt, und etwa das folgende von ihr erkundet:
Die Aston, deren genannter Ehemann im hiesigen Krankenhause angestellt ist, bewohnt, da für letzteren eine Official-Wohnung im Neubau begriffen ist, mit jenem den einen äußersten Flügel der Krankenanstalt.
Sie lebt von der Welt äußerst zurückgezogen, und scheinen ihre einzigen ostentibeln Vergnügungen in dem Reiten eines Esels zu bestehen. – Freundinnen, deren sie hier übrigens sehr wenige haben wird, sieht sie gar nicht bei sich, wohl aber Herren und namentlich nicht selten fremde bärtige Persönlichkeiten, deren Exterieur den Democratismus schließen lassen soll. Dabei unterhält sie einen sehr lebhaften Briefwechsel, und soll eine Menge Briefe aus Baden und dem südlichen Deutschland erhalten. Sie muß auf diese ihre Briefe einen besonderen Werth legen, da es im Krankenhause,

welches bekanntlich ca. ½ Stunde vor dem Weichbild der Stadt liegt, Usance ist, daß alle für dasselbe bestimmte Briefe in der Stadt an eine verlässige Person abgegeben werden, die Aston jedoch es unbedingt von den Briefstellern verlangt, daß sie die für sie bestimmten Briefe, ihr unverzüglich und direct zustellen. –
Nachdem der Schreiber dieses alle diese Renseignements sich angeeignet hatte, hielt er es für nicht unzweckmäßig, sich selbst mal und zwar in seiner Eigenschaft als Polizei-Commissair, unter irgend einem vom Zaune gebrochnen Vorwande, bei jener ihm persönlich unbekannten, und doch der Beachtung so sehr werthen, emancipirten Dame einzuführen, und nachdem er hierzu sich die Genehmigung der Polizei-Direction eingeholt hatte, setzte er jenen persönlichen Besuch unterm heutigen Tage ins Werk. –
Da es gewiß nicht uninteressant ist, eine solche so oft öffentlich besprochene Persönlichkeit in ihrem Privatleben kennen zu lernen, so möge man es dem Schreiber dieses zu Gute halten, wenn er hier etwas von dem eigentlich sich vorgesteckten Ziele, nur rein Polizeiliches hier berichten zu wollen, abweicht und vielleicht nicht streng hier Hingehöriges mit erwähnt. –
Die Aston saß auf einem Lehnstuhl in einem geräumigen Zimmer in sich hingebender Nonchalance und war in einem Zustande, als wenn sie eben im Begriff stand, auszugehen. Sie war angethan mit weißer Mantille und Glacéhandschuhen, mit welcher sie beiläufig gesagt, schon morgens ihr Schlafcabinet verlassen soll, und mit dem sie den ganzen Tag bekleidet ist. – Sie rauchte in jenem Augenblicke eine Zigarre. Auf dem Tische lagen eine Menge Bücher der neuen Literatur, und befand sich in dem Zimmer eine künstlich gezogene Efeulaube, die dem Ganzen ein gewisses phantastisches Ansehn gab, was zu der Aston in ihrem persönlichen Erscheinen sehr wohl paßte. –
Nachdem der Unterzeichnete sich in seiner amtlichen Eigenschaft ihr vorgestellt und den herbeigesuchten Zweck seines Hinkommens mitgetheilt hatte, wußte er das Gespräch sehr leicht auf die gegenwärtigen Zustände zu lenken, und dabei die persönlichen Verhältnisse der Aston mit darin zu verwickeln.
Die Aston ging dabei so ziemlich aus sich heraus, und schien sich etwas darauf zu Gute zu thun, wie sie aus 14 verschiedenen Städten Europas amtlich ausgewiesen, – und wie diese Ehre ihr selbst zu Paris durch Herrn Carlier zu Theil geworden sei. Aus Berlin, Cöln, Hamburg u.s.w. sei sie ebenfalls ausgewiesen, und entgegnete sie auf die Frage, was denn die deutschen Behörden, z. B. das Polizeipräsidium zu Berlin veranlaßt habe, ihr solch eine besondere Aufmerksamkeit zu widmen, sie habe ein einziges Mal den preußischen Minister Herrn von Bodelschwingh beleidigt, und wer sich der Beleidigung eines Ministers theilhaftig mache, der müsse dieses büßen sein Lebelang.
Im ferneren Gespräch erklärte sie ganz unumwunden, wie sie Democratin sei, und wie d'Ester, Cabet, Louis Blanc und Rollin die Männer ihrer Farbe seien. –
Sie äußerte dann ferner, wie eine Republik die einzige glückliche Staatsform wäre und wie Deutschland nur durch die Republik einer bessern Zukunft entgegengeführt werden könne. –
Auf die Frage, wie sie denn über die Zukunft denke und was sie von derselben in Betreff des Ausbruchs einer etwaigen Revolution halte, entgegnete sie lebhaft erregt, wörtlich: „Die Democratie ist gegenwärtig passiv und damit können die Regierungen zufrieden sein, bei erst kommender Gelegenheit werden sich die Kräfte messen. – Vorläufig halte ich die Sache der Democratie für verloren. Es wäre Unsinn jetzt schon etwas zu unternehmen, die Gelegenheit wird sich aber schon bieten." –
Etwa beim Schlusse dieser Worte trat ihr Mann ins Zimmer und nahm dadurch natürlich das Gespräch eine andere Wendung. Der Schreiber dieses trug die Überzeugung mit hinaus, daß die Aston gewiß noch ein sehr thätiges Werkzeug der Propaganda und der Beachtung zweifelsohne sehr werth ist. von Hunteln – Polizei-Commissair

Q 23

Staatsarchiv Bremen – 2-T.6.k.2.a.

Protokoll des Administrators Bödeker v. Oktober 1854

Wie ich im Februar d. J. die Administration übernahm, fand ich, daß grobe Unsittlichkeiten in der Anstalt ein Asyl gefunden hatten.

Der größte Theil des Wärterpersonals bestand aus Menschen, die allen guten Rufes bar vor ihrem Eintritt sich hatten alles Mögliche zuschulden kommen lassen.

Daß dem so war, zeigt das Protokoll der Session vom 18. März. Der Bäcker Droop wurde entlassen wegen Hurerei und Defraudation, der Maschinist der Hurerei usw. angeklagt, später entlassen und am selbigen Tage 2 Wärter wegen Trunkenheit entlassen.

Wir haben aber noch traurigere Erfahrung machen müssen, daß uns nämlich die neuen guten zugeführten Elemente in dem Chaos untergingen, weil sie es wegen der Unmoralität im Hause nicht aushalten konnten.

Ich gehe nun zu der Frage über, wer ist an diesem Zustand Schuld? Nach den bestehenden Bestimmungen ist der Oberarzt, so weit wie es das Wärterpersonal betrifft, allein die Macht habende Person, ja man kann sagen in allen Dingen bis zum Febr. in diesem Jahre. Wenn nun auch die Bestimmungen geändert werden, so wird ihm doch immer als Oberarzt ein großer Einfluß auf das Wärterpersonal gelassen werden müssen. Hat nun Dr. Meier diese seine Macht benutzt, um, ohne die keine solche Anstalt bestehen kann, eine auf Sittlichkeit begründete, strenge Ordnung einzuführen und zu erhalten? Es beweist das Vorhergesagte zur Genüge, daß dem nicht so ist. Die Geschichte aller Länder, Städte und Wohnungen beweist die Wahrheit des Sprichwortes, so der Herr so der Diener; hat nun Herr Dr. Meier durch seine eigene Handlung das Beste als solche bezeichnet und dadurch genützt oder hat er der Anstalt geschadet?

Ein Beispiel mag genügen und was durch das Protokoll als wahr bewiesen wird.

Es war bei unserem Antritt in der ganzen Anstalt bekannt Dr. Meier seine Köchin sei schwanger und der Bäcker Droop wäre mehr bei Nacht in Dr. Meiers Hause als im eigenen; in der Session vom 18. März wurde er vom Herrn Oberinspector ermahnt, wie unrecht es sei ein solches Mädchen noch einen Augenblick im Hause zu behalten. Man sollte glauben, er würde sie nun entlassen haben, aber nein er that das Gegentheil, sie sollte noch belohnt werden für ihr unsittliches Betragen. Er behielt sie im Hause bis 3 Tage vor der Entbindung, dann brachte er sie in die Anstalt, um sie nach der Wiederherstellung als Wärterin anzustellen. Dies wurde aber vereitelt durch die Aufmerksamkeit der dazu Berechtigten, und sie mußte wieder entlassen werden, um in die Heimath zu wandern. Ich brauche wohl nicht weiter zu sagen, daß Meier nicht der Mann ist in einer solchen Anstalt das Regiment zu führen, noch weniger im Stande ist, die inneren Schäden zu bessern.

Bei dem guten Willen der Inspection, und ich darf es sagen der Administration wird es leicht sein, nachdem ein tüchtiger Mann die Stelle des Dr. Meier eingenommen, die Anstalt in sittlicher wie materieller Hinsicht so zu heben, daß man im großen Publikum der Anstalt sich mit Liebe wieder zuwenden wird und das Vertrauen, was ihr gänzlich fehlt, wieder angedeihen lassen wird.

Zweitens wie steht es in öconomischer Hinsicht. Wie alles vorher Gesagte der geehrten Inspection, so sind auch hier die schwarzen Seiten sehr wohl bekannt. Ich brauche sie kaum in Worten wieder zu geben, wenn es sich nicht darum handelte, auch meinerseits die Wahrheit auszusprechen. Es ist hier wieder Herr Dr. Meier, der durch Übergriffe und wie man Manches sonst noch nennen könnte, der Hemmschuh ist, und der auf das unter ihm stehende Personal einen schlechten Eindruck macht, indem er die Arbeitskräfte der Anstalt zu seinen Privatzwecken absorbierte.

Ich will nun Einiges herausheben.
Im Irrenhause wurden seit lange Strohmatten gemacht, wozu die Anstalt das Material lieferte. Die Matten selbst benutzt Herr Dr. Meier. Ferner das Waschen und Plätten im Irrenhause, von seiner und seiner Frau Privatwäsche und in vielen anderen Dingen.
Die übrigen Angestellten wurden dadurch mit ihren Forderungen an die Öconomie immer unverschämter und auch darum, weil sie immer seiner Unterstützung gewiß waren.
Auf diese Weise ist es gekommen, daß eine furchtbare Verschwendung in allen Dingen eingetreten ist, woran natürlich die Administratoren (die seine Glaubensgenossen waren) die Schuld mittragen.
Schließlich müssen wir noch bekennen, daß er gar nicht die Eigenschaften besitzt, auf das ihm untergeordnete Personal auf eine vernünftige Weise zu imponieren, und daß er durch seine Intriguen der Administration viele Unannehmlichkeiten und der Öconomie vielen Schaden zugefügt hat.
Es ließe sich noch viel sagen, aber bei Ihrer eigenen Kenntnis der Sache beschränke ich mich auf dies Minimum, und glaube, auch im zweiten Theil den Beweis geliefert zu haben, daß er, Dr. Meier nicht die rechte Person ist und auch nicht werden wird, denn alle Ermahnungen jetzt von Seiten der Inspection blieben fruchtlos.
Was soll ich nun noch über den zur Null heruntergebrachten Öconomen sagen. Ich glaubte, durch gehörige Unterstützung ihm die rechte Stellung wieder zu verschaffen, allein es will mir bedünken, daß ihm das Nöthige fehlt, um einer solchen Öconomie vorzustehen, aber zuweilen auch, als wolle er es nicht, denn auch ihm gefällt es besser mit vollen Händen zu geben, als sich den zweiten Theil des Sprichwortes anzueignen: *mit Wenigem kommt man auch aus.*
Die rechte Persönlichkeit ist er nicht für unsere Anstalt, und auch hier wäre ein Wandel wünschenswerth, obwohl wir gestehen müssen, daß bei ihm Ermahnung in letzter Zeit gefruchtet hat, ob aber von Dauer, ist kaum mit Sicherheit zu beantworten.

Q 24

Gemeinnütziges, unterhaltendes Itzehoer Wochenblatt Nr. 40 – 5. Juli 1848
An Dithmarschens Frauen

1 Frauen Dithmarschens! entgegen
Tön' Euch Heil! Mein Schwestergruß
Und und unsrem Lande Segen,
Freiheit, völligen Genuß
Aller Rechte, die die Hand
Gottes gab dem Vaterland!

2 Schleswig, mit uns engverbunden,
Abzuschneiden droht der Feind,
Schlug auch uns schon viele Wunden,
doch sie nennend unsern Freund,
Holt, wenn dulden wir die Schmach,
Alle uns're Güter nach.

3 Laßt mich ernstlich heut Euch mahnen
An die längstvergang'ne Zeit –
wo die mütterlichen Ahnen
Sich dem Vaterland geweiht,
Wo sie auch das theu'rste Blut
Opferten mit Heldenmut!

4 Warum heut zu heut'ger Stunde
noch den Vortritt man uns dar?
Wie zum schönen Ehebunde,
So zum heiligen Altar,
Wo nur feierlich die Bahn,
Geh'n die Frauen stets voran.

5 Darum, weil einst vorgetreten,
In den Kampf Dithmarschens Frau,
Bruder, Sohn und Mann gebeten;
„Schützt verteidigt unsern Gau!
Wir beschirmen unsern Herd,
Zeigen, daß wir Euer werth!"

6 Wollen denn, uns selbst zur Schande,
Wir verscherzen diesen Preis?
Ruh'n in schnöder Selbstsucht Bande?
Liefern schmählichen Beweis,
Daß nicht Glaube mehr und Treu
in Dithmarschens Landen sei?

7 Wo im Herzen steht der Glaube,
An des mächt'gen Gottes Treu,
Der das Recht nicht giebt zum Raube,
Steht dem Unterdrückten bei:
Opfert man mit *Herz* und *Hand*
Alles für das Vaterland.

8 Laßt uns denn, Dithmarschens Frauen,
Muthig bieten dar die Hand;
Sind denn nicht Dithmarschens Gauen
Auch ein Theil vom Deutschen Land?
Wo am Körper schmerzt ein Glied
Leiden alle Glieder mit.

9 Laßt uns scheuen nicht die Schmerzen,
die vielleicht nur scheinbar droh'n,
Können fühllos kalte Herzen
Schmecken je der Liebe Lohn?
Was man weiht im Liebessinn –
Das allein nur bringt Gewinn.

10 Laßt uns uns're Männer, Söhne,
Brüder fordern auf zum Streit,
Daß man nicht mehr frech verhöhne
Ihren Muth und Einigkeit!
Laßt uns dann mit heißem Fleh'n
Ihnen treu zur Seite steh'n!

11 Wollen selbst den Herd bewahren
Und vertrauen unserem Herrn,
Denn in drohenden Gefahren
Leuchtet seiner Hülfe Stern!
Schwestern tun wir uns're Pflicht! –
Gott verläßt die Seinen nicht!

Eine Dithmarscherin

Q 25

Gemeinnütziges, unterhaltendes Itzehoer Wochenblatt Nr. 13 v. 30. März 1848

An die Deutschen Frauen
(Mel.: Denkst Du daran)

Gewöhnt Euch an Blut und Tod und Wunden,
Ihr holden Frauen und ihr Mädchen all!
Im Kampfe nur wird jetzt noch Heil gefunden,
Nur ernster Kampf errettet uns vom Fall,
Vom tiefsten Fall, der unserem Vaterlande
So lange schon, ein Ungewitter droht!
Vom tiefen Fall, der uns in Schmach und Schande,
Ins Elend stürzen muß und tiefe Not.

Gewöhnt Euch an der Kanonen Brüllen,
An Trommelschall und an Trompetenklang,
die Gattin soll das Antlitz nicht verhüllen,
Zieht aus der Mann, vielleicht zum letzten Gang.
„Zieht hin", so sprecht, „zieht zum gerechten Streite.
Der Freiheit gilt es und dem Vaterland;
Nehmt unseren besten Segen zum Geleite,
Es steht der Muthige in Gottes Hand!"

Und zu dem Sohne mag die Mutter sprechen,
wenn sie den Schild dem Kampfbegier'gen reicht:
„Mit ihm, mein Sohn, wenn Deine Augen brechen,
Auf ihm, wenn Dir der Tod die Wange bleicht,"
Und zu dem Jüngling, dem sie sich geweihet,
Sprech' von ihm scheidend, die geliebte Braut,
„Erst dann wenn unser Vaterland befreiet,
Werd' ich dem freien Manne angetraut!"

D'rum auf, Ihr Brüder, greifet zu den Waffen!
Frisch auf, helft selbst Euch, und Euch hilft Gott
Ein freies Deutschland lasset uns erschaffen,
Sonst sind wir aller freien Völker Spott.
D'rum wollen wir zum ernsten Kampf uns rüsten,
Daß Jeder, wenn es gilt, bewaffnet sei.
Wer möchte sonst als Deutscher sich noch brüsten,
Denn Sklav' und Deutscher ist dann einerlei!

Biographische Notizen über die Autorinnen

Inge Buck, geboren 1936, Studium der Germanistik, Theaterwissenschaft, Psychologie und Publizistik in Tübingen, München und Wien. Nach der Promotion 3 Jahre Rundfunkredakteurin in Köln. Seit Anfang der 70er Jahre Hochschullehrerin an der Hochschule Bremen im Fachbereich Sozialpädagogik.
Veröffentlichungen u. a. über Frauen im Gefängnis und in der Psychiatrie, über Frauenzuchthäuser im Nationalsozialismus und Selbstzeugnisse von Frauen aus dem NS-Widerstand; über autobiographisches Schreiben, Frauenleben, Künstlerinnen-Biographien, Schauspielerinnen.
Veröffentlichungen von Lyrik und Kurzprosa in Zeitschriften, im Rundfunk und Anthologien, zuletzt in „Wenn das Eis geht". Ein Lesebuch zeitgenössischer Lyrik, hg. von Helmut Lamprecht, München 1985.

Hannelore Cyrus (1935) begann 1973 mit dem Studium: Sozialpädagogik und Sozialwissenschaft. (Promotion 1981). Seit 1979 Lehrbeauftragte an der Universität Bremen im Bereich Sozialwissenschaften. Veröffentlichungen im Arbeitsschwerpunkt: Kriminologie: u. a. Laienhelfer im Strafvollzug, Weinheim 1982, im Arbeitsschwerpunkt: Frauenforschung: in: Bremer diskurs 1984 und in Riedl: „Geborsten und vergiftet ist das Land", 1984 sowie zahlreiche Beiträge in beiden Arbeitsschwerpunkten im Wissenschaftsfunk von Radio Bremen.

Ursula Geitner, Studium der Germanistik, Philosophie und Geschichtswissenschaft in Kiel und Bielefeld. Arbeitet zur Zeit in Bielefeld an einer Dissertation zu einem literaturhistorischen Thema.

Helga Grubitzsch, geboren 1943, studierte Romanistik, Latein und Psychologie (Promotion 1970). Während ihres Studiums arbeitete sie als Serviererin, Reiseleiterin und Dolmetscherin, danach als Lehrerin an Volkshochschule und Gymnasium. Sie lehrt seit 1971 an der Universität Bremen, erst als Assistenzprofessorin, dann als Professorin auf Zeit für französische Literaturwissenschaft und Didaktik, seit Mai 1983 als Dozentin für Literatur und Sozialgeschichte der Frau.
Veröffentlichungen: Arbeiten zur französischen Literatur (u. a. Materialien zur Kritik des Feuilletonromans, 1977), zu Unterrichtsfragen (u. a. mit J. Kramer und R. Schneewolf: Projekt Französischunterricht, 1979) und zur Frauenforschung, insbesondere zur Geschichte der Frauenbewegung in Frankreich (u. a. mit Loretta Lagpacan: „Freiheit für die Frauen, Freiheit für das Volk!" Sozialistische Frauen in Frankreich, 1830–1848; 1980).

Elke Haarbusch, geb. 1952. Studierte Psychologie und arbeitet z. Zt. als wissenschaftliche Mitarbeiterin am Studiengang Psychologie der Uni Bremen. Arbeitsschwerpunkte sind weibliche Identität, weibliche Sexualität und Kinderwunsch.

Gabriella Hauch wurde am 18. 7. 1959 in Salzburg geboren. Studium der Germanistik und Geschichte an der Universität Salzburg, Sponsion zur Mag. phil. im Herbst 1984. Ist derzeit am Institut für Neuere Geschichte und Zeitgeschichte der Johannes Kepler Universität in Linz beschäftigt. Mehrjähriges Engagement in der Frauenbewegung.

Carola Lipp (geb. 1950). Promotion am Ludwig-Uhland-Institut für empirische Kulturwissenschaft der Universität Tübingen, seit 1982 wissenschaftliche Mitarbeiterin im DFG-Projekt „Revolutionskultur 1848", seit 1983 verantwortlich für Frauenprojektgruppe „Frauen 1848". Diverse Veröffentlichungen zur Revolution 1848, zur historischen Gemeindeforschung und Demographie, Arbeiter/innenkultur, Frauenforschungsschwerpunkte außer 1848: uneheliche Mütter, Sexualität, ‚Familienforschung'.
Neueste Veröffentlichung: Schimpfende Weiber und patriotische Jungfrauen. Frauen im Vormärz und in der Revolution 1848/1849. Sammelband der Projektgruppe „Frauen 1848". Moos 1985.

FRAUEN in der GESCHICHTE

Annette Kuhn/Gerhard Schneider (Hrsg.)
Frauen in der Geschichte I
Frauenrechte und die gesellschaftliche Arbeit der Frauen im Wandel
320 Seiten, Broschur, DM 28,—
ISBN 3-590-18009-9

Annette Kuhn/Jörn Rüsen (Hrsg.)
Frauen in der Geschichte II
Beiträge zur Sozialgeschichte der Frauen
320 Seiten, Broschur, DM 32,—
ISBN 3-590-18012-9

Annette Kuhn/Jörn Rüsen (Hrsg.)
Frauen in der Geschichte III
Beiträge zur Geschichte der Weiblichkeit
280 Seiten, Broschur, DM 32,—
ISBN 3-590-18017-X

Ilse Brehmer/Juliane Jacobi-Dittrich/Elke Kleinau/Annette Kuhn (Hrsg.)
Frauen in der Geschichte IV
„Wissen heißt leben . . .“
Beiträge zur Bildungsgeschichte von Frauen im 18. und 19. Jahrhundert
432 Seiten, Broschur, DM 32,—
ISBN 3-590-18023-4

Anna-Elisabeth Freier/Annette Kuhn (Hrsg.)
Frauen in der Geschichte V
„Das Schicksal Deutschlands liegt in der Hand seiner Frauen“
Frauen in der deutschen Nachkriegsgeschichte
472 Seiten, Broschur, DM 36,—
ISBN 3-590-18027-7

Ruth-Ellen B. Joeres/Annette Kuhn (Hrsg.)
Frauen in der Geschichte VI
Frauenbilder und Frauenwirklichkeiten
Interdisziplinäre Studien zur Frauengeschichte in Deutschland im 18. und 19. Jahrhundert
352 Seiten, Broschur, DM 36,—
ISBN 3-590-18035-8

Pädagogischer Verlag Schwann-Bagel GmbH